北京印刷学院传播学重点建设学科项目

高等学校编辑专业教学参考书

20世纪
中国著名编辑出版家
研究资料汇辑

6

宋应离 袁喜生 刘小敏 编

河南大学出版社

目　录

张仲实

丁　玲

徐伯昕

臧克家

楼适夷

张明养

张仲实

张仲实(1903～1987),陕西省陇县人。原名张安人,笔名安人、任远、实甫。著名的马列主义著作翻译家、马克思主义理论家、出版家。从学生时代起就投身革命。1926年考入上海大学社会科学系。不久,党组织派他去莫斯科东方劳动大学学习。1928年转入莫斯科中山大学,在张闻天领导的翻译馆从事马列主义教材的翻译工作。1930年回国后,在唐山、上海从事进步文化活动。随后,参加了邹韬奋主编的《大众生活》的编辑工作。1935年起,担任生活书店总编辑。先后主编和参与了《世界知识》、《国民公论》、《抗战》三日刊等刊物的编辑工作。此间,他翻译出版了几部马列主义的重要著作。1940年到延安,担任过中共中央宣传部出版科科长、党的教育科长、马列学院编辑部主任、中共中央政治研究室国际组组长等职。全国解放前夕,协助中央拟定了一套含12种书的"干部必读"学习计划,并负责编辑出版了《列宁斯大林论中国》、《列宁斯大林论社会主义建设》、《社会发展简史》等著作。

新中国建立初期，他曾担任中共中央宣传部出版处处长、国际宣传处处长，兼中苏友协总会副总干事和宣传部主任。1953 年 6 月调任中共西北局宣传部副部长。1954 年调任中共中央马恩列斯著作翻译局副局长，参与了中央决定翻译的《马克思恩格斯全集》、《列宁全集》、《斯大林全集》三部重大工程的组织领导工作，为在中国宣传普及马列主义做出了重大贡献。

我的编译生涯

张仲实

1903 年夏天，我出生在陕西省陇县北郊店子村一个中农人家。年青时在陕西省立甲种工业学校学习，在进步书刊的影响下，逐渐接受了革命思想并参加了共青团。

1926 年 7 月，我从陕西来到上海投考大学，得知中央要送一批人去苏联学习。我因在陕西时已和上海党中央有联系，所以就给中央写信提出了出国学习的要求。考试合格后，在党组织的安排下，从上海出发，经海参崴到莫斯科，进入东方大学学习。1928 年，东方大学和中山大学合并后，我也转到中大，被编在翻译班，翻译教材，成了工作人员。到 1930 年才回国。在这 4 年里，我学习了俄文，开始接触了翻译工作。

第一次从事翻译工作，大约是在 1931 年。当时我在上海，失掉了党的关系，又没有固定职业。花了半年时间译出了拉皮杜斯、奥斯特洛维恰涅夫的《政治经济学》，可惜找不到关系，没有人肯出版。译稿没有印制成书，想弄点稿费来维持生活的打算也随之落空。尽管如此，翻译这 30 万字的《政治经济学》对日后从事马列主义著作的翻译工作还是很有好处的。

正当我苦于无生活来源之际，偶然从《申报》上看到了神州国光社招考校对生的广告，遂去报考，记得是刘执知考的我，结果被录取到神州国光社当校对。1932 年我辞退神州国光社工作，去中山文化教育馆工作，在那里主要是给《时事类辑》杂志从苏联报刊上翻译国际问题的文章。干了一年左右，在该馆迁往南京前，我又退出文化教育馆，留在了上海。

1935 年 2 月，经胡愈之介绍，我进入生活书店。生活书店是 30 和 40 年代在国民党统治地区的一家进步书店。它是个合作社组织，所有该店的工作人员都是它的社员。股金从每月工资中扣除。起初它是邹韬奋主编的《生活周刊》社的书报代办部，1932 年改为生活书店。到 1935 年就发展成为在全国拥有分、支店五十多处，工作人员数百人的有影响的书店。生活书店的最高领导机构是理事会，由全体工作人员选举产生。

在 30 年代，生活书店是韬奋据以进行政治斗争、文化斗争的坚固堡垒。他所办的《生活》周刊被封了，又出《新生》；《新生》被查封了，又出《大众生活》，《大众生活》被禁了，又出《永生》（《新生》、《永生》两刊，虽不是韬奋主编，但实际上则是一脉相承）；《永生》被查禁了，又办《生活日报》，这个日报自行停刊后，又出《生活星期刊》；《生活星期刊》停了，“八一三”沪战开始，又出了《抗战》三日刊，进而发展为《全民抗战》；在《全民抗战》被禁，迁到香港后，又恢复了《大众生活》。这样再接再厉、不屈不挠的斗争，一方面说明了韬奋如何坚守岗位，令人尊敬，同时也说明了生活书店是一个如何重要的文化堡垒。

当时生活书店还是一个进步的出版、发行中心。在这个时期，生活书店除出版《生活》周刊和其后继的一脉相承的姊妹刊物外，还出版有《世界知识》、《文学》、《妇女生活》、《太白》、《生活教育》、《译文》等。这些杂志都是进步的，风行一时，大受读者欢迎。

我进生活书店后，主持编辑原来由胡愈之主编的《世界知识》

杂志，直到1936年1月我被选为生活书店理事会理事。《世界知识》杂志无论在介绍国际时事和论述国际问题方面，还是在宣传抗日救亡方面，都起了巨大的作用。周恩来曾为这个刊物亲笔题写刊头“世界知识”四个字。陈毅在它创刊30周年时，亲自写了纪念文章，说《世界知识》在解放以前“是有进步作用的”，在解放以后“也是有成绩的”。

1935年底到1936年初，邹韬奋主编的《大众生活》（我和金仲华、柳湜等都是《大众生活》编辑组成员），热烈地支持党领导的“一二·九运动”，热烈地拥护党“停止内战、一致抗日”的主张。这个刊物的销售额因而增加到二十多万份，创造了我国历史上报刊销数最高的记录。于是国民党就对邹韬奋大加迫害，邹被迫逃亡香港，他临走时对生活书店作了一番安排，让我担任该店总编辑。

我主持生活书店的编辑工作以后，为了宣传抗日救亡，为了宣传革命理论，曾把该店出版范围扩大，有计划地出版了“青年自学丛书”、“黑白丛书”、“救亡丛书”、“世界文库”和“世界名著译丛”等等。凡生活书店出版的马列主义著作，均属“世界名著译丛”（或“世界学术名著译丛”）之列。

此外，我在这些年里，利用业余时间翻译了一些马列主义著作和进步政治书籍。我给自己作了每天至少翻译两个小时的规定。当时年轻，精力旺盛，书店下班后就抓紧时间搞翻译。这样坚持不懈译出的书籍有：苏联大百科全书的“哲学”条目、恩格斯的《费尔巴哈论》和《家族、私有财产及国家的起源》、普列汉诺夫的《马克思主义的基本问题》和列昂节夫的《政治经济学讲话》等等。这本《政治经济学讲话》通俗易懂，深受青年读者的欢迎。它不仅在提高青年社会科学知识方面起了巨大的作用，而且好多青年因读了此书而参加了革命。

这样，从1926年学习俄文开始，到生活书店的实践，使我最终决定了今后要走的道路：毕生从事马列主义著作的翻译工作。

后因生活书店要在新疆建立编辑中心，我又于1938年底和茅盾一家来到迪化（今为乌鲁木齐），那里盛世才统治严密，共产党员和进步人士纷纷遭到逮捕迫害，遂于1940年和茅盾一起经西安到延安。

我来到革命圣地后开始在马列学院搞翻译工作，主要是根据俄文校订《列宁选集》的译稿，因为有些译稿是从英文译出的。

1941年7月，中央决定把马列学院改组为中央研究院。该院设八个研究室：哲学、马列主义、国际问题、经济学、文学、党史等。我任国际问题研究室主任。

1941年9月，中央设立中央政策研究室，任弼时任主任。该研究室下设政治、经济、国际问题三个研究组，我任国际问题研究组组长。

1942年一天，在毛泽东办公室参加了他召集的《马恩列斯论思想方法》一书编辑会议，到会者有艾思奇、吴亮平、柯柏年等。会议决定：大家分头找材料，由一个人整理编辑，最后送毛泽东审阅。后来毛泽东看了这份整理的初稿，认为不适用。他自己重新编辑最后成书。这就是后来流行的《思想方法论》。

1943年6月~1946年11月，我被调往中宣部工作，担任出版科副科长（科长是许之祯），主管马恩列斯经典著作的翻译和出版，即延安解放社的编辑出版工作。

1947年4月，中央决定成立中央工作委员会。以刘少奇为首的中央工作委员会在西柏坡住定后，就开始筹备全国土地会议。委派我到晋察冀中央局去找材料，结果，我编印了一本《马恩列斯论农民土地问题》。

1949年2月间，七届二中全会时，中央叫我提出一个学习理论的计划，我就同胡乔木同志商量，拟定了一个学习书目，经中央批准，这就是“干部必读”12种书。其中《列宁斯大林论中国》、《列宁斯大林论社会主义建设》、《社会发展简史》等系我编译；《马恩列斯思想方法论》系毛泽东同志在延安时亲自编辑，我和艾思奇同志、吴亮平同志、柯柏年同志等参加了搜集材料的工作。

全国解放后，先在中宣部后在西北局宣传部工作过一段时间，绝大部分时间是在中央编译局任副局长，从事马列主义著作的编译校订工作。

现在，我已进入古稀之年，但是，看到我国翻译马列主义著作的同志愈来愈多，研究马列主义的队伍越来越大，我仍然感到振奋，受到鼓舞。愿马克思列宁主义的思想永远指引我们前进！

原载《出版史料》1983 年第 2 辑

为了马列主义在中国的传播

张仲实

当我得知中央编译局、马列著作研究会、翻译工作者协会、出版工作者协会的同志们准备召开祝贺会后，心情一直很不平静。面对这样高的荣誉，思前想后，深感不安。特别是在会上听了王震同志讲话，姜椿芳同志代表四个单位的祝词，和其他同志的发言，我感到对我的表彰愧不敢当。同时深深地感到，这是党中央和同志们的亲切关怀，我受到很大教育和鼓舞。

马克思主义的传播在中国已近百年，不少先烈、前辈贡献了毕生的精力，甚至牺牲了生命。会上在座的就有好几位先我投身这一工作的前辈、老朋友。他们的卓越成就，更值得称颂。如果说 50 年来，我的工作取得了一点成绩，那也是同党的培养和同志们的帮助分不开的，我仅仅是做了一个共产党员所应该做的一点工作。

50 多年前，我不过是西北农村的一个穷学生。党组织把我送到苏联学习，在学习和工作实践中掌握了一定的翻译能力，为我走上翻译马列著作的道路奠定了基础。

回顾这50年的道路，我经历了三个历史阶段。

30年代在白色恐怖、高压禁锢下的上海，马列著作的翻译、评介文章，既缺乏参考书籍，又不能公开讨论，基本处于一种地下工作状态。要出版这些著作，更是困难重重，处处危险。不少名著往往只能改头换面，节译发表，有些迫于形势未能发行就夭折了。

40年代，我经新疆去延安，虽然那时候边区条件差，不可能全面系统地翻译出版经典著作，但在毛主席、党中央直接领导和亲切关怀下，马列著作的翻译、出版、研究，已成为宣传工作的一个重要方面。特别是当时全党上下如饥似渴地学习和对马列主义理论的需求，进一步推动了这一工作的开展。

真正的“黄金时代”是在革命政权建立后，在主席、总理、少奇同志的直接指导下，创建了编译局，选派组织了一只专业化队伍，展开了大规模系统翻译工作。1954年，我调到编译局后，即参加了这个集体的译校工作。在出版界同志们有力配合下，30年来，马列主义经典著作的翻译出版取得了显著的成绩。随之全面展开的对经典著作的研究日益深化。50年的切身经历，使我深深地体会到党对马列主义著作的翻译、出版、研究极为重视。毛主席早在延安就曾对马列著作翻译工作做出了高度评价。从延安到解放后，我有幸几次聆听主席关于做好翻译、出版工作和学习研究马列主义的谈话。特别是主席一再指出对马列主义研究要和中国的现实结合起来。在这方面，我与不少同志，特别是先我投身这一工作的老同志相比，还是有差距的。

我们这一代人，是在马克思主义传播到中国、毛泽东思想形成和发展的过程中成长和走过的。我十分赞同有些老同志所讲的：党的十一届三中全会以来，有小平、陈云等无产阶级革命家掌舵，我们党进入了历史中最好时期之一，随着社会主义经济建设和各个方面取得的突破性进展以及令人鼓舞的新成就的出现，翻译、出版和对马列主义著作的研究，也出现了崭新的局面，并取得了可喜的成果。经过几十年的奋斗,终于在今天看到我们党、我们的祖国,走上了一条正确的成功之路,怎能不为之欢欣鼓舞？我虽然年高体弱,退居二线,但我决心坚定地和党中央保持一致,向老一辈无产阶级革命家和同志们学习,不辜负党和同志们的期望,继续发挥余热,做一些力所能及的工作。

原载《出版工作》1984 年第 5 期

马列著作的翻译出版工作是十分重要十分光荣的工作

——在祝贺张仲实从事马列著作翻译、研究和出版工作 50 周年大会上的讲话

王　震

同志们,今天,中央编译局、中国马列著作研究会、中国翻译工作者协会和中国出版工作者协会,在这里联合举行庆祝会,庆祝张仲实同志从事马列著作翻译、研究和出版工作 50 周年。我应邀参加这个盛会,感到十分高兴。我向张仲实同志表示热烈祝贺。

张仲实同志是我国理论界、翻译界和出版界的一位深受大家尊敬的老同志。他很早就参加了革命,几十年来一直勤勤恳恳、忠心耿耿地为革命事业工作。革命战争年代,无论在环境十分险恶、白色恐怖异常严重的白区,还是在物质条件十分艰苦的解放区,张仲实同志都在孜孜不倦地宣传革命思想,传播马列主义真理。我在仲实同志到达延安后才同他认识。当时仲实同志就在从事马列著作的编译、研究和出版工作。后来他一直在这条战线上坚持战

王震(右一)在祝贺张仲实(左一)从事马列著作翻译、出版工作50周年大会上讲话

斗。仲实同志为传播马列主义奋斗了一辈子。他的这种革命精神是很可贵的,值得我们学习和发扬。

马列著作的翻译出版工作,是十分重要的工作,也是十分光荣的工作。大家都知道,我们事业的胜利靠的是马列主义、毛泽东思想。毛泽东同志说:“十月革命一声炮响,给我们送来了马克思列宁主义。”从此,我们在马列主义的指导下找到了中国革命的正确道路。以毛泽东同志为代表的中国共产党人将马克思主义的普遍真理同中国革命实践结合起来,经过28年的艰苦卓绝的斗争,领导中国各族人民取得了新民主主义革命的伟大胜利。新中国成立后,我们在马列主义、毛泽东思想的指导下又取得了社会主义革命和社会主义建设的伟大胜利。这些胜利的取得是同马列主义在中国的广泛传播分不开的。而传播马列主义是同许多从事马列主义著作编译出版工作的同志的辛勤劳动分不开的。张仲实同志严谨治学、业精于勤的奋勉精神值得大家尊重、尊敬和学习。当年,在延安的窑洞里,在硝烟弥漫的战场上,在偏僻的山沟里,我们的许多同志不管条件如何艰苦,都如饥似渴地读马列主义的书,其中就有张仲实同志翻译的。有些同志还直接听过张仲实同志讲的课。张仲实同志传播马列主义的贡献,是可贵的,值得庆贺的。

马列主义著作编译出版事业是我们党的整个事业的一个重要组成部分。新中国成立后,这项事业得到了很大发展,取得了显著的成绩。过去从事马列主义著作编译出版工作的同志,为数不多,现在已经形成了一支队伍。过去只有一部分马恩列斯的著作译成了中文,现在《马恩全集》、《列宁全集》和《斯大林全集》都已经出版了。但是已有的成就还不能适应新的历史时期的需要,要建设有中国特色的社会主义,实现我们党提出新的历史时期的宏伟目标,要把我国建设成为现代化的、高度文明的、高度民主的社会主义国家,要搞好物质文明和精神文明的建设,我们不但一刻也不能离开马列主义、毛泽东思想的指导,而且要大力加强马列主义、毛泽东思想的学习、宣传和研究。因此,我衷心希望从事马列著作编译、出版和研究工作的同志们,学习和发扬老一辈同志的革命精神,进一步做好马列著作的编译、出版和研究工作,发扬理论联系实际的学风,根据新时期的新情况、新问题,捍卫和发展马列主义、毛泽东思想。同时也希望在座的对马列著作编译出版研究富有经验的老同志、老前辈关心和帮助中青年干部的成长,培养更多才德兼备的接班人,为繁荣马列著作编译出版事业,为宣传、捍卫和发展马列主义、毛泽东思想,并促进编译自然科学各个领域的书籍,推进四个现代化和两个文明建设作出更大的贡献。

最后祝张仲实同志健康长寿。

原载《出版工作》1984 年第 5 期

张仲实50年编译工作纪实

姜椿芳

张仲实同志1903年生于陕西省陇县。他从学生时代起就投身革命，为中国人民的解放事业和社会主义建设事业奋斗了60年。早在1924年，仲实同志就加入了共产主义青年团。在党的直接领导下积极从事学生运动。1925年加入中国共产党。1926年，仲实同志受党的派遣去苏联学习，先后在东方劳动者共产主义大学和中山大学学习马列主义。他除了掌握俄文这一重要工具外，还学习了哲学、经济，具备了革命理论基础。1930年回国后，他主要在白区从事进步文化工作，在上海等地担任生活书店总编辑，编辑出版各种进步书刊和马列著作，并积极参加抗日救亡运动。日军侵占上海后，仲实同志随同邹韬奋先生到香港，又辗转到了武汉、重庆。1938年底，仲实同志在新疆同茅盾同志一起领导“新疆文化协会”，并在新疆学院教授哲学、经济学和社会发展史。1940年仲实同志到了延安，先后在马列学院、中共中央政治研究室、中共中央宣传部从事理论研究和宣传工作。新中国成立后，仲实同志先后担任中苏友好协会总会党组副书记，中宣部国际宣传处处长，西北局宣传部副部长等职。从1954年起，仲实同志一直担任中央编译局副局长，现在是编译局的顾问。他曾被选为中国科学院哲学社会科学学部委员，第四、第五届全国政协委员，去年又被选为第六届全国政协常委。

仲实同志在几十年的革命生涯中，主要从事革命书刊的编辑出版和马列著作的翻译研究工作，对普及革命思想和传播马列主义理论作出了积极贡献。他是我国出版界、翻译界和理论界深受尊敬的老前辈。

30 年代，白色恐怖笼罩全国，民族危机日益深重，仲实同志站在革命文化战线的前列，为拯救中华民族、反对国民党反动统治，积极从事进步的文化工作，向正在黑暗中寻找光明的中国人民介绍马列主义革命理论和宣传抗日救国的道理。经胡愈之同志介绍，他到生活书店主编《世界知识》杂志。之后，仲实同志又参加了邹韬奋同志主编的《大众生活》的编辑工作。这个刊物热烈支持党领导的革命运动，积极拥护党提出的"停止内战、一致抗日"等重要主张，成为白区进步报刊的一面旗帜。在邹韬奋同志离开上海后，由仲实同志主持生活书店的编辑工作。为了宣传抗日救亡，为了传播革命理论，生活书店有计划地出版了一大批进步读物，其中包括一批马列主义经典著作。同时还出版了许多进步刊物，有的刊物还是仲实同志亲自主编的，如《国民公论》。这些进步书刊在传播革命思想、团结广大进步作家和读者、动员全民抗战方面都起了巨大的作用。生活书店在胡愈之、邹韬奋、张仲实等同志和全体工作人员的积极努力下，成了白区进步出版事业的中心，革命文化战线的一个重要阵地。这期间，仲实同志还满腔热忱地投入抗日救亡运动，积极响应党领导的"一二·九运动"，参加了"上海各界救国联合会"的发起工作，并被选为"全国各界救国联合会"的执行委员。

仲实同志从 1934 年起开始从事马列主义著作的编译工作。他为传播马列主义付出了毕生的精力。在上海、武汉时期，他翻译了恩格斯的《费尔巴哈与德国古典哲学的终结》、普列汉诺夫的《马克思主义的基本问题》、斯大林的《论民族问题》、拉比杜斯和奥斯特维强诺夫合著的《政治经济学教程》以及列昂节夫的《政治经济学讲话》等著作。在新疆学院讲学期间，他翻译了恩格斯的《家族、私有财产及国家的起源》。仲实同志翻译的恩格斯的这两部经典著作，深受广大读者的欢迎，不仅在解放前多次再版，而且新中国成立后仍大量印行，一直是我们党的广大干部学习马克思主义的必读书。他翻译的列昂节夫的《政治经济学讲话》,在青年读者中发生过广泛影响,许多青年在这本书的启迪下走上了革命道路。斯大林《论民族问题》的译文,毛主席在《新民主主义论》中曾大段引用过,还特地提到译者张仲实同志的名字,这是对仲实同志为翻译马列著作付出的辛勤劳动的最好的肯定。

仲实同志到延安后,继续从事马列著作的编译工作,参加了《列宁选集》20 卷本译稿的校审工作,后来又参加了毛主席亲自负责编辑的《马恩列斯思想方法论》一书的编选工作。他在中宣部主管出版工作期间,以"解放社"名义大量出版了马恩列斯的著作。为了配合中央研究土地问题,仲实同志编了《马恩列斯毛论农民土地问题》。在全国解放前夕,党中央为了提高全党的马列主义理论水平,决定编一套"干部必读",共 12 种。仲实同志协助中央拟定了书目,并负责编辑了其中的 3 种:《列宁斯大林论中国》、《列宁斯大林论社会主义建设》和《社会发展简史》。这一时期,仲实同志在党中央直接领导下,为编译出版马列主义经典著作和干部理论教育做了大量工作,对加强党的理论建设作出了贡献。

中华人民共和国成立后,党中央在 1953 年决定成立中共中央马恩列斯著作编译局,任务是有系统、有计划地翻译马恩列斯的全部著作。仲实同志在编译局成立的第二年,就调来担任领导工作。他同局里的其他领导同志一起,为完成《马恩全集》、《列宁全集》和《斯大林全集》的翻译任务日夜操劳。仲实同志不仅参加了组织领导,还担负了部分译稿的审定工作。三大全集这一宏伟工程,在党中央的关怀下,在编译局全体同志的努力下,已经完成。这是理论战线的一个重大成就。这个成就同仲实同志含辛茹苦的工作是分不开的。

仲实同志在粉碎"四人帮"以后,精神振奋,虽年逾古稀,仍以"老骥伏枥,志在千里"的精神,继续为宣传马克思主义发挥光和热。他积极收集资料,研究马恩著作,准备撰写《马克思传》,并写了部分章节，后来因病未能完成。但是，他在养病期间仍写出了通俗简要的《马克思恩格斯传略》和《列宁传略》。仲实同志这种为党的事业奋斗不息的精神，是难能可贵的，十分感人的。

张仲实同志对于经过他笔下的任何文稿，不论是写作的或是翻译的，甚至一封信，他都很认真，炼字造句，一丝不苟，精雕细刻，不遗余力。我们经常看到，出于他手笔的稿纸，勾来勾去，涂涂抹抹，天头地脚，左右空白，都是线条纵横，移行添字的墨迹，都十分清楚。叫人看了，大有惊讶之感。这是他严肃处理文字的突出之点。正因为这样，他的著译才受到读者的尊重。

几十年来，仲实同志为党为人民做了很多工作，特别是在宣传马列主义方面作出了很大的贡献。现在，我们庆祝仲实同志从事马列著作翻译、研究和出版工作50周年，我们要向仲实同志学习。学习他对共产主义事业的耿耿忠心；学习他数十年如一日，勤勤恳恳、兢兢业业、为宣传马列主义而埋头苦干的革命精神；学习他对工作一丝不苟、极端负责的优良作风。我们要以仲实同志为榜样，在新的历史时期，进一步做好马列著作的编译、出版和研究工作，为宣传、捍卫和发展马列主义，为社会主义精神文明的建设作出贡献。

原载《出版工作》1984年第5期

仲实同志在生活书店的日子里

邵公文

记得1934年和1935年这两年，正是生活书店大发展的时期，《世界知识》、《太白》、《译文》、《妇女生活》、《读书与出版》等刊物陆续创刊。1935年邹韬奋从国外回来，立即创办了《大众生活》周刊。这些刊物对宣传我党的主张、推动抗日救亡运动的高涨，都起了积极的作用。在这民族危机深重、蒋介石法西斯统治严酷的时期,广大群众,尤其是青年知识分子迫切要求民族解放,要求民主、自由,要求以革命的理论来武装自己。张仲实同志就在这个时候来到了生活书店,对生活书店的发展,对大量的进步革命书刊的出版,作出了很大的贡献。对于他的劳绩,生活书店的同志是非常敬佩的。

仲实同志来到生活书店以后,工作是繁忙紧张的,尤其是1936年2月他担任了生活书店总编辑以后,更为辛劳。他既要为《世界知识》、《大众生活》等刊物写文章,又要翻译、编写书稿。比如,《大众生活》创刊,他接连写了几篇"人物重估",如《托玛斯·摩尔去世九百年》、《哥伦布和资本主义》等。据不完全统计,这几年他一共翻译、编写或和别人合写的书就有14种。这些文章和书籍,向读者介绍了新的理论和知识,影响很大。他翻译的列昂节夫的《政治经济学讲话》,更被广大青年读者热烈欢迎。当时李工模主持的申报流通图书馆有一个读书会,就把这本书作为基本读物,生活书店好些青年同志都参加了这个读书会。仲实同志主编的《青年自学丛书》等图书的组稿编辑工作,更是十分繁重。生活书店开头一两年,出书比较散,仲实同志担任总编辑后,出版工作才算较有计划、较有系统了。他还和韬奋、伯昕等同志一起研究,组织出版了《世界学术名著译丛》(马列经典著作)、《世界知识丛书》、《创作文库》、《世界文库》、《黑白丛书》、《百科小译丛》等等。这些丛书都深受读者欢迎。

当年生活书店一共只有一百多个同志。仲实同志主持的编辑部大概只有十来个人,有林默涵、钱文珍、刘执之、胡耐秋、吴全衡等。由于房屋不够,后来把隔壁世界书局的过街楼租了过来,他们就在那里办公。一间办公室十来个人,一年却要出那么多书。光1936年就出版了104种,平均每星期出两种新书。在仲实同志的领导下,大家的干劲很足,效率也很高,每个同志都自觉地为做好革命的出版工作而努力。同时,很多同志还积极参加各种社会活动。这和仲实同志兢兢业业的工作精神,对同志循循善诱、以诚相待的领导作风是分不开的。他的这种精神和作风,一直为生活书店的同志所称道,也是永远值得大家学习的。

原载《出版工作》1984 年第 5 期

六十春秋风和雨

——怀念张仲实同志

帅孟奇　杨献珍　王炳南　高克林　莫文骅　沈兹九

张仲实同志是优秀的共产党员,他为中国人民的解放事业奋斗了 60 多个春秋,对党领导的进步文化事业,对马克思主义的研究、宣传工作做出了重要贡献。仲实同志离开我们整整一年了,但他那正直、谦虚、朴实的品格,踏踏实实、埋头苦干的作风,安详亲切的身影却总是留在和他一起工作过的同志们的心里。

仲实同志 1903 年 7 月 15 日出生在陕西省陇县一个贫苦农民家庭。1922 年春,他到陕西三原上中学,在那里他受"五四"新文化运动的影响,成为学生运动的积极分子。1924 年暑期,仲实同志加入共青团,担任渭北学联主席,1925 年 1 月转为中共党员,并被选为党的渭北特支书记。这年 10 月,他作为全省学联负责人出席了在北京召开的全国学联代表大会,参加了北京学生在天安门广场举行的"首都革命"旅行示威。他回三原后,继续积极配合陕西早期党的领导人魏野畴、李子建等开展学运、兵运、农运工作,由于仲实同志的革命活动,他受到反动军阀的追捕,于 1926 年夏季被迫出走。

到达上海后，他考进了国共两党合办的上海大学，不久又被选派去苏联莫斯科东方劳动者共产主义大学学习。1928 年转入莫斯科中山大学学习。由于仲实同志学习异常刻苦，俄文水平提高很快，他被分配在张闻天同志领导的翻译班从事马列主义教材的翻译工作，这使他在留苏 4 年期间，打下了扎实的俄文基础，系统地学习了马列主义理论。

1930 年仲实同志回国后，由中共北方局分配在唐山任中共京东特委宣传部长，从事工人运动。1931 年他去上海后开始从事进步文化事业活动。1933 年，他经人介绍到中山文化教育馆主办的《时事类编》旬刊为特约翻译兼编辑。当时国民党反动派大张旗鼓地进行"文化围剿"，许多进步报刊被取缔，仲实同志就利用这个"合法"刊物，从苏联多种报刊上翻译了大量文章，向中国读者介绍苏联社会主义经济建设、文化教育事业的巨大成就以及苏联对国际问题的观点。他的这些译作引人注目，受到广大青年的欢迎，并产生了较大的政治影响。

1934 年底，仲实同志经胡愈之介绍进入由著名革命民主主义战士邹韬奋创办的生活书店工作，并由胡愈之推荐代替他担任《世界知识》杂志的主编。半个世纪前创刊的《世界知识》，长期以来对广大读者进行启蒙知识教育，培养了我国几代青年爱国主义和国际主义思想，在这里面，仲实同志的一份心血和劳绩是不应忘记的。

1935 年秋季，邹韬奋在民族存亡之时，勇敢地擎起一面抗日救亡旗帜，创办了《大众生活》周刊，仲实同志是周刊编委之一。1936 年 2 月，国民党反动当局禁止《大众生活》出版并迫使韬奋再度流亡。韬奋临走时让仲实同志担任生活书店总编辑。不久，为打破国民党当局的禁锢，坚持宣传革命思想，仲实同志毅然决定创办《永生》周刊以代替《大众生活》。他还有意识地把当时生活书店的出版方针转向马克思主义的社会科学，有计划地出版了一大批进步丛书。仲实同志在尽心竭力地主持生活书店编辑工作的同时，还进行许多著述和翻译工作，这期间他翻译的马克思主义著作主要有恩格斯的《费尔巴哈与德国古典哲学的终结》、普列汉诺夫的《马克思主义的基本问题》、列昂节夫的《政治经济学讲话》等，他的这些译著曾多次再版。仲实同志在主持书店时出版的大批进步读物以及他个人翻译的马克思主义著作，深得广大读者的热烈欢迎，教育了一代革命青年，对马克思列宁主义在中国的传播起了重大作用。

自 1937 年 6 月起，仲实同志和邹韬奋、沈钧儒、钱亦石、郑振铎等人连续创办了《中华公论》、《抗战》三日刊、《战时联合旬刊》、《全民抗战》、《国民公论》等杂志，大张旗鼓地宣传抗日救亡。

1938 年底，仲实同志到重庆后，新疆学院院长杜重远请茅盾和他去新疆工作，他征求了韬奋及当时党在白区负责人秦邦宪同志的意见后就和茅盾一道前往新疆，到达迪化后，仲实同志任新疆文化协会副会长（茅盾任会长），在开展文化协会各项工作的同时，他还担任新疆学院经济系主任，讲授马克思主义哲学、经济学、社会发展史等课程。1939 年暑期，他协助杜重远去到伊犁和沿途各县进行抗日宣传和社会调查工作，受到各族人民的热烈欢迎。茅盾和仲实同志的活动使新疆反动军阀盛世才十分嫉恨，并伺机向他们下毒手，矛头首先指向仲实同志。途经新疆前往苏联治病的周恩来同志了解到这一情况后，即让毛泽民转告仲实同志，安排他去延安。在新疆党组织的协助下，他们机智地摆脱了盛世才的魔爪，奔赴延安。仲实同志辗转新疆的一年多时期里，除了从事教学、社会工作，也进行了大量的写作、翻译。他在新疆《反帝》、《新芒》等刊物上发表了国际问题研究和抗战评论等多篇文章。最有意义的是，他把恩格斯的重要著作《家庭、私有制和国家的起源》译成中文。针对中国是民族解放运动的典型这一事实，他还翻译了《斯大林论民族问题》一书。

1940年，仲实同志到延安后，由衷地感到一种回到自己家里的幸福感和安全感。当时是中央总书记的张闻天兼马列学院院长，他安排仲实同志到马列学院任编译部主任兼陕北公学领导成员，在马列学院、抗大、陕北公学、鲁艺女子大学讲授马列主义原理课程。1941年党中央设立政研室，毛泽东兼主任，下设政治、经济、国际问题三个研究组，仲实同志任国际问题研究组组长。1943年，他又调到中宣部主管马列著作的翻译和出版工作。整风期间，毛泽东为肃清教条主义在党内的影响，决定亲自主编《马恩列斯思想方法论》，他召集张仲实、艾思奇、吴亮平等同志参加了编辑工作。在延安期间，仲实同志更专注于马列主义理论的学习、研究，他在党中央机关刊物《解放日报》、《解放》周刊和艾思奇主办的《中国文化》上，先后发表多篇论文及译作。

延安整风运动开始后，仲实同志响应毛主席关于知识分子深入工农、深入实际的号召，利用业务时间，到延安杨家岭中央机关运输队去做群众工作，提高了运输队员的政治觉悟和工作干劲，使这个单位成了全延安的模范运输队，他又把这个运输队的事迹、经验做了总结，刊登在《解放日报》上推广。因而仲实同志被评为陕甘宁边区的劳动模范，以后又被选为陕甘宁边区的参议员。毛主席曾在中央党校作报告时表扬了他。

解放战争时期，仲实同志一直在中宣部工作，他根据革命转变时期的不同需要，受中央及有关部门委托，陆续编辑了土地问题调查报告、整党问题资料等多种资料。特别是1949年2月党的七届二中全会召开时，为迎接中国革命向社会主义革命的历史性转变，中央指示仲实同志提出一个理论学习计划。他与中央有关同志商议后，拟定了一个干部学习书目并负责编印。这就是经中央批准后广泛发行的“干部必读”12本书。“干部必读”在建国初期对于提高广大党员干部的理论水平，加强党的思想建设起了重要作用。

建国初期，根据毛主席的提议成立中苏友协，仲实同志参与创办中苏友协,并担任副总干事、党组副书记,他还先后担任中宣部出版处处长,国际宣传处处长,中共中央西北局宣传部副部长,中共中央编译局副局长、党组副书记。党中央给中央编译局的主要任务是:有系统、有计划地翻译并出版《马克思恩格斯全集》、《列宁全集》、《斯大林全集》。在中国这样一个大国全部翻译并出齐马、恩、列、斯的著作,这不仅在马列主义传播史上,而且在我国出版史上也是一项极其宏伟的工程。仲实同志以他后半生的主要精力,参与了这项宏伟工程的组织领导工作,由始至终,兢兢业业,呕心沥血,并且一丝不苟地亲自审定了部分译稿。经过二十多年的努力,卷帙浩繁,内容广博的三大全集全部出齐。这对于党的理论建设,社会主义精神文明建设,以至整个中国革命和建设事业都有着巨大意义。

1966年"文化革命"发动后,仲实同志受到严重冲击和折磨,他的马克思主义研究工作被迫中断。十年动乱结束后,仲实同志已逾古稀之年,由于积劳成疾,他身患重病,但他仍以极大的毅力写了许多文章,还在住院养病期间写了《马克思恩格斯传略》、《列宁传略》。仲实同志衷心拥护党的十一届三中全会以来的方针、路线、政策。面对改革开放的新时期,他常常对青年同志讲:搞理论工作一定要研究新情况、新问题。

许多同志在谈到仲实同志时都有一个共同的感觉:仲实同志朴实无华、寡言少语,他总是在踏踏实实地工作。仲实同志的另一特点是谦虚谨慎,从来不向党和人民伸手,党分配他干什么就干什么,从来不讲价钱。仲实同志严谨认真,极其负责的工作态度也是有口皆碑的。他在负责三大全集经典著作的部分译稿时,为了准确无误地表达经典作家的原意,他常常反复对照俄文、英文、德文版著作审阅。他审阅过的译稿圈点勾画,纵横交错,人们看了无不惊叹他工作、治学的严谨、认真。

六十多年来,仲实同志就是以这种认真、负责的精神扎扎实实地为党和人民做了大量卓有成效的工作,他是党培养出来的优秀知识分子。他那正直朴实、廉洁奉公、埋头苦干的形象深深地留在我们心里。

原载 1988 年 7 月 7 日《人民日报》

马克思主义理论家、翻译家——张仲实

吴殿尧

在我国思想理论战线上和马列主义著作翻译出版事业中,人们不会忘记张仲实的名字。1984 年 3 月,在中共中央编译局、中国马列著作研究会、中国翻译工作者协会和中国出版工作者协会于人民大会堂举行的庆祝张仲实从事马列著作翻译、研究和出版工作 50 周年的集会上,王震同志讲话说:中国革命胜利同马列主义在中国的传播分不开;马列主义的传播同翻译、出版、研究、宣传马列主义的广大同志分不开。我们当年在延安的窑洞里,在硝烟弥漫的战场上,如饥似渴地学习马列著作,其中就有仲实同志的译作,有的同志还直接听过他的讲课。仲实同志为传播马列主义奋斗了一辈子,他的这种革命精神是很可贵的。

大革命的洗礼和赴苏留学

张仲实,原名张安人,曾用名张任远、实甫。1903 年 7 月 15 日出生在陕西省陇县城北郊一个贫苦农民家庭。他自幼丧母,在祖父、伯母照料下度过童年。10 岁始念私塾,17 岁高小毕业。1922 年考进设在三原县的陕西省立甲种工业学校纺织专业。读书期间,他潜心阅读传播新思想新文化的书刊,并为马克思主义所吸引。1924 年暑期,共青团中央派上海大学学生李子建(三原人)到三原建立团组织，成立了共青团渭北特支，张仲实首批被吸收入团，不久被推选为渭北学生联合会主席。

1925年初，中共豫陕区委派人到三原发展党组织，张仲实等一批优秀团员转为共产党员，并成立了中共渭北特支，张仲实被选为书记。三原党组织建立后，积极发动三原人民投入了正在全国兴起的国民革命。

1926年10月，张仲实受中共中央派遣，到苏联莫斯科，进东方劳动者共产主义大学中国班学习。由于刻苦专心，他的马克思主义理论水平和俄语水平提高很快，逐渐能凭借辞典阅读《真理报》和俄文版马列著作。1928年5月，东大中国班与莫斯科中山大学合并为中国劳动者共产主义大学，张仲实被编入翻译班，和张闻天等同志在一起，从事马列主义理论著作和教材的编译工作。他在苏留学四年，不仅打下了扎实的俄文基础，系统地学习了马列主义理论，还由于和瞿秋白、王若飞、王稼祥等党的领导人及留苏同学的接触交往，开阔了政治视野，加深了对中国革命的认识。

在上海进步文化堡垒中

1930年8月，张仲实由苏联回到上海，由中共中央组织部和北方局分配到唐山京东特委任宣传部长，从事工人运动。不久，因抵制特委内的"左"倾冒险主义而被排挤回省委改换工作。时值顺直省委遭到敌人破坏，他在天津、上海都没能接上组织关系。从1931年到1934年，张仲实先后在上海神州国光社做校对、中山文化教育馆出版部做翻译兼编辑。这期间，他含辛茹苦从事编译工作，为中山文化教育馆主办的《时事类编》(旬刊)每期提供一篇从苏联《真理报》、《世界经济与世界政治》等报刊上翻译的文章，介绍苏联社会主义建设事业的成就和苏联对各种国际问题的观点。他在从事译著的同时，还为《申报》、《新中华》、《中华日报》等报刊撰写通讯文章或论文,以马克思主义的观点评论国际时事,分析1929年后出现的世界性资本主义经济危机及其发展趋势。

1935年初,张仲实经胡愈之介绍,进入邹韬奋创办的生活书店工作,并代替胡愈之担任了《世界知识》杂志的主编。"编辑《世界知识》,对我一生产生了重大影响,使我在暂时与党失去联系的情况下,能够投身于生活书店这个上海进步的文化堡垒中锻炼成长。"①

《世界知识》于1934年9月创刊。它在《创刊词》中宣告:中国是"世界的中国"了,"我们的后面是坟墓,我们的前面是整个的世界。怎样走上这世界的光明大道去,这需要勇气,需要毅力,但尤其需要知识。"②它的使命,就是要把处在黑暗愚昧中的中国民众与世界革命、民族解放、人类先进文明联系起来,让广大读者通过这个窗口认识世界,认识中国在国际社会中的位置,在国际风云变幻中看清历史前进的趋势和中国的前途。为了帮助人们透过迷离扑朔的现象认清世界大势和中国的出路,张仲实在《世界知识》等刊物上,撰写多篇国际评论,如:《帝国主义时代的经济特征及其发展趋势》、《转向中的世界经济危机》、《第二次世界大战与中国之前途(一)》、《未来大战和我们》等等,并继续编译介绍苏联国情的文章。他主编《世界知识》时,只有他和毕云程两个工作人员,要承担约稿、编稿、付印到发行以及联系读者种种工作。他联系了一批研究国际问题和社会科学的专家学者,利用每周或每两周一次的"聚餐会",研讨国际时事和国际问题,适应形势变化,拟就每期的内容和选题,约定撰稿人。钱俊瑞、金仲华、钱亦石、张明养、胡仲持、沈志远、刘思慕等国际问题评论家都经常为《世界知识》撰稿,夏衍、周建人、章汉夫等人有时也应约为该刊撰稿。

在主编《世界知识》的同时,1935年9月,张仲实和钱俊瑞、薛暮桥、徐雪寒、骆耕漠等发起创办了新知书店,张仲实担任理事。他针对当时托派叫喊中国国情特殊,歪曲社会性质的谬论,撰写了

《苏联学术界关于“亚细亚生产方式”问题的论战》一文，说明马克思主义的普遍原理完全适用于对中国社会的分析。

1935年8月底，邹韬奋由美国回到上海，亲自主持生活书店。其时，华北事变发生，中国共产党发出“停止内战，一致抗日”的《八一宣言》。邹韬奋响应中共的号召，勇敢地擎起抗日救亡的旗帜，于11月16日创办了《大众生活》周刊。邹为主编，张仲实、金仲华、柳湜为编辑组成员。这个刊物鲜明地提出“团结抗日、民主自由”的主张，迎接了全国民众抗日救亡的高潮。一二·九运动爆发和上海各界救国会成立后，《大众生活》成为全国抗日救亡运动最主要的宣传阵地，实际上成了救国会的机关报。它反映了广大民众的爱国呼声，受到广大读者的欢迎，销售额很快增加到二十多万份，创造了我国历史上报刊销数的最高记录。由此，引起了国民党统治者的恐慌和嫉恨。到1936年2月，《大众生活》出满16期，即被国民党当局封闭，邹韬奋不得不出走香港、再度流亡。邹韬奋临走时，对生活书店作了周到的安排，让徐伯昕任经理，张仲实任总编辑，《世界知识》由钱亦石接编。不久，在生活书店召开的第二次社员大会上，张仲实当选为由邹韬奋、徐伯昕、杜重远等11人组成的书店临时委员会主席。

张仲实担任生活书店总编辑后，又创办《永生》周刊以代替被查封的《大众生活》，但是，到是年6月间，《永生》又被国民党当局封闭了。为了坚持宣传抗日救亡，传播革命思想，张仲实苦心经营，把生活书店的出版范围不断扩大，有计划地出版了“青年自学丛书”、“黑白丛书”、“救亡丛书”、“世界文库”、“世界名著译丛”(马列主义经典著作)、“百科小译丛”。其中，“青年自学丛书”、“世界名著译丛”、“百科小译丛”由他自己担任主编。其中“青年自学丛书”邀请章汉夫、钱亦石、钱俊瑞、艾思奇、胡风、茅盾、何干之、胡绳、邹韬奋、徐懋庸等著名学者担任作者，先后出版了两辑共24册，内容涉及哲学、政治、经济、文化等广泛领域。这套丛书出版后风行一时，广大青年竞相购买，他们从中接受马克思主义理论和进步文化学术思想，不少人走上了革命道路。

张仲实在主持生活书店编辑工作期间，除了出版前面提到的《世界知识》、《大众生活》、《永生》外，还出版了许多颇有影响的进步刊物，如《文学》月刊（傅东华主编）、《文艺阵地》（茅盾主编）、《译文》（黄源编辑，实为鲁迅主编）、《太白》（陈望道主编）、《世界文库》（郑振铎主编）、《妇女生活》（沈兹九主编）、《国民公论》（张仲实主编）、《读书与出版》（张仲实、林默涵编辑）。生活书店以及这些刊物，在当时国统区进步思想文化战线上，实际上居于领导地位，在团结大批进步作家、读者方面，起到了巨大的宣传、教育、组织作用，成为抗击国民党反动文化"围剿"政策的坚强阵地。

张仲实在尽心竭力地主持生活书店编辑工作的同时，还进行许多著述和翻译工作。除了继续为《世界知识》等刊物撰写国际问题评论外，特别致力于马列经典著作的编译。他回忆说："我在这些年里，利用业余时间翻译了一些马列主义著作和进步政治书籍。我给自己作了每天至少翻译两小时的规定。当时年轻，精力旺盛，书店下班后就抓紧时间搞翻译。这样坚持不懈译出的书籍有：苏联大百科全书的'哲学'条目，恩格斯的《费尔巴哈论》和《家族、私有财产及国家的起源》（此书是后来在新疆时译出的——作者注）、普列汉诺夫的《马克思主义的基本问题》（此书当时的译名是《社会科学的基本问题》——作者注）和列昂节夫的《政治经济学讲话》等等。这本《政治经济学讲话》通俗易懂，深受青年读者的欢迎。它不仅在提高青年社会科学知识方面起了巨大的作用，而且好多青年因读了此书而参加了革命。"③张仲实译的《费尔巴哈论》于 1937 年 12 月出版，他在"译者序言"中，对恩格斯的这部光辉著作以及它在革命实践中的指导意义作了精辟的阐释，并对费尔巴哈的生平、其学说的历史意义与局限性做了全面的介绍。这部译著曾多次再版，对马克思主义哲学思想在中国的传播起了重要作用。

为抗日救亡奔波呐喊

真正的共产党人,也必然是热忱的爱国者。张仲实早就十分关注祖国的抗日救亡事业。1935 年 6 月,他在《世界知识》二卷七号上发表长篇文章《东北四省的义勇军运动》,详细报道了东北人民抗日武装英勇斗争的战况,称赞"东北四省的三千万人民,正在努力挣扎着反对日本帝国主义的压迫、侵略,正在进行着真正的民族革命战争","在组织上,在政治上,在战术上,都比从前有很大的进步"。

"一二·九"运动爆发后,马相伯、沈钧儒等三百余名上海文化界知名人士立即发表《上海文化界救国运动宣言》,张仲实是其中的签名者。不久,上海文化界救国会成立,张仲实是发起人之一,并被推选为执行委员。后来全国各界救国会成立,张仲实亦被推选为执行委员。他积极参加救国会组织的各项活动,紧密配合邹韬奋,使生活书店成为救国会的重要活动机关和主要宣传阵地。

1937 年 6 月,国民党当局以"生活书店出版和经营的书籍内容'左'倾"为由,向生活书店提出警告。身为书店总编辑的张仲实不为所惧。他和郑振铎、张志让等人又合办了一个大型学术性综合杂志《中华公论》,于 7 月创刊发行。他在该刊第一期上发表国际评论《变动中的世界》,指出:帝国主义重新瓜分世界的大战即将开始,中国应同平等待我之国家和民族联合起来,以求生存。

"七七事变"和"八一三事变"发生后,国民政府被迫发表抗战自卫声明,下达总动员令,开始了全国规模的抗日战争。张仲实极为振奋,他和刚从监狱里出来的邹韬奋立即筹办一个新的抗战刊物,这样,8 月 19 日,《抗战》三日刊在淞沪抗战的隆隆炮声中诞生,张仲实为该刊编委。他在《抗战》第一期上撰文《全民抗战的展开》,开篇即高呼:“在敌人步步进逼,忍无可忍之下,我全面的抗战终于展开了,我四万万五千万伟大的民族终于怒吼起来了!”文章简述上海沪淞抗战和华北抗战的英勇战况,并据以驳斥唯武器论者“总说我武器不如人,不能作战”的“战败主义”论调,进而指出:“我在战略上只有采取积极的攻势,才能站在有利的地位。”④9月1日,由《世界知识》、《中华公论》、《国民周刊》、《妇女生活》四刊物合办的《战时联合旬刊》创刊,张仲实和金仲华、郑振铎、钱亦石等为编辑人。张仲实在旬刊第一期上撰文《敌我军队作战能力的对照》,述评中国军队在华北、上海抗击日军近一个月的战况,对比分析敌我双方的士气和战斗力,以事实批驳唯武器论者、“恐日病患者”以及亲日派的“日本在二十四小时之内就可以灭亡中国”的谬论,颇有见地地指出:“我们的对日抗战,主要的是在持久战中取得最后的胜利。”⑤张仲实在抗战之初的这些文章,理论联系实际地对中国抗日战争的战略、前途、路线、政策等重大问题作了初步的探讨研究,提出了一些可贵的思想,和中国共产党在抗战初期对这些问题的观点完全一致,对抗日战争正确理论的形成作出了贡献。

全面抗战爆发前后,中共中央代表潘汉年已在上海公开活动。张仲实和潘汉年取得了联系。邹韬奋为《抗战》三日刊每期撰写一篇社论,常于拟稿前约潘汉年、张仲实等商谈社论内容。由于第二次国共合作实现,一批“政治犯”的共产党获释,由潘汉年安排奔赴延安,张仲实也向潘提出了去延安的要求,潘汉年认为张已是上海文化界知名人士,希望他继续留在生活书店,可以发挥更大作用。

11月12日,上海沦陷,成为孤岛,以邹韬奋为首的生活书店领导机关决定迁往武汉。是月27日,张仲实和邹韬奋、钱俊瑞、金仲华等由法租界码头登上一艘法国轮船驶往香港转广州,再由广州绕道广西、湖南去武汉。途中每到一个地方,都有无数男女青年来访或邀请他们在群众大会上讲演。他们于12月下旬到达汉口后，立即将《抗战》三日刊继续出版。张仲实很快与中共驻国统区的文委书记潘汉年取得了联系，并由潘引到八路军办事处见了董必武和在莫斯科有同窗之谊的博古、凯丰，听取党对在国统区开展统战工作和文化工作的意见。

1938年1月，生活书店为加强编辑出版工作，成立了以胡愈之为主席的11人编审委员会，张仲实为委员。他在《抗战》上连续发表多篇国际时事评论和关于抗日战争的短评。为纪念马克思诞生120周年，他著文《同情于中国民族解放战争的马克思》，载《抗战》第68期。文章介绍了马克思当年痛斥欧洲列强对中国的侵略掠夺，对反抗外国强盗的中国人民的同情和声援，给抗日战争中的人民大众以鼓舞。

同年7月，《抗战》三日刊与《全民》周刊合并为《全民抗战》三日刊，张仲实和沈钧儒、艾寒松、胡绳等任编委。当月，生活书店出版了张仲实和邹韬奋、胡愈之、金仲华、钱俊瑞、胡绳等编著的《抗战一周年》。该书全面总结了抗日战争第一年的国际、军事、政治、经济、社会、文化等情况，并对今后抗战的趋势与前途做了分析。张仲实负责编写《我们的政治在改进中》一节。同时，生活书店还出版了张仲实和钱俊瑞、潘念之、孙冶方等八人编著的《救亡手册》，该书成为抗战期间进行民众宣传动员的重要参考书。张仲实还编写了20万字的《国势现势读本》，作为战时社会科学丛书之一，由生活书店出版发行。

抗战开始后，国民党政府推行片面抗战路线，而全国人民强烈要求实行全面的全民族的抗战，要求实行民主政治、改变国民党的独裁统治和政治弊端。为了表达人民的呼声，张仲实和救国会同人，于1938年9月在汉口创办了《国民公论》(旬刊)，他任编辑兼发行人。该刊创刊词《批判的精神、建设的精神》指出："战争是一个大熔炉。只有通过这个熔炉，一个民族才能打成坚强的不可分的一片。也只有通过这个熔炉，一个独立自由的国家才能从新的铸型上面建造起来。”抗战后，“我们在军事上、政治上、经济上一切旧有的落后的形态与腐朽的机构，和目前抗战的要求，发生无数根本的矛盾”，所以需要“不断的严格的批判”，“不畏惧批判”。

在武汉，张仲实还积极参加各种爱国救亡活动，如出席救国会的时事座谈会，或向青年团体讲演国际时事、青年思想修养。他还常到八路军办事处会见中共长江局的同志，曾几次向周恩来汇报工作，恳谈思想。他为周恩来和邹韬奋第一次会面做了引见工作。从此，生活书店更直接更自觉地置于中共的领导之下，成为抗战中的一个进步文化阵地，并有了很快的发展，从抗战前的1个总店2个支店，扩充到55处支店，遍及11个省，出版了动员人民抗战的通俗读物达500余万册。

和茅盾一起辗转新疆

1938年10月，生活书店迁到重庆后遇到重重困难，工作一时难以展开。这时，应盛世才之邀任新疆学院院长的杜重远来到重庆，邀人去新疆从事文化教育工作。他极力动员张仲实去新疆。生活书店认为新疆离苏联近，进口俄文书籍、纸张可能方便些，也想在新疆开辟分店，这样，张仲实在和中共驻重庆八路军办事处的同志商量后，决心去新疆。

1939年1月初，张仲实由重庆飞成都，转登由昆明到兰州的欧亚航空公司班机，和应邀去新疆的茅盾会合了。到迪化（乌鲁木齐）后，张仲实和茅盾分别担任了新疆学院政治经济系和教育系的系主任。学院当时只有这两个系，学生百余人，他俩是仅有的专职教员。张仲实要讲哲学、政治经济学、社会发展史和政治常识等课程，每周上二十多节课。同时，他还担任了新疆反帝会刊物《反帝战线》的编委，常为该刊撰写国际时事述评。不久，新疆文化协会成立，茅盾任会长，张仲实任副会长，他们协力为发展新疆的进步文化教育事业做了许多工作。

张仲实和茅盾到迪化不久，就发现新疆督办盛世才嫉贤多疑，阴险狡诈，于是十分谨慎。他们和延安派来新疆工作的共产党员取得联系，以求在党的指导下工作。张仲实和时任新疆财政厅长的毛泽民接触较多，常在一起讨论经济方面的问题。

这年暑期，张仲实协助杜重远，带领新疆学院学生组成的暑期工作团，到伊犁和沿途各县进行抗日宣传，开展社会调查。不料，这一活动引起土皇帝杜重才的嫉恨，竟蓄意加害曾为他的"新新疆"唱过赞歌的杜重远。不久，杜重远被软禁，盛世才派他的亲信代替杜当新疆学院院长，茅盾和张仲实便以文化协会工作太多、忙不过来为借口，辞去了在新疆学院的教职。

张仲实回忆："对我们这些文化人才，他（盛世才）虽然不敢明目张胆地镇压，暗地里却戒备森严，经常派人跟踪和盯梢。在这种紧张压抑的气氛中工作，我们都十分不快。"⑥这年9月间，周恩来去苏联医治摔伤的右臂，路过迪化，了解到这一情况。到苏联后，周恩来通过由苏返新疆的毛泽民告诉张仲实：他和茅盾可以到延安去。听到这个消息，他和茅盾为党牵挂、关怀着他们"感到极大的安慰和振奋"。⑦此后，他们就想方设法早日离开新疆，逃离盛世才的控制。1940年5月，他们终于在中共组织和苏联驻迪化总领事馆的帮助下，找到搭乘苏联飞机离开新疆的机会。飞机到兰州后，张仲实找到八路军驻兰办事处的谢觉哉和伍修权，得到他们帮助，和茅盾一家又搭上从兰州到西安的长途汽车。

张仲实辗转新疆一年又三个月，除了从事教学和社会工作外，也进行了大量的写作、翻译。他在《反帝战线》、《新芒》等刊物上发表了《略谈第一和第二两次帝国主义战争》、《捷克吞并后的欧洲政治形势》、《二十二年的苏联》、《资本主义的新危机及其特征》等国际问题述评和《八年来中国民族解放运动的展开》等论文。

最有意义的是，他把恩格斯的重要著作《家庭、私有制和国家的起源》译成中文（当时译名为《家族、私有财产及国家的起源》）出版。他在“译者序言”中，正确地阐释了恩格斯这部名著的巨大理论价值。

这一年多时间，张仲实虽然远离了中国的政治文化中心，但他的译著仍在国内广泛发行。生活书店出版了他编译的《斯大林论民族问题》。这部长达四百多页的书，对学习研究马克思主义关于民族、殖民地问题的理论有十分重要的价值。毛泽东在他的《新民主主义论》一书中，特别在正文中提到张仲实译的《斯大林论民族问题》一书，[8]并大段摘引了书中一段话。同年，张仲实翻译的罗森达尔《辩证认识论》、舍斯达柯夫《苏联历史讲话》和他的专著《怎样研究世界经济》（“青年自学丛书”之一）也由生活书店出版。

从延安到西柏坡

张仲实和茅盾到西安后，找到八路军驻西安办事处，正好赶上周恩来由陕北去重庆路过这里，朱德也是由太行山回延安路过这里。周恩来对他们说：“正好有个好机会，总司令过几天要回延安，你们可以同他一道走，这样路上的安全也有了保证。”

5 月 26 日，张仲实和茅盾随朱总司令到达延安。他俩最初住在中共中央南关招待所，毛泽东和张闻天等党的领导人曾分别到招待所来看望他们，亲切交谈；毛泽东还把他的《新民主主义论》、《论持久战》两本书题字赠送给茅盾和张仲实。

张仲实经中共中央组织部批准，重新回到党的队伍中。他被安排在张闻天兼院长的马列学院任编译部主任，并兼陕北公学领导成员。马列学院编译部是中共历史上第一个编译马列主义经典著作的专门机构，张仲实负责校订从英文译出的《列宁选集》20 卷本的译稿。同时，他还在马列学院、陕北公学、中国抗日女子大学讲授政治经济学、马克思主义基本原理等课程。当时,由毛泽东倡导成立的、艾思奇主持的延安新哲学会经常举行哲学问题讨论会,张仲实常去参加。

1941 年 7 月,中共中央决定把马列学院改为中央研究院,下设哲学、马列主义、国际问题、经济学、文学、党史等八个研究室,张仲实任国际问题研究室主任。同年 9 月,中共中央设立政治研究室,下设政治、经济、国际问题三个研究组,张仲实任国际问题研究组组长。

1942 年,毛泽东为肃清教条主义在党内的影响,教育全党干部学会用马克思主义的立场、观点、方法,研究、解决中国革命的实际问题,决定亲自主编《马恩列斯思想方法论》,他在自己的办公室召集编辑会议,张仲实和艾思奇、吴亮平、柯柏年等一起参加了这一工作。

1943 年 6 月,中央政治研究室撤销,张仲实调中共中央宣传部任出版科副科长,主管马列主义经典著作的翻译和出版,及延安"解放社"的编辑出版工作。他和曹葆华、何锡麟继续《列宁全集》20 卷的翻译校订工作。

张仲实到延安后,更专注于马列主义理论的学习、研究,勤奋写作。他在中共中央机关刊物《解放》周刊、《解放日报》和艾思奇主办的《中国文化》上,先后发表多篇论文或译作。1940 年 12 月,为纪念列宁逝世 17 周年,张仲实撰文《掌握创造性的马克思主义》,发表于《解放》周刊第 123 期。文章指出:"马克思主义有两种:一种是口头上的、书本上的、教条式的;另一种则是革命的、实践的、创造性的。""列宁是创造性的马克思主义的伟大模范。"进而论证:中国共产党在自己 20 年来的革命斗争中,以毛泽东同志为首,不仅已经正确地把握了创造性的马列主义,学会了把马列主义学说应用于中国的环境,"而且在殖民地半殖民地革命问题上,已经向前推进了马列主义,已经给马列主义的'总宝库'提供了好多新的贡献，添加了许多新的珍贵东西。毛泽东同志的《论持久战》、《论新阶段》、《新民主主义论》等著作，是中国的最优秀的真正马列主义的作品”。文章着重阐释了毛泽东关于马列主义中国化的思想和毛泽东在马列主义与中国革命实际相结合上的创造性贡献。这篇文章表明，张仲实在当时党内反教条主义的斗争中，以高度的理论觉悟站到了正确的立场上。此外，他还撰写了《列宁的著作遗产》、《列宁如何研究马克思、恩格斯著作》、《斯大林早年的哲学思想》、《怎样研究〈资本论〉》等文章，分别载于《解放》周刊和《中国文化》。1943 年共产国际宣布解散之际，他著文《共产国际与中国》，并为《解放日报》撰写了社论《学习季米特洛夫同志的英勇斗争的榜样》。他还把苏联杂志《在马克思主义旗帜下》刊载的关于社会主义社会的研究文章翻译过来，在《中国文化》上分三期发表，为中国共产党在民主革命阶段研究社会主义时期的问题提供了思想材料。

1944 年 9 月，邹韬奋逝世的噩耗传到延安。张仲实在周恩来指导下，草拟中共中央致韬奋家属的唁电，起草《纪念和追悼韬奋先生的办法》，报毛主席批准。他还和艾思奇等编审了《解放日报》纪念邹韬奋的专刊，并撰写了长篇纪念文章《一个优秀的中国人——邹韬奋先生的生平、其思想及事业》在《解放日报》上发表。

1945 年春，中共第七次代表大会在延安召开。张仲实参加大会秘书组工作，负责大会文件的定稿、印刷等事宜，圆满地完成了任务。七大期间，毛泽东曾两次谈到翻译工作，他说：“翻译的同志很重要……我们党内能直接看外国书报的很少，凡能直接看外国书的，首先要翻译马、恩、列、斯的著作。苏联先进的东西，各国马克思主义者的东西，还有历史上许多东西，虽然不是马列主义但有进步意义的东西，还有一些民主主义者的东西，我们都要翻译。”⑨这些讲话，给了张仲实很大的教育和鼓舞。他下定决心，毕生从事马列主义经典著作的翻译工作，以此贡献于中国人民的进步事业。

解放战争时期,张仲实一直在中共中央宣传部工作。1947年5月,张仲实随中央工作委员会东渡黄河,转移到河北省平山县的西柏坡。接着,为筹备全国土地会议,他奉派到晋察冀中央局驻地阜平县陈南庄去搜集整理有关土地问题的材料。在那里,他编选了一本《马恩列斯毛论农民土地问题》,由晋察冀新华书店发行。7月,全国土地会议在西柏坡开幕。张仲实参加会议并在会议秘书处工作,负责整理编辑各地的土地问题调查报告。会后,他又去阜平县参加晋察冀边区土地会议,并受大会主席团委托,负责编印了一套《整党问题参考资料》,共10辑,其中有:《论党的性质》、《论群众路线》、《论自我批评》、《论科学的领导方法》、《共产主义的人生观》等。

全国解放前夕,中共中央为提高全党的马列主义理论水平,以迎接伟大的革命转变,决定编一套"干部必读"丛书。张仲实协助中央拟定了书目,共12种,他负责编辑了其中的3种:《列宁斯大林论中国》、《列宁斯大林论社会主义建设》和《社会发展简史》。

中共七届二中全会后,张仲实随中共中央机关迁往北平。

致力于马列全集编译的宏伟工程

新中国成立初期,张仲实在中共中央宣传部先后担任出版处处长、国际宣传处处长,并兼任中苏友协总会副总干事、宣传部主任和《中苏友好》杂志主编。他在从事党的理论教育和国际宣传工作的同时,仍致力于马列著作的编译工作。他翻译的列宁《论民族殖民地问题》、斯大林《马克思主义与民族殖民地问题》,以及他和曹葆华合译的列宁《论东方各民族人民的觉醒》、《民族和殖民地问题提纲初稿》,斯大林《中国革命问题》、《与中山大学学生谈话》等先后出版。

1953年6月,张仲实调任中共中央西北局宣传部副部长。是年底又奉调回京,任中共中央马恩列斯著作编译局副局长,分管业务。编译局的任务是:有计划有系统地翻译马、恩、列、斯的全部著作,以出版《马克思恩格斯全集》、《列宁全集》、《斯大林全集》。这不仅在我国马列主义著作传播史上,而且在我国出版史上也是一项极其宏伟的工程。张仲实以他后半生的主要精力,参与了这项宏伟工程的组织领导,由始至终,兢兢业业,呕心沥血,并且一丝不苟地亲自审定了部分译稿。经过二十多年的努力,卷帙浩繁、内容赅博的三大全集全部出齐。这对于党的建设、社会主义精神文明的建设,以至于整个革命和建设事业,都有着不可估量的巨大意义。

张仲实在从事马恩列斯著作编译工作的同时,还根据中国社会主义革命和建设事业的需要,写了许多介绍马列主义理论著作、阐释马列主义理论观点的文章,如:《介绍〈马恩全集〉第一卷》、《介绍〈哥达纲领批判〉》、《〈神圣家族〉一书对于历史唯物主义若干基本原理的初步阐述》、《〈德意志意识形态〉一书对历史唯物主义基本原理的阐述》、《学习马克思主义理论遗产》、《学习列宁的理论遗产》、《学习列宁关于民族解放运动的学说》、《列宁和辛亥革命——纪念辛亥革命五十周年》、《巴黎公社和马克思、列宁主义事业的发展》,等等。

张仲实主张:"翻译要与研究结合。"他认为,翻译工作者只有深入地学习、研究马克思主义,不断提高理论修养和编译水平,才能把马列主义著作准确地译成中文,这对于中国人民学习、掌握马列主义用于指导工作实践至关重要。他自己就是身体力行这一原则,在翻译中务必力求准确无误地表达经典作家的原意,特别是对重大的理论观点的概念,一定要用中文概念确切表达。如,在1958年以前,"按劳分配",被普遍译为"各取所值"或"按劳付酬";"按需分配",则被译为"各取所需"。张仲实认为,这两个译语都不够确切,而且容易产生误解。他经过深思熟虑,提出"按劳分配”、“按需分配”两个概念代替过去的译法，得到中央的同意。他写了一篇短文《关于“按劳分配”和“按需分配”》，在1958年12月20日《人民日报》上发表，从此，“按劳分配”、“按需分配”这两个马克思主义理论用语，家喻户晓，人人皆知。又如，张仲实于1959年3月在《人民日报》上著文，主张把“资产阶级法权”的译法，改为“资产阶级权利”，因为译法，关系到这一概念的含义，是指“法”还是指“权利”。尽管“资产阶级权利”的译法当时曾得到一些同志的赞同，但认识没有统一起来。结果，“文革”时期，“四人帮”一伙在“资产阶级法权”上大做文章，制造理论上、思想上的混乱。1977年4月，张仲实著文《剥掉“四人帮”在“资产阶级权利”问题上的画皮》，再次提出把“资产阶级法权”改译为“资产阶级权利”。中央编译局召集会议，经过讨论，决定接受张仲实的译法。这对于中国人民确切了解马克思在这个问题上的原意，学习、运用马克思主义的观点，无疑是有着重要意义的。

1964年，张仲实被聘为《辞海》编委会委员兼分科主编，他利用繁忙工作的间隙，为该书撰写了有关马恩列斯的条目87条，约8万字。为了培养青年翻译工作者，他著文《学习〈马恩论翻译〉》、《毛泽东同志论理论著作翻译》，分别发表于《译讯》杂志和《翻译通讯》。

他还根据自己的亲身经历，写了许多富有史料价值的回忆录，如：《陕西省三原县团、党组织的建立经过》、《二十年代赴莫斯科留学的回忆》、《生活书店的宝贵传统》、《回忆三十年代的生活书店》、《纪念〈世界知识〉创刊五十周年》。他还怀着深厚的感情，写下了《言犹在耳、记忆仍新——对周恩来同志的回忆片断》、《回忆任弼时同志二三事》、《怀念邹韬奋同志》、《难忘的往事——与茅盾同志辗转新疆的前前后后》等文章。

张仲实晚年任全国政协常委、中共中央马恩列斯著作编译局顾问。他为无产阶级革命事业、为宣传马克思列宁主义奋斗了整整一生，直到 1987 年 2 月 13 日因病与世长辞。他把用心血和智慧凝结的宝贵的精神财富，留给了后世，留给了他所热爱的事业。

注释：

① 张仲实《纪念〈世界知识〉创刊五十周年》(《世界知识创刊五十周年纪念集》，世界知识出版社 1984 年版第 26 页)。

② 《世界知识创刊五十周年纪念集》第 1 页。

③ 张仲实《我的编译生涯》(《马克思恩格斯著作在中国的传播》，人民出版社 1983 年版第 94 页)。

④ 张仲实《全民抗战的展开》(《抗战》三日刊第一号)。

⑤ 张仲实《敌我军队作战能力的对照》(《战时联合旬刊》第 1 期)。

⑥⑦ 张仲实《难忘的往事》。

⑧ 《毛泽东选集》合订本第 630 页。

⑨ 《马克思恩格斯著作在中国的传播》，人民出版社 1983 年版第 308 页。

原载《社会科学战线》1990 年第 4 期

略论张仲实在新民主主义革命时期书刊出版史上的历史性的贡献

林理明

张仲实原名张安人，陕西陇县人。他是我国杰出的马克思主义理论家、翻译家，同时又是一位马克思主义编辑出版家。20 世纪 30 年代，他在白色恐怖异常严重的上海，艰苦卓绝地从事新文化出版事业；40 年代，他到了革命圣地延安，孜孜不倦地从事马列著作翻译校订工作和出版工作。他在新民主主义革命时期的书刊出版史上，谱写了光辉灿烂的一页。

张仲实在学生时代，就积极勇敢地参加了革命运动。1926

年，他由中共中央派往苏联学习。他在苏联学习的四年里十分刻苦，俄文水平提高很快。他系统地学习了马列主义理论，这就为他后来从事理论研究、马列主义著作的翻译和从事新文化出版事业奠定了坚实的基础。所以，他于20世纪30年代初回国之后不久，就在上海从事新文化出版事业。

当时，正是以鲁迅为伟大旗手的文化新军，以出版为主要阵地，向着帝国主义文化和封建主义文化展开了英勇进攻之时。国民党在实行反革命的军事“围剿”的同时，还实行了反革命的文化“围剿”。他们封闭进步书店，查禁进步书刊，破坏进步文化团体，秘密杀害进步作家。面对国民党的白色恐怖，鲁迅自觉地接受党的领导，率领左翼文化大军，同国民党反革命的文化“围剿”进行了针锋相对的英勇斗争。而张仲实就是这支文化新军中一名坚强的马克思主义出版战士。

张仲实从事新文化出版事业，是从编辑《时事类编》这个刊物开始的。这个刊物是中山文化教育馆创办的，1933年9月，张仲实被聘为特约编译兼编辑。在许多进步刊物被国民党取缔的情况下，他利用这个刊物，向读者介绍了苏联社会主义建设的巨大成就和苏联对国际问题的观点。这些情况正是许多读者所盼望了解的，因此他发表的这些译文十分引人注目。同时，他还经常以马克思主义的立场、观点评论国际形势，特别是全面论述《帝国主义时代的经济特征及其发展趋势》和《帝国主义国家军备竞争的现势》等论文的发表，其观点鲜明，分析透彻，对于人们认清世界大势和中国的出路，提高爱国主义和国际主义觉悟颇有帮助，因此深受读者欢迎；同时，也引起了进步文化界的重视，特别为国际评论家——《世界知识》主编胡愈之所赏识。于是，胡愈之于1935年2月，介绍张仲实进入生活书店，接替胡愈之担任了《世界知识》主编。由于他在这个岗位上的工作做得更为出色，1936年2月，当邹韬奋由于受到国民党反动派的迫害不得已逃往香港时，他又接替邹韬奋担任了生活书店的总编辑。张仲实自主持《世界知识》和生活书店的编辑出版工作之后，特别注意继承胡愈之和邹韬奋两位新文化出版事业先驱的出版思想，奋发有为，尽心竭力地开拓新文化出版事业。

胡愈之1934年创办《世界知识》时，在《创刊词》中宣告：中国“是世界的中国”了，“我们的后面是坟墓，我们的前面是整个世界”。张仲实遵循着这篇《创刊词》面向世界、面向未来的精神，确定继续办这个刊物的方针，“就是要把读者与人类先进文明联系在一起，就是要让读者从这个窗口中认识世界，在国际风云中看到历史前进的必然趋势、规律，在黑暗中看到光明，有一个正确的世界观”。很显然，这个方针是以马列主义为指导而制定的，体现了中国共产党引导和团结中国人民群众，为争取民族解放、建立新中国而奋斗的政治方向。张仲实后来主持生活书店的书刊编辑出版工作坚持的也正是这个政治方向。

为宣传抗日救国、宣传马列主义，张仲实坚决打破国民党当局的禁锢，大力开拓了新文化出版事业。他首先决定出版《永生》周刊，以代替被国民党禁止出版的《大众生活》。接着，又出版了《文学》（月刊，傅东华主编）、《译文》（黄源编辑，实为鲁迅主编）、《妇女生活》（沈兹九主编）、《文艺阵地》（茅盾主编）、《国民公论》（张仲实主编）等。1937年7月，抗日战争爆发后，他即与刚刚出狱的邹韬奋创办了《全民抗战》及《抗战》三日刊。这些杂志都很受读者欢迎，在广大读者中起了巨大的宣传教育作用。为传播马列主义，宣传马克思主义社会科学基本知识，张仲实亲自主编了三套丛书，即：《世界名著译丛》、《青年自学丛书》和《百科小译丛》。另外，还编辑出版了《黑白丛书》、《救亡丛书》、《世界文库》（文学作品）以及茅盾主编的《中国的一日》等一批书籍。《世界名著译丛》实际上是一套马列主义经典著作的译著丛书。从1936年到1938年仅仅三年时间，他就编译出版了二十多种，包括马列主义最主要的著作:《共产党宣言》、《反杜林论》、《费尔巴哈论》、《马恩论中国》、《左派幼稚病》、《国家与革命》、《帝国主义——资本主义的最高阶段》和《论民族问题》等。我们知道,自北平发生“一二·九”学生爱国运动后,各地广大青年日益觉悟,抗日浪潮日益高涨,中国共产党也逐渐成长壮大,许多共产党员和革命青年迫切要求阅读马列著作。因此,张仲实当时主持系统地编译出版马列主义著作,无疑是对培养和发展革命队伍,促进抗日救国运动的发展的重大贡献。

张仲实主编的《青年自学丛书》,是为介绍哲学社会科学各学科的基本知识和研究方法,帮助青年自学的。其中,哲学方面有:沈志远的《现代哲学的基本问题》,艾思奇的《思想方法论》,胡绳的《新哲学的人生观》;经济学方面有:钱俊瑞的《怎样研究中国经济》,柳湜的《怎样研究政治经济学》,吴清友的《资本主义发展的不平衡规律》;政治学方面有:钱亦石的《中国怎样降到半殖民地》,汉夫的《政治常识讲话》;文学方面有:胡风的《文学与生活》,茅盾的《创作的准备》。这套丛书共编辑出版了 41 种,总发行量达 100 万册。在中国近代出版史上,出版发行如此规模之大的具有鲜明观点的普及性的社会科学书籍,是空前的一次,给追求真理、追求光明的广大青年读者的思想上以正确的启迪,引导他们走上了革命的道路,由爱国主义走向共产主义。因此,生活书店在革命青年读者中赢得了很高的声誉。

以上所述,生活书店在 1936 ~ 1938 年的短短的三年里,书刊编辑出版取得的成就,是非常可观的。之后,由于日本侵略者于 1937 年 11 月 27 日侵占了上海,生活书店总管理处迁到汉口,1938 年 10 月又撤退到重庆,很多编辑出版工作是在极端艰苦紧张的情况下进行的。因此,当年编辑出版如此多的书刊,并取得了巨大的社会效益,真可称之为奇迹!

张仲实后来回忆生活书店这段经历时说:“自到生活书店编辑

《世界知识》,对我一生产生了重大影响,使我能够投身在生活书店这个上海进步的文化堡垒中锻炼成长。”

那么,张仲实在生活书店是怎样锻炼成长的,他从上海生活书店时期到延安解放社时期是怎样前进的呢?

这是和胡愈之、邹韬奋对他的教育和影响分不开的。胡愈之和邹韬奋都是伟大的爱国者、社会活动家。邹韬奋于1935年11月创刊《大众生活》时,坚决主张开放言论自由和开展民众运动,号召全国组织民族联合战线,实行抗日。不多日,“一二·九”学生运动发生,他即以巨大的热忱声援和支持这个运动,每期《大众生活》都反映这个运动,但出到第16期,遭到了国民党的查封。

张仲实非常钦佩邹韬奋忠诚于革命事业的坚强意志和高尚的品德,认为邹韬奋是为民族解放、为民主政治、为进步的文化事业而斗争的伟大战士。他为了生活书店能像邹韬奋所宣布的“向着抗日救亡的大目标,继续前进”,特别努力继承和发扬胡愈之、邹韬奋真诚地与作者团结合作的优良作风,从三个方面加强了同进步的学者、译者、作家的团结,从而推动了生活书店蓬勃发展,开拓出版事业继续前进。

一是进一步争取编审委员会的帮助。生活书店邀请了一些有突出成就和丰富经验的作者组成编审委员会,大家出主意,并参与研究出书规划。张仲实很注意团结这些委员,经常得到他们的指点和帮助。

二是进一步发展作者队伍。他在编辑出版《世界名著译丛》等五套丛书和《世界文库》过程中,发展了一大批社会科学和文学方面的作者,并积极出版他们的著作。胡绳、臧克家等青年学者、作家的第一部著作都是得到他的支持得以出版的。

三是特别注意帮助作者解决生活上的困难,同作者建立了深厚的友谊。当时,生活书店不仅通过译书、撰稿,维持了不少著作家、翻译家普通的物质生活,而且,当有些作者一时生活十分困难,向生活书店求援时，张仲实即预支稿酬给他们，帮助他们得以在反对国民党反革命的文化“围剿”中顽强地进行战斗。

邹韬奋创办生活书店之所以能越办越好，在广大的读者中树立了越来越高的声誉，有一条很重要的经验，就是他培育了无私奉献、鞠躬尽瘁的服务精神。这种精神，特别表现在处理大量读者来信上。他把读者的事情完全当作自己的事，对每封读者来信提出的求学问题、家庭问题、职业问题等，都给予切实具体的解答。邹韬奋在论述生活书店的工作作风时说：“像我这样苦干了十余年，所以能获得许多朋友们不顾艰难地共同努力，所以能够始终得到许多共同努力的朋友们的信任，最大原因是因为我始终未曾为自己打算，始终未曾梦想着替自己刮一些什么。不但我这样，凡是和我共同努力于文化事业的朋友们都是这样。”

张仲实非常钦佩邹韬奋的热诚帮助读者的服务精神，说他的鞠躬尽瘁的服务精神，“在广大读者的心坎里播下了深厚友谊的种子”。张仲实组织全店工作人员继承和发扬了为读者服务的精神，这特别表现在处理国内外愈来愈多的读者来信，不仅对托买书刊的积极予以办理，而且对托买衣服、药品等物品的也从不避辛苦，不怕麻烦尽力予以办理，赢得了广大读者的信赖。

1938 年初，上海生活书店迁到汉口，张仲实在全力以赴地从事抗战宣传，编辑《抗战》三日刊等书刊的日子里，仍利用深夜翻译了斯大林的《论民族问题》一书。

1938 年 10 月，生活书店从汉口撤到重庆。当时，重庆的纸张和印刷厂完全被国民党控制着，生活书店的出版工作一时根本无法进行，于是打算在新疆建立编辑出版中心；同时，应爱国主义战士杜重远（新疆学院院长）的邀请，张仲实同茅盾一起于 1939 年 3 月到了新疆。但到后不久，他就发觉统治新疆的盛世才像个中世纪的皇帝，对革命者实行残酷的镇压。在这种情况下，张仲实一面利用在新疆学院担任政治经济系主任作掩护，翻译了恩格斯的《家庭、私有制和国家的起源》和罗森达尔的《辩证认识论》;一面和茅盾共同思考着,如何根据周恩来的指示,机智地离开新疆,前往延安。后来,他们终于在1940年5月到达延安。

张仲实一到延安,中共中央就安排他在中央宣传部专办马列主义著作的翻译工作和出版工作,并兼任马列学院编译部主任。一年后,他调到中央政治研究室从事国际问题研究。

1942年2月,毛泽东为了帮助同志们掌握马克思主义思想方法,以此作武器,整顿学风、党风和文风,主持编写《马恩列斯思想方法论》一书时,张仲实和艾思奇等翻阅了许多马列著作,做了摘录和核对,经过两个多月的辛勤工作编撰而成。他送毛泽东审定后,立即撰写了《例言》,并将毛泽东的《改造我们的学习》一文作为代序,将《中共六中全会论学习》等文编为附录,特别抓紧予以出版了。

1943年6月,张仲实调回中央宣传部,担任出版科科长,并负责解放社工作,继续专办马列著作的翻译工作和出版工作。

当时,延安计划出版的10卷本的《列宁选集》,尚有7卷未出版。这些列宁著作都是从英文版翻译过来的,需要依据俄文原著校订。于是,张仲实就负起了校订工作的重担。他历时四年,不但将7卷200多万字的《列宁选集》精心地进行了校订,而且在每卷的卷首还撰写了《校阅者的话》。

各卷的《校阅者的话》包括两方面的内容:一方面是将各卷的内容作了简要的记述;另一方面是按照马克思主义原理与中国革命实际相结合的原则,研究了各卷列宁著作的理论观点对中国革命的现实意义,所作的言简意赅的说明。

他这样写出的《校阅者的话》,有助于读者真正领会马克思主义的立场、观点和方法,并且应用它科学地分析中国的实际问题,从而推动中国革命事业的发展。所以,撰写《校阅者的话》,是他在马列著作翻译工作上的创新。

张仲实自1940年5月到达延安之后，即特别抓紧研究了毛泽东的《中国革命战争的战略问题》、《论持久战》、《新民主主义论》等著作。之后，于12月在纪念列宁逝世17周年之日，在《解放》周刊第123期上发表论文《掌握创造性的马克思主义》。他提出：“马克思主义有两种：一种是口头上的、书本上的、教条式的；另一种则是革命的、实践的、创造性的。”他不仅认为，以毛泽东为代表的中国共产党在二十多年来的革命斗争中，已经正确地掌握了创造性的马克思主义，学会了把马克思主义学说运用于中国的环境；而且认为“毛泽东同志的著作是中国最优秀的真正马列主义的作品”。

综上所述，我们深感张仲实从20世纪30年代上海生活书店时期，到40年代延安解放社时期，是在研究和实践创造性的马克思主义的道路上前进的，他在新民主主义革命斗争中，为建设先进文化，在编辑出版书刊的事业上做出了历史性的贡献。

原载《书海》2003年第3期

西秦升起的红星

——记著名马列著作翻译家张仲实

祁念曾

张仲实是我党著名的马克思主义理论家，他生前曾担任全国政协常委、中共中央马恩列斯著作编译局局长，为在我国传播马列主义做出了杰出的贡献。

一

1903年7月15日,张仲实诞生在陕西陇县城北店子村一个贫苦农民家庭。

仲实10岁时进了村子里唯一的私塾读书。

张仲实在他的回忆录《我的经历》中写道:"在住高小期间,我常交不起伙食费,买不起笔墨纸张。每星期六下午满怀希望地回家,以为可以向家里要到一点钱。但到次日下午上学时,伯母说:'家里没有一文钱!'我就哭着回学校。祖父陪我走了一段,有时他也流着泪。"

家庭生活的极度困难并没有使张仲实中途退学,强烈的求知欲望和严酷的社会现实激励他比别人更加刻苦、勤奋。

1922年,他考上了省立三原甲种工业学校。三原是当时渭北地区政治文化中心。"五四"运动在这里产生广泛的影响。张仲实常常利用假期和课余时间,到渭北中学图书馆去阅读书报。他在这里第一次读到了《民国日报》,还有《新青年》、《向导》、《政治生活》等进步刊物,读到了《共产党宣言》、《共产主义ABC》、《科学与人生观》等著作。真理的光辉照亮了这个年轻人的头脑。从此,他潜心学习、研究各种新思潮,主动担任了进步刊物的代销员。他结识了许多进步学生,发起成立了"西府八邑旅原学生同乡会",开展宣传革命思想的活动。1924年暑假,原籍三原的上海大学学生李子建受共青团中央的委托,回三原发展团组织,张仲实和三原各学校的十几个进步学生先后被吸收入团,成立了共青团渭北特支,主办了刊物《渭北青年》,积极开展学生运动。不久,又成立了渭北学生联合会,张仲实等一批优秀团员转为共产党员。在三原城北的一所破庙里,中共渭北特别支部宣告成立,张仲实当选为渭北特支书记。从此,三原人民在党的领导下,开展了轰轰烈烈的革命斗争。

二

北伐战争的炮火震撼了中国,革命中心迅速向北转移。1926年7月,张仲实考进了国共两党合办的上海大学,亲耳聆听了邓中夏、施存统等人的讲课。不久,经中央决定选派一些人去苏联学习。他立即给党中央写信,要求报考。中央组织部长罗亦农担任主考,张仲实以优异的成绩通过了考试。

1926年10月10日,张仲实遵照党的指示,化装成工人,悄悄登上了停泊在黄浦江上的苏维埃货轮。临行前,他用身上仅有的几元钱,到上海内山书店买了一本《露和辞典》,开始自学俄语。船上七昼夜,后来又从海参崴转乘火车到莫斯科,一个多月的旅途他手不释卷,默默地记忆,刻苦地学习,终于比其他同学率先一步掌握了俄语。

到达莫斯科后,张仲实和鲁易、徐坚、罗汉、黄雪渔等7人被分配到东方劳动者共产主义大学,其他人则进了中山大学。学习的课程主要有哲学、政治经济学、联共党史、世界史、工人运动史等,张仲实学习分外刻苦,不久他就能阅读《真理报》和俄文版的马列著作,理论水平迅速提高。

苏共中央将东方大学与中山大学合并为中国劳动者共产主义大学,张仲实转入共大翻译班,和杨尚昆、张闻天、伍修权等同志一起,从事马列主义理论著作的翻译工作。留苏四年,他系统学习了马列主义理论,打下了扎实的俄文基础,又同瞿秋白、杨尚昆、王若飞等人建立了深厚的同窗之谊,开阔了他的政治视野,进一步加深了他对中国革命的认识。

张仲实从共大毕业,被编入参观团兼当翻译,到苏联各大城市参观工农业建设成就,历时40天。同年8月,他奉命回国。中央组织部分配他到北方局工作，又由北方局任命他为唐山市东特委宣传部长，从事工人运动。后来，省委遭到敌人严重破坏，他失去了同组织的联系，只好前往江苏省镇海县，投奔他当时的爱人——留苏同学樊英。

1933 年 9 月张仲实又到了中山文化教育馆出版部工作，担任《时事类编》旬刊的特约翻译兼编辑。利用这个阵地，他翻译了大量的苏联报刊上的文章，介绍了苏联社会主义经济、文化建设的成就，同国民党反动派的文化“围剿”进行了针锋相对的斗争。他翻译的《给初学写作者的一封信》，受到广大进步青年的热烈欢迎，后由生活书店出版。他与樊英二人合译了当时风靡苏联的《政治经济学教程》，全书 60 万字，被列为中山文库之一，由商务印书馆出版发行。这时，年轻的张仲实在上海文化界崭露头角，成为一位引人注目的理论新秀。

三

1935 年，张仲实经胡愈之介绍，进入上海生活书店工作，并接替胡愈之担任了《世界知识》杂志的主编。生活书店是由著名的爱国主义、革命民主主义战士邹韬奋创办的。邹韬奋对张仲实的一生产生了重大影响。

著名的政治活动家，国际政治评论家胡愈之于 1934 年创办了《世界知识》杂志。创刊之初，胡愈之就请张仲实、钱俊瑞、夏衍、章汉夫、周建人等为刊物的特约撰稿人。张仲实在《世界知识》等刊物上，连续撰写了《帝国主义时代的经济特征及发展趋势》、《资本主义的经济危机论》、《第二次世界大战与中国之前途》、《未来大战与我们》等近 40 篇国际评论，在当时产生了巨大的社会影响。在那风雨如磐的岁月里，人们密切注视着苏联这盏社会主义的明灯。张仲实翻译了大量苏联报刊的文章，同时撰写了《1936 年苏联建设成就图》、《十九年的苏联》等有影响的文章，满腔热情地向中国读者介绍苏联社会主义建设的新成就。

在主编《世界知识》的同时，张仲实和钱俊瑞、薛暮桥、孙晓村等发起成立了新知书店，他任理事。这是一个马克思主义的经济学学术团体，出版了《中国农村》杂志。他们以此为阵地，同托派文人展开了关于中国农村社会性质问题的论战。他写的《苏联学术界关于“亚细亚生产方式”问题的论战》一文，充分说明了马克思主义的普遍原理完全适用于对中国社会的分析，给托派文人以有力的回击。

1935 年 8 月底，邹韬奋由美国回到上海，亲自主持生活书店工作。当时，中华民族处于生死存亡的关头，中国共产党发表了停止内战、一致抗日的《八一宣言》。邹韬奋先生响应党的号召，勇敢地树起一面抗日大旗，创办了《大众生活》周刊。邹为主编，张仲实、金仲华等为编委，他们旗帜鲜明地提出“团结抗日、民主自由”的主张。“一二·九”运动爆发后，《大众生活》成为全国抗日救亡运动最主要的宣传阵地，它及时反映了全国人民强烈的爱国呼声，受到全国同胞的热烈欢迎，发行量达 20 万份，创下了当时我国报刊发行量的最高记录。国民党反动派惊恐万状，查封了《大众生活》周刊，并对邹韬奋实行了种种迫害，逼得邹先生不得不出走香港，再度流亡。邹韬奋满腔悲愤，洒泪离开生活书店，临行前把重担交给了张仲实，让他担任了生活书店的总编辑。不久，在生活书店召开的第二次社员大会上，张仲实当选为由邹韬奋、杜重远等人组成的生活书店临时委员会主席，在危难中开始了艰苦的创业历程。

四

张仲实担任生活书店的总编辑以后，立即创办了《永生》周刊以代替《大众生活》。《永生》周刊又被国民党反动派查封。为了坚持抗日救亡,传播革命思想,适应广大读者的迫切要求,张仲实又把出版范围扩大,有计划地出版了“青年自学丛书”、“救亡丛书”、“世界文库”、“世界名著译丛”、“百科小译丛”等。他亲自主编的“青年自学丛书”开始出版,受到全国青年读者的热烈欢迎。其中有艾思奇的《思想方法论》、胡风的《文学与生活》、茅盾的《创作的准备》、胡绳的《新哲学的人生观》、邹韬奋的《时论写作》、张仲实的《怎样研究世界经济》等名著。许多人从这些论著中受到启蒙,从而走上了革命道路。曾任生活书店总经理的毕云程回忆说:“仲实到店后,生活书店又添了一支巨大的生力军,他联系许多进步人士为书店写稿。生活书店有许多宣传马克思主义的新书,大半是在仲实的主持下出版的。”

张仲实在生活书店主持编辑工作期间,还出版了许多影响巨大的进步刊物,如《文艺阵地》(茅盾主编)、《译文》(黄源编辑,实为鲁迅主编)、《太白》(陈望道主编)、《世界文库》(郑振铎主编)、《读书与出版》(张仲实、林默涵主编)。在国民党统治区的思想文化战线上,生活书店的刊物实际上居于领导地位,它在团结人民一致抗日中,起到了巨大的宣传教育作用。在张仲实的热诚培养支持下,一些青年革命文学家、理论工作者如臧克家、胡绳、何干之等人,都在生活书店出版了处女作,从而在文坛上和学术界崭露头角。

在当时黑暗的社会环境中,生活书店也是维持进步作家物质生活的基地。许多进步作家依靠生活书店来维持生活和渡过难关,张仲实总是竭尽全力给予帮助。1984 年周扬夫妇见到张仲实时,满怀深情地回忆在 30 年代,张仲实及生活书店对他的接济和关怀。林默涵也曾回忆说:“1936 年七八月间我由香港回上海时,邹韬奋亲切地关照我:‘你回上海就到生活书店去工作吧。你可以找张仲实先生,他会给你安排的。’”

张仲实在艰苦创业的同时，还致力于马列著作的翻译工作，译出了苏联大百科全书的“哲学”条目，恩格斯的《费尔巴哈论》、《家庭、私有制和国家的起源》，普列汉诺夫的《政治经济学讲话》等，这些译著曾多次再版。这位年轻的马克思主义理论家、翻译家，为马列主义在中国的传播不懈奋斗着。

五

“一二·九”运动爆发以后，沉寂的中国涌动起抗日的狂涛巨浪。张仲实、沈钧儒、马相伯等三百余名上海文化界人士发表了《上海文化界救国运动宣言》。不久，张仲实等人发起成立了上海文化界救国会，并当选为执行委员。早在1935年6月，他就在《世界知识》上发表了长篇文章《东北四省的义勇军运动》，向全国人民详细报道了东北3000万同胞英勇抗击日本侵略者的事迹，高度赞扬了他们的民族气节和斗争精神。

1936年11月，沈钧儒、邹韬奋等7位救国会领袖被国民党反动派逮捕。张仲实、胡愈之及其他救国会执委，立即动员全国舆论界，大造“爱国无罪”的舆论，及时报道宋庆龄、马相伯、爱泼斯坦、杜威等国内外著名人士营救“七君子”的言论。张仲实日夜奔波，为“七君子”聘请律师，及时向新闻界介绍“七君子”在狱中和法庭上同敌人斗争的情况。反动当局在江苏高等法院苏州法庭上，公开审讯“七君子”。张仲实赶去旁听，并连夜赶回上海，向组织汇报了庭审情况；胡愈之先生则挥笔疾书。第二天凌晨，上海各报均以整版刊出《爱国无罪案听审记》，唤起了上海和全国民众的正义呼声。

国民党中央宣传部训令上海市党部，向生活书店提出警告。身为书店总编辑的张仲实毫不畏惧，和郑振铎等人又创办了《中华公论》，第一期上发表了他的《变动中的世界》一文，敏锐地指出帝国主义重新瓜分世界的大战即将开始。1937年7月7日,卢沟桥枪声响了,日本帝国主义大举侵犯华北,国民党政府仍然消极观望。张仲实立即撰文《抗战必胜论》,从四个方面精辟论证了日本侵略者的外强中干和我抗日军民的优势。他大声疾呼:“目前敌人大军压境,形势已经十分严重,不许我们再有任何顾虑,更不许我们再有任何犹豫。我们只有抗战到底,牺牲到底,才是唯一的出路!”几天后,他又写出了《抗战胜利的必要条件》,指出要取得抗战胜利,第一要有破釜沉舟的决心,第二要发动全民的抗战,第三要采取持久战的战略,第四要发动民众运动。这些都大大发展了我党“全民抗战,一致对外”的战略思想。1937年9月1日,由《世界知识》、《中华公论》、《国民周刊》、《妇女生活》四刊联合创办的《战时联合旬刊》创刊,张仲实、金仲华、郑振铎、钱亦石为编委。第一期就发表了张仲实的《敌我军队作战能力的对照》一文。文中列举大量事实批驳了“唯武器论”、“恐日病”及亡国论者的谬论,最后富有远见地指出:“我们的对日抗战,主要是在持久战中得到最后的胜利。”在十天后的另一篇文章中,他又把残暴疯狂的日本侵略者称为“纸老虎”。

全面抗战爆发后,中共代表潘汉年在上海公开活动,张仲实立即和党取得联系,向党倾吐了寻找组织和去延安的心愿。潘汉年语重心长地对他说:“我看,你还是在生活书店好。因为你已是上海文化界的著名人士,在这里可以发挥更大的作用。”

上海沦陷成为孤岛。出狱后的邹韬奋毅然决定将生活书店领导机关迁往武汉。张仲实、邹韬奋、金仲华、钱俊瑞等人经过化装,从法租界码头登上一艘法国轮船驶往香港,同行的还有郭沫若、何香凝等一大批著名人士。到香港后,他们又从广州绕道广西、湖南到了武汉。沿途每到一处,都有无数的爱国青年邀请他们讲演。他们语语至诚、字字辛酸的讲演,使许多人声泪俱下。张仲实在抗日战争的烽火中成了青年的良师益友。

张仲实等人到达武汉，立即将《抗战》复刊。张仲实和中共驻国统区的文委书记潘汉年取得了联系，由潘汉年带他到八路军办事处面见了董必武及和他在苏联有同窗之谊的博古、凯丰，听取党对在国统区开展统一战线工作和文化工作的意见。

1938年1月，生活书店成立了11人的编审委员会，由胡愈之任主席，张仲实任委员。张在《抗战》杂志上连续发表多篇国际时事评论和关于抗日战争的短评，给广大抗日军民以极大的鼓舞。7月，《抗战》与《全国抗战》三日刊，由张仲实、沈钧儒、胡绳、艾寒松等任编委。同时生活书店还出版了张仲实等人编著的《抗战一周年》和《救亡手册》，成为抗战期间进行民众宣传动员的重要工具。为了帮助中国民众了解第二次世界大战爆发前错综复杂的国际形势，张仲实还撰写了《国际形势读本》，作为战时社会科学丛书之一。全书20万字，由生活书店出版发行，问世后颇受读者欢迎。

在武汉，使他终生难忘的是到八路军办事处会见中共中央长江局的领导，并多次向周恩来汇报工作，交谈思想。周恩来对他十分关心爱护，他对周恩来更为推崇敬重。邹韬奋先生素对周恩来十分敬仰，向张仲实提出想面见周恩来的要求。张仲实转达了这一要求，周恩来欣然同意。两个人促膝谈心，肝胆相照，很使邹韬奋激动不已。他把生活书店更自觉地置于党的领导之下，成为抗战中一个坚强的堡垒。此后不到一年，生活书店扩充了55处分店，遍及14省，出版杂志8种，书籍近千种。出版发行了抗日通俗读物500余万册。

1985年，年届82岁高龄的张仲实为《人民日报》撰文，回忆周恩来在武汉曾多次到生活书店去看望编辑人员，勉励大家多为抗日救国出力。武汉失守后，在重庆周恩来也经常出现在生活书店管理处每月举行的茶话会上，谈笑风生地发表政治演说。在生活书店工作人员心目中，周恩来是一面高高飘扬的旗帜。

六

1938年10月,张仲实到达山城重庆。在这里,生活书店遇到了重重困难。著名爱国人士杜重远被新疆督办盛世才请去当新疆学院的院长,杜邀人去新疆一同开展文化教育工作。他首先找到张仲实,极力鼓动他去新疆,说生活书店也可以在那里开辟分店,那里距苏联近,进口俄文书籍方便。张仲实去八路军办事处找到博古。博古明确地说:“可以去。毛泽民、陈潭秋都在那里,你有事可以去找他们。”

1939年1月初,张仲实由重庆飞到成都,登上由昆明到兰州的欧西航空公司的班机。途中,因盛世才对这些进步人士进入他的独立王国有所顾忌而犹豫起来,他们被困在兰州达两月之久。历经种种波折,他们到达了迪化(今乌鲁木齐),张仲实任新疆学院政治系主任,讲授哲学、政治经济学、社会发展史等课程。不久,他又担任了新疆反帝协会《反帝战线》的编委,为该刊撰写国际时事述评。同时他还担任了新成立的新疆文化协会副会长(茅盾为会长),为培养干部、沟通民族文化而辛勤工作。不久,赵丹、徐韬等一大批艺术家也来到这里,成立了实验剧团,这里的文化生活出现了勃勃的生机。到新疆不久,盛世才就原形毕露,原来他是个披着进步外衣,实行特务统治的“土皇帝”。张仲实和杜重远一起,率领新疆学院学生组成的暑期工作团,到各地进行抗日宣传,开展社会调查,受到各族人民欢迎。不料,这一活动引起了盛世才的嫉恨。心毒手辣的盛世才竟把杜重远软禁起来,并派他的亲信姜作周任新疆学院院长。

1939年9月,周恩来去苏联医治右臂摔伤,途经迪化,盛世才假惺惺地设宴招待,请茅盾、张仲实作陪。不久,在苏联治病的毛泽民回国途经新疆,单独找张仲实谈话,说:“恩来托我告诉你,你们可以去延安。”听到这个消息,张仲实十分欣慰和振奋。在他们几次险遭毒手的情况下,党组织安排他们搭乘飞机离开迪化。阴险狡诈的盛世才满脸堆笑地到机场送行,同时又密令他在哈密的部下趁飞机在那里停留时扣押张、茅二人。但密令却落在中共派往哈密搞地下工作的共产党员刘西屏手里,这才使张仲实和茅盾逃过魔爪。

张仲实在新疆一年零三个月,除了从事教学和社会工作外,还写作、翻译了不少作品。他译了恩格斯的重要著作《家庭、私有制和国家的起源》。1939 年,他的译著《斯大林论民族问题》由生活书店出版,毛泽东在《新民主主义论》中曾大段摘引其中的内容。

七

张仲实、茅盾一家人到达兰州后,张仲实立即找到八路军驻兰州办事处的谢觉哉和伍修权,通过他们的帮助,又搭乘长途汽车到达西安。

古城西安正笼罩在霏霏烟雨中。张仲实前往七贤庄八路军办事处竟意外地见到了周恩来、朱德。周恩来是由陕北去重庆路过这里,朱总司令是由太行山回陕北路经这里的。周恩来热情地迎上前来,紧紧握住他们的手说:“你们不论是去参观,还是去工作,我们都欢迎。正巧有个好机会,总司令过几天要回延安,你们可以同他一道走,这样,路上的安全就有了保证。”

到延安的第三天,边区政府和延安文化界专门为茅盾和张仲实组织了欢迎会。不久,毛泽东和张闻天都分别到中央南关招待所看望他们,与他们亲切交谈。毛泽东还把他的《新民主主义论》、《论持久战》单行本签名赠送给他们。

一踏上延安的土地,张仲实就感到一种说不出的温暖和幸福。他立即向当时任中央组织部长的陈云汇报了自己的经历和多年的迫切愿望。经陈云亲自处理，张仲实被批准重新回到党的队伍中。

当时的中央总书记兼马列学院院长张闻天安排张仲实到马列学院任编译部主任，兼任陕北公学领导成员。马列学院编译部是中国历史上第一个专门编译马列主义经典著作的机构，张仲实负责校订英文译出的《列宁选集》20 卷本的译稿。他还常到马列学院、陕北公学、女子大学讲课。当时，由毛泽东倡导成立的、艾思奇主持的延安新哲学会经常举行哲学问题讨论会，毛泽东、朱德、张闻天、任弼时、张仲实等人经常在一起交流探讨。

1941 年 7 月，马列学院改为中央研究院，下设哲学、马列主义、国际问题、经济学、党史等 8 个研究室，张仲实任国际问题研究室主任。同年 9 月，党中央设立了中央政治研究室，任弼时为主任，下设政治、经济、国际问题 3 个研究组，张仲实调任国际问题研究组组长，在任弼时直接领导下工作。1942 年，毛泽东为肃清教条主义在党内的影响，决定亲自主编《马恩列斯思想方法论》一书，召集张仲实、艾思奇、柯柏年等人在自己办公室开编辑会议。大家共同编辑，毛泽东最后审阅，这就是后来颇有影响的《思想方法论》。

到了延安以后，张仲实更专注于马列主义理论的学习研究，勤奋写作。他在党中央机关刊物《解放》周刊、《解放日报》等许多报刊上发表了多篇论文或译作。为纪念列宁逝世 17 周年，他撰写了《掌握创造性的马克思主义》，文章着重阐述了毛泽东关于马列主义中国化的思想，高度评价了毛泽东把马列主义与中国革命实践相结合的巨大贡献，有力地回击了党内的教条主义思潮。

党的“七大”胜利召开。大会期间，毛泽东两次谈到翻译工作的重要性，给了张仲实极大的鼓舞。他决心毕生从事马列主义经典著作的翻译工作。

八

1946年,胡宗南大举进犯延安,中央机关疏散深入农村。第二年年初,张仲实返回延安,恰逢王震和陈赓两部分在晋中击溃了阎锡山的主力,打了几个大胜仗。中央西北局立即组织了一个“延安各界慰问团”,张仲实任中直机关副团长,东渡黄河到山西文水县等地慰问解放军。张仲实到文水县后,听到刘胡兰烈士大义凛然、壮烈牺牲的动人事迹,立即派人前往云周西村深入群众了解详细情况。在回延安的途中,有人建议他给刘胡兰烈士写碑文。他当即表示,等我回延安后立即请中央领导同志题写。慰问团返回瓦窑堡的任家山,适逢党中央机关也于前一天撤到这里。他立即找到中央直属队司令员任弼时,详细汇报了刘胡兰烈士的事迹,并提出,最好请毛主席写个匾或题几个字,以示纪念。1947年3月26日,毛泽东以沉痛的心情挥笔写下了“生的伟大,死的光荣”八个大字,新华社同日播放了刘胡兰的英雄事迹。从此,毛泽东的题词和刘胡兰的事迹广为传颂,为中国人民夺取解放战争的胜利增添了无穷的力量。

1947年5月,张仲实随中央工作委员会转移到河北西柏坡,着手筹备全国土地会议。他很快编选了《马恩列斯毛论农民土地问题》等著作,由晋察冀新华书店发行。

1949年2月,党的七届二中全会召开,党中央和毛泽东为了提高全党马列主义理论水平,以迎接中国革命向社会主义革命的伟大转变,批示张仲实提出一个理论学习计划。张仲实与有关中央领导同志商拟了一个学习书目,后经中央批准成为以后广泛发行的“干部必读丛书”。

九

党中央机关进北京后，张仲实任中宣部党内教育科科长、国际宣传处处长。1953 年，张仲实调任中共中央西北局宣传部副部长。这年年底，他又奉调回京，担任中共中央马恩列斯著作编译局副局长。1956 年 9 月，任编译局领导小组组长。

中共中央马恩列斯著作编译局成立于 1953 年初，其任务是有系统、有计划地翻译马恩列斯的全部著作，出版《马克思恩格斯全集》、《列宁全集》、《斯大林全集》，这是我国出版史上一项极其宏伟的工程。张仲实到任后分管业务，校订译稿，不久又兼起编译局党委工作。张仲实以他后半生的主要精力，参与了这项宏伟工程的组织领导。他数十年如一日，兢兢业业，呕心沥血，一丝不苟。经过二十多年的努力，卷帙浩繁、内容博大精深的三套全集全部问世。

张仲实在翻译马列著作的同时写了大量的结合中国革命和建设实践的理论著作和文章。他主张“翻译要与研究相结合”，他认为，翻译工作者只有深入学习研究马克思主义，才能不断提高理论修养和编译水平，才能把马列著作准确地译成中文，特别是重大理论观点的概念，一定要用中文确切表达。1958 年 10 月以前，“按劳分配”被普遍译为“各取所值”或“按劳付酬”；“按需分配”被译为“各取所需”。张仲实认为，这两个译文是不确切的，容易产生误解。他经过深思熟虑，提出用“按劳分配”、“按需分配”代替过去的译法，很快得到中央的同意。他撰文在《人民日报》上发表。从此，这两个马列主义理论用语便家喻户晓，人人皆知。

“文化大革命”中，张仲实受到严重的冲击和折磨，被林彪、“四人帮”一伙关进“牛棚”，隔离审查。他毕生执著追求的马列主义翻译事业被迫中断。在巨大的压力下，面对林彪、江青一伙的群魔乱舞，他义愤填膺，搁笔数载，以沉默来表示抗议。尽管有人诱骗他撰写歌颂“文化大革命”的文章，但他绝不趋炎附势，没有写任何见风使舵的文章。

1976年10月的雷声震响了千山万水，随后，党的十一届三中全会又开始了理论上的拨乱反正。此时，张仲实已经年逾古稀，体弱多病。1970年，他的老伴不幸去世。他孤身一人，晚年生活靠子女照料，但他仍孜孜不倦，为捍卫马列主义真理而奋斗。他以顽强的毅力编著完成了《马克思、恩格斯传略》。并撰写了多篇文章。

早在1959年3月，张仲实就在《人民日报》上撰文，主张把“资产阶级法权”译为“资产阶级权利”。因为究竟用哪种译法，关系到这一词语的含义。是指“法”还是指“权利”，当时理论界认识并未统一起来。十年动乱中，张春桥、姚文元大做文章，利用“破除资产阶级法权”的口号来攻击老一辈无产阶级革命家。1977年4月，张仲实不顾年迈体弱，撰写了《剥掉“四人帮”在“资产阶级权利”问题上的画皮》，再次提出把“资产阶级法权”改译为“资产阶级权利”。中共中央编译局立即召集会议，经过认真讨论，一致决定采用张仲实的译法。在这个问题上，张仲实表现出了一个优秀的马列主义理论卫士的战斗风采。

十

1984年，张仲实从事马列著作翻译、研究和出版工作走过了半个世纪的历程。为了表彰他在革命文化事业和马克思主义理论研究宣传方面的重大贡献，3月13日，中共中央编译局、中国马列著作研究会、中国翻译工作者协会、中国出版工作者协会联合在北京人民大会堂举行庆祝大会。党和国家领导人杨尚昆、王震、习仲勋、邓力群、胡愈之及首都思想理论界人士260多人到会庆贺。王震满怀深情地说:“中国革命的胜利同马列主义在中国的传播分不开;马列主义的传播同翻译、宣传马列主义的广大同志分不开。我们当年在延安的窑洞,在硝烟弥漫的战场上,如饥似渴地学习马列著作,这其中就有仲实同志的译作,他是我国理论界、翻译界、出版界一位深受大家赞扬的老同志,仲实同志为传播马列主义奋斗了一辈子,他的这种革命精神是很可贵的。”著名书法家舒同在庆祝会上书赠一联:

半世纪翻译经典著作,
一辈子宣传马列主义。

1987 年 2 月 13 日,中国共产党的优秀党员、无产阶级革命家、著名的马列主义著作翻译家、马克思主义理论家、共产主义的忠诚战士、全国政协常委、中共中央马恩列斯著作编译局顾问、中国翻译工作者协会顾问、中国社会科学院学部委员张仲实在北京逝世,终年 84 岁。

中共中央在八宝山革命公墓礼堂举行了隆重的遗体告别仪式。党和国家领导人杨尚昆、王震、宋平、宋任穷、萧克、黄火青、廖汉生、康克清、赵朴初等参加了遗体告别仪式。

党和国家领导人邓小平、李先念、陈云、胡耀邦、彭真等人送了花圈。

张仲实同志虽然离开了这块生他养他的大地,但却成为升起在辽阔天空中的一颗星辰,放射着灿烂的光辉。

原载《人物》2003 年第 6 期

存　目

张仲实　《生活书店的宝贵传统》

《读书》1982年第9期

张仲实　《纪念〈世界知识〉创刊五十周年》

《〈世界知识〉创刊五十周年纪念集》,《世界知识》出版社1984年

白　烨　《一个勤谨认真的人——小记张仲实同志》

1987年4月28日《光明日报》

雷云峰　《张仲实同志的两件事》

《北方论丛》1987年第4期

张积玉　《张仲实著译编年谱》

《宝鸡师院学报》1986年第3期、1987年第3期

张积玉　《马克思主义理论家翻译家张仲实传略》

《宝鸡师院学报》1991年第2期

曾培仁、李全福、张立王　《记著名马列主义著作翻译家张仲实》

《名人传记》1991年第11期

林理明　《愿光辉的出版思想发扬光大——纪念马克思主义出版家张仲实》

《出版发行研究》1994年第4期

林理明　《张仲实在革命出版事业中的历史性贡献》

《编辑学刊》1996年第1期

丁 玲

丁玲(1904～1986),湖南临澧人。原名蒋冰之,现代著名作家。1927年发表处女作《梦珂》,次年又有《沙菲女士的日记》问世。1930年在上海加入“左联”,并主编机关刊物《北斗》,1932年加入中国共产党,任“左联”党团书记和书记处书记。1933年在上海被国民党特务秘密绑架,被押往南方囚禁三年多。1936年秋,在党的帮助下,投奔延安,主编延安《解放日报》文艺副刊和《长城》文学杂志。此间曾先后发表了《我在霞村的时候》、《在医院中》、《三八节有感》等有影响的作品。1946年至1948年,在华北农村参加土改,以土改斗争为题材,写出了长篇小说《太阳照在桑干河上》,荣获1951年斯大林文学奖二等奖。

新中国建立后,丁玲曾任中国作家协会副主席,《文艺报》、《人民文学》主编,第一届全国人大代表,第一届和第五届政协委员。

丁玲从1927年开始从事文学创作,50多年来先后发表短、中、长篇小说,剧本,散文260多篇,近300万字。她不仅文学创作成就巨大,而且一生在编辑工作岗位上做出了重要贡献。她20世纪30年代、40年代、50年代以至她复出后,一直从事着报刊的编辑工作,1984年主编创刊了《中国》大型文学期刊,是一位杰出的现代编辑家。

丁玲一生道路坎坷。新中国建立后,由于受到"左"的影响,1952年受到错误批判;1957年被错划为右派;1958年至1965年被下放到北大荒劳改;"文革"中受到残酷迫害。但她始终坚信党的领导,表现了一个共产党人的高尚品质和坚定的政治信念。

我的自传

丁 玲

我有这样一个看法,我顽固地认为,一个写文章的人,只需要写文章。写各种各样的人、事、心灵、感情,写尘世的纠纷,人间的情意,历史的变革,社会的兴衰,写壮烈的、哀婉的、动人心弦的,使人哭,使人笑,使人奋起,令人叹息,安慰人或鼓舞人的文章。总之,什么样的文章都可以写,只是不要絮絮叨叨地在读者面前表白自己,这是很乏味的。因此我拒绝过许多人,留下了一些使人不快的影子。但这次徐州师范学院的教师们为了编辑《作家传略》而对我提出了殷切的要求,使我没有办法推辞,只得试一为之。这原不合我的本意,而时间又紧迫,写得不能如愿,请编者、读者共谅之。

我生于1904年,今年76岁。

我是湖南人,出生在临澧县,长在常德。我父亲的家庭属官僚地主。但我幼年丧父,四岁便跟着贫困的当小学教员、后来当校长的寡母辗转漂流。我本人成分是学生,我的家庭出身应该是自由职业者。

1930年在上海，我参加了中国左翼作家联盟，主编“左联”的机关杂志《北斗》月刊，1932年参加中国共产党，担任过左联党团书记和书记处书记。

我一生当过编辑，编辑过党报副刊、文艺杂志、基层单位的黑板报、墙报、油印的小报；领导过培养青年作家的中央文学研究所；也当过生产队的扫盲教员、夜校教员，辅导职工家属学文化、学政治；当饲养员，喂鸡、喂猪、种地；还当过短时期的红军中央警卫团政治部副主任；当过八路军的西北战地服务团的主任；1936年冬，担任苏区成立的中国文艺协会主席；担任过陕甘宁边区文协副主席；全国解放后担任中国作家协会副主席，第一届人民代表大会代表，第一届和第五届政治协商会议委员，全国妇女联合会理事。作为中国作家的代表，妇女的代表，争取世界和平运动的代表，我参加过一些国际性的会议和活动，接待来华访问的国际友人。但我主要的工作是写文章，是一个写书匠，或者叫作家。

1927年我开始写作。先是写短篇小说，后来写中篇小说、长篇小说、剧本、散文、报道、杂文等。52年来，除最近20多年写作上的空白外，共发表了260多篇长短文章，约160万字，但还没有写出一部理想的作品。作为一个专业写作者来看，量和质都是不够的。

在这52年间坐过两次监牢。第一次是1933年在上海被国民党特务秘密绑架，随即押到南方囚禁三年多。在这期间没有自首叛变，没有在国民党刊物上写过文章，没有给敌人做过一点事。直到1936年秋，在党的帮助下逃出南方，奔向苏区。第二次是在1970年林彪、“四人帮”横行的时代，关押五年多，得有时间通读了马恩全集和其他的经典著作，1975年无罪释放。

解放前出版过七八种集子，1933年全部被国民党查封，禁止出售。全国解放后出过五六本集子，1958年在反右扩大化中又遭到查禁，在林彪、“四人帮”横行时期，纸型全部销毁。

1979年，人民文学出版社重印长篇小说《太阳照在桑干河上》，不久即将发行。预计今年出版的还有短篇小说选集、散文集、杂文集，30年代写的中篇小说《母亲》和《韦护》；四川人民出版社将出版抗战前后写的短文《到前线去》和一本《丁玲近作》。

目前我正在从事一部搁笔中断了20多年的长篇小说的写作。

1980年元月

选自汪洪编《左右说丁玲》，中国工人出版社2002年

《北斗》创刊号编后记

丁　玲

《北斗》创刊号封面

我自己是一个一无是处的人，常常把时间消磨在烦躁里。越知道这样不好，越不愿这样，却越容易兴奋，厌弃自己。然而我一定要想法使自己平静，使自己跟上生活的轨道，平平凡凡，老老实实做着眼前能够做的事，只把时间和精神放在这能够做的事业上。只要是应该做的就去做；做得不好再来；再不好，就又重来；不管眼前的结果怎么样。我现在照着这样来做，时时刻刻都必须和自己打仗，时时刻刻

都试着忍耐。我不愿意自己一遇着什么就颓丧起来,我相信不会,因为我有意志,而且我要这意志一天天加强起来。

编这个月刊,就是我试图使自己好些的一个方法。我一点也不能干,只学写过一点小说。有的朋友说写小说不怎么有用;也有人批评我的小说并不怎样好。这些都曾经使我怀疑,加重了一些不安。可是,我想了许多,我还是只能在小说上努力,因为这对我方便一点。现在我写得不好,将来不一定还是不好。说到用处,这不是一个容易看得见的东西;而且个人根本就不可能干出一番惊人的事。所以我决定了,决定做最方便的事。所以继续写一点小说,又编这一个杂志;正好湖风书店想出一刊物,我又同他们稍稍有点关系。当然动机还是觉得现在可以读的杂志太少了,我自己就感到这方面缺少的难过。所以我立志要弄出一个不会使读者过分上当的东西来。当然我无须再声明,我是一个只会写小说的人,在力量上我不能给读者以保证,可是,使我有这勇气的,是因为我还认识几个写文章写得好的人。我做编者的任务是各方奔走,每天写信,耐烦地请他们写一点好稿子,我拿来编排一下,交给书店,校对一次两次就出版了;以后又出第二期,重复做着这些事。我还要根据批评家的批评和读者的要求,慢慢地改善,能够逐渐好起来,我就满足了。

现在第一期出版了。使我高兴的是各方面拉稿还不算困难,朋友们都愿意为这刊物写一些稿来。我自己觉得这里很有几篇可看的东西。至于每篇的内容,我想不必详细介绍了。这期创作小说少了一点,因为沈从文先生答应的稿子,寄来得迟了一点,来不及付印了。第二期一定可设法再丰富一点。可以预告的是有冰心女士的诗,叶圣陶先生、沈从文先生的小说,朱璟先生还可以写一篇较具体的论文,陈望道先生也答应写一篇。关于文艺短评,我很希望能收到一些外来的稿件。下期或者还可以辟一栏通信。

有稿子,或信件,请寄到七浦路七三四号湖风书局北斗杂志社转丁玲。

1931 年 9 月

原载《北斗》创刊号,1931 年 9 月

《解放日报》文艺副刊一〇一期编者的话

丁　玲

《文艺》出版到 100 期,合订起来已是厚厚的一本。但当回顾这半年的辛劳时,却只感到一种重荷,因为它曾经占去读者很多时间。个人是否尽了编者应有的责任,愿意更听取些责难,也想趁这机会,说几句话。

《文艺》占《解放日报》八分之一的篇幅在边区出现,是第一次,以前不可能有。这是因为党报扩大,需要以各种艺术形式来反映边区以及各抗日根据地的生活的作品。同时,来到延安的作家们缺少发表文章的地盘(去年这时只有一个《文艺月报》)。加上边区军民对文艺生活感到缺乏,他们要求文艺学习。而且许多青年作家,也愿意有那么一个地方能把自己的作品供给大家并征求意见。《解放日报》一开始,文艺栏就担负着几层任务:一、团结边区所有成名作家;二、尽量培养提拔青年作家;三、反映边区、各抗日根据地生活及八路军、新四军的英勇战斗;四、提高边区文艺水平。文艺栏始终在此种精神中进行工作(编者本人对副刊更不愿采取报屁股,消闲,小玩意,吃甜点心的做法)。这时文艺栏,及改版后初期的《文艺》都使人感到不活泼、文章较长的缺点。当然其中也的确有种种不易克服的困难。譬如在延安的作家几乎全是杂志的作家(写长文章的),不常为报纸写作。而短小的报告速写之类又因交通的关系,收不到很多稿子。在有限的篇幅中,不愿使其

太单调，不能不登载两篇以上的作品，以致常常一篇小说要连载两天或三天。这种不活泼、不能提高读者兴趣的缺点常常使编者们不安。于是在极力求其合乎读者的需要上，我们设法改正，并且愿意使《文艺》减少些"持重"的态度，而稍具"泼辣"之风。在去年十月中就号召大家写杂文，征求对社会、对文艺本身加以批判的短作。更尽量登载有关戏剧、美术、音乐方面的作品，把小说所占比例减少很多。直到现在，编辑的方法都是这样的。编者今天检查过去的工作时，是有其得失的，现在先说所得。

《文艺》中出现了三十几个作家是新人，其中有不少甚具写作才能，虽说只登载了他们很少的一点文章，然而却在读者群中取得很好的反映，很多读者来信时都把这些名字经常提到。如灼石的《二不浪夫妇》，葛洛的《我的主家》，邢立斌的《回家》，叶克的《猎人的故事》和《科长病了》，温馨的《凤仙花》，平若的《温情》，鸿迅的《厂长追猪去了》等，这些文章虽然还不能说是很完整的作品，但我们可以看见作者们努力把握到的技巧，他们已经不是茫然从事写作，而是已经摸索到一点路径，懂得如何处理题材，以及抓得一些很好的表现手法。这些作品都是在500万字的来稿中选取出来经过编者们两度至四度的审阅的。我希望这些作者们更深沉些，更努力些，更谦虚些，将来，工作的成果，会使你们更加充实。

其次是所有500万字的投稿者。虽说因为篇幅的限制，不能把这些作品全刊出，但这里并不缺乏较好的在我们是割爱了的作品。假如没有这样多的来稿，编辑就不会有这样的从容，给予读者的失望就会更大，而我个人所受的良心的惩罚就将更重。这些作者在严肃地努力地写作，都有希望成为很好的文艺工作者，作为《文艺》的柱石。

第三是读者们的热诚拥护。假如没有读者们坚信《文艺》的重要，《文艺》的命运是岌岌可危的。假如没有读者们经常提意见，我们就无从考验《文艺》到底起了些什么作用，如何改进，使它更合乎广大读者的要求。

最后是延安所有的有成就的作家们的协助。

现在再谈我们的不足。

应该受责备的是没有尽最大的可能,征求搜取反映前方生活的速写,成为《文艺》的缺憾,这种最为读者欢迎的稿子,登载得太少了。

没有把所提到的几个文艺上的问题如"作家与生活",关于小资产阶级作家的论争,以及文学上的语言问题等等多方展开讨论。延安对于文艺运动的自由讨论向来就不热烈,而《文艺》负有这种使命,虽有企图,却未达到。尤其是反对主观主义、公式主义、洋八股,"装腔作势借以吓人"的排外与排内的宗派主义的文艺理论与创作的清算,虽说这似乎应该由我们的理论家负主要责任,然而作为一个党报的副刊却默默无言是要不得的。

缺点自然还很多,小小的毛病随时都可以发生。只要觉得《文艺》有它存在的价值,编者就该更耐心些,谦虚些。作者和读者更能多给予些宽容和帮助,那事情就会进行得更顺利,更完满。

最近我大约要离开报馆,工作不久就告一结束,但不管我离开多远,我是不会和《文艺》无关的,也许我会更多地替《文艺》写稿。只要我有空,有什么文章或问题需要垂询时,仍可寄给我。我暂住文抗,投寄稿件请径寄文艺栏收。

1942 年 3 月 10 日

原载 1942 年 3 月 12 日《解放日报》

《文艺报》编辑工作初步检讨*

丁　玲

4 月 21 日，各报纸刊载了中国共产党中央委员会的《关于在报纸刊物上展开批评和自我批评的决定》。我们读了之后，非常兴奋。我们学习斯大林同志和毛主席的文章之后，更认清了批评与自我批评在中国今天情况下的重要，对于我们的编辑工作，有很大的指示和启发。我们要将我们的刊物办好，不只是需要我们的工作与群众有联系，对群众有教育意义，而且要大大地打开窗子，让读者的呼声冲到我们的编辑部来，使群众有高度的热情来批评我们，指摘我们的错误，即使是最小的疏忽也不放过。固然我们需要主观的努力，在政治上、在业务上逐渐提高，使编辑部能高度地掌握政策，且富有创造性，但真正要把工作更好地推进，只有深刻地自我检讨，倾听群众的意见。

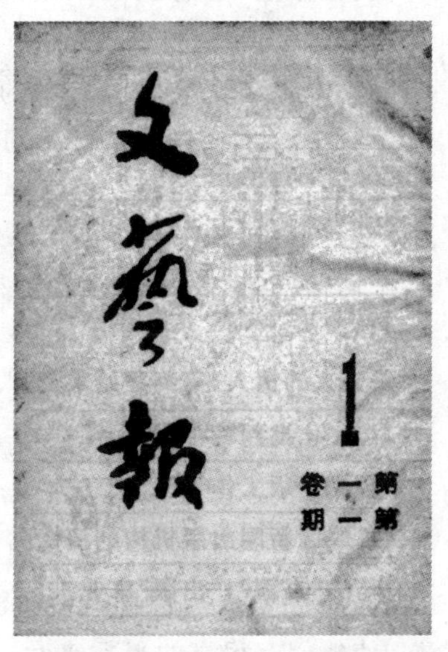

1949 年 9 月《文艺报》第一卷第一期封面

为了响应中国共产党中央委员会的正确的号召，在最近，我们将 15 期《文艺报》做了一个初步的检查，因为我们学习得还不够好，不一定深刻和恰当，但我们的态度是诚恳的。我们在自我检讨

* 本文经过《文艺报》编辑部集体讨论。

上开始走了第一步,我们欢迎读者更进一步给以批评,使我们的编辑工作能更切合于当前的文艺运动的需要。

《文艺报》已经编辑至第16期,从各方面的反映看来,它起了一定的作用,它与群众有了较广泛、较密切的联系,解决了文艺工作上、创作上、思想上的某些问题。它的工作方向大体上是正确的。这除了依靠全国文联的领导和编辑部同志的积极工作之外,主要感谢许多文艺界同志们的帮助和广大群众的热情鼓励与支持。但《文艺报》还没有达到我们要求的水平,不能使我们满意,《文艺报》在编辑工作上还有许多缺点。

第一,最主要的缺点,是没有通过文学艺术的各种形式与政治更密切地结合,广泛地接触目前政治上各方面的运动。《文艺报》只有几期刊登了这样的文章,作为社论或特辑,但内容不充实,好像只起了点缀的作用。这里面,虽然也包含了另外一个理由,就是今天一般的作家们,还不很习惯即刻抓住新的问题和题材,用各种形式来表达自己的思想,来表示对政府正在号召正在展开的各方面运动的关心和热情。但我们编辑部也同样没有想到这个问题,即或想到,也因为遭遇困难而没有足够的努力,发动与组织作家们,使他们有很高的兴趣来写。这也还是因为我们对政治缺乏高度的关心与认真的学习。我们虽然懂得对一篇作品首先要求它的政治性,但还不很懂得要配合当前的政治任务如何主动地去组织适合于迅速反映当前政治任务的稿件。

第二,在提高文艺思想方面,贯彻宣传与研究毛主席《在延安文艺座谈会上的讲话》非常不够。这种宣传和研究的工作,在目前是十分必要和迫切的。我们知道在文艺工作者中,还有许多人对这个讲话是不了解的,或了解不够的,文艺思想上还存在某些混乱。譬如有人说文艺即政治;也有人说我的思想老早就改造了,老早就是无产阶级的;也有人说我在抗战前就写工农,不过你们不看;也还有人说那篇讲话是给在延安的人看的,因为他们思想有问题。说这些话的人们，虽然他们口头上甚至心里也是拥护毛主席的文艺方针的，却恰好证明了他们对《在延安文艺座谈会上的讲话》还缺乏起码的了解和研究。就是对毛主席文艺方针了解得较多，并在自己创作上身体力行了的文艺工作者，也不是在文艺思想上完全没有问题了。我们今天所处的环境，比在延安的时候，复杂得多了，文艺工作的对象，也比那时候更广泛得多了，因此文艺工作上就不断涌出许多新的问题，需要我们解决，我们能不能运用毛主席的思想来解决当前文艺上的具体问题，这就是对我们是否真正学会了《在延安文艺座谈会上的讲话》的考验。

我们是注意了文艺思想上的问题的，每期我们都曾组织一些有关文艺思想的文章，但现在看来，内容充实深刻的还嫌不够。我们也曾发动一些讨论，但有些问题没有充分展开，例如在上海引起争论的关于可不可以写小资产阶级的问题，我们认为是一个值得讨论的问题，我们请何其芳同志写了一篇《一个文艺创作问题的争论》，本来也不是作为结论的，但跟着没有来稿了，我们也就没有继续下去，后来在读者的来信中，反映出这个问题也仍未完全搞通。对于接受遗产的问题也如此。

在有些问题的争论上，我们还不够更明确地表示我们的态度和意见。例如对于《红旗歌》的争论。我们收到好些关于《红旗歌》的文章，有两种极端的意见，最明显的是蔡天心和犁阳的两篇。我们对这两篇文章都不同意，我们打算登一篇批评得比较适当的文章，同时并写一篇对这几篇批评的批评，但因时间的匆促，没有写成。萧殷写了一篇，但也只是作为个人的意见，在他的文章中我们认为也还有些不够恰当不够完善的地方。在编者按语上，却只提出“一起登载出来，供大家参考”，结果，就显得缺乏负责的态度。再如诗歌笔谈，本是征集大家意见，不做结论，因为不能一时有结论，并拟配合一两篇较有系统、也较正确的文章为主要意见。但这些稿子来得太迟，编辑部能力有限，不能同时发表我们的意见，只好将安托科尔斯基的《诗—青年的教养—文化》一文放上，作为参考，但我们这种心思，也无法教人猜测。因为这个笔谈，虽引起读者很大兴趣，而效果并不大。因此在文艺思想上，我们所提出的问题，有些没有解决得彻底，有些企图解决而没有解决好。

第三，未能更好地与当前的文艺运动配合，我们虽然不断地发表各地文艺工作的报道与某些经验的介绍或总结，但对于这些情况和经验，我们没有经常的系统的研究。因此，就未能很好负起指导各地文艺工作的责任。就是与首都文艺工作的联系也不够密切。例如去年冬天北京举办的工厂文艺竞赛，我们去看了戏，也特约了稿，但由于抓得不紧，并没有很好地反映和帮助他们；再如铁路工会与青年剧院所举办的文化列车，这是一个创举，将文化用列车驶到各地去，驶进工厂去，我们也没有去十分注意；对北京上演的几个大话剧，也没有组织系统的较深刻的批评文章。

第四，我们的读者对象偏重于作者与文艺工作者，因此我们的文章，也就针对着这些对象，对广大的文艺爱好者和一般读者的注意就不够了。《文艺报》应该不只是文艺工作者的园地、食堂，而且应该指导群众如何从文艺上来吸收营养，改造思想，扫除旧趣味。

我们缺点很多，归纳为上面的主要的四条。但为什么会有这些缺点？那是由于我们编辑部还没有将学习政治、政策，放在首要的地位。同时对业务的学习也不够，因此自身的研究工作、提高工作少，而埋头在事务工作中，看稿、回信等。所以我们不能把编辑工作展开，不能用更严肃的态度，毫不苟且的精神，处理我们手上拿出去的每一篇小文章或每一行字。

编辑部工作人员是非常少的，能力有限，但这不能作为我们不能提高的理由。我们不能以困难来原谅自己，而要从客观需要来提高自己。

以后怎样办呢？我们将向着哪几方面发展？

一　我们要在文联的领导帮助之下，增多各地文艺运动的总结,加强对各地文艺运动的思想指导。这是很重要的,只有这样,《文艺报》才能发挥它应有的作用。

二　加强文艺与当前政治的配合,加强刊物的政治性,提高刊物的政治思想水平。

三　展开文艺思想创作问题的讨论,借以提高文艺思想水平,加强对一般文艺爱好者与初学写作者的思想修养与文艺修养上的帮助。

四　加强对群众文艺的研究、指导与批评,过去情况反映得多,对于工厂文艺、兵演兵、曲艺改革等都有不少的意见和经验,但缺少有细致研究,指出批评,解决具体问题的文章。

五　多作作品的具体的分析批评,从较为读者熟悉的或比较值得尽先介绍的作品开始,有计划、有步骤、有重点地做。

六　号召文艺界打破不批评、怕批评、背地不负责任的批评等空气,建立正当的、严肃的批评与自我批评。我们欢迎登载对作品、对工作、对思想、对作风的批评与自我批评的文章,不管是对一个集体或对个人。当然我们反对把批评与自我批评弄得很琐碎而引起无原则的纠纷,我们反对不是与人为善的、而是恶意的打击,对人民的事业没有好处,或者更有坏处的批评。

七　力求文字浅显,含义要深,问题要深,却要写得明白、清楚、肯定,避免含含糊糊曲曲折折使人有深不可测的感觉,我们要使人感觉文字亲切,情理分明,我们是为着使人喜欢读,读得懂,读了有益,而不是使人怕读,读不懂,读了等于不读。这是对作者的要求,也是我们要自勉的,我们要掌握这个方向以决定文章的取舍。

我们的初步检讨结果,大抵如此,不够之处一定很多,希望读者多多予以帮助,《文艺报》是属于大众的。

1950 年

原载《文艺报》1950 年第 2 卷第 4 期

为提高我们刊物的思想性、战斗性而斗争*

这两年来,我们出版了不少刊物,据今年5月统计,仅文艺刊物,全国一共有九十多种。其中大部分是不上不下,毫无目的,也没有销路的杂志。宣传会议后,地方刊物有些调整,在编辑方针上也有些改变,但全国性的大型刊物却看不出有什么显著的改变,也没有看到有所检讨或新的计划。因此,在这次学习中,改进我们的刊物,提高刊物的政治性、思想性和战斗性是一个迫切的任务。我今天就这个问题谈一谈。

文学艺术刊物,是表现文学艺术思想活动的工具,一切活动,创作的、批评的、学习的结果都在这里发表出来。文学艺术工作的成就和缺点都凭借刊物到群众中去发生好的或坏的影响。我们的刊物是我们工作的司令台,我们要整顿我们的思想、作风、工作制度,也必须整顿我们的刊物,整顿我们的喉舌,整顿我们与群众联系的最密切的工具。不整顿思想,杂志没有办法办好。在整顿思想中首先要把我们对杂志刊物的认识、任务搞清楚,从而订下我们今后的方针以及工作的步骤。

中国人民政治协商会议共同纲领上曾经做过这样的规定:"人民政府的文化教育工作,应以提高人民文化水平,培养国家建设人才,肃清封建的、买办的、法西斯主义的思想,发展为人民服务的思想为主要任务。"这个规定是很明白的。我们应该把今天人民生活中所发生的问题提到我们刊物上来,站在人民的立场,用新的人生观去分析,以教育人民,使他们能在工人阶级思想的领导下向旧的

* 本文是丁玲在北京市文艺界整风学习动员会上的讲话。——编者

一切残余的思想，资产阶级思想、小资产阶级思想进行斗争，并获得解决。我们曾经笼统地接受过这条纲领，但如何从自己的工作上去更深刻地理解和执行，就没有很好地注意。

我们还有很多人用一种传统的观点、旧的观点去对待我们今天的刊物，把刊物常常看成只是一伙人的事。过去一小伙人掌握了一个刊物（即是所谓同人刊物），发表这一伙人的思想，宣传这一伙人的思想，反对一些他们要反对的，也慷慨激昂过，也发牢骚。这些刊物有的曾经因为被进步人士所掌握，当时起过一些积极的作用，有的编辑部里因为有共产党员，曾反映过一些党的政策。但这种办刊物的办法，已经过时了，我们应该明白我们已经处于另外一个崭新的时代了。我们已经是主人，国家和人民需要我们的刊物能担当思想领导的任务，能带领群众参加一切生活中的思想斗争，并且能引导和组织作家们一同完成这个任务。我们喜欢办刊物，但我们却缺乏勇气，缺乏责任感，把一个负有领导责任的刊物当成是一个旁观者的刊物，出版的目的不明确，政治态度模糊，思想不尖锐，甚至跟着落后的群众走，没有战斗性，战斗的目标自然也是不清楚的。我自己就有这个缺点。我在《文艺报》担任编辑工作，遇到别人指出《文艺报》应该是思想领导的刊物，是指导文艺思想、文艺运动的刊物的时候，我心里总有些不安，总想不要让《文艺报》戴上这顶帽子。我不问实际上《文艺报》应不应该负指导责任，而只从个人去想问题，因为戴上这个帽子，责任就更严重了，这是我怕负责任的表现。

刊物既然是教育群众的，一切问题就要从群众出发，就要同群众联系得好。斯大林同志在 1901 年《斗争报》创刊时的社论中写道：

……报纸的首要责任是尽可能地接近工人群众，设法经常影响他们，使自己成为有意识的、领导工人群众的中心。

并说：

> 报刊——这是最有力的武器，在它的帮助下，党每日每时地用自己的，党所需要的语言，来同工人阶级谈话。在党与阶级之间扩展精神联系的别的工具，别的类似的灵活机关，天地间还没有。

这些话虽然是对政治报纸的估价，实际也完全适用于我们的刊物。联系群众，是刊物的首要任务。从编辑部里提出来的问题一定要是今天群众所迫切要求解决的问题，也就是在整个政治活动中，和人民生活中一切应该提到思想领域里来的问题，一切生活领域中新思想和旧观念的交战的问题。譬如是跟着人民政府走，在工人阶级领导下去从事建设呢，还是跟着反动阶级走，来违反政府政策，反对人民呢？是抗美援朝、保家卫国呢，还是苟且偷安、苟延残喘的个人主义呢？是赞扬武训的奴才思想呢，还是反对这种违反人民利益的反动思想呢？刊物要发动广大的群众注意这些问题，对这些现实生活中最有意义的思想问题发生兴趣，展开讨论，并且随时注意讨论中的倾向。刊物要根据这些群众的需要组织创作，领导创作；组织批评，展开批评；组织学习，帮助作家去接近生活，接近群众，接触最主要的题材；纠正他们在创作思想、创作方法上错误的观点，引导他们沿着正确的创作道路前进，写出为人民需要的作品来，为群众所欢迎，却又教育群众。

刊物既然是集中表现我们文艺工作部门领导思想的机关，是文艺战线的司令台，那么从这里所发出的一切言论，就代表了整个运动的原则性的标准，因此编辑部的负责人和工作人员就不应该是一个普通的看稿人或集稿人。他们应该具有高度的明确的思想性，能判断是非轻重，敢于负责地表明拥护什么，鼓吹什么，宣传什么和反对什么，而且是热烈地拥护和坚决地反对。高尔基曾有过这样的话："编辑是在某种程度上指导作家、教育作家的人。"因此编辑必须比作家知道得多，他是他的第一个读者和批评者，也是第一个替作家考虑一篇作品在群众中所将引起的影响，他应该从刊物的任务、从群众观点来帮助作家，弥补这作品里的某些缺点，提高作品所能起的政治作用，以及做更好的艺术加工。因此编辑人员首先应该认识这个工作岗位对于国家和人民的重要和责任。应该以能担负这种工作为光荣，而努力地、艰苦地学习，不断地提高自己的马克思列宁主义的理论水平、政策思想，及文学艺术的修养；兢兢业业、虚心谨慎地从事日常工作，并且随时加以检查。

上述的任务，我们的刊物（指全国性的刊物）没有很好完成。不是说我们的刊物没有起过作用。我们的刊物曾登载过一些较好的作品，也曾有过一些比较重要的批评。我们的编辑人员中，大部分还是很努力的，想把刊物办好。可是同其他部门工作比较，却是落在很远的后边。我们没有把两年来伟大的变革和成就很好地反映出来，我们刊物办得不能令人满意。我们经常听到从群众那里来的批评。这原因我们不能不去好好思考一下。

第一就是我们的刊物本身缺乏思想性，没有明确的方针和任务。拿《文艺报》来说吧，它是全国文联的机关刊物，文联的常委会讨论过为什么要出这样一个刊物吗？我知道是没有过的。我接受这个任务时，我得到的指示是《文艺报》是一个会刊，登些指令、号召、决议、各地报告之类的文件，还可以登登工作经验。我个人是不满意这个刊物的性质的，我们几个人依据这个指示，订了一个方针，就是"《文艺报》是文艺工作与广大群众联系的刊物。它用来反映文艺工作的情况，交流经验，研究问题，展开文艺批评，推进文艺运动"。这个方针，现在看来是极不明确的，任何刊物都可以这样写的。我们究竟以何者为主，而且将文艺运动向哪里推进呢？这个方针发表之后，至今也没有任何人向我们提出质问。第三卷起,《文艺报》将方针集中到学习与批评方面,但也没有什么人来提出问题,《文艺报》也没有根据这个方针进行深刻的检讨。《人民文学》的发刊词,则更表现了懒于去用思想,它在前边照抄了六条文协的章程,然后说,“如何使它具体化,——或者借用我们常用的术语‘形象化’,那就是本刊的责任”。怎样具体化呢?没有说,只把责任又加在大家身上。然后就要各种形式的稿子,对于稿子思想上内容上的标准也没有明确规定,只着重地说:“最后,本刊编辑部有一点意见也要趁这机会奉告文艺界同人。我们觉得编一本杂志,实在也就是一种组织工作。一要善于组织来稿,使杂志内容不单纯,不偏枯;二要善于有计划地邀约作家们写稿,使每期的杂志既能把握我们的文艺工作的中心环节,而又富于机动性。我们希望用了这样的方法,尽可能地把本刊编得活泼、多方面,而又不至于漫无重心。”从这个发刊词里面,我们恰巧找不到这个刊物的重心。文协的常委或编辑部并没有讨论过这作为文协机关刊物的方针。我也是文协的负责人之一,我就没有关心,好像这只是茅盾同志和艾青同志的事;我到今天才提出来,我就应该在这件事上受到严重的批评。如果再要举例,也可以举《人民戏剧》。这个刊物既没有发刊词,也没有什么编者的话。不过这刊物如果不标明出版年月的话,你简直也可以把它当成过去几年了的旧刊物,找不出有什么时代的特征。其余的例子我就不再详细列举了。我们检查这些刊物的思想,的确是不明确,很模糊,丝毫没有一个领导者的感觉和负责者的态度。军队打仗,指挥部应该做些什么是很明确的。我想世界上不能有这样的指挥部,指挥员只打仗却不做作战计划,不下命令,没有战线,甚至没有明确的敌人和朋友。假如有这样的指挥部,那也只会吃败仗的。

思想性不够,任务不明确,目标不明确,刊物已经很难办了,可是我们又都喜欢办(地方上也是一样,哪个地方有几个能写写文章的人就一定办一个刊物)。1949 年,乔木同志曾提议《文艺报》和

《人民日报》的《人民文艺》合并，我坚持不同意；1950 年乔木同志又提议减少刊物，我同意了，可是剧协、美协、音协的负责人又不同意，强调有他们的读者和需要。刊物一多，稿件就分散了。我们之中能做点研究工作写写文章的人本来是不多的，加之刊物分工不明确，一篇稿子既可以在这个刊物上登，也可以在那个刊物上登，于是编辑部有计划地组织稿件就增多了困难，就不得不降低选稿的水平。有三篇好稿子的时候，舍不得一次刊用，留下一篇到下一期吧，那么就放进去几篇不十分好的，或者是不一定要登的稿子了。这样，如何能提高我们的刊物的质量呢？

我们刊物的质量是不够高的，在哪一个刊物上都可以找到可有可无的文章。《文艺报》就常有一些不必要的批评，或者在批评文字中有不恰当的态度或措辞。《人民文学》虽然登载了一些较好的作品，但同时也登载了一些不好的作品，如《我们夫妇之间》、《烟的故事》等；《说说唱唱》也登载了像《金锁》那样歪曲了劳动人民的作品。这些都是被群众指出来了的，但至今我们还没有看到哪个刊物深入地检查一下。我们怎么会登载这些作品的呢？我们为什么会喜欢这些作品，而且要向读者去推荐这些作品呢？

其次，刊物的负责者没有足够的责任感。我们听到一些编辑人员不安心工作的呼声，一些牢骚，却很少听到自我批评与积极地想办法。因为对群众负责的责任心低，就不会很关心群众，就失去从群众那里来的政治敏感；取舍稿件也就不是根据一定的政治要求，而是根据个人的欣赏水平和兴趣，甚至有的负责人连稿子的最后审阅都不能完全做到。这不是很危险的吗？我以为编辑人员没有责任感，经常对工作采取敷衍的态度，这应该作为劳动纪律的问题，应该认为是失职行为，一定要进行严格的批评。编辑组织稿件也不是有计划的。有的完全不去组织，坐在办公室等稿件。有的编辑部随便找些人担任编辑，过一个时候开一次会，会上不讨论什么问题，只分摊几篇稿子，也不管被分摊者有无写作的条件，主编出题目,也只是灵感式地临时想出来的。结果被分摊的稿子常常是交不了卷。交不了卷我以为也没有什么,因为这样不是按需要和能力分派的稿子,并不一定就能写好。编辑不是万能的作家,什么问题都可以写的;如果有这种万能的编辑,自以为什么都精通,实际上一定是什么也不精通的。

再呢,就是刊物的负责者缺乏自我批评,也害怕批评,不喜欢听批评的意见。如果有人对他编的刊物中的任何文章提出意见,他就把你往无原则的人事关系上扯,说你对他们有成见,或你这个集团对他那个集团有问题。这样做不过为的使提意见的人不敢再提,为了使人不愿纠缠在人事关系中而把口封住。《文艺报》是一个批评刊物,不免对某些文章有些批评,就遇到过这种情形。我有时是坚持了,有时也就向这种情况投降。我曾经很痛苦过,为了怕得罪朋友,就宁肯不向群众负责。我把朋友看得比群众重要,把个人的烦恼看得重要,我是一个胆小的个人主义者!我很喜欢日丹诺夫所引的那段斯大林的话,我不妨引用一下引起我们警惕:

> 如果我们要保存干部,要教育和培养他们,我们就不应当害怕得罪什么人,就不应当害怕进行原则性的、大胆的、坦白的和客观的批评。没有批评,任何的组织,连文学组织也在内,是会腐朽的。没有批评,任何的病是会深入膏肓和难于医治的。只有大胆和直率的批评,才会帮助我们的人进步,才会鼓励他们前进,克服自己工作的缺点。哪里没有批评,哪里腐朽和停滞就会生根,哪里就没有前进的余地。

斯大林同志屡次指出:

> 我们发展的最重要条件,就是每个苏联人必须每天总结自己的工作,无所畏惧地检查自己,分析自己的工作,勇敢地

批评自己的缺点和错误，深思熟虑怎样使自己的工作达到更好的成绩，并且为使自己进步而不间断地工作。这一点适用于文学家，正如适用于其他任何工作人员一样。谁害怕批评自己的工作，谁就是可鄙的懦夫，就不配受到人民的尊敬。

这些指示，应当成为刊物编辑的座右铭！

还有些刊物的领导人及编辑人员，在某些时候，其思想远远落后于群众的思想斗争的实际。如《说说唱唱》第 18 期上登了一篇《武训问题介绍》，《人民日报》已经发表了有关《武训传》的社论，《武训传》的讨论已经热烈地展开，群众正在激愤地批评的时候，那里却来了一个纯“客观”的介绍，可见编辑者对于正在展开的对《武训传》的讨论的意义毫不理解，也说明了编者自己的思想混乱。

个别的刊物还有小集团倾向。譬如《人民戏剧》的头几期，就用了许多篇幅来登主编人的作品。后来《人民戏剧》主编换了中央戏剧学院的人，则又大半是戏剧学院同志的稿子了。有一件我认为最不好的，就是当中央戏剧学院同志们创作的几个短剧(《母亲的心》、《人民的意志》等)上演时受到了一些批评，这些批评是正确的，并不过分，但中央戏剧学院创作室的领导人和《人民戏剧》的主编人却写了一篇捧这三个短戏的文章在《人民戏剧》上发表。后来这位主编的同志虽然作了检讨，却不深刻。他为什么利用主编地位随便发表这样的文章呢？

此外，大家知道，《光明日报》的“文学评论”和《新民报》的“文艺批评”的编辑态度，也是不严肃的。

虽说如此，但我相信我们的刊物是可以办好的。为了加强我们的刊物，首先应该依靠文学艺术团体的领导和它的活动。全国文联及其所领导的各个协会在领导文艺工作时应该对刊物加以密切的注意，使刊物成为团结群众、团结作家的中心，成为批评与自我批评的中心，做到以党和人民政府的政策去教育群众，鼓励群众向为人民服务的崇高品质的目标前进。这一次全国文联调整刊物的决定是正确的。全国文联发动的这次整风学习将是我们刊物的一个转机，我们的编辑人员，大部分都是希望把刊物办好的，那么也将在这一次学习中深刻地检查本身的缺点，克服它，纠正它，订出新的计划来，认真地工作。

创作和批评是可以组织的，过去我们也组织过，但因为方针不明确，组织的稿子便不是在很好的计划中的。从我们的经验中，也知道比较有组织的稿子，是群众需要的稿子，是可以得到较多和较好的反映的。稿件能否组织，依靠编辑部工作的是否主动。编辑部应该经常召集一些作品的座谈会，一些问题的座谈会，编辑部应该搜集研究一些存在的问题，将资料供给作家，并且帮助作家下乡、下厂、下部队，帮助他们写作。编辑部是组织者，却不是只顾自己写作的人。编辑部的人员动了，开动了脑筋，作家们也就跟着动了，问题也就活动起来，文章就多了。文章多，思想讨论活跃，这样编刊物才有意义。编辑部不怕没有稿子，就怕自己不主动。我们的群众是积极的，我们文章中的一些大小错误，都是首先被读者指出来的。群众的眼睛是最亮的，依靠群众，是最好的办法。随时随地记着群众，记着马克思列宁主义，那是无往而不胜利的。

同志们，努力吧，我们有这样多的读者，有这样多的作家，我们的国家已经走上一个光辉灿烂的时代，我们有毛主席和中国共产党的思想领导，我们一定可以办好我们的刊物，毋负于我们的光荣任务和伟大的时代。同志们，努力吧，好好学习，为提高我们刊物的政治性、思想性、战斗性而斗争吧！

1951 年 11 月

原载 1951 年 12 月 10 日《人民日报》

毛主席和丁玲的二三事

——悼念丁玲同志

甘　露

亲爱的丁玲同志，我的良师益友，经过与严重的多种疾病搏斗后，终于被病魔夺去了生命。她给人民留下了一大笔精神财富，她给我们——她的亲人、战友、学生留下了无尽的思念。

46 年前的春天，我刚到延安的第二天，没料到在杨家岭延安文协的山坡上和仰慕已久的丁玲相识；46 年后的春天，更没料到我在北京协和医院向她永远告别。在漫长的 46 年间，我们在延河边、在延安文化俱乐部聚首言笑；日本投降后，我们在张家口，在阜平的红土山、抬头湾又在一个党小组里生活，朝夕相处。她真正成了我的老师，我们有了真挚深厚的友情。46 年来我们有聚有散，但我们的友情始终未断。而今，我似乎看见她像往常一样微笑着和我扬手道别，离开人间。她随着阵阵春风飞向长空，直上云天，在这悲痛哀思的日子里，件件往事再现在眼前。这里我把亲自听到、看到毛主席对她的关怀和她对毛主席爱戴的二三事，忠实地记录下来，以表我的哀思，以慰丁玲的忠魂。

一

1948 年 5 月，毛主席、周恩来、任弼时等中央领导同志，来到河北省平山县西柏坡村。那时解放战争的形势处在和国民党反动派决战的前夜。中央领导同志经常彻夜不眠，计划、部署和指挥三大战役。七八月炎夏的一天下午三点钟后，毛主席的警卫班长李树槐来我家通知说:天气太热,主席日夜工作太累,大伙要他到室外散步,他请胡乔木、萧三、艾思奇等同志同去,还要我带孩子一同去。萧三和我赶紧带着一岁的萧平来到毛主席门前,和乔木、思奇同志以及三个孩子会合。毛主席高兴地和我们一起坐上他的中吉普,驱车二十余里,到一个树林边下车。我们把椅子、板凳搬下来,陪着主席走进树林。毛主席坐下一会儿,却见乔木、萧三、思奇同志没有坐而走到一边,只剩毛主席同我和孩子们在一起,毛主席摇着大蒲扇,一边给孩子们赶蚊子,一边问我:“他们几个在干什么呀!”我忙走过去问他们:“主席问你们干什么呢! 怎么不来陪主席呀?”他们说:“我们在谈对丁玲写的《太阳照在桑干河上》的意见。”我把他们的话对主席说了,并补充说:“最近丁玲写完了一部长篇小说《太阳照在桑干河上》,是写张家口附近农村土改的。丁玲请他们几个同志看看,提提意见。”前些日子,萧三曾告诉我,他们几个把丁玲的稿子都看完了,要找个机会讨论一下,却找到了今天这个机会。主席边听边抽烟,想了一想说:“丁玲是个好同志,就是少一点基层锻炼,有机会当上几年县委书记,那就更好了。”过了约半个小时,胡、萧、艾三个人来到主席身边,主席问他们讨论得怎么样,乔木同志说:“写得好,个别地方修改一下可以发表。”主席这时把刚才说的关于丁玲的话又说了一遍。

树林里闷热得很,主席手中的大蒲扇不停地扇着;林地上的草有半尺高,蚊子、小虫、蚂蚁很多。呆了约一小时,主席站起来风趣地说:“我是个没有自由的人,散步也得到这树林里来。闷热得很,还是回去吧。”这样,我们就随主席乘车回到村上。

不久,丁玲到了西柏坡,我们见了一面。我把那天毛主席讲的关于她的话讲给她听。她很高兴,也很激动。后来我知道,丁玲这次到西柏坡,看望了毛主席、周副主席、邓颖超大姐等领导同志,她也陪主席散步,主席和她谈了很多。

1949 年 1 月北京解放,4 月,我随沙可夫等同志筹备成立全国文联和举行第一届文代大会。6月，我奉命去沈阳接丁玲同志来北京，参加筹委会的领导工作。文代会期间，我曾高兴地把毛主席对丁玲的嘱咐和评价讲给了一位熟悉的老作家听。可是万万没有料到，到了1955年和1957年当丁玲受到错误的批判时，毛主席的这句话也被说成了丁玲的“罪状”之一。有人说这是丁玲捏造的，是她有意在自己脸上贴金；此外还有许多莫名其妙的事都成了丁玲“反党”的“罪状”。1956年中央宣传部派李之琏等同志核查丁玲的所谓“反党”言行时，有一天李之琏同志把我从农业部约到中国作协，问我毛主席说这句话的情况和内容。我如实地讲了，李之琏同志当时要我在他桌上把谈话内容记下来交给组织上。当时李之琏等同志奉命复查，经过大量调查核实，认为丁玲没有反党，没有什么反党集团。事后不久，李之琏等主持公道实事求是做调查工作的同志都被打成了反党分子或右派含冤受屈二十余年，十一届三中全会以后才得到平反改正。现在从这个侧面可以看到当年“左”的错误给党和同志造成的危害之烈，这是多么严重的教训啊！

二

1949年第一次文代会期间，丁玲和我同住一层楼上，那年我在个人生活上发生了意外的波折，丁玲关心我，要我和她同睡一床谈心。

从这次谈话，我更加了解，丁玲一生对党忠诚老实，是一个不说假话的共产党员。以后在我和她几十年的交往中更有切身的感受。我记得毛主席也是这样评价的。

1940年在延安一些同志中间忽然暗地流传着丁玲是“叛徒”的小道新闻。那时我和丁玲还不熟，我未深究。解放后，特别是在她被错划成“反党”的“右派头目”的那漫长的岁月里，每当夜深人静思念她的时候，我又痛苦地被这个疑团所冲击，为此我曾在一些老同志和好友中谈起这件事。有几位当年曾在枣园康生领导的机关里工作过的同学，她们告诉我，不仅在40年，甚至在40年以后，她们亲耳听到康生在会上风言风语中伤丁玲是“叛徒”的事。那时康生的反党反革命面目尚未暴露，是党校的校长。听到这些，我心中的疑团自然是更加深了。经过十年浩劫，粉碎“四人帮”后，在中央党校揭发了康生大量的阴谋反党反革命和陷害革命同志的罪行，这时我才明白，强加给丁玲的“叛徒”帽子是康生陷害同志最早抛出来的一支毒箭。长期以来，我心中的疑团排除了。1978年底党的十一届三中全会以后，有关方面遵照中央的政策指示，给丁玲摘去了“反党”、“右派”等帽子，可是在这之后的多少年来，康生的阴魂不散、流毒未清，传说丁玲在历史上仍有政治污点的阴风总是还在某些阴暗的角落里吹散着。有一天我和丁玲谈起此事，她告诉我1940年她找过毛主席，责问康生有什么根据说她是“叛徒”，她要求党中央审查她在南京的这段历史，给她做出书面的结论。毛主席听了丁玲的陈述，对她说，我相信你是一个忠实的共产党员；可是要作书面结论，你得找中央组织部长陈云同志。于是丁玲找了陈云同志，对这一段历史作了详细的汇报，写了书面的材料。经过中央组织部认真审查，给丁玲作了实事求是的正确的结论，认为丁玲是一个对党对革命忠实的共产党员。并且把这个书面结论放进了丁玲的档案。从那以后，经历了抗日战争、解放战争和建国后的“左”倾失误和十年动乱的长达44年的严峻考验，1984年8月1日，中央组织部颁发文件，再次肯定1940年延安时期中组部对丁玲历史审查结论的正确和有效，重申丁玲是一个对党对革命忠实的、有贡献的共产党员。回溯40年毛主席对丁玲说的话，这更加证明毛主席在40年对丁玲的了解和信任，这是我们不应该忘记的。

三

1951 年夏天的一个星期天，我带着孩子去颐和园，探望住在颐和园云松巢的丁玲、陈明同志。下午 3 时左右，一位警卫员同志跑上山来问丁玲是否住在这里，“有一位首长要来看丁玲同志”。我们都想不出是哪位首长要来。正好那天丁玲他们收拾好了行装，准备回城。过了一会儿，只见罗瑞卿同志陪着毛主席来了。毛主席踏着山坡拾级而上，有点气喘。穿的黄绸衬衫都被汗湿透了，陈明赶紧跑下山去，扶着他慢步上来。丁玲迎上去拉着毛主席的手在廊前的木椅上坐了下来。随主席来的人不少，陈明同志让勤务员赶紧去买两个大西瓜来给大家解渴。我帮着切西瓜，毛主席、罗瑞卿等同志和丁玲同志边吃西瓜边聊天，互相问候，谈到了对小资产阶级出身的知识分子的团结和改造，真像家人团叙，轻松欢快。休息了一会，警卫员来说游船准备好了。丁玲才送别毛主席去昆明湖划船去了。毛主席平时工作忙，很少出来游玩休息，这天是星期天，他来昆明湖散散心，还抽时间爬山看望丁玲，可见他对知识分子、文化工作的重视了。

四

1958 年丁玲到了北大荒，和北大荒的建设者同甘共苦奋斗了整整 12 年，我们都不知道何时才能相见。1961 年冬，一天晚上，忽然陈明来我家，才知他和丁玲一起来北京看病。他告诉我组织上没有要丁玲去北大荒，是丁玲自己提出来要去的。我惊喜交集，急切地问丁玲的情况，陈明说她自己会告诉你的，于是我们约好第二天，到我家吃晚饭，陈明还要约他的老同学陈锦清同志一起来。次日直等到天黑她才来，陈锦清同志也如约来到，我们四个人，围坐在小书桌边,边吃边谈。我问丁玲为什么一定要去北大荒?已是五十多岁的人了,那能搞那样辛苦的重劳动。丁玲说,“既然《人民日报》头版刊载我是‘反党’的‘右派’头目,我再申辩也无用了。但我相信,将来总有一天会把真相弄清楚的。毛主席不是说过我缺少基层锻炼吗?我就认了,那我就下去,到基层锻炼去,到工农群众中去,比在北京关在屋子里好得多。”

丁玲常说:“我就认了”这几个字。我理解她的意思是说:我受委屈吧,也要像个老党员的样子。她对党对毛主席没有一句怨言;她只痛惜党内某些同志的“左”倾错误和宗派主义,对党、对人民、对事业所造成的危害和损失。她还回忆60年来北京参加第三次文代会的情况。丁玲说,58年后,撤销我作协副主席的职务,保留了理事的名义。给我这个理事的开会通知是说,我可以来,也可以不来。但我想了一想,我还是来了。文代会开幕那天,在会场上望见了毛主席,我很想走上前去叫一声毛主席,跟他握握手,讲一句话,我没有勇气走上前去,悄悄地走到一边去了。就是这一次,她托我给她找一本《毛泽东选集》第四卷。我很快找到一本送给了她。她又告诉我们,养鸡是轻劳动,只是冬天的白菜、萝卜冻得像铁块,剁起来很费劲,手和胳膊都剁肿了。我和锦清听了都为她难过,她却劝我们不要难过,要我们放心,她熬得过来的。……那一晚我们说得很多。她走后,我比较放心了,同时感到她对我们的教育和启发更加深刻了。

丁玲身处逆境二十余年之后,1979年初春回到北京。7年来她写的文章,发表的讲话,以及她平时的言行都可以看到她对党对人民的一贯的信赖和崇敬的感情。她在1979年《北京日报》的《“七一”有感》一文中说的:“党啊,母亲!我回来了……我是共产党员,我对党不失去希望,我会回来的,党一定会向我伸手的。海枯石烂,希望的火花,永远不灭。”1980年后,社会上一度出现了一些错误思潮,引起了混乱,少数人对毛主席功大于过的论断表示怀疑,对坚持四项基本原则发生动摇。丁玲挺身而出,她在答外国驻北京记者提问时,有记者问:“对毛主席的看法,与过去三十年的看法相比有无变化?”丁玲回答说:“去年我在《太阳照在桑干河上》的再版前言中写道:我写书时像一个战士喊着毛主席冲向战场。后来有人问我,你现在是否还有这种感情,我说,毛主席是伟大的。没有毛主席,就没有新中国……文革十年动荡,不能说毛主席没有责任,至于责任有多少,可以讨论,以教育后代。”这就是一个久经考验的共产党员,中国人民的好女儿丁玲同志对毛主席一生功过的看法。

实践是检验真理的唯一标准。丁玲在半个多世纪的革命实践中,走过了一条漫长的坎坷道路。她的坚定的共产主义的信仰、思想、感情,坚毅的意志和高尚的情操是留给我们最珍贵的精神食粮,她是名副其实的无产阶级革命文学家;她不愧为人类灵魂工程师,精神文明建设的排头兵。我们要认真向丁玲同志学习。

1986 年 3 月 8 日

原载《新文学史料》1986 年第 4 期

忆三十年代的丁玲同志

郑育之

3 月 5 日,我在上海带上报纸在电车上翻看,突然丁玲同志的照片,影入了眼帘,赶快往下看时,是她不幸逝世的消息。方寸乱了,泪水不知不觉滴湿了纸张。回想去年春,她健壮地走上延安清凉山,还亲笔留下了感想,今春就和我们永别?是什么病魔折磨着她?现在医疗条件不错,为什么不能抢救她的生命?虽然她已过 80 高龄,90 高寿的人还很多,为什么她不能再多过几个春天?谁能料到她是为了党的事业，为了维护社会主义文艺方向，耗尽了自己的精力，心胃脾肠均失灵，都瘫痪，以致生命死亡。但是她忠于党、忠于人民的事迹是不可磨灭的。所以将30年代所经历的几件事留在纸上，以资纪念。

一

“九一八”事变后，上海人民掀起了抗日救国活动，反对蒋介石的不抵抗主义。我们这所被外国人管理的女中，对学生的控制是严得出了名的，不准同学们过问国家大事，又借口礼堂是礼拜上帝的场所，不准悬挂中国国旗，更不准召开教会学校联合抗日反蒋的大会。学校的校长为了转移学生的抗日反蒋情绪，千方百计欺骗同学让学生埋头读书，不问国事。但是，一位参加我党地下工作的语文教师林楚君，却想办法请了丁玲同志到我们班级讲课，题目是《如何作文》。

那天，林老师陪她来了。她穿着虽然较洋气、时髦，但并不华丽、庸俗。旗袍的颜色素淡，穿高跟皮鞋，外套一件素色秋大衣。这种打扮，跟社会上普通的知识妇女差不多，但她没有搽脂抹粉。她走进讲堂后，脱了大衣，揉搓着双手，抬了抬两道浓黑的眉毛，带着富有魅力的微笑，对我们说，她是不善于讲课的，同学们希望她讲些什么问题，欢迎提出来。由于同学们都是清一色的广东人，普通话讲不好，而且向来习惯于“教师讲，学生听”，不善于在课堂上与教师对话、提问题，大家都有些不好意思。只有梁文若会说普通话，她又看过丁玲的《莎菲女士的日记》，便以好奇的心情，询问她这篇小说是怎样写出来的？莎菲女士是不是她自己……还有人问她是怎样成为作家的，怎样进行创作……丁玲同志为了满足我们这群幼稚无知的学生，便详细地诉说，自己因为憎恨现实社会，反对封建礼教对女性的束缚，才拿起笔来揭露和控诉。并说《莎菲女士的日记》,既不是写她自己,也不是写某一个人,而是写千千万万被封建势力压迫,受封建礼教束缚,敢于起来反抗的知识分子女性的代表。两堂课时不知不觉地过去了,丁玲同志向我们告别,她刚离开课堂,同学们就"哄"起来了,用赞美的语言议论纷纷。而我听了丁玲同志讲课后,恍然大悟,我自己作为一个女孩子,也经常受到父母无休止的怨骂和无情的厌弃,根本原因是封建制度下的重男轻女思想,是社会的普遍现实。至于用小说形式吐露妇女的苦境,对于我却是新鲜事儿。我向来是为分数而写作文,为消遣而看文艺书籍。听到丁玲同志讲话,要写自己熟悉的题材,我也觉得在家庭中受歧视的生活,确实可以写出来,一吐自己的苦水。于是在"一·二八"前夕我写了一篇作文,描绘一个独生子在出生和死亡过程中,封建思想严重的双亲的心情与思想变化,受到老师的夸奖。同时那位老师对我们三四个接近他的同学,介绍阅读"左"倾文艺书籍,又向我们讲述丁玲同志的爱人胡也频同志被国民党反动派杀害,丁玲同志没有被吓倒,把刚生下不久的儿子送回家乡,独身再到上海,继承烈士遗志,更加坚决、勇敢地参加到反帝、反蒋的斗争中去。从此我们几个要好的同学,怀着更加崇敬的心情,拿着自己的积蓄购买她的著作,轮流阅读,愈看愈喜爱;以后兴趣更加广泛,又看了许多苏联革命前后的名著译作。

二

"一·二八"事变发生了。我的学校和家庭,都处在日本帝国主义者横行霸道的北四川路范围内,学校无法上课,家庭生活也不安定而且无保障。我便被介绍到十九路军慰劳会服务,经常到伤兵医院慰问。在这些活动中,知道了十九路军在战斗中节节获胜的情景,也晓得蒋介石耍阴谋,逼令十九路军撤离上海前线的事实,也见到了十九路军将领挥泪下令撤离淞沪前线的情景。还见到了英勇对日作战负伤的官兵，由于不明白军部被逼撤军而怒骂军部，有的忍着伤痛，含着热泪，用扶伤拐棍、手杖，追击那些含泪下令撤军的军官太太的英勇行动。这些事实，深深地教育了我，必须参加中国共产党，被压迫的各民族、被剥削的劳苦大众，才能彻底解放，反动的蒋介石政权才能被推翻，才能建立无产阶级的革命政权。因此我和要好的同学梁文若一起商量，逃出家庭，到武穴镇去找红军。可是这事被那位进步老师发现了，他认为我们还小，应继续学习，待具有自食其力的才能，再参加革命。于是我们取消了武穴之行，但又不愿放弃我们参加革命的志愿。正在苦闷的时刻，我们想起丁玲同志了。认为她有过共产党员的丈夫，她主办的《北斗》杂志，是革命的，她写的《水》也是表现革命的。我们猜想丁玲同志也是共产党员，于是把希望寄托在她身上，我们联名写信给她，倾吐心愿，要求参加共产党。信由梁文若执笔，我们三个人亲自将信送到《北斗》杂志社转交。信送出后近两个月，没有复音，我们像泄了气的皮球，成天垂头丧气，没精打采。忽然，一天梁文若急忙跑到我的家里，约我到马路上说："'佳音'到了，可不是丁玲写的，是个署名华蒂写的。"又说："他约我们中的一人，在指定时间到虹口公园面谈。"我们怀着惶惑的心情，商量该不该赴约，如果不去，以后就无法再找到共产党了；要去的话，华蒂这个人都不认识，能否找得到，能否帮助我们实现入党的愿望？是不是坏人故意诱惑我们？最后还是派阿梁赴约，要她见机行事。那天我们怀着焦急不安的心情，在学校等候阿梁归来。当阿梁怀着兴奋而愉快的神色回到我们跟前，第一句话就告诉我们："是丁玲派他来和我们联系的！她没有忘记我们！"又说："华蒂听了我们的要求，要我们三人组成一个学习小组，提高思想觉悟，再参加革命活动。"从此，我们就在华蒂同志指导下开始了新的生活，学习许多进步书籍，参加了反帝反法西斯的一些活动，接着又参加"左联"组织。

三

1933年4月，我已是共青团员，担任共青团闸北区妇委，又是“左联”机要干部，和周文同志一起住机关，掩护“左联”的油印和发行工作，受“左联”党团书记丁玲同志直接领导。当我回到住处，见到她的时候，怀着喜悦的心情和她打招呼，而她已经不认识我了，经周文介绍之后，她才“呵……”的一声笑起来说：“你就是那所教会学校的三个学生之一吗?”听到她这样询问，我只是点头傻笑。丁玲同志详细了解我的工作情况和家庭生活关系，鼓励我做好女工工作。后来，她经常到我的住处来，特别是红五月的前后，来得更勤，甚至一天来两次，和周文研究传单标语的内容，有时自己坐下来写点什么，然后交周文刻印。有时和周文研究“左联”盟员的一些问题，或谈论文艺上的见解，讨论周文的作品等。我多次端详她，她不像第一次见面时，那么活泼、热情，而变得严肃、沉静了。

5月中旬的一天下午我回到家，周文正忙着收拾东西，我知道是发生了问题，这个家不能呆要搬家了。果然周文严肃地告诉我，丁玲同志被捕已经几天了，是5月14日和潘梓年同志一起被捕的，被捕后，丁玲失踪了，为了工作上的安全，组织上派人辗转通知我们马上转移。我们立即搬了家。安静下来后，我们分析，丁玲同志被捕已经几天了，我们这个要害部门没有遭到破坏，“左联”的其他人也没有被牵连，我们深信她是坚定的。恰恰在这时从良友公司转来给丁玲同志一封家信，知道她在湖南家乡的孤儿寡母的生活十分困难，等待着丁玲同志的养家费。那时，我们自己的生活也很清苦，只能东拼西凑地寄去很少几个钱，以济老人燃眉之急；又不敢将丁玲同志被捕的消息告诉老人。后我们取得“左联”领导指示，商请良友图书公司文艺编辑负责人赵家璧先生预支《母亲》一书的版税，直接寄到湖南给老人。后来又根据组织上的意见，将丁玲同志被捕消息告诉老人。这样周文与蒋慕唐老人通讯，逐渐成为经常的事了。抗战初期，我们到了四川，还将蒋慕唐老人的信，公开刊在报纸副刊，以答复读者的关心。同时，我们将丁玲同志被捕前未发表的旧作，如《不算情书》等，汇集起来，等待凑够一定数字，再谋出版。当时敌人经常在报纸、刊物上捏造许多谣言，中伤丁玲，陷害丁玲，但是我们深信丁玲同志是清白的，有对党忠诚的一片赤心。1936 年左右却传来消息，说有人在南京街头，看到丁玲同志了。这条消息却让我们惊疑了很久，为什么敌人能让她自由地在街头出现？是她叛变了，还是敌人在要什么新花招？如果她叛变的话，势必要供出我们掩护的机关和出卖我们的同志，至少要发表脱党声明，可是，这些什么都没有发现，鲁迅先生那里消息是比较多的，但对她的这个传闻没有任何表示啊！这真是个谜，我们多么想解开这个谜啊！

1936 年 9 月，我党驻沪办事处副主任冯雪峰同志来问我说："你认得丁玲吗？"我非常诧异为什么他问我这件事，我回答说："怎能不认识呢？她被捕前常到我们家来！"他听罢，便给我一个任务：到西藏路爵禄饭店，订一间好些的房间；再租一辆小汽车，按时到北站接丁玲到旅馆。他又交代我接头暗号与注意事项。雪峰同志告诉我们说："丁玲到处找党，要党帮助她脱离南京敌人的监视、囚禁。"我听了又高兴又着急，谜解开了，恨不得马上看到她，帮助她离开那万恶的南京。我按照雪峰同志的指示，作了准备，按时到北火车站。当旅客拥挤出站的时刻，我的心弦绷得紧紧的，眼睛打量着每个乘客，脑际考虑着万一接不到怎么办？还得提防着有没有跟尾巴的特务。我在来来往往的人流中挣扎，真紧张啊。乘客出站的高峰即将过去，还不见丁玲同志到来。我正在焦急的时候，忽然看到丁玲同志，她身穿深咖啡色丝绒旗袍，外罩呢大衣，腋下挟着酱色公文包，挤在乘客中，俨然像一位贵夫人，匆匆走出来。

我急忙靠近栏杆喊了一声“冰姐”，再近前向她说了暗号。可是她用那清澈的眼睛，严肃地瞥了我一眼，好像没有听见一样，继续急促地一个劲向前走。我急了，心更乱了，忐忑不安。虽然几年不见面，可是她那圆圆的脸形，那双浓眉大眼睛，我是永不会忘的，这正是我要接的人。又想，是不是她忘记我了呢？可是我说的暗号没有错，她应该按暗号和我接头啊！为什么她不理我呢？是不是她发现有敌人在钉她的梢啊？一想到此，我心情更紧张了，万一真的又被敌人发现，她就逃不脱魔掌，生命危险啊。好在我租得有小汽车，我要帮助她利用汽车甩掉尾巴。于是我使用全身的力气挤出人群，丁玲同志快走出车站了。我急忙追上去，拦着她的去路，把暗号再说了一遍，急促地告诉她，有汽车在等着。她稍稍迟疑了一下，就跟着我上了汽车，一路上都沉默无言。我指挥司机，转了几条马路，确认没有人跟踪，才驶到那家旅馆，进了预订的房间。这时我详细告诉她，到车站接她，是冯雪峰同志给我的任务，同时告诉她不能离开旅馆，雪峰同志会来看她的。她点头说了一声“唔！”既冷淡，又严肃，脸无表情，又无话语。我当时认为她被国民党反动派折磨得变了。后来我才知道，她被国民党反动派长期软禁，长期和敌人斗争，所以变得更加严肃、更加警惕了。她在车站见到我搽脂抹粉，衣着时髦，完全不是过去那种朴素、纯洁的学生作风，以为我变了，变成政治上堕落，生活上追求享受，是受敌人指派来骗她重回南京的人。很久的后来，我才知道，这是她第二次接受党的安排，第二次逃离南京到上海的。

次日，我到旅馆去看她，知道雪峰同志已和她见面了，这时我再次见到她那甜蜜的笑容，听到她那亲切的声音。过了几天，雪峰同志让周文与她接头，按照她的心愿，安排她去陕北中央苏区。他们见了面，倾谈她被捕后上海文坛的重大事件，和蒋慕唐老人通讯情况。丁玲同志深知老人的困难，极需筹措一笔安家费。周文告诉她，他搜集了她被捕后曾发表的《杨妈的日记》、《不算情书》、

《莎菲日记第二部》等三篇著作,准备出本文集,但字数不足。丁玲高兴极了,马上拿出几篇近作,都是发表于1936年4月至8月的津沪《大公报》等报刊上的,可以汇编成一个小册子,就取名《意外集》,她自己写了序文,交给周文,送良友图书发行公司赵家璧先生出版。周文安排好陪伴丁玲到西安的人选,又办妥了再转陕北中央苏区的事宜,亲自送她上火车,安全地离开上海,然后向冯雪峰汇报。不久,听说她平安到达陕北,到达党中央所在地保安,并且在党中央的直接领导和关怀下开始了新的工作,我们才算安下心来,我们祝愿她新生活的开始。

1986年3月26日

原载《新文学史料》1986年第4期

陈企霞谈丁玲——真诚坦白的心灵

当代著名作家丁玲同志3月4日不幸病逝。今年2月底,本刊记者曾访问著名作家陈企霞。陈企霞同志关于丁玲同志有过一段恳切的谈话。特整理发表,以寄托对丁玲同志的怀念。

你要我谈丁玲,算出了道难题。谈熟识的人,特别是共过忧患的熟人,常不知该从何谈起。因为熟识如同近视,反而不易看清。不过,最近听说她身体欠佳,倒真使我思潮难平,想起了许多往事。

早在30年代初,我就在上海见过丁玲,听过她演讲。她是湖南人,原名蒋冰之,曾读过桃源女子师范预科。因反对包办婚姻,她离家出走,沿扬子江来到上海。1924年,她与胡也频结为伴侣,并开始创作。她发表的第一篇小说是《梦珂》,以后又陆续发表了《莎菲女士的日记》、《韦护》、《水》等作品。我见到她时,她在中国文坛已颇有名气。

1940年春,我到延安后,才和她熟悉起来。我开始在青委宣传部工作。一次,听说中央决定让丁玲负责编《解放日报》文艺栏,便让李又燃问丁玲,是否愿意让我去帮忙。丁玲爽快地同意了。此后,我与丁玲共事了几年。

交往中,我印象最深的,是她的坦白真诚。坦白真诚之于人,如同清辉之于月,温暖之于春,是最能给人以亲切感的了。她是名人,又长我几岁,待我却很平等,从不盛气凌人。工作中,她很尊重我的意见。副刊初办时,由于我们相互配合,通力合作,工作还是有成绩的。相处久了,我发现丁玲从不隐瞒自己的观点,总是直率地发表对各种问题的看法。她举止很大方,和人们很容易谈得来。因而,她交了许多朋友,其中多数是投奔革命的知识分子。她住的窑洞里经常高朋满座。有一天晚上,我和柯仲平等到她那里,竟聊了一个通宵,大家海阔天空,无所不谈,从敌占区谈到根据地,从文艺谈到革命,东方发白了还不知觉。

除了和知识分子交往外,她还很注意和群众接触。她在编稿之余,经常到延安周围的部队和乡村去调查、采风。她到延安的初期,写过一些在根据地颇有影响的作品。我到延安之前,她就写出了《彭德怀速写》、《南下军中之一页日记》等作品。后来,她又写了不少反映陕北现实生活的报告文学和特写,有些作品还受到了毛主席的称赞。她写的一篇反映靖边县一个合作社主任事迹的报告文学《田保霖》发表后,毛主席特地写了一封信给她和欧阳山(欧阳山也写了一篇文章)。信上说这是丁玲写工农兵的开始,应为她新的文学道路庆祝;毛主席还为此约丁玲去吃了一顿饭。客观地说,毛主席一度对丁玲还是相当赏识的,曾赠给她一首热情洋溢的诗,诗中有“昔日文小姐,今日武将军”之句。后来,这首诗的原件到了胡风手中,胡风将它夹在一本书中遗忘了。前几年胡风平反后,他夫人梅志清理书籍时偶尔翻到,才使这首别有韵味的诗重见天日。

丁玲是坦白的、真诚的，这是很宝贵的品格。因为坦白真诚，她结识了许多朋友；因为坦白真诚，她赢得了很多读者。可是，她又因此而结怨，而招嫉，而受诽谤。

坦白的襟怀，真诚的胸臆，总难免溢于言表，见诸文章。在延安时，丁玲为此招来不少麻烦。她发表了杂文《三八节有感》和小说《在医院中时》(后改名为《在医院中》)后，对她的非议和批评日甚一日。有的人甚至开始怀疑她参加革命的动机。平心而论，她的文章并非没有缺点，但当时对她的批评却过于苛刻了。历史是公正的。几番风雨过后，人们如今终于又给了这些作品以比较全面、比较客观的评价。《在医院中时》已被认为是一篇“真实地写到了知识青年长处和农民弱点”的作品。前不久，我收到法国出版的一本《海淀》杂志，发现上面刊登了这篇文章的译文。

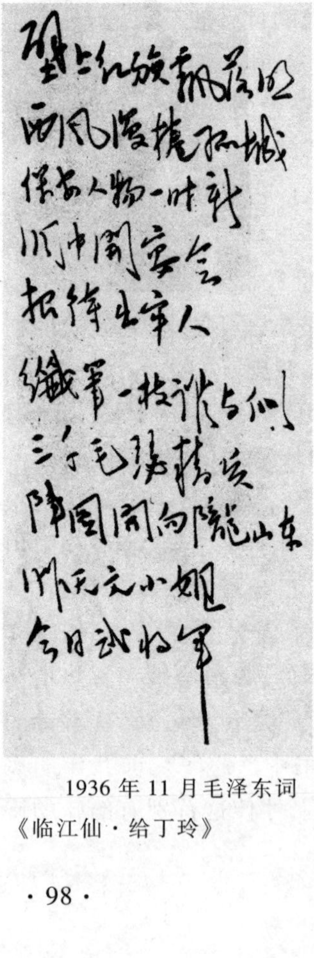

1936 年 11 月毛泽东词《临江仙·给丁玲》

抗日战争胜利后，我离开了延安。我们再次见面，是 1946 年底在华北。

当时，我已调到华北联大任文学系主任。丁玲参加完第一期土改后，也来到了张家口。她借住在华北联大，潜心于创作《太阳照在桑干河上》。故人重逢，自然令人高兴。她在创作之余，常和我见面聚谈。我们和以前一样，仍是无话不谈。她谈起了在延安和西北战地服务团的生活，谈起了土改时的经历，谈得兴起，不由得慷慨激昂。我发现，几年岁月的磨炼，风雨的侵逼，并未使她的性格改变多少。她还像以往一样坦白真诚,还是那样心直口快。

她对我也仍像以前那样信任,那样尊重。她很重视我对她的作品的意见。

《太阳照在桑干河上》脱稿后,她请我看了看。我被这部作品吸引住了。这是她根据自己不久前参加土改的经历而创作的一部长篇小说。作品描写了华北桑干河地区暖水屯在一个月时间里所经历的伟大变化。暖水屯实际就是丁玲去过的河北涿县温泉屯。在小说中,对整个土改斗争,从工作组进村发动群众、组织斗争,到分配地主的财物,及农民为保卫胜利果实而参军,都有真实而生动的描写。这是根据地作家写的第一部正面反映土改的杰出作品。

1947 年夏天,丁玲写完了《太阳照在桑干河上》。照理说,这样及时地反映现实生活的作品,在当时是很需要的,但由于作品刺痛了某些人,他们便指责作品反映的是富农路线,致使作品在华北未能出版。作品被拒绝后,丁玲见到我不由得流了泪,我也很替她难受。要知道,这部作品来得不易啊！它是丁玲深入实际的产物,上面聚集了她的心血和爱憎。

我只好安慰她说,你不如到东北去;换个地方,或许还有出版的希望。听了我的劝告,她果真到了东北。有价值的作品,它的光辉决不会因非议而消失。在东北,《太阳照在桑干河上》很快就出版了,并且受到了读者的热烈欢迎。有人甚至赞扬它是一部"史诗似的作品"。后来,华北也出版了这部书。对华北的读者来说,读这部书就更有亲切感了。

时隔不久,《太阳照在桑干河上》荣获了 1951 年度斯大林文艺奖,成为驰誉国际的名作。顺便提一句,丁玲得奖后,将 5 万卢布的奖金全部赠给了妇联儿童部。这也可以说是一次真诚的奉献吧！

记得有人说过"天下真小",我也有同感。进京以后,想不到我和丁玲竟二度共事。1949 年,文联决定创办《文艺报》,丁玲和我一同被调去筹办,分任正副主编。相互了解的人在生活的道路上再次相逢,本是人生幸事,岂料却成了我们厄运的开端。1951 年后,我国文艺界进入多事之秋,接连出了几件大事。开始,我们《文艺报》还未遇到麻烦。可是,从批判《红楼梦研究》以后,我们就陷入了被动。据说"两位小人物"的文章最早是送到《文艺报》的,《文艺报》的"老爷们"把它退了,文章才通过其他途径被发现。为此,《文艺报》受到了批评。从 1953 年开始,文联内部就开始批判我和丁玲,说我和她是一个小集团。有的人甚至说我和她这个集团是在延安就形成的,和胡风集团南北呼应,互相配合,进行反党活动。这真是无中生有,信口雌黄。这一来,我和丁玲成了众矢之的,被审查、批判了两年。其间,我被关押了 9 个月。

1955 年后,我被释放。出来后,我和丁玲都向中央写了申诉信。不久,中宣部召开了会议,陆定一同志在会上特地说,丁陈反党集团是不存在的。问题本已趋于解决。可到了 1957 年,一场更大的政治风暴袭来,不由分说,我和丁玲便成了右派,落入命运的谷底。

我知道,丁玲和我一样,对挨点批评,受点委屈,并不在乎;最让我们受不了的,是对我们的信念和忠诚的怀疑。丁玲尤其受不了这个。我记得,反右刚开始时,丁玲在延安时早已做过结论的历史问题又被抖搂出来。有一次,她去妇联开会,一群女工包围了她,骂她是叛徒,让她有口难辩。回来后她对我谈及此事,不由伤心得哭了。她能不哭吗?对一个毕生都在以自己的真诚追求革命,以自己的坦白感召人民的人来说,还有比这更让她难过的事吗?

那场政治风暴刮得我们各自东西后,因关山阻隔、路途漫漫,我们有二十来年未通音信。再次见面,已是 1979 年底了。在这一年召开的全国文代会上,我们又重逢了。如烟岁月淡化了我们当年的感慨,80年代的春风驱散了我们头顶的阴云,许多事已无须提,无须说了。我们未提及往事,未诉说遭遇,只是相互询问了身体状况。

二十余年未见,两人自然都已由壮年步入老年。不过我发现,她那双眼仍像过去一样明亮,她的笑容仍像过去一样亲切,她的神情也仍像过去一样坦白真诚。看到这些,我心想,丁玲还未变,她还是过去的那个她。因为,文代会前我即已听说,这些年丁玲吃了许多苦。1958年,她与爱人陈明一同被送到北大荒劳动,"文化大革命"又被关了"牛棚",后来还被"四人帮"投入监狱达5年之久,1957年又来到山西长治附近一个叫嶂头的村子落户。这样的曲折坎坷,能不影响她的情绪、精神吗?见她之前,我是担心的;见到她,我才放心了。后来我才知道,她在逆境中仍写了数十万字作品。显然,真诚坦白的心灵,是不会屈服于命运的。

在这次会上,令丁玲和我感到意外的是,周扬同志当众作了检讨。他公开向过去被他错整的同志道歉,我们都认为,周扬同志的态度是好的,是有勇气的。

多少年岁月弹指间逝去,多少人瞬间青丝成白发。大自然的规则谁也违抗不了。逝去的岁月固然不值得追忆,然而,适当总结一点教训,不是可以净化灵魂、避免日后再走弯路吗?!我常想,如果人人都有丁玲那样真诚坦白的心灵,那多好!

(胡国华整理)

原载《瞭望》1986年第11期

一个无私无畏的人

胡　真

在我与新中国的出版事业中，每每回忆起我在湖南省出版局工作期间的往事时，我总会想起文艺界的许多新朋旧友，其中有不少是在延安时的老朋友。他们对我工作给予的热情支持和帮助，我一直铭记在心，永远不能忘却。每当我沉浸在往事思念联翩之中时，一个久经考验、饱经风霜、乐观开朗、慈祥和蔼的形象，就会活现在我的眼前，她就是丁玲。

1935年秋，我在上海投身革命。我喜欢读书，读马列的书，读左翼社会科学的书，读左翼文艺的书。就在这时，我读过丁玲的《田家冲》和《1930年的上海》，这是我第一次读丁玲的作品，后来还读过她的《莎菲女士的日记》等作品。当时我只知道她是左翼作家，对她的革命经历并不了解。

1942年春天，延安开始进行整风运动，当时我在延安中央研究院。这年6月，在中央研究院召开的民主集中制度座谈会上，我第一次见到了丁玲。丁玲这时在延安文艺界抗敌协会工作，离中央研究院不远。这次座谈会是针对当时在整风运动中暴露出来的青年同志自发的极端民主化倾向，统一对民主集中制、民主与纪律的认识，引导青年同志走上正确思想轨道而召开的。这个问题解决之后，座谈会就转入了对王实味的《政治家·艺术家》和《野百合花》的批判。我记得，丁玲在这次会上也发了言，她发言的内容，现在已全然不记得了。在整风运动中，由于《在医院中》、《我们需要杂文》、《“三八节”有感》等文章，后来丁玲也受到了批评。在整风运动后期，我和陈明在同一个党支部生活，他在上海麦伦中学读过书，参加救亡工作，谈起往事，彼此都感到很亲近。

10年之后，我在湖南省文化局工作。1954年初春，丁玲和陈明来到湖南，打电话给我，我到他们的寓所去看望了他们。这是在第二次文代会后不久，因此我们谈的都是文学创作方面的问题。她突出地谈到，一个作家应该到群众中去，拥有生活，写出一本好书来，这当然不容易，但一定要这样去做。辞别时，她把一本刚出版的《到群众中去落户》送给我，并早在书上为我签了名。第二天，他们就到临澧县丁玲的家乡去了。

回到家里，当晚我就一口气把《到群众中去落户》读完了。其中有这样的话："我们应该有一个奋斗的目标，写出一本好书，不是马马虎虎的书，是要有高度的思想性、艺术性的，不是只被自己欣赏，或找个朋友赞美，而是让千千万万的读者爱不释手，反复推敲，永远印在人心上，为人所乐于引用的书；不只是风行一时，还要能留之后代的。""我们如果不写出一本好书，如果毫无贡献，还只是上来下去的，我们是如何愧对人民，愧对国家，愧对党啊！"这是说得多么好的话！面对当前文艺界、出版界的状况，这些话今天读来，仍然还有现实意义。不料，这些话后来竟被视做是"一本书主义"在全国文艺界展开了批评。接着是《文艺报》批判"丁陈反党集团"，接着是在1957年反右派斗争中她被划为"右派"，接着是到北大荒去过囚徒般的生活，接着是……关于丁玲的消息一点也看不到了，一点也听不到了，好像丁玲在这个世界上已经消失了一样。在"文化大革命"中，由丁玲签名送给我的那本《到群众中去落户》，响当当的"革命者"说这是"大右派"、"反党分子"写的书。是"大毒草"，就被拿走了，从而也就从我的书橱里消失了，也许它遭到的是比作者本人更悲惨的命运！

时间又过去了二十多年。历史天转地回了。到了1979年，在报章杂志上，又开始看到丁玲的名字了，又读到丁玲的文章了。这说明丁玲又回到她为之战斗了几十年的文坛。1980年我写信邀请她和陈明一起来湖南做客，因丁玲还在料理许多事情，这次他们没有成行。1981 年初，我又写信去邀请，3 月 29 日得到丁玲从厦门来信，在信中她说："……承再次约我们去湘，盛情厚意，铭感五内。实在因为今年以后的几个月，都早有安排：七月要去北大荒；八月下旬有可能出国，年底回来。因此，我们四月底必须离厦返京，才能争取在五、六两个月做好出国的准备。这次就很难满足你们的热情希望，同样也没有能了却自己的这番心愿，我们也感到遗憾和抱歉，只希望明年能再创造这样的机会。"

丁玲从美国回来以后，写了《访美散记》，这是她回到文坛后写的第一本书，就送给湖南出版了。1982 年秋天，丁玲和陈明实践了"去年的诺言"，到湖南来了。我们已将近30 年没有见面了。再见面时，她已满头银丝，我觉得丁玲苍老了。但她仍然是那么热情，那么爽朗，那么乐观，那么坚强，一双眼睛仍然闪烁着年轻人那样的光泽，完全不像是一个饱经风霜、历尽折磨的耄耋之年的老妪。这次我们谈到北大荒，谈到她重返文坛，谈到访美观感。因为 1980 年我曾参加中国出版工作者代表团访问过美国，虽然我与她彼此接触的人不同，但对美国社会见闻的感觉是一样的。她坦诚地说，我这次访美，有人是有戒心的，好在我在美说的话都是对得起人民的，对得起国家的，对得起党的，我不是好好的回来了吗？她一边谈着，一边笑了。她的一颗赤子之心多么明亮！就在这一次，我向她建议编辑出版《丁玲文集》的事。她沉默了一会儿，同意了。她返京后，就开始着手编《丁玲文集》，陈明也帮着她编。大约花了一年多时间，6 卷本的《丁玲文集》编好了。1984 年就在湖南出版了。

1981 年冬天，金紫光到湖南来视察文物工作，我去看望他。在叙旧中，谈到了延安时代的文艺运动。我告诉他，我准备出版一套《延安文艺丛书》，他非常赞成。我请他回京后，同丁玲和艾青、萧军以及其他延安时代文艺界等同志去商量，在北京成立一个能显示大团结精神的《延安文艺丛书》编委会，由延安时代的老作家、老艺术家共同来编辑这套丛书,由湖南出版。紫光答应了。1982年初,紫光来信说,延安时代文艺界的老同志都赞成这个倡议。《延安文艺丛书》编委会在毛泽东同志《在延安文艺座谈会上的讲话》发表40周年的座谈会上成立了。这套丛书由丁玲写总序,1983年1月她把写好的总序交给了编委会。丁玲做事总是这样认真的。第二年5月,《延安文艺丛书》由湖南出版了。5月23日,《谈话》发表42周年的日子,在北京王府井新华书店举行了《延安文艺丛书》首次发行仪式,已快80岁的丁玲和艾青、萧军等热情地参加了发行仪式,并亲自在柜台售书和分发纪念书签,紧接着她又精神饱满地参加了在北京饭店西楼大厅举行的出版发行座谈会,她对延安文艺路线怀着无限深情,在谈话中语重心长地说,延安革命文艺传统要继承,不能丢掉。应该说,现在的一些新的好作品,还是走的延安文艺的路子。延安革命文艺传统,将世世代代传下去。现在有的人不重视延安的文艺传统,却追求西方一些荒诞离奇的思潮。我们不反对西方的东西,但要吸收其中好的对我们有益的东西,不好的东西要抵制。用什么东西去抵制不好的东西呢?就是要在党的文艺路线指引下,用密切结合人民斗争的文艺作品,健康的优秀的作品。最后她说,《延安文艺丛书》的出版,湖南"为人民做了一件好事"。她最后讲的这句话,只能说是对湖南出版界的鼓励和鞭策,说真的,她是《延安文艺丛书》真正的支持者、实践者和领衔人。

我每次到北京,总要到木樨地丁玲的寓所去坐坐、聊聊,谈谈她对出版工作的意见。她也总是像和家人在一起谈家常一样说话,很随意的。每次从她家出来,我都感到有不少收获。在《延安文艺丛书》出版发行座谈会后的一个晚上,我和湖南出版局的负责同志一起去看望她。她说,出版部门不仅要出版青年作家的书,还应该有青年作家发表作品的园地,扶植青年作家。她建议湖南为青年作家办一个大型文学杂志,主要发表青年作家的作品,可由她来主编。她的建议没有得到湖南出版局负责同志的支持,也许是因为湖南已经办了一个大型文学刊物《芙蓉》的缘故,也许不完全这样。我感到遗憾。后来,听说她自己在筹措经费创办这个刊物。真没有想到,在几个月之后,这一年11月,由她主编的《中国》文学杂志就问世了,一个80高龄的老妪创办这样的大型文学刊物,是史无前例的事,创造了中国期刊史上的奇迹。半个多世纪前,她主编左联机关刊物《北斗》,开始了她的办刊生涯。此后,1941年她在延安主编《解放日报》的文艺副刊,1945年到晋察地区主编文学杂志《长城》。解放后,她又主编《文艺报》、《人民文学》。《中国》文学杂志,可以说是她呕心沥血创办起来的,也是她人生历程中主编的最后一个大型文学杂志。

1985年3月下旬,丁玲又应邀到湖南来。她的精神还是那样好,我真为她高兴。这时候,湖南正在召开出版工作者代表大会,成立湖南省出版工作者协会。她应邀出席了大会,并且讲了话。她在讲话中说,现在出版的"传奇"特别多,武汉、沙市、南宁都出"传奇",一印就是几十万份。"传奇"也有好的,但是不能太热衷于这个。现在许多地方是一切向钱看,这就没有办法。如果这种情况继续发展下去,我们作家就要靠边站了。这样不行,让一本好书自生自灭,太不应该了。是一本好书,就应该宣传,应该登广告,应该争取更多的读者。纯娱乐、消遣性的书报可以少印一点嘛。这是4年前丁玲讲的话,当时中央领导同志看了她的讲话全文以后,认为讲得很好。30年前,她因为说了"我们应该有一个奋斗的目标,要写出一本好书",被视为是"一本书主义"而对之进行了批判;30年后,她又呼吁应该宣传"一本好书",她对"一本好书",是多么的深情!

《中国》文学杂志创刊以后,大家都在关心丁玲和这个刊物。也就在这次大会上,丁玲谈了她创办《中国》文学杂志的初衷和心境。她说,好多朋友劝我在家安心度晚年,什么事也不要干,但是,我不是那样的人。人生只有几十年，而我这一生，浪费的时间太多了。我这个人，看不过去的事情就要说，该做的事情就要做。现在不是说创作自由吗，什么是自由？我看自由的天地广阔得很，只看你是不是无私无畏。无私无畏者，说错了，做错了，也不要紧，改了就是。有人说我们这个刊物是几个老头子、老太婆在家没事搞起来的，不过是登点回忆录一类文章罢了。其实，刊物发表的回忆录文章很少，即便有一些，那也是为了教育青年人。我是想发动老作家做传帮带的工作，团结中青年作家，培养年轻作家。第1、2期都发表了年轻作家的作品。我希望能培养一批巩固下来的青年作家。她最后坚定地说，我们不怕批评，不怕检讨，都是"身经百战"的人了。我以为，如果没有批评，没有百家争鸣，那么我们的创作事业是不能繁荣的。丁玲是一个真正无愧于"身经百战"的勇士，一个真正伟大的无私无畏者，始终把中国文学事业的希望寄托在青年作家身上，为培养青年作家付出了无数心血。她的骨头像鲁迅一样是最硬的，没有丝毫的奴颜和媚骨，从她的身上体现了中国人民最可宝贵的性格。

就在这次丁玲来湖南期间，我对她说，收入《丁玲文集》的都是1982年前的作品，而且还有遗漏的，1982年后发表的作品也应该收入进去；此外，还有回忆录、日记、信札，都是非常珍贵的文学史料，都应该收到文集中去。我接着说，这些作品、日记、信札等可分别编做两卷，《丁玲文集》的第七卷和第八卷。这次她爽快地接受了我的建议，表示回北京后就着手编。我万万没有想到，这次竟是我们的最后一次见面，最后一次叙谈。

这次丁玲回北京后，不久她就病了，编《丁玲文集》第七卷和第八卷的工作也就停下来了。后来，听说她住了院，病情比较严重，我心里不安起来。又过了一些时间，听说她的病情有了好转，我又为她欣慰。没过好久，到了11月，她的病情又恶化了，于是我又焦急起来。我想着一定要去看看她。

1986 年 3 月初，我到北京参加中国出版工作者协会第二次会员代表大会。列车在北风中向北奔驰，春寒袭人。快到北京的时候，在车厢的走道上，遇见了湖南师范大学的颜雄，他忧郁地告诉我，丁玲病情很严重，他是赶到北京去看望丁玲的。因为第二天中国出版工作者协会第二次会员代表大会就要开幕，我只得告诉颜雄，在会议期间我一定去看望老太太（平时熟人在一起，都是这样称呼丁玲的），并请他代我向老太太问好。开会后的第二天早晨，我还在所住的院子里散步，广播里突然传来了丁玲逝世的噩耗，我惊住了，停立在那里，默默地低下头，感到无限内疚，悔不该在下车的当晚没有同颜雄一起去看望老太太，这是我的一件无法弥补的憾事。

会议一结束，我就赶忙赶到木樨地丁玲生前的寓所，陈明沉痛地接待了我。客厅里一切如旧，只是在客厅东边靠墙处设置了一个小小的简朴灵台，灵台周围摆放着盆盆绿色植物，灵台上挂着丁玲的遗像。整个客厅是一片肃穆的气氛。我踏着沉重步履走到灵台前，默默地望着丁玲的遗像，她的一双明亮的眼睛在凝视着我，好像在说："你来了，可是《丁玲文集》的第七卷和第八卷，我还没有编好！"想到这里，我一阵心酸，思绪万千，我心里暗暗地对她说："老太太，你放心吧！编《丁玲文集》第七卷、第八卷的工作，陈明会替你完成的。"

丁玲在她生命的最后几年里，对湖南的出版事业倾注了许多心血，扶植湖南出版事业的发展，湖南人民对她的深情是永远不会忘记的！

感谢你，丁玲！

1988 年 12 月 25 日于长沙

原载《出版工作》1989 年第 4 期

丁玲的文艺副刊编辑思想初探

胡畅萍

丁玲不仅是我国当代具有广泛影响的著名作家，而且是一位经验丰富的报人。早年，她在上海编过《红黑》、《人间》、《北斗》等进步文学杂志。后来在延安，她与丝梦秋等同志一起于1936年11月创办了我党党报第一个纯文艺副刊——《红中副刊》(又称《红色中华》副刊)。1941年，《解放日报》在延安创刊，她也担任该报副刊“文艺”的主编。1946年，在河北张家口市，她应《晋察冀日报》社社长邓拓之邀出任该报副刊主编。她既有编文艺杂志的经验，又有编报纸副刊的实践，深知两者的异同点。她在编辑上述三家报纸文艺副刊的过程中，积累了许多实践经验，逐步形成了自己的副刊编辑思想。这些思想对于今天报纸的文艺副刊编辑工作仍然具有借鉴意义。

丁玲很重视她编辑副刊的经历，曾先后数次在回忆文章中谈及此事。同时，袁良骏、白夜等同志也写过有关丁玲办报经历的文章。根据这些文章，结合她编辑三报副刊的具体实践，笔者认为她的副刊编辑思想主要有以下几点。

一　副刊是思想性、新闻性与文艺性的统一

丁玲在主编《晋察冀日报》副刊时曾说过，报纸副刊应坚定地走毛主席指引的文艺为工农兵服务的道路。而且“报纸文艺不同于杂志和丛刊，它要求更紧密地配合当前的政治任务，迅速反映现实生活，短小精悍，生动活泼，这样才不致使大版版面与副刊不协调。”①这些观点在她编辑《晋察冀日报》副刊和《解放日报》“文

艺”栏时，得到很好体现。

《解放日报》“文艺”栏紧密结合时事，经常配合纪念日发表纪念性的文章。1941年9月18日，“文艺”第3期发表“九一八”文艺社社员白朗、郭小川、离阳、黑丁、舒群、萧军等人《为“九·一八”十周年纪念致东北四省父老兄弟姐妹书，并寄各地文艺工作者》的文章。同年10月19日，“文艺”第24期发表了许大远的《介绍〈鲁迅小说集〉并纪念鲁迅先生逝世五周年》的文章。这些配合纪念日发表的纪念性文章，是“文艺”专栏的一个特色。

《晋察冀日报》副刊也坚持与当前的政治宣传任务相配合，以最快的速度真实地反映晋察冀解放区和全国人民的新斗争。如为了揭露蒋介石破坏和平，制造内战的阴谋，副刊上陆续发表杨觉的《无数悲愤的心》、陈稻（韬）的《把戏公式》以及陈学昭的《从东北来》等。这些文章简洁有力，生动活泼，加强了报纸的战斗性。在丁玲的主持下，无论内容还是形式都显示了党报副刊的特色。

二　副刊是密切联系群众的桥梁

《解放日报》是在革命根据地出版的第一份大型的中共中央机关日报。它肩负着联系群众、发动群众的重要任务。丁玲在主编《解放日报》文艺栏期间，文艺栏占该报八分之一的版面，这在边区还是第一次。副刊版面的扩大，就需要有更多的反映边区以及各抗日根据地生活的作品来满足读者的需求。丁玲在这方面一直努力地工作。她积极组织和刊登新人作品，鼓励更多的群众投入写作。“文艺”先后发现和培养了三十几个作家新人。如灼石的《二不浪夫妇》，葛洛的《我的主家》，邢立斌的《回家》，鸿迅的《丁尺追猪去了》等。这些作品虽然还不成熟，但可以看出作者们在努力把握写作技巧。丁玲有着鲜明的群众观点，在《晋察冀日报》副刊的《创刊漫笔》一文中她指出：“《副刊》是人民的朋友，那上边有大伙的呼声，有人民的知心话语。”“（报纸作为）人民的朋友不是高高在上，不是闭门造车，不是主观愿望，她必须到群众中去，在群众中生长。”“离开了群众，离开了群众的革命运动，就没有了前途。”这些观点既是她具体实践的总结，又指引她的副刊编辑工作。在《晋察冀日报》来稿中有一大部分是副刊稿，其中许多是出自庄稼汉之手，文字虽显粗糙，但反映的是边区生活的真情。由于副刊的文艺性和大众性，使它成为报纸中最受读者欢迎的部分。

三　副刊开展文艺评论有助于作家间的相互学习、相互促进

丁玲认为“我们的报纸不能没有副刊，副刊没有评论也不行”。[②]当然，在根据地，开展文艺评论是比较困难的。但是，副刊编辑室仍然努力组织稿件，在副刊上发表文艺评论文章。她在《解放日报》文艺副刊 101 期编者的话中，总结了文艺副刊开展文艺评论的不足。她指出：“延安对于文艺运动的自由讨论向来就不热烈，而‘文艺’负有这种使命。虽有企图，却未达到。”罗贤梁在《中国副刊史略》一书中也谈到当时的《解放日报》文艺栏“没积极地组织和活泼文艺评论与文艺批评工作”。[③]

后来，在编辑《晋察冀日报》副刊时，丁玲一改前非，精心组织了关于《忍让》、《在炮火中诞生》、《春夜》等。这些文艺评论活动的开展不仅推动了“初学写作者之间的互相批评与写作兴趣”，[④]而且也促进了当时张家口市研究创作之风的形成。

四　副刊要重视与读者的交流

早在 1931 年，丁玲主编《北斗》时期，她就注意联系读者，并且

还举办读者座谈会。沙汀、艾芜就是在读者座谈会上认识的。在1941年编辑《解放日报》“文艺”栏时,丁玲也很重视与读者的交流。她谈到:“假如没有读者们坚信‘文艺’的重要,‘文艺’的命运是岌岌可危的。假如没有读者们经常提意见,我们就无从考验‘文艺’到底起了些什么作用。如何改进,使它更合乎广大读者的需求。”⑤她很珍惜读者的来信,读者给她的信,她都留着,有的还在报上发表。在编辑《晋察冀日报》时,她认真抓读者工作,努力满足读者的需要。当她发现读者来信,提出“希多征求与登载一些八路军中的战斗、生产、生活、官兵关系、军民关系等情形”⑥的要求时,就陆续组织和刊登这方面的文章,以飨读者。编者与读者紧密的沟通与交流,使得副刊拥有更多的读者。

丁玲始终认为,报纸副刊具有很重要的地位。她从来不认为副刊是“报屁股”、“甜点心”,每篇文章都要起一定的作用,占一定的地位。她认为“副刊同样是战斗的武器”。⑦

丁玲的文艺创作经验和报纸文艺副刊编辑思想,在整个中国报纸副刊发展史中,无疑留下了不可磨灭的一页。我们可以从中得到许多有益的启示。

注释:

①③　罗贤梁:《中国副刊史略》第214页、第170页,长江文艺出版社,1993年6月第1版。

②　丁玲:《文学天才意味着什么》第90页,北方文艺出版社,1985年5月第1版。

④　田雨:《关于〈在炮火里诞生〉》,《晋察冀日报》副刊(第33期),1946年6月28日。

⑤⑦　《丁玲文集》第665页、第662页,湖南人民出版社,1984年第1版。

⑥　《读者编者》,《晋察冀日报》副刊(第40期),1946年7月5日。

原载《编辑学刊》1998年第3期

有关丁玲生平的几个问题

——陈明访谈录

闻　亮

一段时间以来，一些读者通过不同途径，对于本刊2000年第7期发表的《丁玲历史问题结论的一波三折》一文提出了批评。中国丁玲研究会的一些学者还为此召开了一次座谈会。这些批评意见是中肯的，使我们感到了读者对本刊的关心，也使我们看到了工作的某些不足。本刊记者最近就有关丁玲生平的几个问题采访了陈明同志。

闻亮：丁玲同志逝世后，中央曾评价说："她在将近六十年的革命文学道路上，创作了许多思想深刻、为人民喜爱的作品。在新文学的几个转折时期她的创作都体现了党所倡导的文学发展的方向。"丁玲同志在文学方面的成就，是举世公认的。那么，丁玲同志是怎样走上文学创作道路的？

陈明：实际上，丁玲一开始并没有想过要当一位作家。她最初的创作，只是对于她少年时期不平遭遇的控诉。丁玲4岁时父亲就去世了，她是在她的母亲的影响下长大的。在"女子无才便是德"的封建社会，丁玲的母亲是难得的才女，与向警予等是结拜姐妹。但是生活却很不幸。丈夫早死，留给她一个破落的家庭。还在吊唁丈夫期间，讨债的就堵住了门。1909年，她带丁玲回老家常德，半路上还有人拦轿讨债。丁玲的舅舅有钱，在舅舅家，女性的不平等现象给她留下了痛苦记忆。家里的丫头经常挨打，而丁玲则很同情这些丫头，偷偷地给她们送被褥等。她14岁时，弟弟早逝。一个亲戚说,要是死的是女孩就好了。这句话给了丁玲很深的刺激。所以,她一开始,就是控诉这种不平等,她的第一部小说集,就叫《在黑暗中》。从鸣个人的不平,到鸣国家、社会的不平。

闻亮:早在 1933 年 5 月 22 日,有一位外国友人访问鲁迅先生,问道:"在中国现代文坛上,您认为谁是无产阶级代表作家?"鲁迅先生回答说:"丁玲女士才是唯一的无产阶级作家。"能够得到鲁迅先生如此赞誉的中国女作家,我想可能只有丁玲一位。当时丁玲还不满 30 岁。丁玲是怎样成名的,对待名利又是什么态度呢?

陈明:在丁玲最初的文学创作中,对她帮助最大的是叶圣陶先生。她的处女作《梦珂》,就是被叶圣陶发现,加以润色后发表在《小说月报》上的。她的第二篇作品,就是《莎菲女士的日记》,也是由叶圣陶安排发表在《小说月报》上。这部作品,描写的实际上就是丁玲自己及她认识的周围知识青年女性的亲身经历,是对封建社会的控诉,同时也是一部知识新女性的宣言。这部作品在中国文坛上引起了极大的震动。沈从文曾说:丁玲一登文坛就挂了头牌。此后,又有两部作品发表在《小说月报》上。这时,叶圣陶先生对丁玲说:已经有了 4 篇小说了,可以编一本集子了。于是,丁玲就编了自己的第一本作品集,这就是《在黑暗中》。正因为叶圣陶先生发现了丁玲,所以丁玲一生都对叶圣陶先生充满了感激之情。1979 年 5 月,丁玲和我回到北京,第一个去看望的就是叶圣陶先生。叶老十分兴奋,为此赋《六幺令》赠丁玲。

丁玲虽然在 30 年代初即已享誉中国文坛,但是她对于"成名"这件事看得很淡,或者说,在她的心目中,只有神圣的创作事业,而没有任何个人名利的追求。她的第一部作品集,是叶圣陶先生建议出版的,她完全可以请叶圣陶先生写一篇序言什么的,借以提高这本著作的身价,这也是当时惯用的做法。但她并没有这样去做。

她把名利看得很淡，根本就不懂得这些。丁玲的一生都是这样，淡泊名利，默默劳作。有一件事，很能说明丁玲的这种执著的性格。1936 年，在组织的安排下，丁玲在去陕北途中路过西安。潘汉年找到丁玲，劝她不要去陕北，而去法国，去为红军募捐。丁玲谢绝了，一心要到陕北当红军。

闻亮：1933 年，丁玲同志在上海担任左联党团书记、主编《北斗》杂志的时候，被国民党特务秘密绑架，在南京被囚禁了三年多。丁玲同志一生所经历的大部分磨难，可以说都与这段历史有关。在当时，关于丁玲被囚禁的传言就很多。有说丁玲已经遇害的，也有说丁玲已经自首的。从我所看到的一些材料看，最理解丁玲的，恐怕就是鲁迅先生了。鲁迅曾讲过：按照她的性格，决不会安于南京那样的生活，她会反抗的。当听到丁玲已经遇害的传闻后，鲁迅在悲愤之下于 1933 年 6 月 28 日写了一首《悼丁君》诗："如磐夜气压重楼，剪柳春风导九秋。瑶瑟凝尘清怨绝，可怜无女耀高秋。"同年 8 月 1 日，鲁迅在一封信中写道："至于丁玲，毫无消息，据我看来，是已经被害的了，而有些刊物还造许多关于她的谣言，真是畜生不如也。"可以看出，尽管谣诼纷纭，但鲁迅相信，丁玲要么已经遇害，要么仍然在反抗，绝对不会"自首"的。那么，这些谣传，对于延安有影响吗？

陈明：的确，丁玲被囚禁后，国民党编造了不少谣言，而在延安的时候诬陷丁玲"自首"的始作俑者，则是康生。在 1939 年，康生就散布流言，诬陷丁玲"曾在南京自首"。但是，与鲁迅先生一样，党中央和毛泽东、周恩来等中央领导同志却非常相信丁玲。她到达保安时，毛泽东设宴欢迎她，称为"出牢人"。当她到前线去后，毛泽东写了著名的《临江仙》词，用电报发给丁玲，称赞丁玲"纤笔一支谁与似，三千毛瑟精兵"，"昨天文小姐，今日武将军"，给予了她极高的评价，充分体现了毛泽东对于知识分子的重视和对于他们来到陕北的由衷的喜悦心情。毛泽东对于丁玲是很信任的，当他知道关于丁玲的那股流言时，曾向丁玲建议："你也可以去看看康生么。"丁玲说，我看他干什么。1943 年审干后期，当周恩来知道丁玲因为周围的人不了解她而感到苦恼时，对丁玲说："什么时候到我这里来，我告诉你怎样叫周围的人了解你、接近你。"当丁玲的《三八节有感》一文遭到批评时，在延安高级干部学习会上，毛泽东再次对丁玲及她的这篇文章作了客观、公正的评价。毛泽东说：这篇文章，虽然有批评，但还有建议；丁玲是同志。后来周恩来告诉丁玲，她的《三八节有感》，他曾让《新华日报》全文转载，邓颖超建议，只转载后面一部分，即写建议的一部分。当时在延安整风和审干时对丁玲的批评，并不像后来所传的那样严厉，也并不存在什么"暴露黑暗派"。

给丁玲历史问题作出组织结论的是中央组织部。当时任弼时找丁玲谈话。1940 年 10 月 4 日，中组部作出正式的组织结论。中组部部长陈云同志找丁玲谈话。陈云特意告诉她，结论的最后一句"因此应该认为丁玲同志仍然是一个对党对革命忠诚的共产党员"，是毛泽东加上去的。结论最后有陈云和中组部副部长李富春的亲笔签名。1941 年 1 月，陈云又找丁玲谈话，把手抄复写的一份组织结论交给丁玲，嘱咐她好好保存。陈云在这份材料第一页上写道："丁玲同志：这是中组部几次审查后对你的结论。请你保存一份。"署名是"陈李"，即陈云、李富春；日期是"一九四一年一月一日"。当时丁玲还不明白陈云同志的用意，她想，我保存这份材料有什么用？后来才理解了陈云的良苦用心。陈云似乎已经意识到，将来可能还会有人利用丁玲这三年的历史作文章，所以让丁玲本人保存一份，来保护自己。陈云和李富春真是爱护同志，不仅想到了当时，也想到了以后。

闻亮：从您以上所讲的情况看，毛泽东、周恩来、陈云等对丁玲是非常信任的。但是，正如我们所知道的，已经作了结论的问题，以后又在很长的时期里给丁玲造成了极大的伤害，就连陈云交给丁玲保存的那份有陈云签名的组织结论，也没有能够保护她。那么，您能不能谈谈，丁玲历史问题结论的反复、从而给丁玲造成惨痛伤害的真实原因究竟是什么？

陈明：为了脱身、重返革命队伍，丁玲写了一张纸条，内容是：回家养母，不参加社会活动，未经什么审讯等等。在没有暴露党员身份的情况下，这张纸条既没有表示叛变、自首，也没有表示动摇、妥协，完全是对敌斗争的一种策略手段。何况这是丁玲在1943年审干时主动向组织作的补充交代，并不是1956年批“丁、陈反党集团”时发现的新问题。在批“丁、陈反党集团”时在这张纸条上大做文章，显然是“欲加之罪”。对于丁玲在被敌人关押期间的表现和这个纸条性质，1984年7月14日中组部的文件已经作了结论，其中指出：“‘文化大革命’中把丁玲同志打成‘叛徒’，属于污蔑不实之词，应予平反。丁玲同志1933年5月在上海任‘左联’党团书记时，因其丈夫冯达叛变后把她出卖，被国民党特务机关逮捕，押解到南京；1936年4月鲁迅告诉冯雪峰，听史沫特莱说，丁玲曾想找党的关系。史沫特莱也向冯雪峰说了。9月冯雪峰通过张天翼，为丁玲取得联系，在冯的安排下，她由南京逃到上海，经中央同意，然后派人送她到西安，转赴陕北。丁玲同志历史上这段被捕问题，从1940年以来，党组织进行过多次审查，同她本人的交代基本相符。……以后多年的审查也未发现新的问题，因此仍应维持1940年中央组织部的结论。1943年延安整风审干时，丁玲同志补充交代了她1933年10月给敌人写过一个申明书，其大意是‘因误会被捕，生活蒙受优待，未经什么审讯，以后出去后，愿家居养母’。丁玲同志这个‘申明书’只是为了应付敌人，表示对革命消沉态度，没有污蔑党、泄露党的秘密和向敌人自首的言词。”在中组部已经对丁玲在那一段时间的表现和那张纸条的性质做出明确结论后，《丁玲历史问题结论的一波三折》一文仍然把那个纸条看成问题的“关键”，显然是极其错误的。

也有些人认为，丁玲遭受这么多的磨难，是由于个人恩怨所致。这个看法也是不对的。在30年代，当两个口号争论时，丁玲被敌人囚禁，没有卷进去。但她始终是尊重鲁迅，站在鲁迅一边的。延安时期，周扬1938年到延安，担任边区教育厅长，丁玲的孩子在安塞保育院，我与丁玲去看孩子，路过教育厅，都要去看看周扬。看不出有什么隔阂。日本投降后，丁玲请示任弼时，成立了“延安文艺通信团”，组织几个作家，到新解放区，边走边采访，最终到东北，长途跋涉，很艰苦。周扬走得晚一些，带着孩子，坐骡马大车到张家口。路上翻车，周扬的小儿子不幸遇难。一路周扬哭得很伤心。到达阜平住下来。听到这些，丁玲和我都很同情。在延安时丁玲的女儿祖慧与周扬的女儿从小一块长大，丁玲就把女儿送到周扬家，让她陪陪周扬，陪陪周密，一直住了一两个礼拜。后来周密也到我家里来住了一个礼拜，我还帮助她补课。1946年，周扬在张家口，有机会到北平考察，他在北平向中共华北局建议派丁玲到北平办报。丁玲不愿意离开解放区，没有去。看来周扬要做工作，还是愿意用丁玲。

周扬几次热心想要给丁玲安排工作，而丁玲却一心要深入生活只搞创作。1948年，中央决定丁玲参加妇女代表团，出席匈牙利举行的世界妇女代表大会。到中央所在地集中时，路过华北局所在地，丁玲去看周扬，周扬动员她留在华北做文委工作，并让她自己向中央反映。结果，周恩来同志没有同意。

还有一件事：建国前夕，丁玲几次出国访问，回国后便和中共中央东北局宣传部领导同志商定，决心留在东北，到鞍钢深入生活，创作工人题材的作品。文代会后，周扬又一次留丁玲在京，担任全国作协的领导工作。丁玲一再婉辞，这时周扬说了几句心里话：“你还懂原则，识大体，顾大局，还是留下吧。”这样，丁玲没有再推辞，留在作协，主编刊物，筹办文学讲习所。丁玲曾和我说，在周的手下老老实实工作，他会说我的好话。但他对我的创作很冷淡。我常常琢磨,周扬和丁玲,实在谈不上什么个人恩怨,为什么几十年来,总是在运动中要揪着丁玲不放呢?

依我看,根子还在于历次政治运动中"左"的错误;还在于党内文艺界长期存在的宗派主义倾向。1942 年在延安时,一次毛泽东曾对丁玲谈起过周扬,他说:周扬还是懂一点逻辑。他的长处是跟党走,党正确他正确,党错误他错误。这个评价还是很中肯的。

闻亮:丁玲对这个问题又是怎么认识的呢?

陈明:经历了这么多的磨难,丁玲对于这个问题是有着深刻认识的。1979 年,丁玲回到北京。在文代会期间,11 月 8 日,丁玲有一个发言,她讲:"我那天问孔罗荪同志,我说,我们是吃了亏。我们文艺界吃的亏,大得很呐!我五十几岁到七十几岁!五十几岁都不能做点事,七十几岁还能干什么呀!那些二十几岁,刚出土的苗苗,四十多岁的,还可以做好多事,他们有些收获,但到底也是吃了亏,我们整个国家,都吃了大亏。我总想搞清楚,我们这个亏是吃在什么地方,我们把这一点弄清楚,好不好?孔罗荪当时就讲了,'封建!'我说对,封建具体表现在什么问题上你再讲讲嘛!他说:'哎呀,大姐,你别考我啦!'我说:'不是考你,我只想弄清楚。'后来回去,我自己也想,我们社会上封建的东西多得很,我在政协小组会上讲过,现在农村老百姓还是相信菩萨呀!那是封建。我们文艺界相信菩萨大概是没有的,我们文艺界是有一个封建的东西,这个封建的东西要是不打倒——我从 15 岁,1919 年就反封建,反到现在 75 岁了,我们现在还要反封建,反什么呀?就是要反文艺界的宗派主义。我们要不把这个东西反掉,管你谈什么百花齐放,百家争鸣,团结起来向前看,讲的很多很多,但是,只要这个东西还在就危险。"

闻亮:这个认识,确实非常深刻。如果没有那番痛苦的磨难,也许就不会有这种大彻大悟。

陈明:可以这么说。在得到彻底平反后,1984 年,丁玲 80 岁,为创办大型文学刊物《中国》，给阳翰笙写了一封信。我们要理解丁玲，不能不读读这封信。丁玲在信中写道：“你是从‘左联’一开始就担负着指导中国文学向哪里发展的重任的。你是‘左联’的老领导，而且一直从事党的文学的领导的。我加入党是向你提出来的；也是你通知我被接受的消息的。你是我入党的当然介绍人。创办《北斗》，叫我负责，也是你们，雪峰、你、汉年等在中央同意下推荐我出来主持的。1950 年创办文学研究所，你也为我出了力，我是记得的。当年的这些关系，我是一直尊重的。只是，说到这里，我不能不引起一些感慨。50 年过去了，30 年过去了，我们应该很好地回溯一下。我们同志，我们许多老战士，都是把自己整个的一生放在革命事业上的。我们为革命胜利欢喜过，庆祝过。我们在几十年中为革命吃过苦，我们理应有一样的感情。为什么，为什么我们现在常常感到中间有一层膜？我们应该团结得更紧，一致向前。在党的艰难时期，我们 30 年代的老党员更应高举团结的旗帜，为党的新任务而战。为什么我们反不如 50 年前在敌人的刺刀下那样亲密？你的为人，我还是比较了解的。何况我们都为着同样的命运而咽下过同样的苦汁（我是直到今年才得到彻底平反）。我们，包括许许多多同志，我们都应当互相多给予一点感情，一点鼓励，一点谅解。这次招待会，我很想我们大家老一代的同新的几代人共同聚会，促膝谈心，真可惜未能全到。什么时候，我们大家多想些办法，我们一定要团结，要成为年轻一代的表率。希望你健康，我们携起手来，为党献出最后的生命。”可以看出，在这里，丁玲尽管吃了那么大的苦，受了那么多的罪，但一切还是从党的事业出发，没有去计较什么个人的恩怨。这封信，体现了丁玲博大的胸怀和坚定的党性，可以说是她高贵品质的写照。

闻亮：确实，从这封信中，我们看到了一个真实的丁玲。

陈明：在真理面前，修正错误，这是党的好传统，这需要勇气。我也还在学习。

闻亮:谢谢您接受我们的采访。

原载《百年潮》2001 年第 1 期

《红黑》、《人间》与丁玲的早期编辑生涯研究

石潇纯

今天的出版界已很少有人提起《红黑》与《人间》月刊,即使在一些大型图书馆里也难觅它们的踪迹。然而半个多世纪前的 1929 年,当它们在上海四马路上的书店出现时,却实实在在引起了读者抢购的风潮。《红黑》创刊号一星期内便卖掉 1000 册,还不断有北京、厦门、武昌的读者来信要求邮购。三个穷愁潦倒的文学青年:丁玲、胡也频、沈从文,抱着与资本家的出版机器一争高下的浪漫豪情,亮相出版界便首战告捷,真叫他们有点忘情了,胡也频手舞足蹈地说:"下期我们印它五千册!"

然而好景不长,刊物出到第 3 期便已险象环生,书店的钱收不回,借来的钱需要还利息,请来的工人见前景不妙早早地抽身离去。《人间》月刊出到第 4 期便不得不宣告终结,以便集中资金办《红黑》,然而到 8 月,《红黑》也难以为继,作家和诗人的浪漫豪情终敌不过残酷的现实。办刊的硝烟刚刚散尽,关于三人关系暧昧的传言不断见诸报刊,直至 80 年代,海外的研究者仍不断追问这段历史,当时尚健在的丁玲、沈从文便不得不通过多种渠道做出各自的解释。涉及刊物停办的原因则不但解释者语焉不详,研究者也是众说不一。本文尝试以丁玲的早期编辑活动为线索,通过对其背景和关系的考察,解读这一历史的必然结局。

一　丁玲、胡也频、沈从文1928年的南迁

1927年的中国社会政局动荡，变故迭起，蒋介石“清党”、“清共”的同时也加剧了对进步作家的迫害，随着中国革命低潮的到来，轰轰烈烈的五四新文化运动也落入了低潮。胡适远走欧美，鲁迅南下广州，留在北京的文人则分化严重，丁玲正是在这一苦闷的情势下开始了她的小说创作。

与北京的高压相对应，南方的上海已成为东方最大的都市，它不仅是中国当时的经济中心，而且也是动乱不已的中国一个繁荣的孤岛，尤其是帝国主义的租界为白色恐怖统治下的中国的革命作家提供了隐身之地。因此，不仅闻一多、饶孟侃、沈从文、胡也频、丁玲、冯雪峰等人离开北京南下上海，鲁迅、胡适、郭沫若、茅盾、夏衍、巴金、徐志摩等都从不同的出发地来到了上海。“初时，他们各自寻一个寄身之所，悄悄生活下来，嗣后便在书店、咖啡馆悄悄相聚，一番邂逅重逢的喜悦，一阵别情离绪的感叹，交流了各自了解的信息，纵论时局起伏变化，本来潜伏于心的骚动愈加炽烈。于是，已经颇为沉寂的文坛，突然间热闹起来。”①

这时已经发表过《梦珂》、《莎菲女士的日记》的丁玲因与冯雪峰、胡也频的情感纠葛而跑到了杭州，随后而至的胡也频与她在杭州西湖住了三个月后共同赶赴文人的聚集地——上海。丁玲在《一个真实人的一生》中回忆说：“一九二八年春天，我们都带着一种朦胧的希望到上海去了。开始的时候我们还只能个人摸索着前进。还不得不把许多希望放在文章上。我们两人加上沈从文，就从事于杂志编辑和出版工作。把杂志和出版处都定名为‘红黑’，就是带着横竖要搞下去，怎么样也要搞下去的意思。”②沈从文比丁玲和胡也频早几月来到上海。关于沈从文的南迁，旷新年认为：“1928年沈从文离开北京来到上海，只有一个最简单又明确的原

因,那就是作为一个职业作家,他无法离开出版界而生存下去。沈从文来只有一个普通的愿望,就是做一个'文学工人'。"③这一点,凌宇在《沈从文传》中也说得很明白:"随着中国政治中心的南移,出版业的盈虚消长也出现了变化,上海的新书业获得了发轫勃兴的机运,这一变化直接影响到沈从文在北京的去留,这时已分别出版过沈从文的《鸭子》和《蜜柑》的北新书局及新月书店,已先后迁往上海,有较多机会发表作品的《现代评论》也已离京南下;而原先在上海的《小说月报》,因叶圣陶负责编辑的缘故,沈从文的作品在上面获得了一席之地。""北京原有的基础既已失去,上海又依稀闪露出谋生存,求发展的虹彩幻影",于是沈从文毅然决然离京南行。

由此可知,丁玲、胡也频、沈从文三人的南迁,既为大形势的驱动,也为个人谋生存的需要。再联系当时上海出版界的状况,我们就能清晰地看到《红黑》、《人间》产生的历史背景和它举步维艰走向解体的历史必然。

二 "文学工场"的合与分

"文学工场"一说源于1930年知识分子对五四时期个人主义和浪漫主义的文学观念的反叛。李初梨在革命文学的倡导中提出了对于文学的重新定义的要求。他指出:"重新来定义'文学',不惟是可能,而且是必要。"他认为,"文学为意德沃罗基的一种,所以文学的社会任务,在它的组织能力"。④1928年,戴望舒、施蛰存、杜衡、冯雪峰把他们一个流产的文学刊物称为"文学工场"。据此来考察红黑出版社短暂的历史,感觉它就是一个存活了,但不久即归于寂灭的小小的"文学工场"。与五四时期的同人刊物不同:"文学工场"是友谊的联合体,他们既无共同的纲领、主张,也无统一的意识形态指导。关于三人的思想状况,丁玲在《记胡也频》中写到:“我是一个爱幻想的人,他(也频)是一个喜欢实际行动的人;不像沈从文是一个常处于动摇的人,既反对统治者(沈从文在年轻时代的确有过一些这种情绪),又希望自己也能在上流社会有些地位。也频是一个坚定的人。他还不了解革命的时候,他就诅咒人生,讴歌爱情;但当他一接触革命思想的时候,他就毫不怀疑,勤勤恳恳去了解那些他从来也没听到过的理论。”“他毫不隐藏他的思想,他写了中篇小说《到莫斯科去!》。”[1]沈从文又是怎样看待丁、胡两人思想的激进呢?“愁的是两人所知道中国的情形,还是那么少,那么窄。一份新的生活固然使两人雄强单纯,见得十分可爱,然而那份固执朦胧处,也就蕴蓄在生活态度中”,“两人的信仰惟建立于租界地内观听所及以及其他某方面难以置信的报告统计文件中,真使人为他发愁以外还稍微觉得可怜悯。……并非出于理智的抉择。不过由于过分相信革命的进展,为一束不可为据的军事报告与农工革命实力统计所迷惑,为‘明日光明’的憧憬所动摇,彻底的社会革命公式把它寻得稍稍糊涂罢了”。[5]这一思想的分歧为刊物的最终解散埋下了伏笔。而在当时三人均对出版界为商人把持对作者盘剥的情状不满,意欲办自己的刊物,摆脱这一受制于人的局面。正如丁玲后来所说,出版《红黑》,是“几个又穷又傻的人,不愿受利欲熏心的商人的侮辱、节衣缩食想要改造这种唯利是图的社会所进行的共同的冒险”。[6]在沈从文看来,它是三个文学青年在社会压迫的困境中,实证生命价值的象征。

在《红黑》发刊词《释名》里,他们这样写着:

> 红黑两个字可以象征光明与黑暗,或激烈与悲哀,或血与铁,现代那勃兴的民族就利用这两种颜色去表现他们的思想——红和黑,的确是恰恰适当于动摇时代之中的人性的活动,并且也正合于文艺上的标题,但我们不敢窃用,更不敢掠美……我们取用红黑为本刊的名称,只是根据于湖南湘西的一

句土话，例如："红黑要吃饭的！"这句话中的红黑便是"横直"意思，"左右"意思，"无论怎样总得"意思。……因为对于这句为人"红黑都得吃饭"的这个土话感到切身之感，我们便把这"红黑"作为本刊的名称。

这里既辨明了自己的身份（即与当时《中央日报》副刊《红与黑》毫无瓜葛），又表明了自己的立场。可以说，《红黑》和《人间》是三人争取文学"独立"的产物。——在与文坛其他作家的关系上，他们渴求自主，避免卷入文学创作的门户之争；在文学与商业的关系上，希望不俯就以赢利为目的的商业趣味。这种松散的"文学工场"式的结合也确实为他们的创作带来了丰收，不到一年，丁玲即在《红黑》月刊发表《庆云里的一间小房里》、《过年》、《小火轮上》、《日》、《野草》等多篇短篇小说和论文：介绍《到 M 城去》，在《人间》月刊发表短篇小说《岁暮》；沈从文在《红黑》发表《龙朱》和《神巫故事》；胡也频发表《到 M 城去》。随着办刊的继续，合作的深入，出版所要求的统一意志和紧密协作与先前三人松散的合作关系发生冲突。过去三人同吃、同住、同游玩，情同手足，乡情、友情和对创作的共同热情掩盖了彼此人生观和艺术观的分歧，就算有分歧，但大家彼此对自己负责，不会苛求对方。然而一旦共同办刊，先前那种静态的平衡被打破，松散的关系被解构。合作办刊需要统一的意志和中心，而就这三人而言，大家都是独立意志、主体意识很强的诗人和作家，均坚持自己所信奉的道理，尤其丁玲和沈从文，都有一股湖南人的犟劲，因而遇到具体的难以取舍的问题，谁也说服不了谁的情形是有的。"在第 8 期组稿时，为小说《二月花》的取舍，颇有争议。这是一位文学新人的处女作，反映童工的悲惨遭遇。丁玲坚持要发，沈从文以为'是非'之作，会'惹麻烦'，坚持不发。胡也频自然站在丁玲一边，于是他们只好散伙。"⑦因一篇稿子的冲突导致刊物散伙一说虽然缺乏说服力，但刊物确实在1929年的8月份停办了。关于停刊的原因，丁玲的说法是："我们在萨坡赛路没有住到一年，沈从文搬去吴淞公学，我们也搬了家，出版社就关门了。""出版社关门后，剩下的事便是还债，沈从文给了三百来元，也频把在山东教书的工资拿了出来，还缺三百五十元，最后由我向母亲要了来，才把本利一并还清。"②沈从文的解释则是"我们经营的事业在情有可原的形势下宣告失败的，三种刊物都停刊了，自然我们不得不考虑怎么还债的问题了"。⑤由此，日本学者推测，"8月11日不知是由于沈从文去吴淞中国公学的缘故呢，还是因资金困难，红黑出版社终于被迫关门了"。⑧事实上两方面的原因都存在，虽然两人的解释中均把重点落在还债上，但仍然不能掩盖因办刊而致的三人关系失和的事实。1950年丁玲在纪念胡也频的文章中写到："那时我们三人的思想情况是不同的。沈从文因为一贯与'新月社'、'现代评论'派有些友谊，所以他始终羡慕绅士阶级，他已经不甘于一个清苦的作家的生活，也不大满足于一个作家的地位，他很想能当一个教授。他到吴淞中国公学教书了。""我呢，我自以为比他们懂得革命，靠近革命，我始终规避着从文的绅士朋友，我看出我们本质上有分歧，但不愿有所争执，破坏旧谊"，"（也频）也常常感叹他与沈从文的逐渐不坚固的精神上有距离的友谊。他怎样也不愿失去一个困苦时期结识的挚友，不得不常常无言地对坐，或话不由衷"。③看得出三人都在为这友谊的裂痕而苦恼着、痛苦着，这种情形下，恐怕即使有强大的经济支撑，刊物的停办也是迟早的事情了。

三　作为编辑的自觉

办出版社，丁玲的干劲是惊人的，她不仅为《红黑》月刊准备了《庆云里中的一间小房里》这篇值得纪念的作品，而且忙着许多的编务杂事。丁玲曾对H F斯诺提及过自己的办刊经历："几个月后,我们和沈从文发刊一个杂志名叫《红黑》,又开办一个出版社。这个红黑出版社只印出了几本书,可积了一大笔债务。这是1928年和1929年。同时我是《人间》月刊的编辑,沈也是它的一个编辑。我们的作品大部分是在乡村中或者在被压迫人民之间。那时我非常努力,写了许多短篇小说,非常留心我的作风。我自认作品中含有许多无政府思想。每天收到许多读者的来信,他们也同样倾向于进步思想。"⑧在这里,初次编刊的丁玲已经意识到了刊物与作者的互动。联系她在《红黑》最后一期为刊用《二月花》(一篇反映童工悲惨命运的小说)而与沈从文起冲突的实情,我们可以看到,丁玲其实已在编辑和创作实践中贯穿着自己的文学主张了,这一主张,在1929年3月10日《红黑》第3期的《卷首题辞》中表达得很明确:

> 如同凶猛的海水击着礁石,强硬地、坚实地生出回响的声音,这是人间苦的全人性活动的反映,也是一切文艺产生的动力。
>
> 为一个可悲的命运,为一种不幸的生存,为一点渺小的愿望而奋力争斗,这是文艺的真意义。
>
> 负担着,而且深吻着苦味生活的人,也能够胜任这文艺的使命。
>
> ……
>
> 要创作,必须深入地知道人间苦,从这苦味生活中训练创作的力。
>
> 文艺的花是带血的。

这一由胡也频和丁玲共同创作的带有宣言性质的《卷首题辞》,实际上已昭示了他们未来要走的路。

发表于《红黑》第7期上的丁玲的论文:介绍《到M城去》,则不仅体现了丁玲作为批评家的才识，更体现了她编辑家的敏锐和决断。胡也频的《到 M 城去》本名《到莫斯科去》，小说以第一次国内革命战争为背景，大胆描写了共产党员施洵白和其女友素裳对于莫斯科的向往，寄予了作者的政治理想，由于书的“内容触犯时忌”无处发表。丁玲看过书稿后，毅然决定：“这部稿子，肯定是部非凡的杰作，新文学十年来非凡的杰作，就发表在我们的《红黑》上，我敢保证，读者的眼光绝不会轻轻溜过这篇作品！”⑨为既能逃过当局的审查，又能给读者以暗示，文章在《红黑》7、8 期刊出时，改名为《到 M 城去》。丁玲在书评中着重点明：《到 M 城去》——只要知道这 M 城是一个什么地方，就可以想见这一篇小说思想集中的焦点了。她赞赏小说大胆描写新女性素裳对新贵族生活的厌恶，走向 M 城的坚毅。并认定，这里预示了“大变动时代”的发展趋势。

结合当时的社会现实来读这一书评，我们不能不惊叹于丁玲政治的敏锐和批评的天才，这也正是一个编辑家和文艺家所应具备的良好素质，这一素养决定了丁玲在未来的编辑和创作生涯里一直坚持的两大标准：艺术标准和思想标准。

今天坐在有冷暖空调的房间里，自由地抒写着自己生命渴望的人们颇不能理解丁玲那代人对于政治理想的狂热追求。然而对于 20 世纪处于自由民主与专制独裁生死搏斗的中国知识分子来说，不管你以什么方式来到文学界，不管你曾经宣扬过什么观点，文学把你投入战斗。今天，那些曾经被政治深深蜇伤的文人们，那些对文学曾经臣服于政治深怀不满的人们，一再鼓吹文学必须远离政治，似乎只有远离政治，文学才能回复自己的清白之身，事实上，这种矫枉过正的远离非但不能使文学真正回到自己的轨道，反而会在偏离自身的轨道上越走越远。

丁玲自此以后的编辑和创作生涯都在实证着自己的人生追求：献身革命，飞蛾扑火，非死不止。

参考文献：

① 宗诚.风雨人生——丁玲传[M].北京：中国文联出版社，1988.79.

② 丁玲文集(第五卷)[M].长沙：湖南人民出版社，1984.150.

③ 旷新年.革命文学[M].济南：山东教育出版社，1999.22.

④ 李初梨.怎样地建设革命文学[J].文化批判，1928(2).

⑤ 沈从文.记丁玲[M].上海：良友图书印刷公司，1934.

⑥ 丁玲.胡也频选集[M].福建人民出版社，1981.

⑦ 罗永常.丁玲与沈从文：多半是朋友，少半是冤家[J].党史文苑，1999(2).

⑧ 孙瑞珍，王中忱.丁玲研究在国外[M].长沙：湖南人民出版社，1985.509.

原载《云梦学刊》2004年第1期

丁玲，党报文艺副刊的奠基人

——纪念丁玲同志诞辰100周年

黎 辛

时光飞逝，转瞬2004年，是丁玲同志诞辰100周年。几十年过去了，当年丁玲在延安《解放日报》领导我作文艺编辑的情景，至今还不时浮现脑际。

一　四位中央书记欢迎丁玲

丁玲1936年11月从南京敌人的监控中逃出来，到达党中央的所在地保安，受到党中央书记处的张闻天、毛泽东、周恩来和博古四位书记设宴欢迎。丁玲激动不已，像久别的孩子回到了母亲的身边,有说不完的话。她说这是她“一生中最幸福最光荣的一刻”。迅即她被委任为中央警卫团政治部副主任,接着上前线去。当时毛泽东用军事密码发去《临江仙》一词,欢迎“纤笔一枝谁与似,三千毛瑟精兵”的这位“昨日文小姐,今日武将军”。11 月 26 日成立中国文艺协会,选举丁玲为主席。毛泽东莅临讲话,说文协成立“这是近十年来苏维埃运动的创举”,并说“现在我们不但要武的,我们也要文的,我们要文武双全”。

1941 年创刊的《解放日报》,胡乔木说它“在党的新闻历史上是有重大影响的党中央机关报”。《解放日报》的文艺版面在党的新闻历史与文艺历史上也是有重大影响的副刊,创刊前就调来曾经编辑过左联机关刊物《北斗》的丁玲来主编副刊。而丁玲在陕北,写了许多反映苏区战斗生活的杰作。

二　文艺栏的方针与任务

报社社长中央政治局委员博古(秦邦宪)多次指示“报纸的文章、消息,都要与中央息息相关,呼吸相通,做到在思想上、政治上与党的步调一致,要成为贯彻党的路线、方针、政策的有力武器,成为党的真正的喉舌”。他还强调“报纸不能闹独立性,一个字也不能闹独立性”。还具体指示“我们的文艺栏不能像国民党统治区的报纸那样,副刊和新闻版态度不一致,我们是常常利用国民党报纸的副刊来反对国民党的”。博古的意见是请示过毛泽东的,因为报纸是毛主席直接抓的。

丁玲在《延安文艺座谈会的前前后后》一文(以下引文除注明出处外,均见此文)中说“博古同志多次对我说:‘解放日报是党报,文艺栏决不能搞成‘报屁股’、‘甜点心’,也不能搞成《轻骑队》”。“报屁股”与“甜点心”都是群众对报纸副刊的说法,意思是说它可有可无。

《轻骑队》是1942年4月在延安市中心文化沟口由中央青委的一些同志编的大字报。《轻骑队》的名字来自第二次国内革命战争时期出版的《列宁青年》,它有个专栏专门揭露缺点,开展批评,叫《轻骑队》。《轻骑队》的编辑在广场上用木棍搭起高高的架子,上面糊满旧报纸,像一堵墙,用毛笔写的大字报就贴在这上面,其内容有诗歌、杂文、顺口溜、短论、小消息等等。开始编排还比较正规,后来就贴得有些杂乱无章,其形式就像我们现在说的大字报。1942年整风以后,4月23日《轻骑队》编委会在解放日报发表《我们的自我批评》,检讨"编辑方针有错误","没有能坚持照顾全局的与人为善的同志精神来进行批评,因而我们的批评就往往成为片面的,甚至与被批评者完全对立的。因而也就不但不能达到我们积极的、巩固的、团结的初衷,而且实际上助长了同志间的离心倾向,有时还产生了涣散的恶果"。检讨后,它就自动停刊了。社长博古同志说不能搞"轻骑队",我想是指不能发表对延安生活不负责的批评、指责的稿子。博古要求文艺栏是党报的一个部分,它与其他栏目一样有党性,所不同的只是它的内容、形式和在报上出现的位置。博古多次说,好的文艺稿件要发表在头版头题的位置。文艺栏在报纸初创阶段,由博古直接领导。

关于文艺栏的任务,丁玲在1942年3月12日文艺栏目的"百期特刊"第二期《编者的话》中说,文艺栏担负着这几层重任:1.团结边区所有的成名作家;2.尽量提拔、培养新作家;3.反映边区各根据地生活及八路军、新四军英勇战斗的事迹;4.提高边区文艺水平。

丁玲是根据党的文艺方针和党报对文艺栏的指示,经过反复研究而确定这四项任务的,这是她创造性地办文艺栏的体现。在这四项任务中,主要是团结成名作家和培养青年作家这两项。把这些作家所写的反映边区生活及八路军、新四军英勇战斗事迹,以及一些好作品发表出来,这样既满足了群众精神生活的需要,也提高了边区的文艺水平。丁玲主编文艺栏这段时间，千方百计组织稿件，力争拿到当时延安的名作家、新作家的所有优秀作品，在文艺栏发表。

三　团结作家，繁荣创作

《解放日报》从1941年5月16日到1941年9月15日，每天出版四开二版，文艺稿件发表在二版左辟栏的位置上，每天约发3000字，不用文艺报头，文艺栏第一篇发的稿子是戈宝泉翻译的苏联爱伦堡的《另一个法国》，接着发表欧阳山的论文《马列主义和文艺创作》、艾青的诗《哭泣的老妇》、刘白羽的散文《同志》、田间的通讯报道《最后一颗手榴弹》。这些作品都是名家之作，内容丰富多彩，形式多种多样，其主旋律是弘扬解放区英勇抗战的精神。可以说，文艺栏唱响了引人注目的“打炮戏”。

9月16日以后，报纸改出对开四版，文艺稿件发在第四版下半版，用“文艺”两字作报头，每次发稿6000字，每月发稿约20次。文艺栏目1941年9月16日创刊到1942年3月停刊，共出111期。总的来说，从1941年5月至1942年3月底，十个半月的时间，文艺栏用刊头与不用刊头，共发稿约100万字。丁玲从创办到1942年3月中旬调文抗写作与领导整风学习可以说整整做了十个月的主编。3月13日与丁玲合编过《战地》杂志的舒群来报社报到，接替丁玲任文艺栏主编。

遇到重大纪念日的时候，文艺栏都出版特刊，如纪念屈原就发表了萧三在爱国诗人屈原殉难纪念会上的发言稿；纪念高尔基逝世五周年，发表了萧三的《伟大的爱，神圣的恨》；鲁迅逝世五周年时，又发表了许大远的《鲁迅的小说》、萧军的《纪念鲁迅要用真正的业绩》；在郭沫若五十寿辰时，发表周扬写的《郭沫若和他的〈女神〉》、李初梨写的《我对于郭沫若先生的认识》，还在“庆贺郭沫若五十寿辰”的标题下，发表了艾思奇、萧三、高长虹、草明和陈伯达等人写的三五百字的短文章。1941年“九一八”十周年，发表“九一八”文艺社19位在延安的东北籍作家《致东北父老乡亲兄弟姐妹书，并致各地文艺工作者》的来件。1943年元旦的“新年试笔”，发了艾青的《我的希望》，萧军的《也算试笔》，萧三的《〈职业文人〉和〈业余文人〉》，刘白羽的《感触》等。

文艺栏出满100期，出版“百期特刊”三期，第一期发表刘白羽的《新的气息》和艾青的《了解作家，尊重作家》；第二期发表欧阳山的《祝〈文艺〉底百尺竿头》、吴奚如的《一点意见》、罗烽的《还是杂文时代》和丁玲的《编者的话》；第三期发表荒煤的《我底祝福》和舒群的《为编者写的》，这两篇稿件占了文艺栏版面的一半，前两期是全栏。

香港失守以后，1942年1月28日文艺栏转载了胡风的《作为思想家的鲁迅》，29日转载了茅盾的《某一天》，并加编者按语说："一方面表示我们对两位先生的深切的怀念，一方面也得与同感者们的一点安慰。"编者对这两位远在沦陷区的作家的怀念，应当说也是党报对这两位作家的关怀。这些事情都做得及时与恰当，这都是丁玲花费心血组编的。

文艺栏发表的杂文是读者所欢迎的。杂文作家如林默涵、尚吟（王匡）、杨耳（许立群）、田家英、彦修（烟秀、曾彦修）等人原本是理论家，所写的杂文不管是谈思想，还是谈学习，都能联系实际，内容充实，文笔锋利。

除杂文外，文艺栏的评论也相当活跃。周扬、欧阳山、刘雪苇、艾青、萧军等名家都给文艺栏写过较多的评论文章。

文艺栏对当年延安文学艺术的创作、研究、表演、展览等学术活动，给予全方位的、多角度的关注，及时发表评论。如果再加上报纸其他版面对延安文艺活动的报告，读者简直可以从报上大体了解延安文艺的概貌，《解放日报》的文艺栏和报上的文艺报道，是延安文艺的一面镜子。

丁玲主编文艺栏的这段时间,是在《在延安文艺座谈会上的讲话》以前,即使这样,它所发表的反映边区生活和八路军、新四军英勇事迹的作品,不仅数量较多,质量也较好。原因是有些作家去过前方,有战斗生活的体验,如柳青、刘白羽、田间、马加等人,还有些作家深入边区生活比较早,有较丰富的生活积累,如黄既、雷加、魏伯、孔厥、洪流等人,所以他们能够写出跳动着那个伟大时代脉搏的好作品。这些好作品,当年国民党统治区的文艺报刊也转载较多,有些甚至被翻译介绍到外国去。全国解放以后,许多作品选集都选了这些作家当年在文艺栏发表的作品。

文艺栏发表的三五百字的短稿都是经过精心挑选的,不是一些报刊上常见的"补白"稿件,如于敏翻译的《瓦克坦戈夫的手记抄》、《编导札记》,李纶写的《伤病散记》,特别是李又然的散文与散文诗,文字精练优美,散文也是诗,有时他为改动稿中的一两个字,常常从住地蓝家坪跑到清凉山报社,来回 15 里路,他就是那么认真。

丁玲说:"对于住文抗或住在鲁艺的知名作家,我们都一视同仁,平等对待,不存在门户之见。"丁玲说得对,文艺栏对中华文艺界抗敌协会延安分会、鲁迅艺术学院和陕甘宁边区文协这三个大单位的文艺家,以及其他文艺机关团体的文艺家的态度都友好。鲁艺的学生多,为培养文艺新人,丁玲特别注意组编鲁艺学生的稿件。文艺栏对在来延安以前就作出成就的文艺家,无论他是文学研究会的、狂飙社的、创造社的、南国社的、上海左联或是北京左联的,都尊重他们。对于一般来稿,因为不知作者是何人,更是就稿论稿。而遇上水平差不多的稿件,用哪篇、退哪篇,常常认真考虑,反复商量。文艺栏做到了热情诚恳地团结广大作家和作者。重读《文艺栏》发表的稿件,我感到现在把全部稿件集印出版,都是有价值的,有水平的。当时强调文艺的宣传作用,但是丁玲主编的文艺栏发表的都是文艺精品，不像现在的某些文艺报刊口头反对公式概念化，却又不断地发表公式概念的“说教”作品。

四　以质论稿，提携新人

丁玲在文艺栏“百期特刊”《编者的话》里说：有三十几位作家都是新人，而其中有不少甚具有写作的才能，在读者中取得了很好的反映，很多读者在来信时都把这些名字和文章提到，如灼石的《二不浪夫妇》（“二不浪”是“草包”、“二百五”的意思。灼石是方俊夫的笔名。）、葛洛的《我的主家》、邢立斌的《回家》、叶克的《猎人的故事》和《科长病了》、温馨（孔阙的笔名）的《凤仙花》、平若的《温情》、鸿迅（朱寨的笔名）的《厂长追猪去了》等。刘白羽在文艺“百期特刊”发表的题为《新的气息》的文章，里面还提到一些丁玲没有提到的新作家的作品，如萧平的《小路子》、孔厥的《病了的郝二虎》，洪流的《乡长夫妇》。除此之外，给我印象比较深的，我至今还清楚地记得的当时的新作家及其作品，还有韦君宜的《龙》，它生动地描写了晋绥根据地关于贺龙同志的民间传说；钟静（章炼锋的笔名）的诗《正在抽芽的树枝无声的摇》等，钟静善用长句写诗，他是当时被称为“惠特曼式的年轻诗人”。贺敬之则擅用短句写诗，被称为当时的“年轻的马雅可夫式的诗人”。写得好的还有正面描写陈赓兵团战斗事迹的黄钢的报告文学《在树林里》及其姊妹篇《雨》，《雨》曾得到毛主席的称赞。还有贺敬之的小说《情绪》、萧涵（林兰的笔名）的《不幸的遭遇》等等，都是写知识青年生活的。文艺栏还发表新作家的评论文章，他们有杨思仲（陈涌的原名）的《关于果戈理》、岳瑟的《读〈浮士德〉后记》等。

丁玲说的那三十几位新作家是确实的。我大体统计了一下，确实有三丨几到四十位新人，这些新人建国后除改行者外，都是名作家了，有许多在全国与省、市、区文艺机关团体或宣传文化战线担任领导工作了。

我这里说的老作家,是指他们来延安以前,在创作研究方面有相当成就和影响,多半“吃中灶”的专家,特邀请仅参加延安文艺座谈会的。新作家是指来延安以前发表作品不多或没有发表过作品,来延安后发表作品引人注意的。丁玲和刘白羽在“文艺百期”时介绍的新作家后来都是名作家与大作家了。

丁玲当文艺栏主编时,她不管作家名气的大小,不讲作家与她本人的亲疏,只就作品论作品。这非有高度的思想修养和广阔的革命胸怀所不能。

五　尊重同行,以身作则

我到报社的第一天上班,走进延安有名的清凉山西头的两排漂亮的石砌窑洞西南角文艺栏办公室,丁玲睁大眼睛笑眯眯地说:“黎辛,我们在等你哪!”她左手指着一个空桌子,说:“你就用这张桌子吧,这原来是刘雪华的办公桌。”接着,丁玲右手指着坐在她右边办公桌后的戴深度近视镜的三十多岁的同志,说:“这是陈企霞,在上海与叶紫合编过《未明》杂志的。”文艺栏三个人的三张书桌呈三角形对着放。

我坐下后,丁玲说:“企霞,你们怎么分工呢?”企霞说:“你是主编,你怎么分,我怎么办。”丁玲说:“稿子大家看,事务工作分着干。”企霞说:“黎辛作过编辑,会校对吗?”原来丁玲已经向企霞介绍过我在开封编过杂志。我说:“校过。”企霞说:“编辑与校对是两码事,要校对得没错误才行。”我说:“我以前编杂志,编辑、校对与发行都是一个人干。”企霞说:“那么,清样我们两个轮流校,像雪华在这一样,一个校一周。”丁玲与企霞说的雪华是中央研究院文艺研究所的研究员,1941 年借调来文艺栏工作 3 个月,年底回去了。丁玲说:“登记来稿呢? 一天有几十份来稿的。”企霞说:

“还是我登记,画版式与核查报纸还是我做,像以前一样。”丁玲说:“黎辛作什么呢?”企霞说:“月终算稿费,给发表稿件的作家寄剪报,领办公文具。”丁玲说:“事务工作分完了,咱们这儿还有一件麻烦的工作是组织稿件,企霞不喜欢跑,是看家的。我和黎辛两个人跑,我跑城北,黎辛跑城东和城南。黎辛会骑马不会?”我说:“会。”丁玲说:“那好,需要时可以去饲养所借。”丁玲在“文艺百期”还写过“陈企霞、刘雪华都不喜欢跑,她不勉强”,她以身作则“一个人踽踽独行”,还要不耽误回单位吃饭,照规矩,丁玲是应该有马的,不知道这时候为什么没有。

丁玲接着说:“我们的来稿不能用的都要写退稿信,说明为什么不用,给作者提改进意见,这是培养新人必须做的工作。退稿信,你们写好连同原作给我看过再发。作家的稿子如果不能用,我自己写退稿信。可是退稿信封,我们要自己做,博古同志讲究勤俭节约,编辑部用的信封都是自己做的,去行政处领面粉打浆糊,用旧报纸糊成大大小小我们需要的信封,在信封正面贴一张小白纸写字,一天用几十个信封也要花费点时间的,我们也可以在开会的时候做。”这样,这次会算开会了。

过几天,丁玲说她已经与博古说好了,她为治疗关节炎,要搬到文抗去住,文抗离中央医院与我们报社都是七八里路,看病方便。她搬文抗以后,企霞与我轮流去文抗,一周一次,把我们初审认为能用的稿子送她复审,她复审过能用的稿子,我们拿回来编发并送博古终审。丁玲还说她去文抗以后,退稿信她不看了,谁写的谁发。这些说起来简单,做起来可不轻松。编辑每早10时将次日见报的稿件,画好版式连同稿件送社长或总编审阅。12时前,将终审稿送中央印刷厂排版车间排字。下午下班前,去排字车间取回清样,晚上校对。次日8时左右送排字车间改正付印。值班看清样的编辑每天从编辑部往清凉山万佛洞排字车间,来回跑三个来回,数十里山路,报纸要求没有错字,开始看清样,我校对两次。

1942年2月8日，中宣部召开写作研究的会议，要文艺栏的人参加，丁玲做票发到报社，这次该黎辛去丁玲处。报告时间是下午一时半，吃过午饭去来不及，只能午餐前送到。黎辛将票交给丁玲，说去于黑家吃饭了，饭后我来约您一路去听报告。丁玲说何必呢，你来我这儿了，就在我这儿吃饭。我有剩馍，切成片烤烤，也有腊肠，一人烤一段，小鬼送饭来，我多打点粥就够吃了，也不用打客饭。丁玲说着就把馍切成片在炭火上烤。丁玲说我们早吃早走，我们可以慢慢走，也不迟到。我们走到杨家岭沟口时，碰见李伯钊同志，丁玲说你也去开会呀，李伯钊说是呀，丁玲说开什么写作会议，要在党校大礼堂开呀？李伯钊说是毛主席的《反对党八股》的报告，毛主席2月1日在中央党校讲了整顿学风、党风，没讲整顿文风，今天继续讲，李伯钊住在杨家岭党中央所在地，她的丈夫杨尚昆是中央办公室主任，她的消息灵通，说得清楚。听了李伯钊的介绍，丁玲说咱们快走，大家喜欢听毛主席讲话，我们的票上写着姓名，但不对号入座，去晚了没有座位听不清。李伯钊也说我们快走。这说明，党的干部都是相信毛主席，喜欢听他讲话的，我是在丁领导下工作，才认识丁玲的，我深感丁玲对待干部的亲切与平易。香肠，现在许多年轻人经常吃，在延安它却是贵重的、罕见的。我在延安八年就吃过这一条香肠。

在延安晚上的业余时间是可以自由支配的，可是因为来稿多，不用的稿件，都要有处理意见。不在晚上校对清样，就要处理些稿件。因为丁玲强调要培养青年作者，把这视作文艺栏办得好不好的一个标志。她说作者写稿子不容易，不能给他们泼冷水。

丁玲为文艺栏制定的方针、任务、工作制度，初步形成的版面安排与工作作风，在后任的主编舒群时期，在艾思奇任副刊部主任与刘祖春担任《解放日报》编辑部副刊版主编时期都是坚持着、继续着，没有改变。《解放日报》副刊只有这四位主要负责人，名称不同，均为一把手，是有案可查的。现在有人说出更多的主编，那是自封的。我从丁玲任主编一直干到报纸停刊,我的记忆是清楚的。

《解放日报》文艺栏的方针和做法,陆续为其他抗日民主根据地的党报副刊学习和参照,直到建国初期许多党报的文艺副刊仍然坚持着、继续着!我在中南局《长江日报》任编委、副总编辑兼文教部、读者来信部主任时就是这样管副刊的。

六 文艺栏是影响深远的当时中国最大的文艺阵地

《解放日报》第四版 1942 年 4 月 1 日改为以文艺为主的综合性杂志的整版副刊,是我国报纸历史上最早的整版副刊,但百科全书说它"篇幅不大"、"是根据地的重要文艺阵地",那是编者的主观估计,如果他对抗战时期全国文艺报刊发表的稿件字数略有了解,就明白《解放日报》6 个年头发表文艺稿件是最多的了。

《文艺副刊》出版 100 期的时候,著名作家欧阳山撰文《祝"文艺"百尺竿头》,说"《文艺》底发刊,是 1941 年延安文艺界轰动一时的大事件"、"表现了我们底党对于文艺的重视和提倡"。"它对革命,有了一样多底新贡献。它扩大了文艺运动及其影响,广泛地提高了咱们边区的文化水平,充实了边区人民的精神生活,它发现了大批新起的艺术人才,同时使一般对'五四'运动做传统精神的新文艺了解得更加具体"。欧阳山说得正确而全面,丁玲创办的文艺栏影响是巨大而深远的。

七 "怀安诗社"——文艺栏旧体诗的专栏

1941 年 9 月 5 日陕甘宁边区政府主席林伯渠和边区参议会副议长谢觉哉,于交际处宴请民间诗人墨客,到会的多是边区参议员和 60 岁以上的老人,其中有秀才 15 人,拔贡 1 人,多位诗词之士。

大家欢聚一堂，畅谈清末遗事。会上，林老即发起组织一个诗社，本着"老者安之，少者怀之"的宗旨，定名为"怀安诗社"。请法院院长李木庵主持诗社，荟集诗词佳作结集为"延水雅集"。

诗社的成立，沿着"安老""怀少"去播种、耕耘，它以丰硕的成果繁荣了延安诗坛以至于整个延安文艺创作。10月1日谢觉哉以当时常用的"焕南"笔名，在《解放日报》发表以《从"怀安诗社"谈起》为题的短文，说，"以'老者安之，少者怀之'这一类的名词来命名诗社，很难找到先例"。10月16日《文艺》第22期，以《怀安诗选》为专栏标题，发表林伯渠、谢觉哉、朱婴、李木庵的诗词6首。林伯渠的两首是诗社成立之日当即挥笔写成的，发表时，他在诗的前面说明："民国三十二年九月七日约在延耆旧作《延水雅集》即日成立怀安诗社赋此志盛。"林老说的"九月七日"，就是《解放日报》在那天发表诗社成立消息的日期。

《怀安诗选》是文艺栏最早发表的旧诗词。

《解放日报》一般不发表旧体诗。其他版面也只是在重大纪念日或特殊情况时，才发表党的领导人或是党外著名人士的旧体诗。这是请示过毛主席的，毛主席说旧诗不好懂，我们不提倡大家写旧体诗，但有些老人不会写新诗，只会写旧诗，发表一些还是可以的。

怀安诗社的活动，在旧体诗的创作中，在抗日统一战线的活动中，都起了积极的作用。

八　《解放日报》文艺栏发表的外国文艺与评论外国文艺的稿件

文艺栏发表的第一篇稿子就是译稿，是弋权叔译的苏联爱伦堡的《另一个法国》。1941年6月爆发了希特勒德国侵犯苏联的苏德战争，这是关系到世界反法西斯命运的战争。为此，文艺栏较多地发表苏联卫国战争的报告文学作品,如爱伦堡的《墨索里尼的本领》(岳鸿译),《列宁格勒永远是我们的》(林宁译),阿·托尔斯泰的《希特勒军队的真面目》(识者译)和《伏尔加在为战争工作》(山屋译),肖洛霍夫的《在顿河上》(魏伯译)。还发表了英国美国以及苏联其他作家的反法西斯战争的报告文学。

在现代外国文学作品中,当时介绍最多的是高尔基的作品及相关的评论,如高尔基的《论文学》,《青年的文学和任务》与新发现的高尔基在世时未发表过的《回忆·琐记》中的一篇《克里西亚》(均为曹葆华译),还有石秋译的《高尔基在俄罗斯监狱的时候》,陈适五译的《论绦虫》等,还发表了江帆译的《安娜·卡列尼娜的诞生》,以及研究托尔斯泰创作的作品。

研究外国文学与艺术的作品也发表,如胡蛮写的《纪念巴黎公社的艺术家戈尔培》和《列宁的艺术》,黄照的《莫里哀的〈悭吝人〉》,杨思仲(陈涌)的《关于果戈理》和魏东明的《果戈理的悲剧》等。

对于外国现代与古典文艺作品也有介绍,如发表曹葆华译的左琴科的《列宁与哨兵》、《电灯匠》,萧三译的拉甫列涅夫的《人小心大》、纪坚博译的古典犹太作家白里茨的《母亲》、《明奇·塞林特》等。还发表了吴伯箫、天篮等译的惠特曼的诗歌,吴伯箫译的英国古典小说家菲尔丁的《创作漫谈》等。贾然和葛凌还合作翻译了法国著名作家都德的《磨坊书简》中的精彩篇章。

1942 年 4 月 1 日,《解放日报》改版,把第 4 版改为以文艺为主的综合性的整版副刊,虽然主编换了,仍旧发表很多翻译的外国文学作品,特别是介绍外国长篇小说比较多,发表周扬长篇大论介绍车尔尼雪夫斯基美学的文章,等等。总的来说,延安报刊发表与评论外国文艺作品,比当时国民党统治区的一般报刊要多。

毛泽东主席在延安作整顿学风的报告,主要目标是改造我们的思想方法,反对主观主义、教条主义,学习与练习实事求是、有的放矢的思想方法。毛泽东同时教导我们学习古今中外之长,运用马列主义分析方法,去正确解决问题。延安文艺界是按照毛泽东的古今中外思想原则,立足延安与祖国大地,一手伸向古典,一手伸向外国,吸取我国古典与外国优秀文艺的精华,丰富与繁荣中国文艺。近来,有几位大学中青年教师说延安与解放区的文艺是“封闭”的,也有一位“三八式”老作家在座谈“延安文艺丛书”时说中国解放区的文艺比较封闭。这是他们不了解情况,或者是来自个别解放区的印象。

九　丁玲慎重处理与周扬争论的稿件

丁玲曾经说过她处理萧军等人与周扬争论的事,丁玲说:“当《文艺月报》对报纸发表的小说、诗有批评时,我们并不生气。在新民主主义制度下,谁对作品都有发表意见的自由和权利。我们对这些没有表态,也没有在报纸上展开讨论。1941 年 6 月 17 日、18 日、19 日,我们连续发表了周扬同志的长文《文学与生活漫谈》,引起文抗的舒群、萧军、白朗、罗烽、艾青等五人联名写了《〈文学与生活漫谈〉读后漫谈集录并商榷于周扬同志》一文。他们漫谈的时间是 7 月 20 日左右,文章发表在 8 月 1 日的《文艺月报》上。这篇《漫谈集录》对周扬同志文中提到的作家要到生活中并无异议,只对周扬在漫谈中的态度和对作家写不出作品的原因的几条假设不同意。”“我们也无意去组织文章,展开争论。当时《文艺月报》发行数量很少,读到这篇文章的人并不广泛。这件事很快就过去了。”

这件事,韦嫈同志在《延安作家生活纪实》一文中,曾有回忆。她说 8 月 11 日傍晚,“毛泽东同志前来拜访作家,第一个重要原因,是有关文艺思想方面的争论”。《解放日报》的文艺专刊连续发表了周扬写的《文学生活漫谈》一文。文抗的同志在读到以后议论纷纷,有不同的看法。他们在7月20日集中漫谈了一次,丁玲也参加了的。最后决定由萧军执笔,写成了一篇文章:《〈文学与生活漫谈〉读后漫谈集录并商榷于周扬同志》,署名有:艾青、舒群、罗烽、白朗等5人。萧军把文章送到《解放日报》,退回未登。便把稿子送到毛泽东同志那里,说我们对周扬的文章有意见。毛泽东同志让萧军把稿子放下,隔了几天,萧军又去找,回答是:"你那里不是编着《文艺月报》吗?你不会把文章登在《文艺月报》上吗?"这样发表是毛泽东的意见,这件事很快就过去。这件事,丁玲参加了讨论,并不签名,有不同意见,也不组织文章争论。这说明丁玲不愿与周扬争论,处理与周扬"商榷"的文章是慎重的。可是,这件事并没有结束。1957年在反右派斗争中,把在这篇与周扬"商榷"的文章上签名的罗烽、白朗与艾青划为右派分子。在右派分子罗烽的右派罪行中有一条:"在延安发表了反党文章《还是杂文时代》……同年他还和萧军、艾青、白朗等人联合发表另一篇反党文章《太阳里的黑点》。"大约是作协整风领导小组感觉写出他们与周扬"商榷"学术思想与右派罪行不合适,给他们硬安了个"反党文章《太阳里的黑点》",不说他们三人,谁在延安也没有见过这篇文章,因为根本没有。反右斗争,周扬"照顾"舒群,没划他为右派。萧军呢,早已被加上反苏反共反人民的大帽子,开除公职,成了老百姓。所以罗烽的右派结论没提舒群与萧军,而以"等人"代替。罗烽的结论里还具体说:"《太阳里的黑点》号召暴露延安阴暗面的作品,诽谤党和革命。"在白朗的右派分子结论里,说:"1942年在延安,曾和罗烽、艾青等人联名发表反党文章《太阳里的黑点》,号召暴露延安阴暗面的作品,诽谤党的革命。"

十　《野百合花》发表的前前后后

1942年3月13日与3月23日,文艺栏发表了王实味的以《野百合花》为总标题的四段杂文,对延安生活进行讽刺和指责,在读者中引起强烈反映,褒贬不一。中央研究院的温济泽说他在研究院进行过调查,有95%的人赞成。而毛泽东却拍桌子说:“这是王实味挂帅,不是马克思挂帅!”贺龙与王震将军说我们在前线打仗,王实味在延安骂党。

在报社,最早提出意见的是博古,3月14日上班时他来文艺栏办公室,问陈企霞:“《野百合花》是从那儿来的?”,企霞说是丁玲从文抗让我拿回来发表的。博古说王实味是干什么的?企霞说是中央研究院文艺研究所的特别研究员(即吃中灶伙食的研究员)。博古说他还没有写完,以后不要发表了。23日又发表了一篇,24日博古又来问企霞:你们怎么又发表《野百合花》了?企霞说是丁玲看过签署“可发”,交给他带回来发表的。博古说以后绝对不要发了。企霞说发稿以前我们都送给你看过的。博古说最近我很忙,你们的稿子我没有看。企霞说看不看是你的事,我们送审了。博古说我没看,我也负责。企霞问博古为什么不能发表,博古说我看写偏了点,博古走后,企霞对黎辛说,你说《野百合花》写得酸了点偏了点,与博古说的一样。我说博古说得对。企霞说:你怎么不说不能用。我说丁玲和你说能用,我没有水平说不能用。整风中,对发表《野百合花》,博古作了检讨,承担责任,没让我们作检讨。

3月31日,毛泽东在《解放日报》改版座谈会上不点名地进行了批评,他说:“近来颇有人要求绝对平均,但这是一种幻想,不能实现的。”又说:“批评应该是严正的,尖锐的。但又应该是诚恳的、坦白的、与人为善的。只有这种批评态度,才对团结有利。”大家读了毛主席的讲话,都知道说的是《野百合花》。

于是,4月6日在副刊发表批评《野百合花》的文章。王实味所在的中央研究院自5月27日至6月11日断断续续召开14次全院的《民主与纪律》问题座谈会,批评与斗争王实味。6月11日院领导人罗迈最后发言，说到“王实味是什么人，根据同志们在座谈会上揭发了的许多事实，说明他是一个托洛茨基分子”。此后，副刊发表批评王实味的文章，不再以同志相称，语言与方式也改为批判式的了。

11 日在罗迈发言前，丁玲作了题为《文艺界对王实味应有的态度及反省》的发言，作了自我检讨，她说：“《野百合花》是发表在党报文艺栏，而那时文艺栏的主编却是我，我并非一个年轻的编辑或新党员，马马虎虎地发表了这样反党反社会主义的文章，在党报的副刊上是我最大的耻辱罪过。我永远不会忘记这错误，我要时时记住作为自己的警惕。”

王实味因有托派问题，1943 年被逮捕，1947 年被冤枉处死。1991 年公安部经过复查作出正式结论，说：“1946 年定为‘反革命托派奸细分子’的结论予以纠正，王在战争环境中被处死，应予平反昭雪。”并向家属深致安慰。但是，并没有恢复他的共产党员党籍，因为有关部门认为他犯有错误，错误之一，我想就是他写了《野百合花》。在延安逮捕王实味以后，曾让他交代《野百合花》中所写的事实，并对能够调查的具体事情进行调查，没有一件是确实的。如他在《平均主义与等级制度》一段中说：“青年学生一天只得到了两餐稀粥……另一方面有些颇为健康的‘大人物’却非常不合理地‘享受’，以至下对上感觉他们是异类，对他们不惟没有爱，而且——这是叫人想来不能不有些‘不安’的。”王实味说他是听延安师范学校语文老师高树梓说的延师的情况，向高老师与延师调查，他们说有一天早餐有些学生没吃饱，管理员让学生会主席征求大家意见，是再做饭吃饱上课，还是中午多做些大家都吃饱，大家同意照常上课。延师老师吃中灶一月比学生多吃一斤肉几餐馍，不算什么享受与特殊。延师学生粮食定量每人 1 斤 4 两，足够吃。延安生活困难，粮食一般够， 般机关单位吃三餐——一稀二干。

想不到，去年河南大学庆祝建校90周年，《光明日报》9月26日电话："90年来，河南大学在推动社会发展，科技进步，经济建设和教育振兴的过程中实现着自身的价值。从青霉素的参与研制到'两弹一星'的成功发射；从人民大会堂的设计至'波浪镶嵌构造'地质理论的提出；从殷墟的发掘到《中国通史》的鸿篇巨制；从《上海的早晨》、《野百合花》到家喻户晓的《南泥湾》、《白毛女》的广为传唱……在政治、经济、文化、科技、教育等不同的领域，无不闪现着河大校友光辉的身影。"这里竟把《野百合花》与《白毛女》等文艺巨著列为"河大校友光辉的身影"与"自身的价值"行列了。这可能是其他文艺巨著的作者都想不到的。

十一　解放日报副刊是延安文艺的博物馆

解放日报副刊版发表了大量文学作品，也发表歌曲、秧歌、戏剧、曲艺、漫画、木刻等艺术创作。要闻版和解放区版发表新闻报道，论述指导文艺运动的社论也不少。《解放日报》记载反映并且指导着延安和中国解放区的文艺运动。艾克恩编著的《延安文艺运动纪盛》有关年代的主要内容，都来自《解放日报》。《解放日报》是中国解放区的文艺档案馆，从中可以找到1941～1946年近6年的文艺历史。

特别是，毛泽东亲自抓解放区报，也亲自抓解放日报副刊，经常和及时给予指示帮助，从副刊的方针、任务到以文艺为主的综合性怎么综合，都是他亲自提出的。重要稿件的组织、审阅、修改，他亲自指示和动手。少数重要稿件他要校对清样，保证无错字并作最后修改。毛泽东还多次介绍重庆《新华日报》的重要稿件给副刊转载。毛主席给副刊写的编者按语比任何编辑都多。《解放日报》从多方面表现出毛泽东的文艺思想和毛泽东对文艺和作家的关怀指导，是学习和研究毛泽东文艺思想和毛泽东领导文艺工作的一个重要阵地。

解放日报副刊在党的新闻历史与文艺历史上是有重大影响的副刊,这个副刊最早是丁玲创办的,丁玲是党报副刊的奠基人。

原载《娄底师专学报》2004 年第 1 期

丁玲说《北斗》

颜　雄

第四次文代会后不久,有一天,丁玲同志忽有所思地对我说:你导师那里该会有《北斗》吧,要是方便,借来给我翻翻。我把这意思禀报给李先生(何林师),他当然欣然同意,命我尽早从鲁迅藏书库里借出来送上。老太太手捧着这七本旧杂志,好像见了失散已久的亲人,轻轻地摩挲着每册的封面,小心地抚平卷曲的书角,默然不语,偶尔朝我望一眼,那眼神难道是在启示我:“温故而知新”,酝酿着去开拓一种新的事业?这样静静地过了几分钟,我才开口说:这都是您送给鲁迅先生的原本呢,都成了文物了。她点点头,目光仍然停驻在每册的封面上。

一个春日融融的下午,我如约来到丁寓。阳光洒满了木榉地她家的客厅,只有老太太和我坐在那里;陈明同志在书房里忙着写什么去了。丁老说:我知道你是有准备的。你们搞研究的总爱一二三四五排出一摞问题,穷追不舍地问,我可不习惯,我只能闲聊,点点滴滴的。不要叫我系统地谈出什么东西,那样,你会失望的。我最需要的是交流。还是随便翻翻吧,翻到哪里,聊到哪里,想起了什么就说什么。我赶忙说:作为历史的主角和见证人,您回忆的任何一点对我们后辈认识历史都会是弥足珍贵的。我只听您对历史的陈述(她插言更正:是闲聊),决不随意打乱您的思维。丁老立即扬扬手:不,不,不要说打乱,你尽可以随便插话、随便问好了,这样可以帮助我回忆,更便于交流。闲聊嘛,又不是听报告,不好插话,我们可没有那么多规矩!她这一说,我倒轻松了许多,但同时也只好把带来的笔记本塞进衣兜里了。这种随便“翻翻”、“闲聊”有许多次,时间有长有短:个把两个钟头,或见缝插针的十来分钟;地点也不一:在北京,在长沙,在义乌。每次聊过之后,我尽可能地把散乱的珠子收集起来,存进笔记本里。一晃二十来年过去,现在我把当年收藏的珠子整理一下,将其中的一部分串联起来,以纪念丁玲同志百年诞辰。

北京木樨地丁寓

(1980 年 3 月)

茶几上摆着七本杂志。我们先拿着最上面一本创刊号,就从这一本翻起。还不待我发问,倒是老太太先开言了:毕竟是快半个世纪没有见过《北斗》了,你比我还会要熟悉些,还是你先谈谈最初(她把这两个字说得很重)翻《北斗》的印象吧。

我说:跟通常的做法不大一样,创刊号上没有发刊词。不过,主编者的意图、倾向和心态,还是曲折地表露出来了。

丁　你是怎么感觉到的?

颜　一是排在卷首的“插图”《牺牲》——您专门列做第一个栏目呢,特别显眼;一是您的诗《给我爱的》;再有您写的《编后记》。

丁　具体地说说看。

颜　您告诉过我,珂勒惠支夫人的木刻是鲁迅先生特意给您选用的。《北斗》创刊一年半后鲁迅先生有过直白的说明:他非常理解柔石的心,非常理解柔石母亲的心,自然地想起这幅母亲献给爱子的充满母爱的名作,以表达他对柔石和其他牺牲者的纪念。

丁　(沉思中)是啊是啊,卷首用一个专门的栏目刊出这幅木刻,可以说是《北斗》创刊的第一个有意义的举动。这是我们对反革命"围剿"和血腥罪恶的抗议,是对烈士的敬礼,也反映出左联在白色恐怖年代里斗争策略的转变,更意味着鲁迅先生作为左翼旗手对我们的带领。张闻天同志代表中央把办刊的任务交给我的时候,就指示要多多向鲁迅先生请教。雪峰带我到北四川路北川公寓鲁迅家里,我这是头一次去,鲁迅早已把他珍藏的画本搬了出来,我们三个不约而同地选中珂勒惠支夫人的这一幅,鲁迅先生脸上泛起了微笑,不断地点头……

颜 一幅木刻既然代表着左翼文学运动和所有正直的作家向社会表态,实际上就无异于创刊宣言了,何况意味深长!

丁 想想吧,我们满腹悲愤,而且还有很多的话要说,可又没有痛痛快快去说的自由;闻天同志又再三叮嘱不要硬碰,不要赤膊上阵(这四个字只是大意,不是原话)。作为一个"灰一点"的刊物,创刊的时候说什么好呢？不如把许许多多的话寄托在这幅画里去吧,这也是鲁迅教导我们的沉默的斗争策略。……事实上,同情我们的人,团结在我们周围的人,都能体会到编者意图的,就连反动派虽然嗅到一点气味,也不好怎么办!

颜 真是创业维艰,起步不易,斗争策略想得那么周到。

丁 (指着木刻作品前页说明词)你注意到了吗？这十多行关于《牺牲》和整组木刻的说明文字没有去影射时局,解说文字似乎有点学究气,纯粹是在向读者介绍艺术珍品,表示刊物并不是"红"的嘛!……

颜 您受命于危难之时。经过近半年时间抚平感情的创伤,8月初写了一首将近80行的诗《给我爱的》,不陶醉在"月亮"、"夜莺"的浪漫爱情里,不计较爱人"不介意"于"我的眼睛我的心","我们只讲一种信仰,它固定着我们的心"。这时,您全力追求"信仰",正是"信仰"支撑着你,使您从悲愤中站立起来,第一次承担起党交给的重任。这首诗表露了《北斗》主持者的精神面貌,也是您把自己融入革命的决心和誓言。

(丁玲翻着创刊号上以 T. L. 笔名发表的这首诗,点了点头。)

颜 作为主编,向读者表明心迹是很有必要的,读者也想知道。这首诗抒写的不仅是您对胡也频烈士的深情,也表露出左翼作家对"信仰"的执著,对理想的追求。有一点值得玩味:创刊号上发表您这首诗的同时还发表了冰心、林徽音、徐志摩的诗。冰心的诗劝勉女人不要在那些浪漫诗人玩弄的"剧意诗情"面前"逗出游戏的真诚",上当受骗;林徽音要将"信仰,至诚和爱的力量","永远膜拜""在美的面前";徐志摩描写在云空里飞翔的雁儿看不到前途,不知道"往哪里飞"。这些诗可能比您的要写得讲究些,不过,就是在思想境界上与您有着明显的差距,她们毕竟没有您那样的遭遇,缺少您那样的人生体验和对革命的渴求。

丁 各有各的写法,不好强求一律。《北斗》杂志就是要不求一律嘛。他们是我的朋友,同情我支持我,我办刊物向他们拉稿,有求必应。我跟冰心大姐现在还保持着很好的友谊。可惜徐志摩死得太早,他的这首诗是不是成了他的绝唱?如果那样,就更值得纪念了。雪峰后来转告我,说张闻天同志看了创刊号后说,找丁玲来办刊物没找错,她能团结人,别人愿意支持她。闻天同志当时既看到了我的决心,像你刚才引的那首诗所表露的;又看重我的"颜色"——虽是左联盟员,毕竟还没有入党嘛,有些红,还不很红。(颜插话补充:您在诗里写道——"我只想怎么也把我自己的颜色染红")《北斗》就是靠朋友们的力量来办的。

颜 是的,您在《编后记》里除预告各方朋友将有新作——冰心的诗,叶圣陶、沈从文的小说,朱璟(茅盾)、陈望道的论文——奉献以外,还向读者坦陈心迹:在打击面前决不"颓丧",而要把"意志一天天加强","老老实实"做自己"可能做的事","立志弄出一个"对读者有益的刊物。

创刊号登出的《本刊征稿条例》六条的后面有三条"附白",第一条“附白”是：“本刊暂时不收译稿，因第一卷内对于世界名著选择已拟有具体计划。”这一条附白规定得很死，与征稿条例的第一条——“本刊欢迎一切关于文艺之外来稿件，不论小说，戏曲，诗歌，批评与介绍，及文艺随笔，均所欢迎。”——迥然不同，这是为什么？这不会影响译者的积极性吗？

丁 你倒是看得细。简单地说，创刊时就专为鲁迅先生辟了“世界名著选译”专栏，借他的权威增强刊物的信誉。鲁迅答应把他翻译的苏联小说和戏剧交给我们，这是对刊物的支持和鼓励，不会影响其他译者的积极性的；况且，我们征稿条例第一条就表示欢迎“一切”外来稿件，事实也证明，新人投稿的不少，我们也蛮重视，有些“新人”的地位就是在《北斗》上被确认下来的。

颜 不过，鲁迅署的是从没用过的新的笔名“隋洛文”呀。

丁 左翼作家、老作家大多心中有底，能料到这是鲁迅针对污蔑新起的化名。茅盾用新笔名“朱璟”也是在《北斗》上发文章之前不久，读者只要读文章，大多能判断是出自谁个的手笔的。鲁迅也好，秋白也好，茅盾也好，特别鲁迅，当时被迫不断化名写作，在《北斗》上他的翻译作品还用过别的笔名（按：译文《梅林格的〈关于文学史〉》署丰瑜）；发表杂文时，又变换了笔名（按：如用长庚发表过三篇，用不堂发表过一篇，用冬华发表过三篇）；直接署鲁迅的，次数倒还少些。这种化名只是对敌人使用的——叫什么来着（颜：“障眼法”）——障眼法，对广大读者，却是一种激励。这里边，你还有没有什么发现？

颜 “世界名著选译专栏”除刊登了鲁迅的约稿外，还登了瞿秋白的译文。先是鲁迅由日文转译的苏联作家绥甫林娜的小说《肥料》，连载于一卷一、二期，署名隋洛文（译后记署洛文）。接着，这个专栏又开始载鲁迅翻译的卢那卡尔斯基的剧本《被解放的堂·吉诃德》，第三期登出第一场，仍署隋洛文。正在这时，瞿秋白找到一个“和原本俄文完全吻合”的新的版本，便“从头新译起”；

鲁迅先生当然觉得精通俄语的瞿秋白来接译比他转译要好些。于是,《北斗》上继续刊登的这个剧本便是瞿秋白(署名易嘉)的译文了(标题将鲁迅译的“堂·吉诃德”改为“董吉诃德”),第二场载于一卷四期,第三场、第四场载于二卷三、四期合刊,也就是最后一期。不久,刊物被封,剧本也没载完,但留下了革命文坛上两位巨人亲密合作的佳话。

丁 对啦。按我们原来的计划,“世界名著选译”专栏除约请鲁迅翻译外,再就是秋白的译文。着重介绍苏联文学,样式不限,创作与评论都要有。鲁迅是很欣赏秋白的翻译的,介绍苏联文学,他总是推荐瞿秋白和曹靖华,说自己不能从原文直译,不如他们。不过,鲁迅坚持翻译首先要“信”的原则的。这条原则秋白也支持。在刊物上,我们还就翻译问题展开过讨论,热闹过一阵子,让“信”的原则深入人心,你刚才说的鲁迅用那个新的笔名好像就是用在专门议论翻译的文章上的。(颜:是的,这就是署名长庚发表的三篇,是由赵景深的主张引起的)哦,想起来了,赵景深不服气,觉得很委屈。我说,你可以写文章争嘛。他怕争不赢,反而又被抓了把柄(颜插话:鲁迅都是抓住一些硬伤来批评的,不容易反驳。他还风趣地说他搜集的“顺而不信”的例子可编一本《顺译模范文大成》,可见掌握的实例很多),就没写反驳文章,只交给了我一封说明和解释的信,我立即原文照登了,跟鲁迅(长庚)的文章发在同一期(按:赵信即刊于二卷一期的《复长庚先生》)。

颜 这次关于翻译原则的讨论,对维护“信”的原则起了很好的作用,这也是《北斗》的一个贡献。说到这里,我想顺着上面您谈到的鲁迅的话题,请您谈谈鲁迅先生对《北斗》的指导作用。

丁 争取鲁迅的指导,是我们办刊的指导思想。上面聊过的创刊号选木刻画啦,讨论翻译原则啦,都是具体表现。鲁迅的指导作用,最实际的就是要借他那支“金不换”的笔为我们写文章,我的想法很简单:巴不得每期有他的文章。你该作过统计吧,说说看，也可以引起我的记忆。

颜 的确是这样，几乎每期都有鲁迅的作品，平均还不止一篇呢。《北斗》八期之中，除第二卷第三、四期合刊即最后一期以外，6期里边共计14篇（次）。其中，名著选译3篇（次）；杂文10篇——或冠以“文艺随笔”，或列入“批评”专栏，或是对征文的回答；“介绍”（书评翻译）1篇。除两期（创刊号和二卷二期）里面各载1篇外，其他四期里每期都是3篇。在一个刊物上接连发表这么多作品，而且只有半年时间（从1931年9月创刊号到1932年5月二卷二期共8个月，而实则只有6个月：因二卷二期本当于3月20日出版，适逢日寇进攻闸北，这一期便推迟了两个月。您在《编后》里特地向读者作了告白），这在鲁迅的创作生涯中是仅见的。这个统计本身就可见鲁迅对《北斗》重视的程度了。再以笔名使用的情况看，除两篇署鲁迅外——这两篇一是对编者征文的答复，一是对时局的表态，都是不能不署最常用的名字的；其他的译文和杂文所署的笔名，是专门为在《北斗》上发表文章而新起的，有：隋洛文、冬华、长庚、丰瑜、不堂这五个，其中后两个笔名只在《北斗》上露一次面，以后再没用过了。这又从一个侧面表明，为了支持《北斗》，鲁迅是怎样变换斗争策略冲破文化“围剿”的。

丁 这个统计的事实真能说明问题。我当时只想多登鲁迅的文章，但是，拉稿时他对我说过：老是一个人的不大好吧。我说：署名不必是一个。冯雪峰也向他做过这样的建议。鲁迅的文章登得多，即使化了名，不少老读者还是看得出八成的，不但不嫌多，而且还很欢迎，每期销行很快便是证明。（颜插话：二卷一期特大号还再版过）一个刊物上同一个作者的名字出现太多太密，应该是回避的，我后来编《解放日报》副刊和《文艺报》都注意了这一点。可是，编《北斗》时对鲁迅先生怀有特别的敬意，我们多么需要自己的权威啊！（她翻着几本杂志，在二卷一期特大号停了下来，指着第153页）拿“创作不振之原因及其出路”的征文说吧，这样重要的笔谈是非有鲁迅参加和指导不可的。鲁迅虽然没有正面回答我提出的问题:对创作有何“宿见”?——他不大习惯空谈理论,也可能觉得我这提问没提好,但是,他将自己多年积累的创作经验归结成八条,最具体地写了出来。这八条对我们这些人真是切实的指导啊,这里面点的那些毛病是我们这些人常犯的,都还不以为然呢,特别是不要迷信洋教条这一点给我印象极深!你们研究鲁迅的创作经验,不是也离不开对这八条的研究吗!这就是鲁迅的指导,不仅指导了刊物,而且指导了广大作家。

北京木樨地丁寓

(1980年5月)

丁玲同志点点滴滴的回忆,把我带到历史的情境之中,引导我触摸历史,感受历史,认识历史。她很乐意这样既无拘无束又甚为切实的交谈,鼓励我随便提问。她总强调这是“交流”。“交流”这个字眼固然表现出一位前辈大家的虚怀若谷的风范,她总是给晚辈以平等发言的机会;同时,不也真实地表明老人想凭借交流来唤起对历史的记忆嘛。“交流”中我才知道为什么她叫我借来整套《北斗》杂志,为什么每当我提问、每当她忆述的时候,总要拿当年的文本来印证。我们的交谈从来是杂志不离手,边翻边谈,让回忆贴近历史,不单凭头脑去追忆。回忆与翻书总是相辅相成。她多次告诫我,要了解《北斗》,主要靠“多翻”杂志,不必依赖回忆。后来她在给我的一封信中又这样强调过(参看《丁玲全集》卷十二,161页),“多翻”就是多读。历史记载在白纸黑字里,后人对它的认识和评说都凭自己的阅读。我这才体会到这原是一种认识历史的严肃的态度,岂止看待《北斗》然。几次交谈之后,我便想集中提出较大一点的问题来请教了。为了再现历史的情景,也为了帮助老太太回忆得具体细致些,沿着她讲述的思路,我不时拿《北斗》来印证,所以,我的插话也就多些。不过,我的插话仅仅是给丁玲的忆述作点补充和注解而已，而且，好些地方是当年丁玲写下的原文。

颜 作为左联办的唯一的刊物，《北斗》对左翼文艺运动的指导主要体现在哪些地方？

丁 （几乎是不假思索地）两次征文讨论该是突出的体现吧。我们都是经过酝酿，作了准备，而且有的放矢的。（她翻开三卷一期第145页，点着给我看）一，二，……包括我本人在内，向二十多个作家征文，大多有书面答复；包括了各个方面的作家，很有代表性。“创作不振之原因及其出路”这题目不是编刊物的人闭门造车臆造的，你看每个人的答复吧，都深深感到创作不振是严重的事实。方光焘说是一桩无可讳言的事实，张天翼说是不可隐讳的事，连语言表达都相近，所以，我们的讨论是来自实际的。1931年日寇侵占了东三省，国民党政府实行不抵抗主义；中国16个省大水灾，死亡人数达20余万。阳翰笙说“中国已经着火了”！在这个大变动的形势面前，左翼作家不但要带头而且要团结广大作家去反映已经变动的时代，迎接更大的变动，创作不能再“不振”了！笔谈中大家分析了不振的原因，以便寻出出路。我们对老作家的意见很重视，比如：鲁迅对个人创作经验的总结，他过去还没有这么全面地谈过的，我们在前次交谈中说过了；茅盾强调作家的宇宙观和人生观对于认识时代、反映时代的重要性。这种笔谈式的讨论不能说有多深入，但它多少起了动员作家迎接新的变动、反映时代变动的作用。就在这一期刚装订好还不到三天（1月28日晚），淞沪抗战爆发了，真的更大的火烧起了，我们在第二卷第二期里就有新老作家齐上阵，有小说、论文、批评、随笔，鲁迅、瞿秋白、茅盾、阿英、冯雪峰都来了，这简直可以看作是上一期的笔谈的回应。

颜 您没有说到自己。这次笔谈从策划、组织到参与讨论，从理论探讨、经验总结到创作实践，您都起了核心作用。（她不断摆着手，表示不必多谈）您以普通作家身份参加讨论，现身说法。分析创作不振原因时着重批评了作家的小资产阶级劣根性，以及青年作家理论上、实际生活上的缺乏和空虚。您已经认识到克服“旧感情和旧意识”、“改变生活”——“从实际的斗争”中去理解理论的迫切意义。您学鲁迅的样总结自身的经验，列举的十条中最有体会的是“用大众做主人”，同时“记着自己就是大众中的一个”。这些经验体会不是空谈理论，而是在实践中形成的——您刚发表了《水》，又正发表《多事之秋》，把1931年中国农民和中华民族遭遇的灾难和对灾难的抗争都及时地反映出来了。您在创作上的这种新的追求，凝结成了十条经验体会。

丁 （淡然地）当时很有激情，也是有目标的创作追求，自己不愿意老停在过去的那个样式里；现在回头看，转变是转变了，毕竟还是很幼稚的。

颜 您办刊物的那一年多里，革命文艺运动面临着严峻的考验，您个人的创作也开始经历着历史性的转变，这都是文学史上值得深入研究的课题，我想将来一一地向您请教。现在您能不能谈谈第二次征文笔谈的事？（将二卷三、四期合刊摆在几本杂志的最上面）

丁 （翻着二卷三、四期合刊）你看得出，关于文学大众化问题的笔谈比半年前创作振兴问题的笔谈要扎实和深入些。这里有11个作家参加了征文活动，还有四个作家写了专题论文，讨论非常集中，围绕着一个中心题目：文艺大众化与大众文艺。在这个总题目下，我们列了四个子题目，大家都是这么来讨论的。（翻到最长的一篇论文——寒生即阳翰笙写的《文艺大众化与大众文艺》——停了下来）这可是论述最详、面面俱到的长篇大论了，用我出的总题目做标题。他写过长篇小说，又搞理论，当时已是左联党团书记，对文学运动很有了解，我请他做篇大文章。你看，为什么要大众化，怎样大众化，从五四新文学运动谈到大革命失败后新兴文艺运动，顺着历史谈下来。怎样大众化？内容啦，形式啦，欧化啦，创作方法啦，把五四以来特别是 1928 年以来文学运动经历的甘苦都总结了一番。征文中你看潘梓年呀，叶以群（署名华蒂，我们是不久前同时参加党的）呀，张天翼呀，还有老师辈的陈望道先生呀，对四个问题回答得多么认真多么仔细！他们都有自己的见解。

颜 文艺大众化问题，左联成立时就提出来了，还讨论过一阵，不过一直是纸上谈兵。这次讨论与两年半以前的情况相比，除正反经验的总结以外，思想认识上突出的进展是什么？

丁 你看到了什么呢？

颜 有几位的文章中不约而同地谈到一点，特别引起了我的注意。比如：起应（周扬）在谈文学大众化的任务时说："文学大众化不仅是要创造为大众所理解所爱好的作品，而且，最要紧的，是要在大众中发展新的作家。"何大白文章把"提拔真正的普洛作家"，"努力在工农大众中间，找寻作家，培养作家"，当作大众化问题的"核心"提了出来，同时指出，"以既成作家为本位是错误的"。像这样的论述，是不是标志着两年多来思想认识的进步与深化？

丁 是这样的，可以这么看。两年多来在摸索中左联也感到"核心"在哪里，该怎样抓。你看，就在征文讨论这一期上我们不是发表了好几篇"无名小卒"的作品吗，这就是左联"提拔"和"培养"普洛大众作家的具体表现。

颜 是呀，三位名不见经传的工农作者的处女作以显著地位刊出，有一个还发表两篇。这在《北斗》之前恐怕别的刊物上还没有过的。从"找寻"到"培养"到"提拔"（发表），这中间你们付出了多少辛勤的劳动啊，可惜没有记述下来。不过，从这一期您写的《编后》中可略知大概。您不记得了吧，我不复述，还是原文照念吧。您是这样写的："关于创作，本期揭载了三篇新的作家的作品。这三位作家所产生的作品，虽然还说不上好的新作，而（且）很幼稚，但出之于拉石磙修筑马路的工人白苇君，从工厂走向军营的炮兵叔周君,以及努力于工农化教育工作而生活在他们之中的慧中君之手,这是值得特别推荐的。希望读者能加以注意,并给予批判。他们如果在正确的路线上发展,特别是白苇君,前途是很有希望的。"这是真正从工农大众中产生的作者。倘若《北斗》还能存活一段时间,不被查封,肯定你们还会培养出更多的工农作家。可惜环境恶劣,刚开头就煞了尾……

丁 这样说来,我们真还是抓紧时机做了点实事的喽。

颜 顺便再举出一个实例,可作为大众化史料来看的,那就是同一期上"代邮"小栏目里您写给一位工人作者的信。这位署名阿涛的工人作者给您寄来小说稿,因为"能够抓住反帝的工人罢工斗争做题材,是极少见的",尽管语言、技巧上还有不少毛病,您却特别看重,非常热情地主动地表示愿帮他修改,还要给他作序。作者是工人,有"实在经验",却顾忌于不少作家看不起工人的偏见,虽然寄了稿子给您试探一下,却不留下真实姓名和通讯地址。您在代邮里除作了上述主动的表示外,还对作家中的"偏见"采取批评的态度,也就是进一步对他予以支持。您写道:"你以为大家都看不起工人,认定工人都不配创作,都写不好文章,而且就不要看工人写的东西,我想这个也是偏见。有些作家们是有这种脾气的,可是我们却绝对没有。并且非常重视这些作品,因为这里面更能反映大众的意识,写大众的生活,写大众的须(需)要,更接近大众,为大众所喜欢。同时也就更能负担起文学的任务,推进这个社会。"《北斗》对工人作者的这种心贴心的态度,生动地体现了左联在实现文学大众化战略任务上的努力。您这实际行动堪称表率,类似的例子想必不少,可惜很少这样用文字表述下来。正当你们想在扶助工农作家方面做些切实工作的时候,刊物被"剿"杀了!

丁 这样的工作都是在左联的明确指示下进行的。记得先一年的冬天,左联开过几次执委会,讨论国际革命作家联盟会议(按:即 1930 年 11 月在哈尔科夫举行第二次代表大会)精神,会上形成决议,由冯雪峰起草(按:即1931年11月左联执行委员会决议《中国无产阶级革命文学的新任务》)。文学大众化当作无产阶级文学为完成自己担当的任务的首要问题提了出来,工农兵通信员运动等再次被强调。我们的征文讨论就是为执行这个决议开展起来的,你刚才念的我在编后记里列举的那些个工农兵作家的被发现,也是落实决议做的一点工作。

颜 这样一说我就更明白了。除此之外,还有没有别的原因在推动这方面的工作?

丁 当然还有。比如,我们当时非常看重苏联的经验。

颜 我也感觉到了这一点。就看这第二卷三、四期合刊吧:在揭载工农兵作家作品和大众化问题一组论文的前面,排头的一篇是高尔基的论文《冷淡》。这篇是不久前——1932年3月16日在列宁格勒发表的,5月6日瞿秋白就把它翻译了过来。7月20日刊于《北斗》,译者署名向茹。如此迅速地向中国读者译介这篇论文,无非是把它看作普洛文学的指导方针的;《北斗》以突出地位刊载,也是出于这种认识,正如您在本期《编后》里说的:“高尔基的《冷淡》,是一篇对于新的作家,工农文化教育工作人的指导论文,我们很郑重的向读者介绍,请充分的加以注意。”高尔基的意思是,欧洲资产阶级文学对创建着新生活的苏联工农群众表现得“冷淡”,这种文学已经不能反映“正在强烈的生长着新式生活的创造的叙事诗”的苏联的社会现实了。显然,《北斗》就是要借此告诫中国作家:对待工农大众不能采取“冷淡”态度。

丁 你补充的这些实际例子,帮助我重温了将近五十年前的历史,使我回忆起来会更真实些。回忆历史,最要紧的是真实,我之所以向你借旧杂志来翻,老要你也去多翻翻,要你多插话补充,就是为了回忆起真实的人,真实的事。我最担心的是现在来谈历史,模模糊糊,真假莫辨,那样的回忆对后人是有害无益的。回忆真实不真实,是我们过来人的事;至于评价,是你们后来人的事,我们可不管。你们总是希望我们老人多谈,从老人那里“抢救”历史资料;我呢,看重相互交流。这不是什么谦虚的问题,而是通过彼此交流使回忆更真实可靠。交流,是有助于回忆的。所以,不要把老人仅仅当作一个被访谈的对象,把访问者当成记录者。好了,我们交谈了好几次了,我倒想问问,你翻《北斗》还有些什么印象和感觉?

颜 确实还有许多感受和问题,就接着上面说的对新人的发现和培养这一点来说吧,《北斗》既重视从工农大众中直接培养作家,又注意培养作家中的新人。

丁 《北斗》从创刊时起,大概就给人一个印象:既有老作家,又有新面孔。渐渐地,读者就这么习惯地来看每期刊物。我们并不是事先给每一期定下个新老作家的比例;注重新人新作如果算是办刊物的一条经验的话,那也是在实践中自然地形成的。你看:创刊号小说栏三篇中有一篇就是新作者写的。当然最引人注意的是这一篇《新人张天翼的作品》。这是老作家老批评家冯乃超同志写的(署李易水)。张天翼多年前就发表小说了,可是,给他定位却是这篇文章。文章确认在几层意义上张天翼是“新人”,以后的评论大致是沿着这个思路发挥的。我不知道你们今天讲文学史如何讲张天翼,我们那个年代一提天翼就与“新人”联在一起。一个杂志这样来评论、研究一个作家,一个正在成长中的作家,我以为是蛮有意思的。张天翼会写士兵,又擅长讽刺(颜插话:这两个方面都在《北斗》上有所表现,如《面包线》,《猪肠子的悲哀》),这是大家已经获得的印象;还有,他蛮有童心,我们在一起聊的时候,常常发现他能从儿童的角度去观察世界,不是那种少年老成的人。我们都鼓励他写儿童文学,我记得曾经对他说过要学习叶圣陶老师。他的《大林和小林》——是他的第一篇童话吧——我给发表了,显示出新的才华,这就给这个“新人”又增添了“新”的内容。读者反映很好,鼓舞了他在创作方面开拓一个新的领域。(我们翻到第四期)这一期五篇小说,有三篇是新作者投来的稿子。

颜 容我打扰一下,我先把这一期您写的《编后》第一段念几行听听,看看《北斗》是怎样对待文学新人的:"应该介绍一下的,是这期有三篇外来的投稿,而这三篇(《无题》,《村中》,《漂流》)的作者的名字,除了高植似乎在什么刊物上见到过,其余的两个名字,我相信都还是生疏的。关于这三篇的题材,都非常有可取的地方,比较一般的只知在自身周围打圈寻取恋爱的悲剧作材料的是已经显得不枯窘得多,而且新鲜。在意识上,也有很好的倾向。虽说形式,技术,还不能很好,完全给一个新面目给大家看,可是在现在的文坛,在作者的阶级(似乎都还是大学生),我们只好不过于苛求了。可是我们还是更要努力,我们一定还要产生更好的作品。"

丁 这三个作者是看见《北斗》重视新人才自动投稿的。高植就是后来从英文译完了《战争与和平》的那位,在给我们寄稿时好像还只露过次把子面(颜按:高植于 1930 年 1 月在《新月》月刊上发表过小说《除夕》,开始用这个笔名;丁玲说"似乎在什么刊物上见到过",这印象是有根据的)。耶林这名字是第一次出现,原名张星芝,寄来小说稿之前只用张眺的名字发表过旧体诗,他用拉丁字母 EL 给我写过信,我也给他回过信(按:见《北斗》一卷四期"代邮")。他是工人运动领导人,小说写得不错,可惜 30 年代中期过早去世了。还一个叫——(颜:石霞)也是头一次露面。你看他们的小说写得怎么样?

颜 您在《编后》里的介绍和评价是实实在在的。三个大学生作者抓取的都是现实社会中比较重要的题材。虽然都是速写式的,也还真实生动。石霞的《无题》写一群文科大学生从江湾跑到市教育局、市政府和法院以及看守所参观访问的见闻,于"多么平凡的事"和"多么平凡的人"中多少反映出了政府的腐败无能和法律的黑暗。高植的《漂流》描写了 1931 年大水灾的一角:农民的走投无路,任水漂流。三篇之中写得最好的是耶林的《村中》。相对于石霞那篇的拖沓松散,本篇以精练的文笔、紧凑的结构,巧妙地从侧面反映了国民党反革命“围剿”中的一个场景。这篇小说的意义,钱杏邨在《一九三一年中国文坛的回顾》里有很好的评论:“‘三次围剿’是1931年的中国一件最重大的事件,特殊是左翼作家应该抓取的主题之一,这是阶级斗争更尖锐的表现,可是他们都忽略了这一主题,只有耶林的这一篇展开了‘一场小景’”(《北斗》二卷一期)。我的这些看法只不过是想给您在编后记里写的那些话作注解,不知是不是准确?

丁　是那样的吧,应该是的。(翻到第二卷第二期)这一期推迟了三个月才出,影响比较大,是反映上海战争的专集,既有鲁迅、茅盾、秋白的重要文章,又有中坚力量冯雪峰、阿英(杏邨)的评论,特别令人注目的是两位女性作者第一次发表的小说。葛琴后来是左联的重要成员了,这次发表《总退却》是首次露面;杨之华大姐(她比我大四岁,葛琴比我小几岁)“五四”后不久就写作,后来停笔了,现在又提笔写小说,用文君的笔名写的这篇《豆腐阿姐》写得还不坏。她是熟悉工人特别是女工的,几个人物还活泼,把普通工人的日常生活跟上海战争联系起来,人物的命运有了大的背景。我请雪峰(丹仁)写了篇评论,好像他还是蛮支持的。我对批评是外行,看准的作品发表时,都是请理论家写文章,听他怎么写,不限制(也限制不了),也不改他的,配合作品照发就是。

颜　雪峰同志这篇评论是从支持“青年群众作家”(他拒绝“无名作家”那个说法)的角度来评论这两篇小说的。他肯定两位“青年群众作家”在阶级立场上、在关于战争文学的原则上跟已经成名的作家不同。他还从如何反映上海战争的本质上,如何理解工人生活与战争的“相互联系”上,指出了两篇作品的缺点。道理说得好,但正如他在文章末尾说的,近似“苛求”。

丁　冯雪峰对我们刊物努力发现新人,重视刊登新作这一点是特别支持的。(颜:是的,他在这篇评论的一条注解里面专就这一点表明了他的态度)他是左联的领导嘛,带头做这方面的工作。作为评论家,他对别人的作品向来是从严要求,无论思想方面,技术方面。对新人严格要求,对老朋友更不来客套,他禀性耿直,是农民性格,直来直往,从不吞吞吐吐。我这段时间有空翻翻《北斗》时,感到一点欣慰的是:《北斗》从头至尾,都有新人新作。这也算是一个纪念吧。(颜:也是一条办刊经验)

颜 还有,莪伽那首《东方部的会合》也应该是《北斗》发表的新人新作吧?

丁 当然是。作者从巴黎把诗寄来,也是看准了《北斗》对待新人的态度的。你说你讲艾青的诗以这首《会合》为创作起点,这是对的,他不也表示同意吗?(颜按:指我曾向艾青请教过)有人说,在这之前,“莪伽”的名字在上海已经出现过,我想,那恐怕不如这次这么正式(正规)吧。(颜按:从露面的时间说,早于《北斗》二卷三、四期合刊一个月出版的《文艺新闻》,在美术版上发表了莪伽的《乌脱里育》。丁玲说“不如这次这么正规”是没错的。再从写作时间看,《会合》诗落款处书:“一九三二,正月十六,巴黎。”可知是年初就用“莪伽”的笔名了。)正因为这样,艾青是对《北斗》很怀感情的,早在延安我们“会合”时他就表露过。

长沙蓉园

(1982年11月)

丁玲在好些场合说过,她不懂理论,对批评是外行。可听她作报告,读她的文章,乃至平常交谈,我总感觉到她在娓娓而谈、平易近人的话语中含有理论的分量,只是创作家的理论修养往往不同于理论家的表述方式罢了。翻《北斗》时,我得到一个明晰的印象:这位小说家编刊物,在重视创作的同时,也重视理论批评,她是两者并重的。我曾统计了一下,《北斗》上的理论批评文字——

“批评与介绍”专栏里的(第一卷每期都辟有这个名称的专栏),注明了“论文”、“征文”、“评论”、“批评”、“介绍”的,不计“文艺随笔”专栏文章,共约 66 篇。作者阵容真是可观:鲁迅、茅盾、瞿秋白、郑振铎、郁达夫、叶圣陶、郑伯奇、戴望舒、徐调孚、陈望道、陈衡哲、邵洵美、陶晶孙、杜衡、顾凤城、楼适夷、袁殊、冯雪峰,钱杏邨、冯乃超、何大白、阳翰笙、周扬、夏衍、田汉、张天翼、沙千里、潘梓年、方兴焘、叶以群、魏金枝、穆木天、沈起予,等等,各路英雄齐集《北斗》。为了便于交谈,也为了勾起丁玲的回忆,我把上面的统计列成一张小表交给她看。

丁 (看着统计表)分散来看,平常得很,好像没什么,你这一集中起来,刊物真布成了阵,洋洋可观啦!(沉思片刻)一个刊物要有理论批评家的支持。发创作又发理论,这才热闹得起来,才能更好地体现刊物的导向,对读者的影响面就会更大了。

颜 您当初就是这么想的吗?

丁 就是这样想的。作家擅长写什么就写什么,从作家实际出发嘛,你列的这一串名字,他们大多既是创作的能人,又是理论的高手,《北斗》就是要让这些在读者中影响力大的作家经常露面,也就是经常给读者以新的影响。这样,刊物的生命力也就有了。

颜 每期里面的理论批评文字是怎样组织的呢?

丁 有的文章是我出题目,请他们来做,两次“征文”笔谈就是;还有,对文坛的评论:年评呀,月评呀,是专约人写的。(按:如钱杏邨《一九三一年文坛之回顾》、沈端先《创作月评》)配合新人新作的专评也是特约的;再就是配合形势——主要是上海事变——的文章,就是请鲁迅、茅盾、秋白、雪峰、翰笙他们写的。此外,就没有什么题目范围了,谁想写什么题目就写什么题目,反正古今中外的我们都可以发。这张统计表上列举的:茅盾对“五四”以来“创作”的总结性评述,鲁迅对翻译现状的批评,秋白论“五四”新文化革命,郑振铎对平话的高深研究,还有论巴比塞,论瓦维龙,论新感觉派,论左拉……都是八仙过海,各显神通嘛。

颜 出题目约稿后,还有没有什么要求和规定?

丁 凡是约稿,不管出了题目的和没出题目的,都没有任何规定,听作者写去。当时口头最爱说的一句话是:悉听尊便。拿到稿子以后,我看一遍就照发。

颜 这倒利索。这样做能保证文章有个性,作者、读者都会满意。

丁 一个刊物就是要给作者自由嘛。你又求人家,又限制人家,谁还跟你合作?有些人说左联作家写作不自由,我手里发的稿子可以说没有一篇不是自由写作的!有自由就有了个性嘛!我作为编辑是这个态度,作为作家也是这个态度,我最不喜欢哪个编辑限制我。我在编《北斗》的同时也给别的刊物写稿,别人也没限制过我。(颜:是这样的,比如当时《小说月报》发您的小说《一天》时就这样,这是您告诉过我的)你看,我们发的这些文章,鲁迅的就是鲁迅的,秋白的就是秋白的。茅盾呀,冯雪峰呀,阳翰笙呀……哪一篇没有个性!说真的,这些稿子只要谁念上几行,一段,我就能抓住是谁写的。

颜 那么,这样一来能不能保证文章的质量,能不能很好地体现主编者意图?

丁 这就看你主编怎么当了。约稿对象都是我心中有数的,当时左联的或非左联的那些笔杆子都是高手,来得快,立马可待,我没有怎么扑过空。这样约的稿当然能体现刊物意图。我想说一句,刊物的意图不是主编者个人的爱好和意图,许多问题,左联党团领导和许多作家——左翼的,非左翼但进步的——如果都想到一块儿了,那么,这意图就是大家来贯彻了。如果主编者主观臆想一个意图,脱离了客观实际,脱离了广大作家的思想实际——大家不能形成一致的认识,那样的办刊意图不如不体现为好。是不是篇篇文章满意,当然难说。那时候,许多左翼作家,特别是党员作家,生活极不安定,没有经济来源,靠卖文为生,还要到工厂到社会上去做党的工作,文章是挤时间,靠熬夜,一块烧饼一杯白水,在亭子间写的,往往是急就章,要求那么严谨、周到,就出不了文章了!……说实在的,在白色恐怖日见严重的上海,左翼作家能写出那么些理论文章,已经是很不容易了。《北斗》上发的那些评论,当时无论作家,编辑,读者,书店老板,都是非常关注的!与《北斗》被禁后上海的一些大刊物上的评论文章相比,恐怕也不逊色吧。

颜 我觉得《北斗》上面的评论文字是结结实实的,与创作一样,是文学史上的财富。特别是每期都有指导性的篇章,体现出左联对文艺运动的领导水平的提高,和它在整个文艺运动中握有的主动权。

丁 是的。说空话是没用的,出不了好文章怎能叫读者跟着左联走?当年写大块文章没有今天这个条件:组织个秀才班子,先学习有关文件,再定个提纲,然后交主管领导审查;回过来写作班子分工执笔,不慌不忙,反复琢磨、修改,不知几上几下才形成个稿子。我们顶多只一两个人,两三个人,简单地交换一下看法,谈谈各自对某个问题的态度,然后就去写,限定短时间交稿——很有点电视上播的中国女排打短平快的味道。你说怪不怪:偏生是这样的文章反而有棱有角,观点鲜明,要说的话都说出来了,读者还买这个账!

颜 你们这代革命作家是最能体会到什么是“文艺战士”的含义的。我们现在的理论批评越来越追求学究气,学院派头,有的还炫耀“绅士风度”……

丁 我总觉得写理论文章难,尤其大文章,要读好多作品,找好多资料。我写小说不要费这个劲,只写个人的生活感受就行,所以,我非常尊重理论文章的作者。像钱杏邨给我们写的两篇文章,一般人恐怕就难以出手。他回顾 1931 年的中国文坛,把左翼的,民族主义派的，海派的，新月派的，等等等等各派的情况都要述评一番，重点是抨击“民族主义”派，这一般批评家写得出来吗？！述评完了，然后用左联执委会决议来对当前的文艺运动给以指引，叫作家们“找出自己的路”。还有，上海事变发生不久，他就广泛搜集材料研究，写了好几章的大文章，把其中批评鸳鸯蝴蝶派文艺的一节交我们发表，光是反应之及时，别人就不一定跟得上他。我们曾经谈过的阳翰笙论文艺大众化的论文，也是立足于整个革命文艺运动的历史和现实的，不是一直斗争过来的人没法动笔。当然，这些都是反文化“围剿”的历史年代的产物，今天情况不同了，我们不要忘了历史，但是，历史是在朝前走的，今天的理论批评有今天的时代要求。像你们30年代以后的读者，甚至今天80年代的读者，来翻这些旧杂志的时候，还有别的什么感觉没有？

颜　我总提醒自己，在读这些过去历史年代的刊物的时候，既要从“此时此地”的高度出发去反观历史，总结历史经验，又要充分顾及到“彼时彼地”的历史条件，顾此失彼或者顾彼失此都难以正确认识历史。与前辈交谈，向前辈讨教，对我来说最大好处就是解决这个问题，总的来说，我是深深佩服《北斗》上面那些评论文章的，因为它帮助了我认识历史、思考历史，这比读任何一本后人写的历史书要真实得多。我一直为文学史研究者不重视这笔理论遗产而感到遗憾。设身处地，当年的左翼作家为了战斗，文章只能那样写，文风也会是那个样子。如果从批评效果看，从斗争策略看，有些文章是不是还可以缓和一点，以便团结更多的人？

丁　即便当时，还有后来，就有过这种反映。你说说今天的读者的这种感觉从哪来的？

颜　（翻到一卷四期）比如这篇“批评与介绍”的论文：沈绮雨（起予）《所谓“新感觉派”者》。这是中国文艺界最早从理论上评介日本“新感觉派”的文章，引证的是日本原始资料，介绍得全面，很有文学史料的价值。但是，评介者对它是完全否定的，缺乏分析的态度，作者在篇末《附记》里说："此文……若能尽了指出别人所介绍进来的东西，是吗啡，是鸦片或是军火等的责任，则愿已达。"这种心态正反映出当时左翼文学界独尊革命现实主义、排斥现代主义的态度。因此，对文坛上有人引进"新感觉派"来做实验，写他们对上海这个"冒险家的乐园"的"感觉"，便一片非难和挖苦了。现在看来，这未免狭隘了些，何况，学习和引入资本主义国家的文学表现方法，并不是一种政治态度。又比如，钱杏邨对鸳鸯蝴蝶派的批评。诚然，鸳鸯派作家不了解整个社会，尤其不了解下层社会在战时的心理，不能深刻理解劳苦大众与民族革命战争的关系，他们的抗日作品一味地取媚于小市民的"趣味"，造成导向上的偏误。所谓反映抗战也只是闭门造车，取材与艺术表现都在习惯了的老套子里打转转，这些，的确反映出这派作家思想意识的落后。钱杏邨的批评是有道理的，也是必要的，但是，毕竟他们不是反对抗日，不能要求所有愿意抗日的人都具有无产阶级的意识。钱文在这方面至少还缺乏团结的策略。您在《编后》里还嫌钱的"分析没有触到阶级的根底，没有加强的指出'鸳鸯蝴蝶派'的关于上海事变的文艺的政治的意义"，调子又提高了一度。我觉得您在另一个地方说得好，也有经验总结的意思，您说："我的确是不满意宗派主义的，想多团结几个人。"

丁　是要通过亲身经历的一些具体事例去总结经验。革命斗争最残酷最激烈的年代，我们思想感情上难免激烈一些。

颜　这是可以理解的。上海事变后，冯雪峰（丹仁）在《民族革命战争的五月》（二卷二期）这篇可看做左联的宣言书里，旗帜鲜明地提出"应当把五四以来的文化革命的领导权完全确保在无产阶级的手里"；但是，他所理解的"民族的革命战争文学"是反帝与"反对地主资产阶级"相提并论的文学，因此，他提出在给予"民族主义的战争文学"（如《陇海线上》和《国门之战》）"以无情的打击"的同时，也给"人道主义的战争文学"（如孙席珍的《战场上》

等)“以无情的打击”。显然,后者就过火了,原因在哪里?雪峰文章里有一句话:“要使文学上的革命战争激烈化”,这就透露了思想认识上的信息。当然,这都是历史,离开历史情境评头品足不是后人应有的态度,只是我们现在有了反思的可能罢了。

丁　总结历史经验是件很不容易的事。历史往往要过了很久,经过反反复复对比才慢慢看得清楚。反思是必要的,只要我们不当风派,反思就客观些、公正些,能够避免情绪化。的确不能忘记历史年代里的具体背景,我们当时肩负着什么任务,在什么样的环境里战斗。我们这些人当年就是那么样做的,几十年就这么过来的,做得怎么样,如何评价,是你们的事——更远地说,是将来的事。回顾这些,是为了今天的文学事业的繁荣和发展,把历史引向未来,让我们今天从事的工作少走弯路。这叫做“温故而知新”吧。

义　乌

(1983 年 5 月下旬)

1983 年 5 月下旬至 6 月初,首届冯雪峰学术讨论会在雪峰故乡义乌举行。丁玲同志离京南下赴会之前,从别人手里见到我写于几年前的一篇关于冯雪峰的论文,文章中谈到雪峰对丁玲的中篇《水》的评论,她感觉到好像我没把话说完,还有些意思没写出来,便对人家说起,想跟我聊聊。这回去义乌,我便把载有雪峰评论《水》的这期《北斗》杂志(二卷一期)带上,伺机向老太太请教。当时还是改革开放之初,义乌城里不像今天有豪华宾馆,一幢县委招待所就是接待宾客的下榻之处了。许多前辈如丁玲、陈明、汪静之、楼适夷、唐弢、骆宾基诸位跟我们普通代表一样,也都住在这里。我们朝夕相处,有什么问题随时可以请教,比起北京来,真是方便极了。丁玲见了我,打趣地问:我们又可以谈《北斗》了吧。我说:谈冯雪峰评丁玲的小说,谈雪峰与《北斗》,该也是这次会议题中应有之义吧；不过，我现在最想知道的，是您谈谈您在《北斗》上发表的创作。次日，我到她房间里去，正好楼老（适夷）、唐先生（弢）在座。

丁　你知道我是不想谈自己的创作的。作品写好了就交给社会了，如何评论是别人的事。你既然特别提出这个问题，总归有些想法吧，我倒想听听。

颜　《北斗》从创刊到终刊都有您的小说，一是《水》，一是《多事之秋》（只连载六节，全篇未完）。《水》连载完了之后，钱杏邨和冯雪峰同时给予了评论，都登在二卷一期上。钱杏邨在《一九三一年文坛之回顾》一文中说，1931年中国16个省份的大洪灾是这一年“最值得作家们抓取的主要的题材”，《水》“不仅是反映了洪水的灾难的主要作品”，而且“也是左翼文艺运动一九三一年最优秀的成果”。冯雪峰则专门著文《关于新小说的诞生》（署丹仁），对包括钱杏邨在内的许多人的高度评价进行了“修正”，反复强调“这还只是新的小说的一点萌芽”，“而不能有更高的评价”。在总体评价上，两人肯定的程度有所不同。其实，两位评论家都是从左翼文学运动的开拓与发展的历史使命，和丁玲创作已经经历的发展过程来立论的，可以说出发点是一致的。雪峰充分地重视“《水》的最高价值”——“是在首先着眼到大众自己的力量，其次相信大众是会转变的地方”（着重点原有），而这，正是一般知识分子作家“往往不能办到”的。这就是雪峰看到的“《水》的生命”之所在，“新的小说的一点萌芽”之所在。他取的标准比钱杏邨更高——他对“新的小说”和“新的小说家”有严格的界定。我把全圈了黑点的原文念一下：“新的小说家，是一个能够正确理解阶级斗争，站在工农大众的利益上，特别是看到工农劳苦大众的力量及其出路，具有唯物辩证法的方法的作家！这样的作家所写的小说，才算是新的小说。”这里，“唯物辩证法的方法”是衡量的最高的标尺。简单地说，雪峰正是从“唯物辩证法的方法”这一标准上来肯定《水》的“最高的价值”与“生命”,同时也是依据这一标准认定它还只是“新小说的一点萌芽”的。好了,我要请教的问题就在这里:怎样看待雪峰立下的“新的小说”、“新的小说家”的这个评价标准?

(听着我念的这些枯燥艰涩的理论语言,楼老早已闭目养神了;丁老和唐先生倒一直仔细地听着。她望了一下唐先生,说:这可是唐弢同志饭碗里的问题了。唐先生说:待颜雄说下去,他要说的恐怕还不少呢。转对我说:你不妨多说几句。)

颜 所谓“唯物辩证法的(创作)方法”应该怎样评价?你们几位30年代的左翼老作家当年是不是把它奉若圭臬?丁玲同志,您写《水》的时候,是不是有这种“方法”的意念指导自己?冯雪峰对《水》的评论和他立下的这个评价标准,对革命文学运动产生了什么样的影响,今天应该怎么看?

唐 颜雄是在向我们将——军了。这个问题,后来人迟早要向过来人将军的!(楼老被“将——军”两个字一震,突然睁开了眼睛,而且不断点头,上面的对话他都听到了哩。他轻轻地说了一句:我们都是那么看的。只是雪峰下了定义,理论化了。)

颜 这个问题一直困扰着我,所以,要向你们讨教。为了得到前辈的指点,我就多啰唆几句吧。我曾经粗略地查考了一下,以1929年“拉普”早期成员法捷耶夫的名文《打倒席勒》为起点,接下去是1930年11月哈尔科夫代表大会正式打出“唯物辩证法创作方法”的旗帜;到了中国,便是1931年11月左联执委会和冯雪峰执笔的决议中正式接受这个口号,再到1932年7月阳翰笙《地泉》重版时瞿秋白作的序文,大致可以看出“唯物辩证法创作方法”的提出、引进和传播的过程。雪峰是服膺这个“方法”的,但是,他执笔的左联执委会决议并没有把它解释清楚。他把“唯物辩证法的方法”既说作“方法”,又说成“观点”、“世界观”。难道理论家的冯雪峰会这么概念混淆吗?我起先这样怀疑,转念觉得如果只是怀疑,最多不过在表层上证明雪峰同志使用概念时的疏忽,这不是本质问题。我再次解读法捷耶夫的《打倒席勒》和《北斗》上刊出的他的一个长篇讲演《创作方法论》(何丹仁译),以及左联执委会决议案,等等,突然发现:雪峰的概念混淆,正反映出"唯物辩证法创作方法"本身的逻辑上的混淆——把世界观与创作方法视同一律,混为一谈!而这,不正是它的哲学上的要害吗!可见,左联决议案使用的概念上的弊病,与其说是执笔者冯雪峰使用概念时思想上自相矛盾,不如说原本是这个"创作方法"自身的不可克服的矛盾!

唐 这个看法很新颖。我想跟你找时间详细地交谈。

丁 我也觉得有新意。你不是问我写《水》的时候,头脑里有没有"唯物辩证法创作方法"在指导吗?没有。这个名词我是知道的,但在我的脑子里没有生根,我说不来。大概我主编的刊物上,有些理论文章爱使用它吧。(颜插话:当时有的作者脱口而出就是这个词儿,经意不经意地拿它作理论原则。)比如在关于创作不振的笔谈中,郑伯奇强调:克服"观念论"(指主观唯心主义)和非大众化倾向,唯物辩证法创作方法是"唯一方法","建立普罗写实主义,要以唯物辩证法为基础;提倡大众化的文学,也要以唯物辩证法为前提"。唯物辩证法创作方法简直是万能的了。张天翼在论述理论修养的重要性时说:"我们定得去正确地紧紧地抓住科学的地亚来克谛克(Dialectic)来发展我们的作品。"即便钱杏邨那篇回顾文章,也是采用了这个"方法"做标准的:它肯定丁玲将饥饿大众的"新的斗争的个性","辩证法的描写了出来"。回想起来,这个方法、口号在一些作家那里恐怕是成了口头禅了。情况因人而异,以个人来讲,秋白,翰笙,都是喜欢用的;茅盾对这口号好像不怎么感兴趣;鲁迅也不用它。我说自己创作时没有"唯物辩证法创作方法"的意念,倒是另一个意念是明确的:从小资产的个人走向普洛大众的集体,也就是有意识地实现转变。这一点雪峰是看准了的。（颜：雪峰是这样概括您的创作道路的转变的："从'离社会'，向'向社会'，从个人主义的虚无，向工农大众的革命的路。"）我原没想到一篇《水》竟涉及左翼文学运动中一些大的理论问题，过去大家在这方面没有好好研究过，难怪唐弢同志希望详细交换意见了。不知道唐弢同志主持写大学教本的时候说过这个问题没有。

唐　那本现代文学史教科书"文革"后修改定稿时，我也想过这个问题该写一笔，自己也不是没有看法。当然，说来话长。不过，前些年写这个问题还不是时候，就没写，还是给回避了。颜雄你如果有机会编写文学史，好好写一笔，把这个问题说清楚。（按：直到 2000 年，我在参加主编的一本文学史教科书里，才就这个问题写了一两千字；限于教科书的篇幅，没能充分展开，离"说清楚"尚有距离。）

在义乌的一个星期里，就"唯物辩证法创作方法"问题，我与几位前辈还有多次对话，领悟良多，特别是楼老向我介绍当年日本左翼文学界接受这个口号的情况，启发我从更广阔的背景上思考这个问题。与丁玲同志谈她的创作的转变，谈《水》的创作思想、雪峰评论的正面和负面的影响，以及《多事之秋》等等，也还有过好几次，从中得到许多教益。这些交谈内容越来越偏重于理论上的和文学史上的专题研究，就不应当再多占这篇文章的篇幅了。

原载《新文学史料》2004 年第 3 期

丁玲编辑工作年谱

萧　杨

丁玲，原名蒋伟，字冰之。笔名除丁玲外，有彬芷、丛喧、晓菡等。

1929 年：

1 月　与胡也频、沈从文在上海创办红黑出版社，出版《红黑》月刊和《红黑创作丛书》，并为人间书店编《人间》月刊。

7 月　撰写书评《介绍〈到 M 城去〉》，发表于 7 月 10 日《红黑》月刊第七期。年底，红黑出版社因资金困难关闭。

1931 年：

2 月　7 日夜，胡也频与柔石、殷夫、冯铿、李伟森等左联作家被秘密杀害于上海龙华伪警备司令部。

4 月　丁玲将不满周岁的幼子送回湖南交母亲抚养，在老家住三天后返沪，继续从事革命活动和创作。向党提出去江西苏区工作。在兆丰公园见到党中央负责同志张闻天。党组织决定，丁玲留沪编辑左联机关刊物《北斗》。

9 月　20 日，丁玲主编的左联机关刊物《北斗》创刊号由上海湖风书局发行。创刊号发表了由鲁迅介绍的德国版画家凯绥·珂勒惠支的木刻《牺牲》和鲁迅撰写的说明。

在主编《北斗》期间，丁玲开始与鲁迅来往，并得到他的热情支持和帮助。同时，广泛联系了叶圣陶、郁达夫、谢冰心、沈从文等作家，还经常组织读者座谈会，宣传无产阶级文学，培养青年作家和文学爱好者。

10 月　写书信《代邮》，发表在 10 月 20 日《北斗》第一卷第二期。

12 月　在《北斗》第一卷第四期发表《编后》

1932 年：

1 月　在《北斗》第二卷第一期发表《对创作上的几条具体意见》，作为《北斗》举办的“创作不振之原因及其出路”的讨论小结。

5 月　在《北斗》第二卷第二期发表《编后》。

7 月　在《北斗》第二卷第三、四期合刊发表书信《代邮》和随笔《编后》。为配合左联举办的大众化问题讨论，在《北斗》第二卷第三、四期合刊上开辟了“文学大众化问题征文”专栏，还刊登了一组介绍大众问题的重要论文，并在《编后》和《代邮》中热情推荐和鼓励工人初学写作者。

《北斗》于本月被查封。

1936 年：

11 月　23 日，中国文艺协会举行第一次干事会，丁玲当选为中国文协主任。会议决定出版不定期的《红色中华·副刊》，丁玲撰写《刊尾随笔》作为发刊词，发表在 30 日《红色中华·副刊》第一期。

1937 年：

5 月　任“红军历史征编委员会”委员，并从事《二万五千里长征记》的编选工作。

8 月　丁玲任“西北战地服务团”主任兼党支部书记，创办团刊《战地》

1938 年：

主编西战团丛书九种：《杂耍》、《河内一郎》、《联合》、《一年》、《西北战地服务团战地通讯录》、《西线生活》、《呈在大风砂里奔走的岗卫们》、《一颗未出膛的枪弹》、《战地歌声》等。交生活书店于 1939 年 3 月陆续出版。

本年，与舒群协商创办《战地》月刊。后《战地》改在武汉出版，因丁玲不在出版地，由舒群主编。

1940 年：

11 月　参加萧军、舒群等发起组织的“文艺月会”，一度列名为该会《文艺月报》编委。

12 月　作文艺短论《大度、宽容与〈文艺月报〉》，发表于 1941 年 1 月《文艺月报》第一期。

1941 年：

4 月　主编《解放日报》文艺副刊，5 月 16 日创刊，至 1942 年 3 月 11 日出满 100 期后离职。

1942 年：

10 月　为《解放日报》文艺副刊 101 期写《编者的话》，发表于 3 月 12 日《解放日报》。

1946 年：

5 月　应《晋察冀日报》社长邓拓同志之邀，主编该报文艺副刊，并写《创刊漫笔》，发表于 5 月 27 日该报副刊。

7 月　华北文联成立。主编华北文联综合性文艺刊物《长城》。写短论《海燕行》和《编后记》，同时发表 7 月 20 日《长城》创刊号。

写《庆祝〈时代妇女〉发刊》，发表于 7 月 7 日《时代妇女》创刊号。

1949 年：

9 月　参加全国政治协商会议第一届会议，当选为全国政协委员，任《文艺报》主编。

1950 年：

3 月　《文艺报》成立由丁玲负责的“文艺建设丛书”编委会，整理、编辑和出版自《讲话》以来的优秀作品。26 日遵照中央《关于在报刊上展开批评与自我批评》的指示，主持《文艺报》座谈会。并以编辑部名义在 6 月 10 日《文艺报》第二卷第六期发表了《〈文艺报〉编辑工作初步检讨》一文。

1951 年：

11 月　11 日，主持《文艺报》召开的关于改进高等学校文学教学工作座谈会。24 日在北京文艺界整风学习动员大会上作题为《为提高我们刊物的思想性、战斗性而奋斗》的讲话。文章发表于 12 月 10 日《人民日报》。

1952 年：

春　离开《文艺报》，改任《人民文学》主编。

1953 年：

11 月　编就《延安集》并写《编后记》。

1954 年：

11 月　文联主席团和作协主席团联合召开扩大会议，检查《文艺报》的工作，对丁玲在《文艺报》的工作作了不切实际的批评。

1984 年：

7 月　4 日至 30 日，因病住首都医院，曾克、舒群先后到医院与丁玲商谈办刊事宜，27 日起草给作协党组的报告，提出创办一个大型文学刊物。

11 月　21 日主持《中国》第一次编委会。28 日《中国》文学双月刊在新侨饭店举行创刊招待会。丁玲发表讲话《五世同堂，团结兴旺》，发表于 12 月 13 日《光明日报》。

1985 年：

1 月　丁玲、舒群主编的《中国》文学双月刊创刊号出版。

6 月　12 日参加《中国》编辑部工作会议。阅读《中国》和《中国作家》的部分小说，称赞冯骥才写的《感谢生活》。

7 月　9 日为《中国》编制问题专访习仲勋同志。

1986 年 3 月 4 日上午 10 点 45 分因病去世。

（萧杨根据王增如《丁玲年谱》整理而成）

原载《娄底师专学报》2004 年第 1 期

丁玲为办《中国》惊动两位中央领导

——我看丁玲办《中国》之一

王增如

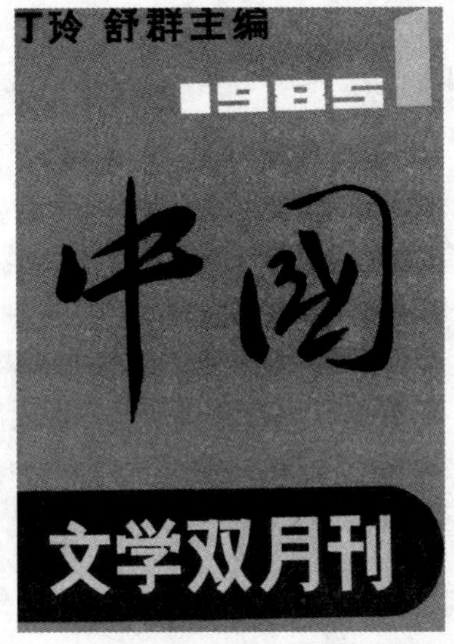

《中国》创刊号封面

丁玲晚年所做的最后一件大事，是创办《中国》。这是一个困难重重、矛盾重重的经过，丁玲为创办《中国》操碎了心。在这中间，她曾经先后求助于两位中央领导人，一位是胡耀邦，一位是习仲勋。

一　为刊物登记
求助胡耀邦

《丁玲全集》第12卷上，有这样一封信："李锐同志：请你为我转呈一信，你看后就知道是什么事情了。我的确是难安难睡。我不相信什么人都可以做的事，我不能做。要是如此，我只得万念俱灰，决心当隐士去了。麻烦你了，还请你鼎力帮助！"

信很短，不足100个字。

关于此信，只有一条注释，注在"我不能做"的后面："指申报办《中国》文学双月刊一事遇到了阻碍。这封信应是写于1984年8月或9月。"

那么，丁玲请李锐帮她转呈的，究竟是写给谁的信，是一封怎样的信呢?

这封信是写给当时党中央总书记胡耀邦的,写信的日期是 9 月 12 日。《丁玲全集》里没有收入这封信。

创办《中国》的动议,最初始于 1984 年 4 月 27 日,以中国作协创作委员会名义召开的一次小说创作座谈会上。那次会议的参加者有舒群、魏巍、雷加、草明、骆宾基、李纳、曾克、西虹、逯斐、林斤澜等,大多是一些老作家,还有几个刊物的负责人。作协党组副书记冯牧和中宣部文艺局的同志也参加了。

座谈会由创委会的主任丁玲主持。大家谈作家,议作品,特别是谈论起刚刚获奖的 1983 年全国优秀短篇小说,都十分兴奋。有几位老作家也谈到现在在刊物上发表文章难的问题。魏巍大声说:"我提议,我们这些老作家牵头,来办一个刊物……"他的提议立刻得到了热烈的响应,舒群、曾克等人都很积极。

那之后,丁玲去了厦门,参加厦门大学主办的第一届丁玲创作讨论会。6 月底回到北京,7 月初就住进了首都医院(即北京协和医院)。但是她没有忘记这件事,曾克和舒群等老作家,也在积极了解信息。当时中国作家协会的许多直属单位,都在改革大潮的推动下,解放思想,提出了改革方案。《人民文学》、《诗刊》酝酿着筹办刊授和函授,《小说选刊》准备出版《中篇小说选刊》,作家出版社也想办一个专门登载中长篇小说的季刊,《文艺报》则计划由每月一本的刊物,改为每周一期的报纸。在这种形势的鼓舞下,他们行动起来,曾克和舒群都多次到医院找丁玲商议。7 月 22 日,以丁玲的名义,给中国作家协会党组写了一份申请办刊的报告:

今年 4 月,作协创委会召开了两天创作座谈会。在座谈会上,魏巍同志倡议,希望在作协党组的领导下,创办一个新的大型文学刊物。这个创议得到与会的舒群、骆宾基、西虹、逯斐、雷加、曾克等同志和我个人的赞同。会后,得知作协正在酝酿机构改革的规划，各单位按照政府制定的整改方针，解放思想，广开门路，为文学创作事业开创新局面出谋划策。出席座谈会的一些同志也乘此东风，交流有关创办新刊物的意见，争取早日把魏巍同志的倡议付诸实现。现将初步想法陈述如下，请审核。

报告里有两点引人注意的地方。其一，申请办刊者是一批老同志："我们这些人虽然大多已进入老年，但我们接受党的教育和毛泽东文艺思想哺育时间较长，我们这些老同志不敢妄自言老，不甘默默无为，愿意为繁荣社会主义文学贡献余生。"其二，提出"实行承包制。除创刊阶段请求银行贷款外，此后刊物及其他出版物一律自负盈亏，不要国家补贴，并考虑实行集资认股"。"我们热烈响应党中央实行体制改革的号召，自愿结合，逐步打破铁饭碗，自负盈亏，创办这一刊物。"这在当时，是一个大胆的想法，不知道地方刊物有没有此种先例，但是在中央直属文化单位里，绝对是一个创举。

报告交上去快一个月了，仍不见回音。这在平时，本来也算不了什么。可在改革的年代，人人都在争分夺秒，丁玲越发感到时间的宝贵。而此时又听到一些小道消息：说作协也在筹备办一个大型文学期刊，似乎对老作家们办刊有些看法，因此这份刊物能否办成还很难说。丁玲听了很着急，她决定亲自找主持作协日常工作的党组副书记唐达成问个明白。

正好 8 月 20 日，中宣部邀集文化界一些同志召开座谈会。丁玲与唐达成都应邀到会。他们坐得很近，丁玲急于询问党组对办刊的意见，但在这种严肃的场合下又不好低声交谈。丁玲便拿起一枝中华铅笔，在桌上的一张中宣部的空白信笺上写下两行大字，占据了整张纸的上半页："达成同志：你今天能答复我的问题吗？丁玲"然后把信笺递给唐达成。唐达成接过来看了，自然明白丁玲指的是什么“问题”，马上在丁玲那段话的下半页，用蓝色圆珠笔写到：“有些具体问题，还需要中宣部支持解决。最近敬之同志忙，我想和他谈了以后再向您汇报。党组的同志都支持您办这份刊物。达成”信笺又递还丁玲。丁玲现在需要的，不只是表示一种态度，不只是给予道义上的支持，她急需要的是对具体问题的具体回答。她在同一张信纸的中部空白处，用粗线条的红铅笔再次写道：“我现在急需要你们点头。或者不同意。明朗化些。”达成接过来，整页纸已经写满了字，便在信纸的天头空白处写道：“党组的同志们是同意的，这点是明确的。”有了党组的肯定性意见，筹办工作便开始进行。在随后的几天里，在木樨地丁玲家里开了两次会，有丁玲、舒群、雷加、牛汉、刘绍棠、曾克、陈明、冯夏熊、朱正、王中忱等人参加，会上确定了刊物的名称为《中国文学》，主编为丁玲、舒群，副主编为雷加、魏巍、牛汉、刘绍棠。会后，以丁玲的名义，给作家协会党组起草了一份报告，希望尽快帮助解决期刊登记事宜。报告中说：“时间就是财富，我们要争分夺秒，快马加鞭，决定全力以赴，争取明年一月创刊，迫切希望能尽快取得登记证（刊号发行证），俾能及时解决印刷、发行等问题。至于其他一些具体困难，我也认为解决起来有一定困难，也需要一定时间。其中有些须请示上级帮助解决，有些我们自己将努力协助解决，尽量减少领导上的困难。最近半个月我奉命要参加中宣部召开的会议，会议期间，我请曾克同志找唐达成同志或你们指定的哪位同志具体洽谈，尽快解决迫在眉睫的问题，请赐予接见。”

8 月 26 日，中国新闻社播发了记者甄庆如写的一篇通稿《丁玲的壮心》，第一次把丁玲要创办刊物的消息披露于报端。8 月 28 日，中国作家协会给文化部并出版事业管理局打报告，申请“及早批准《中国文学》登记出版”。

但是很快丁玲他们就发现，要创办一本刊物，决不那么简单容易。第一道关口就卡在了出版局。

当时,期刊基本上都是通过邮局向全国发行,那就必须在9月15日之前,拿着你的合法文件(主要是期刊登记证)到邮局去报计划。过了9月15日,邮局就不管你明年发行的事情了。而申请领取期刊登记证,需要一个繁琐的流程,一个缓慢的周期。这个“登记证”的意义,相当于工商企业的营业执照,它是刊物的合法身份证明,没有它就是“黑户”,就什么事情也办不成。

时间很紧迫。丁玲开始找关系,她先找了作家协会的上一级——中宣部。9月8日,丁玲给中宣部和贺敬之副部长打了一份报告称:

> 我和舒群同志等筹办《中国文学》双月刊一事,业经作协党组研究同意。作协于8月28日开具公函,向中央文化部并出版事业管理局,为《中国文学》申请批准登记。我们已派人到出版事业管理局,面呈公函,出版局表示将予以审议。《中国文学》计划于明年年初出版,并向全国发行。按邮局规定,由邮局发行征订,必须于本年9月15日前和邮局谈定,过期邮局即不接受,不能如期向全国发行。因此,我们恳切希望出版事业管理局能体谅我们的这一实际困难,提前审议作协的这一申请,早日批准并发下登记证,俾能及时向邮局商谈解决全国发行征订的问题。我们也恳切希望得到领导上的支持与帮助。

公函发出,丁玲还是很乐观,9月11日,她在《中国文学》筹备会上,还十分自信地说:“作协党组已经给中宣部正式打了报告,由贺敬之送胡启立同志批,十五六日即可正式登记。我们打算要15个人的编制,30万元的开办费。”

但是,出版局方面依然没有任何积极的表示和松动的消息,而9月15日这个日子却越来越近了。

当时,丁玲正在京西宾馆参加中宣部举行的一个座谈会。9月12日中午回到家里,丁玲心情很不好,告诉陈明说,她听到一个消息:现在申请刊物,须经中央书记处批准,又多了一层手续。据说一同报送待批的刊物,还有文联的《戏剧报》。越来越麻烦,越来越困难了。怎么办?情急之中,丁玲想起一个人,一个在延安时期曾经熟悉,而现在权力非常大的人——总书记胡耀邦!1978年丁玲还在山西乡下,为了解决自己的冤案,曾经给胡耀邦写过申诉信,并得到过他的帮助。事过六年,她又要向他求助了。当晚,丁玲辗转难寐,几经思虑,终于拿起笔来,把急切的心情和求助的渴望,铺洒在几张信纸上。

耀邦同志:您好!您是很忙的。我来北京五年了,虽曾有过去拜望你的想法,但我不愿占去您宝贵的时间,也不愿以私事、小事去麻烦领导同志,我要体贴你们。可是今天我无法克制我要找你的心情。请你原谅我!我先写这封信给你,希望你为我解决目前有关我的工作问题。

我已经80岁了,(身体、脑子都还很健壮),而且许多年许多年(足有30年)没有担任任何工作。自然我多年的劳动也是为党为人民服务,可是究竟不是最适合我的工作。回北京这五年,总算写了60万字,出了五本书,但我对此是不满足的。最近中组部实事求是为我做了"为丁玲恢复名誉"的通知。我感激党,感谢党中央,及组织部的同志们。我无以为报,决心同意一群老同志对我提出的要求,他们希望我领衔为党办一个文学刊物。我考虑再三,为了广泛团结全国的老中青作家,着重正确引导和培养青年作者,繁荣以改革为主要标志的新时期的社会主义文艺,这是很有必要的。我拟以民办公助的方式,也可以找到代为出版的地方,逐步过渡到自力更生,自负盈亏,扩大经营范围,争取上缴利润。此事已由作协党组批准，并转呈中宣部批示。我们已经着手筹备，主编为我和舒群、魏巍等，明年一二月可出版。现在可以说是万事俱备，只欠上级领导批准。我以为不至于有什么问题。只是9月15日邮局将截止向全国发行的预订工作，为此我心急如焚。此事只有你能帮助，恳请予以支持和指示，以便解决困难。如需了解详情，请指定时间，我当面陈。

第二天一早，她请住在同一幢楼里的中组部副部长李锐，将信转交胡耀邦。这就是本文开头说到的那封短简。

9月15日到了，这一天是邮局的截止日期，这一天也是京西宾馆座谈会闭幕的日子，上午举行了闭幕式，习仲勋、胡乔木、邓力群等中央领导都来了，并和大家一起照相。习仲勋、邓力群主动和丁玲提起办刊的事情，说：你写给耀邦同志的信我们都看了，你办刊物没有问题，邮局那里，我们去说。

丁玲想，看来胡耀邦同志把信转给他们去办了。

但是，事情仍然迟迟没有进展，出版局那边，到了10月底还没有一点动静。丁玲没有再去找其他的关系，她想，“通天”的信都写了，只能听天由命了！

筹备工作仍然在进行，大家都在积极寻找新路子。办期刊不行，那就办丛刊，他们联系了文化艺术出版社，以书代刊，通过新华书店系统发行。这样仍然可以保证在明年一月出版。

11月21日中午，《中国文学》丛刊第一期的全部稿件送交新华印刷厂付排。当天下午，举行了第一次在京编委会，地点在崇文门附近的河南省驻京办事处。人到得很齐，丁玲、舒群、陈明、曾克、草明、姚雪垠、魏巍、西虹、刘绍棠、邓友梅、秦兆阳、牛汉、王朝闻、朱寨、陈翰伯等，除了陈涌、雷加、叶水夫因事缺席，在京的编委都到齐了。外地编委西戎、秦牧、杜鹏程、贾平凹未参加。11月28日下午，又在新侨饭店举行了规模很大的《中国文学》创刊招待会。左联时期的老战士楼适夷、胡风、艾青、萧军、聂绀弩、李何林、葛琴、骆宾基等,中国作协的领导张光年、冯牧、唐达成、朱子奇,以及一大批老中青年作家到会,会场里的气氛热烈而友好。

后来,国家外文局给国家出版局写报告提出,他们已经有一个对外发行的文学刊物《CHINA LITURATRER》,即"中国文学",因此不同意丁玲他们再使用《中国文学》这个名字。12 月中旬,丁玲与舒群联署致作协党组信,决定为了避免引起误解,《中国文学》改名为《中国》,仍作为文学双月刊出版发行。信中说,因刊物已在付印中,务请早日批准给以刊号。

好消息终于等来了。12 月 21 日,文化部终于以"文出字(84)第 2106 号"文,发出《同意创办中国文学双月刊》:"中国作家协会:1984 年 8 月 28 日报告收悉。经研究,同意你会创办《中国》文学双月刊,公开发行。《中国》是中国作协的刊物,不是民办公助刊物。请你会加强对该刊的领导,按照中央宣传部中宣发文(1983)58 号文件要求,在该刊建立健全编辑部和其他办事机构,以保证该刊贯彻执行党的文艺方针和出版方针,遵守国家关于出版行政管理的规定。请向北京市文化局办理登记。"

文中特意强调:"《中国》是中国作协的刊物,不是民办公助刊物。请你会加强对该刊的领导。"大概,迟迟没有批准的原因之一,也在于刊物的这个属性。

12 月 22 日上午,曾克和陈明先去文化部出版局,又去北京市文化局,填写了《北京市期刊申请登记表》,拿到了《北京市期刊登记证》,编号是 1238 号。

从 8 月 21 日《中国文学》第一次筹备会算起,正好过去了四个月。

二　为人员编制求助习仲勋

1985 年 1 月 30 日晚 8 时,冯夏熊满面喜气地来到丁玲家,他带着一捆杂志,把绳子解开,露出绛红色的封面,上面是两个手写体大字:中国!这就是期盼已久的创刊号!

陈明拿出一瓶葡萄酒,每人斟了一杯,庆贺《中国》创刊号的出版。

但是紧接着又出现了新的问题,主要是《中国》的人员编制和经费问题,它直接影响着《中国》的正常运转和生存。为此,丁玲给作协党组写过三次报告,时间分别是 1985 年的 2 月、4 月和 6 月。前两次是与舒群联署,第三次是自己一人署名。

2 月 7 日的报告中说:"参照北京市现有的几个大型文艺刊物和作协《人民文学》、《中国作家》等的工作情况和编制名额,考虑到刊物的近期发展,本着精简节约、提高工作效率的原则,《中国》编辑部和相应的行政事务机构的编制名额,初步计划为 20 至 25 名。这 25 个名额的工作人员除呈经组织人事部门选调一部分中、青年外,还将招聘一部分青年,选贤录用。恳请审核、批准上报并指示作协人事部门切实帮助我们,充实人员,健全机构,使业务工作得以正常进行。"

4 月 13 日的报告中说:"近来我们工作中人手严重不足的困难更加突出。现在编辑部编辑包括牛汉、冯夏熊(均是业余兼职)在内,仍只有五人,另有登记收发稿件、管理资料、跑印刷厂等借调来的两个同志。这样一个大型文学刊物,如果不马上补充五六个有业务能力的编辑,是很难办下去的。恳请党组支持我们,帮助我们,在正式编制名额来不及批示前,临时准许我们先选调或试用若干名额以应急。"

6 月 22 日,丁玲又给作协党组和作协书记处写报告称:"《中国》至今只有正式编制三人(其中编辑一人,事务员一人,司机一人)。因人手太少,编务工作很难正常进行,必要的工作制度也不能建立。现有的工作人员多数是兼职,他们因编务工作繁重而致病,而带病工作。我们根据工作需要呈请批准正式编制名额为 25

名,这和其他同类刊物比较,并不算多,恳请从速批准。万一批准手续尚有待时日,则恳请采取临时措施,让我们能借用或商调少数急需的合格人员以应工作急需,正式名额批准后再正式调用。上述难题,迫在眉睫,恳请党组、书记处明察,并请明确指示,以便遵循。我们将一本初衷,坚守岗位,工作下去。《中国》幸甚,党的文学事业幸甚。”

当时有一个情况是:正逢工资改革调整之际,编制一律暂时冻结。

在此之前,6 月 13 日,丁玲特别约请了唐达成、杨子敏、邓友梅等作协负责同志来家,向他们作集体汇报,细陈种种困难,请求紧急援助。唐达成说:这个刊物有点先天不足。上边既然批了作协可以办两个大型刊物,就应该连同编制、经费一起批。我提过意见,贺敬之同志说解决不了。我们也去编制委员会争取过,可现在工资改革,编制冻结。开办经费上级也没给,我们临时借了 10 万元给《中国》。杨子敏说,各位的心情我是理解的,那么大一个刊物,没人没钱怎么办?我们也非常苦恼。唐达成说,我觉得这些问题个人是解决不了的,请你们把这些问题写成书面报告,提到党组讨论一下。

但是,报告交上去了,作协党组那边,仍然迟迟没有回音。

无奈之中,丁玲想到了习仲勋。

之所以找习仲勋,除了因为习仲勋当时在中央书记处里分管意识形态,还有一个原因,是她感觉习仲勋理解她,了解她,所以应该会支持她。

1985 年 4 月初,丁玲重访延安,曾经在西安接受过新华社记者的采访,谈了对于当前一些文艺问题的看法。4 月 21 日,新华社《国内动态清样》第 903 期上,刊登了记者徐士杰写的《丁玲同志在西安谈文艺创作自由等问题》一文。

新华社西安讯　著名作家丁玲同志最近去延安探亲访友，途经西安时，对当前我国文艺界一些敏感问题，向记者谈了她的一些看法。归纳起来有以下几点：

一、作家要正确理解创作自由，正确理解党的号召与行政干预是不同的。……近几年间，从总的方面看，党对文艺界并没有太多的行政干预。这两年有那么多的新人新作涌现，而且有不少是很好的作品，很有希望的作家。行政干预过多，不可能出现这种局面。文艺领域的现实可以说已经充分证明，党的十一届三中全会以来的路线、方针、政策，其中包括党对文艺的一系列决策，是完全正确的。违反文艺创作规律的行政干预，确实非摒弃不可。但党的号召和行政干预不同。党号召作家走向生活，反映时代，反映人民群众于四化、搞改革的崇高思想，给作家指出最广阔的创作天地，这体现了党对作家的关怀和爱护。不难设想，我们的作家如果离开了四化、改革的沸腾生活，而只关心小院、小街、小窗里的琐事，那他的创作自由恐怕只能是狭小天地里的自由。至于你深入了生活，采集了素材，要写什么人物，用什么题材，是没有人会去干涉的。作家自己思想不解放，也不可能有真正的创作自由。如果你一提起笔来，就想主编喜欢不喜欢，得奖不得奖，总想在这些方面找什么窍门，那你就难得自由。所谓创作自由，只有真正了解社会，了解生活，真正掌握了时代脉搏、客观世界的本质，既懂政策，又善分析，那才能如鱼得水，无往不胜，在创作的天地里自由驰骋。

二、创作一定要百家争鸣。创作自由，评论也要自由，允许批评反批评。……作品不能批评，听到一句批评就跺脚，这样的作家不会有很大的作为。……

三、作家要注意继承、发扬民族传统和中国气派。……外国人喜爱我们的艺术，视为珍宝，而我们有些人自己反倒瞧不起自己，丢掉自己的珍宝，去拣别人的东西。中国小说是讲故事的，典型人物、典型性格、典型环境、典型语言，尽在故事中表现。写阿斗昏庸，只写司马昭宴群臣时与阿斗的一段对话，就把个乐不思蜀的庸主形象刻画得淋漓尽致。中国小说的这种传统手法接近中国人的习惯；西方的蒙太奇手法，跳动式的东西，用滥了，不合中国人口味。

当天，习仲勋读完这份材料，就在上面写了批示："请曹禺同志阅退我。丁玲同志讲的好，真不愧是位革命的老作家，青年作家应该向她学习。这也证明作协四次代表大会精神她是领会得很深刻的。"当时，曹禺正在主持召开戏剧家协会的会议。

第二天晚上，习仲勋又亲自打电话给丁玲，赞扬她在西安关于创作自由的谈话，并说已经把这份讲话批给了曹禺。

习仲勋之所以这样说，是因为，在年初的第四次作家代表大会之后，电影家协会和戏剧家协会等一些全国文联下属的协会也召开了换届大会，在选举中间，原来的协会领导人纷纷落马，局面失控。中央认为，在文艺界，对于第四次作代会精神、对于党对文艺的理解，都出现了偏差，导致了党对文艺界领导出现一些失控的现象。而丁玲的这篇讲话，有利于纠正这种失控，很符合党中央的意图。

习仲勋意犹未尽，4 月 24 日，他又在曹禺退回来的这份材料上写了另一段批示："秦川同志：请您亲自去看看丁玲大姐，她如同意发表她在西安的谈话，请她修改后，加按语或写一短评在《人民日报》发表。"这份材料的天头及空白处，几乎被习仲勋的这两段批示写满。

秦川是《人民日报》社长，和丁玲住在同一幢楼里。第二天晚上，他登门拜访，给丁玲拿来新华社《国内动态清样》及习仲勋的批示，要她修改以后在《人民日报》发表。后来，该文以《丁玲谈文艺创作自由等问题》为题,刊登在6月24日《人民日报》第七版上。

还有一件事。

6月中旬的一天,一位上海的老朋友来看望丁玲时谈到:××曾经向习仲勋告状说,丁玲在下面很活动,左。习仲勋说,丁玲不"左",她正!

正是因为有了这两件事情的"前因",丁玲想到去找习仲勋。

7月6日,她给习仲勋的夫人齐心打了一个电话,7月9日下午,丁玲和陈明应约去见习仲勋。丁玲向他汇报了《中国》编辑部至今没有编制名额,工作难以为继的问题。习仲勋听了,觉得这个问题并不难,答应帮助解决,并说,刊物还要办下去。

正事很快谈完,接着就转入闲谈。丁玲谈到胡风的问题,胡风刚刚在6月8日去世。她对习仲勋说,因为彻底平反有阻碍,胡风的追悼会至今不能召开,人都已经不在了,对胡风早该有一个实事求是的结论,政治上的平反,中央已经作了,反映很好,为什么还要在文艺思想上揪住不放?说胡风的文艺思想有错误,谁个能担保自己的文艺思想百分之百的正确?说胡风有宗派的人,自己是不是也有个宗派?当晚,习仲勋和高登榜两家在人民大会堂聚餐,约了丁玲夫妇同去。回到家里,已经是9点钟了。

7月11日,中央办公厅寿照明副局长来到丁玲家,代表胡耀邦总书记送来福建荔枝,并说,艾青、爱泼斯坦等人也有。13日上午,习仲勋也派秘书给丁玲送来荔枝。我那时正参加北京师范学院函授学习,时近期末,前两天请假复习应考没来上班。下午,因为要送丁玲去住医院,来到木樨地。那天很热,丁玲看我满头是汗,说,你先坐下歇一会儿,总书记前几天送荔枝来了,还有几个,你也尝尝。说着,陈明从冰箱里拿出荔枝,个儿很大,很红。这么好的荔枝,那时在北京是稀罕物,市场上难得见到。我说,给周欣留着吧!周欣是丁玲十分疼爱的外孙,那时还在上小学。丁玲说,有周欣吃的,习仲勋也派人送荔枝来了。听到习仲勋,我忙问:《中国》的编制问题有消息吗？丁玲说，她昨天上午又给习仲勋家里打了电话，问《中国》的编制问题，齐心说习仲勋已经和胡耀邦汇报了，没问题，让她放心。

当天下午，丁玲因糖尿病、肾病加重，住进首都医院304室。

15日深夜，丁玲家里电话铃声突然响起，陈明已经躺下了，他看了一下表，11:50，是不是丁玲的病情有变化？他赶紧走到客厅，拿起话筒。电话是习仲勋打来的，他告诉陈明，编制问题已经告诉邓力群同志，让作协给《中国》几个名额，《人民文学》不是有30个名额吗，不要再增加新的编制名额了，就从作协内部解决吧。明天我去北戴河，如果再不行，还有麻烦，可找我的秘书，给我挂长途电话。他又关切地问起丁玲的身体，陈明说，丁玲想赶紧把编制的问题解决了，住到蔚县去写作，完成《在严寒的日子里》。习仲勋说：丁玲同志年纪大了，身体不好，可以不下乡了，你要特别注意她。

第二天，陈明到首都医院，把习仲勋的意见转达给丁玲。

17日，丁玲在医院里给唐达成写了一封信：

> 唐达成同志：你好！《中国》创刊，至今已出了三期，第四期即将开印，第五期稿已下厂，目前正准备第六期，还要忙于奔走从书店转邮局发行等问题。但是，目前《中国》的工作人员，只有三个名额（是作协暂借的），分到编辑部的名额，只有一人。对于《中国》，这实在是有关存亡的严重问题。这一困难，曾向你、邓友梅、杨子敏同志当面详谈过，谅能得到你们的谅解。但是至今，没有名额，缺乏合适人员的现况，仍毫无变化。想来，这一困难一时难于解决。
>
> 七月九日，我拜访了习仲勋同志，谈到了没有编制名额的严重情况，仲勋同志十分关切，说将设法帮助解决。七月十五日晚上十一点五十分，仲勋同志打电话找我，我因病在医院，由陈明同志接话并且转告我：仲勋同志“已告邓力群同志，让

作协给《中国》一些名额，不要再增加新的编制名额了，就由作协解决。”仲勋同志说“明天（十六日）我去北戴河。如还有问题，可找我的秘书挂长途电话给我。我在北戴河事毕就回北京。”

现在，我不知道邓力群同志是否和你们谈过？我自然知道，作协也会有困难，但比较起来，你们解决困难的能力和条件，远非《中国》所能比拟的，希望你们能给《中国》以平等待遇。

丁玲怀着希冀把信发出，她想，这回大概快了。可是，唐达成同志告诉她，“如果能得到习仲勋同志的文字批示，当作为特殊情况处理”。空口无凭，还得拿到习仲勋的亲笔批示。

7月25日，丁玲在医院里给习仲勋写信：

仲勋同志：您好！关于给《中国》解决几个编制名额的问题，蒙你关心，于七月十五日晚电话中通知我，“此事已告邓力群同志，由他办理，在作协内部调整解决。”现在时间已过了近十天，至今仍渺无信息。是不是力群同志还不深理解我们的难处和苦处，所以未能积极抓紧解决。

《中国》创办，原是响应党中央实行全面改革的号召，计划试行民办公助，思想上由作协党组领导，经济上逐步做到自负盈亏，不吃大锅饭，不向国家伸手。去年十二月经国家出版局批准，《中国》不是民办公助，而是作家协会所属的两个大型文学刊物之一。这时已届岁末，因此作协来不及把《中国》的编制名额、经费预算等列入八五年的年度计划，只临时借给三个编制名额和年度业务包干费十万元。现在时逾半载有余，刊物已出了三期，这一情况没有丝毫改善。《中国》既不是民办，也不像公办，和作协领导下的其他几个期刊相比，很难说没有天壤之别。

日前，我为此专门写了一信催问作协党组书记唐达成同志。达成同志说，“如能得到您的文字批示，当作为特殊情况处理。”为此，我只得再次向您呼吁，恳请转告有关方面，迅速采取有效措施，解决我们的编制名额问题，适当进人，以济燃眉之急，不胜盼祷。对于已经出版的头三期刊物，更加盼望得到您的指示和批评。

您政务繁忙，我却以这些琐事一再麻烦您，心很不安，实在也是出于不得已，请多多原谅。敬祝暑安！

她又给田秘书写了一封信：“田秘书：七月十五日晚，仲勋同志去北戴河前夜，在电话中告诉我，给《中国》解决几个编制名额问题，已告邓力群同志办理。并说，如仍有困难，可找你，由你电告他。现在，困难果然仍未解决。我为此写了一封信，请你转给仲勋同志。谢谢你。我现仍在首都医院治疗，有事请打电话到我家里，找陈明同志好了。”

7月26日，唐达成给丁玲写来回信：

丁玲同志：来信已收悉，并经党组作了认真研究。

关于《中国》杂志人员编制的问题，我们曾向中直编制委员会申报过，但因正逢工资改革调整之际，编制委员会表示，当前编制一律暂时冻结。作协内部各单位，人员编制本来就很紧，要再从各单位调剂人员给《中国》，确有很大困难，因此，我们的意见是，希望您再一次将这实际困难向仲勋同志反映，可否临时性地先批准少量新的编制名额，以解决《中国》杂志目前的困境。对作协的两个大型文学刊物，文艺界有种种议论和反映，我们也拟进一步了解情况后，加以通盘的考虑。

从作协内部解决有困难，还是要求另外批准新的编制名额。

8月25日，丁玲再次致信习仲勋。

仲勋同志：听说您已回到北京，想来工作顺利，身体健康，至为欣慰。

我在病中，每当忆及你对我说过的话和你为那条短讯所写的批示，仍为之激动。我体会到这是你对我的鼓励，更是党对我的希望，我当奋力自勉，谦虚谨慎，继续工作，办好刊物，写好文章，为人民服务，希望今后能经常得到你的指示。

关于给《中国》解决几个编制名额的事，你曾面允，并指示由作协内部调剂。但作协党组认为有困难，他们希望你能批给几个临时名额。七月二十五日我曾就此写信汇报，请田秘书转呈，谅早收悉。

现在，《中国》第六期即将截稿，本年度计划出版六期，能按期完成。为了及时形象地反映祖国建设的新面貌和及时批评文坛上的某些不正之风，以保证和捍卫人民革命文艺的健康发展，《中国》从明年一月起改为月刊，目前正在进行筹备。在这一紧急关头，特再申请，千祈你在百忙中赐以关照，通过作协或其他有关部门，切实给《中国》解决几个临时编制名额。与作协所有大、小期刊编辑部的人数比较，《中国》编辑部是无法相提并论的。恳切陈词，还请早日批示。出院以后，当再来面聆教诲。

不知是巧合，还是丁玲的信起了作用，第二天，8月26日，中共中央直属机关编制委员会发出[85]11号文《关于〈中国〉杂志社编制问题的批复》：

中共中国作家协会党组：一九八五年八月廿三日你会关于申请《中国》杂志社编制的来函收悉。经研究，同意《中国》杂志社事业编制十五人。

但是,直到9月3日晚上,陈明才得知这个消息,而且是通过非官方的渠道——牛汉打电话说:丛维熙告诉他,已经同意为《中国》解决15个编制。第二天下午,曾克带来正式的消息:给《中国》批了15个编制。

原载《湖南人文科技学院学报》2004年第5期

绽放在春天的《中国》

——兼议丁玲晚年的编辑思想

王建湘　石潇纯

20世纪70年代后期,中国政治的巨大变化,不仅使得政治经济生活等领域发生了重大的变化,也使得一二十年来沉闷的文学荒漠萌发出绿色的生机,中国当代文学进入一个崭新的春天。

不可否认,"由于巨大的历史惯性力,大部分作品仍在旧有轨道上运行,文学界在重重阻力和种种精神障碍力面前,只能作一些现在看来算不得什么的试探和突破"。[①]在过分强调政治因素的单元文化背景下,被束缚了思想、喉舌和手脚的作家们,在最初的"解绑"过程中,难免还有些心有余悸和犹豫徘徊。胆子大些的则大吸一口新鲜的空气,对着慢慢吐露的亮光,尝试着在寂寥的文坛嚷嚷几声,听听期待的回响。

70年代末到80年代初,随着政策开放和思想解放力度的扩大,文学真正进入二次解放的狂欢时期,从压抑中爆发,释放着它久久沉抑在内心的所有躁动不安,显示出跃跃欲发的蓬勃生命力。此时的文坛,齐聚了从五四前后文学革命的参加者到新近崭露头角的作家整整五代人，文学阵营庞大而充满活力。文学创作亦如春潮涌动，从伤痕文学、反思文学、改革文学到寻根文学等等，文学现象频繁出现，文学不断地进行自我更新。更重要的是，文学在此时充当了整个社会思潮最敏感的神经和触角，文学创作延续了五四的启蒙精神与责任。文学在社会生活中起着重要的作用，而这种作用的发挥在很大程度上则依赖于纸质媒介的传播，这也就带来文学期刊的一个辉煌时代。

在80年代文学的传播过程中，印刷品还是最主要和重要的载体。报纸的文学专栏虽然周期短、时效快，但是篇幅有限、容量少；文学专著虽然作品完整饱满，但是作品单一、出版时间长；相比之下，文学期刊以其周期短、时效快、内容完整、形式多样等优势，更易为作者和读者所选择和喜爱。因此，文学期刊的创办与发展此时也蔚为大观，从一个方面反映了当时文学的繁荣景况。

表1　1978—1989年全国文学艺术期刊出版情况②

年份	种数(种)	总印数(万册)	总印张(千印张)
1978	71	6 981	306 296
1979	129	12 209	467 413
1980	265	25 348	1 119 692
1981	437	42 595	1 635 665
1982	451	38 091	1 461 308
1983	479	37 592	1 525 511
1984	510	40 850	1 635 306
1985	639	50 940	2 144 252
1986	676	42 205	1 648 770
1987	694	48 413	1 831 931
1988	665	46 064	1 765 867
1989	662	26 217	989 871

（据《新中国出版五十年纪事》）

从数字上不难看出,从1978年到80年代初的几年,期刊种数几乎以翻倍的速度急遽增长,总印数和总印张的显著增加,则表明期刊的发行量和容量的相应扩大。在新时期文学进入鼎盛时期的1985年后,这几项数字仍是呈稳步增长和发展的趋势。这些变化说明,当时的作家队伍日益庞大,创作丰富,阅读需要也在增加。因此,作为重要的传播载体,创办文学期刊在其时成为一种迫切需要,在文学的发展进程中发挥着推波助澜的重要作用。《中国》也正是在这样一个百花争艳的春天开放了。

一　创办《中国》

一个隆冬之后的春天来临时,便是万物萌生;一个新的时代开始之时,总有百废待兴,也就激发了人们所有的理想与愿望。

面对祖国新时期欣欣向荣的景象,面对文艺界生机勃勃的创作局面,从"反右"斗争和"文革"中解放出来的作家们在满心欢喜庆幸自己劫后余生、身逢盛世的同时,也不免感喟韶华已逝。但是"闲"下来的"身"抑不住"热"起来的"心",他们"不敢妄自言老,不甘默默无为","愿意鼓余勇,发余热,为繁荣社会主义文学贡献余生",想为"文学界的大团结、文学事业的健康发展繁荣,再多做点事"。③

当时,全国的大型文学刊物总计近20种。这些老作家们从自己的所长出发,认为文学刊物可以为创作提供广阔的园地,发表优秀的作品,发现和培植新作家。以我国目前的发展形势,多创办一种新型刊物是必要的。

丁玲在复出后,大力从事文艺活动,渴望以有生之年多做些有益文学发展的事。曾在筹办《中国》前,在《延安文艺丛书》出版发行座谈会后,向湖南出版局的负责人提议为青年作家办一个大型文学杂志,可由她来主编,可惜没有得到响应。

1984年4月,中国作协创委会召开了两天创作座谈会,在座谈会上,魏巍同志倡议,希望在作协党组的领导下,创办一个新的大型文学刊物。这一创议得到与会的丁玲、舒群、骆宾基、西虹、逯斐、雷加、曾克等老作家的赞同。会后,以丁玲为主,着力筹划办刊一事。

1984年7月11日,丁玲与舒群、曾克等谈到创办大型文学刊物《中国》的设想。

7月22日,结合作协的改革规划,丁玲为创办《中国》给作协党组起草了报告。在报告中,详细阐述了办刊初衷、办刊宗旨和方法。

7月24日,筹办中的《中国》召开了主编副主编第一次会议,并给作协党组写信要求协助解决期刊登记事宜。

这年11月,丁玲开始为《中国》采写报告文学《一代天骄》。

11月28日,《中国》文学双月刊举行了盛大的创刊招待会,广邀文学界方方面面的新朋旧友。丁玲在会上作了热情洋溢的讲话。

12月22日,《中国》正式获批准登记。

1985年1月,《中国》创刊号出版。深红色的封面寄寓着对“中国”红红火火的祝福,表达出在这五彩春天诞生的喜悦。

新创的《中国》暂定为双月刊,16开,每期20个印张。辟有小说、诗歌、报告文学、评论等专栏。刊物除发表各种体裁的文学作品和评论外,也选发优秀的译文和其他刊物发表的优秀作品。

关于《中国》的办刊宗旨,丁玲在7月写给作协党组的信中是这样写的:“高举党的旗帜,坚持党的四项基本原则,坚持党的双百方针,解放思想,使刊物成为改革、现代化建设的推动力量;在为人民服务,为社会主义服务上展开竞赛,刊物应该广泛团结一切可能团结的老中青作家和广大的青年文学爱好者。”体现出了办刊者期图实现文学界的“五湖四海”大团结的良好愿望和促进文学良性发展、创造优质培养环境、扶植文学青年的办刊目的。

关于办刊方式,丁玲等办刊者的设想是,刊物成立编辑委员会,由作家协会党组领导。响应党中央实行体制改革的号召,自愿结合，逐步打破铁饭碗，自负盈亏，创办刊物。具体办法是实行承包制。除创刊阶段请求银行贷款外，此后刊物及其他出版物一律自负盈亏，不要国家补贴，并考虑实行集资认股。

创办《中国》时，丁玲已届80岁，以80岁高龄来创办这样一个大型文学刊物，并且提出这样的办刊设想和方案，足见她办好这个刊物的决心和桑榆未晚的努力。

然而，《中国》自创刊之日起，就一直面临着许多的困难和矛盾，步履维艰。尽管丁玲苦力支撑，在1986年春去世前，还一再表示，《中国》要继续办下去，并留下遗产的大部分给《中国》，在1986年年底，《中国》还是出了它的终刊号。终刊号沉重的黑色封面传达出编辑同仁内心事与愿违的不甘和对理想夭折的哀悼。

《中国》在中国当代文学最春光灿烂的时节应时而生，却仅仅开放了两年，也许有它内在外在的许多原因。但是它忠实地实践了自己"五湖四海"的办刊设想，大力扶植文学青年，贡献了大批优秀的作品，勇于进行改革的尝试，这些功绩都是不容抹杀的。而于《中国》的创办，我们或许也可从中透析丁玲晚年的编辑思想。

二　丁玲晚年的编辑思想

丁玲从1927年发表第一篇小说《梦珂》步入文坛，开始后半生的文学生涯。1929年始与胡也频、沈从文合办《红黑》月刊开始编辑工作，其后又与文学编辑工作紧密相连。如果说，最初的办《红黑》只是想便于发文章，维持生计，还是年少轻狂时的"浪漫的冒险行为"。那么，到1930年，主编《北斗》时，虽然丁玲把自己的工作说得很简单："我做编者的任务是各方奔走，每天写信耐烦地请他们写一点好稿子，我拿来编排一下，交给书店，校对一次两次就出版；以后又出第二期，重复做着这些事。"③但是，她也说："《北斗》不标榜口号，不尚叫嚣，重视创作，作家队伍广泛，既有左翼的，也有非左翼的，但在杂色中，实际上坚持着无产阶级革命文学的倾向和立场。”丁玲于编辑一业显然成熟多了，有了自己的一些办刊思想。此后，丁玲主编《解放日报》文艺副刊、文艺刊物《长城》、《文艺报》、《人民文学》等等，与编辑一行也结下解不开的“今生辙”。这些编辑活动使丁玲积累了不少经验，逐渐形成了自己独立的办刊思想，这在《中国》创办时得到了充分的实践和体现。

（一）力主“五湖四海”的办刊方针，渴求文学界良性发展的团结环境

丁玲这一代作家，经历了国民革命、抗日战争、国内战争这样酷烈的战争环境，新中国成立后又遭遇了“反右”和“文革”，饱尝祸患，深知宗派主义对文学发展的不利影响和安定团结的环境对身心的巨大抚慰，丁玲对此感同身受。丁玲在个人气质上，更是一个乐观、达观的人。因此，丁玲一直倡导文学界的大团结，在1979年复出后，尤其注重从己做起，和方方面面处理好关系。她更希望文学界能呈现一派团结共进的局面，因而不惧以一己之力极力营建。《中国》是一个极好的机会，她希望它能凝聚五湖四海的五代作家，大家共办一个好刊物，实现文学界的大团结，推动文学的良性发展。

早在1984年深秋，《中国》筹办时，丁玲就提议聘请叶圣陶、冰心、周扬、胡风当顾问。12月召开《中国》创刊招待会时，丁玲向文艺界方方面面的人士发出了邀请，其中包括周扬等一些在外界看来与她对立的人。据说，这是当时“文艺界最隆重的聚会，胡风、曹禺、艾青、萧乾等，好像在京的老作家能来的都来了”。③丁玲以博大之心、真挚之情，希望各方面的朋友和同仁都来支持《中国》，给刊物提供一个良好的发展氛围，给文学发展提供一个好的环境。

《中国》的编辑班子是“自愿结合”的，而且创办时都是一些颇有知名度的老作家，例如舒群、雷加、牛汉、魏巍、曾克、刘绍棠等等，群英荟萃自然是优势，但也难免各有各的主张，内部出现不和。

丁玲作为主编,虽然自己也可能会有意气时,但是为了办好刊物,丁玲努力调和关系,即使在外地出差时,也注意和各位编辑保持联系,写信调和矛盾,作好思想工作。她以为,大家原本是有共同点才聚合在一块的,当然不可以为了一点点的意见不合就放弃自己的理想事业。“每个主编都有权决定稿件的取舍,但如果有争论,则须民主决定,每个人都无权独断独行。《中国》组织工作有缺点,人少,人老,致使分工不明确。负责人都是临时凑在一起,彼此有大致了解,但都不十分熟悉,需要一个过程,大家的思想才能逐渐一致,才能减少工作上发生某些不合拍。我们应该建立革命者的友情,避免感情用事,闹派性闹意气。应该平等相处,彼此相信,不是彼此猜疑。”③(408)她还一再强调,《中国》不怕外来的压力,都可以克服,就怕自己不团结,闹分裂③(411)。大家一起编一个刊物,是有共同的理想的,所以首先自己要团结。丁玲的努力是使一开始就困难重重的《中国》能勉强维持下去的重要原因。

丁玲作为《中国》的主编、主要组织者,在刊物创办后,主要分工是,发挥她在文学界的影响力和组织能力,向外界宣传、组稿,联络各方的人,扩大刊物影响。丁玲于此更是不惜余力,广泛联系新朋故交,除了在来稿中发现好作品,更是主动向知名作家约稿,并请朋友们一并留心其他人的,朋友的朋友的,或辗转来的好稿子。丁玲深知大家都“不能再忍受那些‘左’的或‘右’的棍子、鞭子、框框、枷锁,”“也不甘忍受那些庸俗的流言蜚语”③(406)。因此,丁玲一再申明,《中国》不以人划线,“会展开讨论或批评,但决不准抡棍子,也不准瞎捧。要搞大团结,不搞小圈子,广交朋友,不搞关系”。③(407)

丁玲极力处理好刊物内外的关系,当然是为了《中国》的生存与发展,然而,从中也不难看出她对中国文学界团结的殷切期望。

(二)扶植青年作家,提倡艺术创新

丁玲在《中国》创刊后,曾对人说:“有人说我们这个刊物(指

《中国》)是几个老头子、老太婆在家没事搞起来的,不过是登点回忆录一类文章罢了。其实,刊物发表的回忆录文章很少,即便有一些,那也是为了教育青年人。我是想发动老作家做传帮带的工作,团结中青年作家,培养年轻作家。第1、2期都发表了年轻作家的作品,我希望能培养一批巩固下来的青年作家。"③

如果说扶植后进,培养青年作家,是许多成名作家和编辑的优点的话,那么这一点在丁玲身上体现得也很突出。丁玲认为,一枝独放不是春,光靠一两个优秀的作家出几个好作品,文学是繁荣不起来的,文学的承续尤为重要,因此,培养新秀,为年轻人提供便利、创造条件,就成为丁玲一种有意识的文化自觉行为,也是她复出后努力的一个方向。

在1984年,《延安文艺丛书》出版发行座谈会后,丁玲和湖南省出版局的负责人谈话时就提到,出版部门要出版青年作家的书,还应该有青年作家发表作品的园地,扶植青年作家。她建议湖南为青年作家办一个大型文学杂志,可由她来主编。当时这个提议没有得到回应,但是,80岁的老人自己行动了。这就有了几个月后与读者见面的《中国》。这个刊物实践着丁玲为青年人开辟一个发表的园地、扶植青年作家的办刊初衷,发表了不少青年人的作品,还有不少年轻作家的处女作。

对这方面努力的成果,丁玲颇为满意,拖着病重的身体特为1986年第一期的《中国》写了"编者的话":"最使人喜欢和振奋的是,得到读者真正喜爱,广泛赞誉的,不仅有很有声誉的老作家,更多的还是年纪比较轻或者名字不为人们熟知的作家作品……《中国》愿意尽自己的力量,扶植严肃地对待社会人生,在任何艰苦环境下都不放弃诚挚的艺术追求的青年作家和文学青年。他们是中国文学的希望。"④

丁玲将青年视作"中国文学的希望",不仅是因为将他们看作接班人,更主要的是看重了他们身上的活力,他们对文学所起到的推陈出新的作用。

《中国》发表了大批年轻作家的小说、诗歌、文学评论等等，的确成为年轻人的园地。而且，通过这股年轻的力量，又努力实践着“刊物倡导社会主义现实主义，提倡艺术上的创新”[③]的办刊思想。《中国》上常见遇罗锦、残雪、北岛、刘小波等这些颇有争议、在当时算是最前卫的作家的作品。残雪的《苍老的浮云》、《黄泥街》，方方的《白雾》，格非的《乌有先生》，刘恒的《狗日的粮食》等等有些荒诞，或是另类的小说，对中国当代小说创作的多样化发展无疑是起到了重要作用的。至于80年代中期颇为红火的朦胧派和新生代的诗，《中国》几乎每期都发。应该说，《中国》两年对朦胧派诗、新生代诗、先锋小说起到了很好的扶持作用。

（三）注重文学本身，改革办刊方式

文学作为一种精神产品，作为上层意识形态的一种，自然决定于经济基础，也必然受到政治意识形态的制约。但是文学之所以为文学，也是因为它有着自身的规律和特点。要体现文学的美，更要尊重文学本身的特点。但是，长时期以来，我们的文学受政治意识形态影响太深，以至一度陷入偏执状态，丧失了文学的自主性，成为政治的传声筒，也就丧失了文学的生命力。就是在思想解放的新时期初期，文学虽然繁荣活跃，也主要是随着政治思潮一起波动前行。一些旧的观念、体制仍然束缚着我们的手脚。

1949年以后，“对于学术和文学创作最大的限制就是以自由和公开为基本特点的现代出版制度已不复存在，代之而起的是高度意识形态化的以强烈管制为基本特点的出版制度。这个制度最大的特点就是使学术和文学活动所依赖的自由选择的空间完全丧失，并且受到严格控制。”[⑤]文学与学术不仅失去了自由选择的空间，而且被纳入高度的组织化管理。文学界成立了由党组负责的作家协会，专业作家由国家发工资，创造条件搞创作，办刊物也多

是政府出资，由组织决定编辑人选，决定办刊方向等等。这样多的管束，这样严密的组织领导，作家和编辑都被剥夺了独立意识和独立权力，无疑不利于文学的自由发展。

在中央酝酿体制改革的大环境下，丁玲为《中国》提出了新的办刊思路——民办公助。刊物实行承包制，自愿结合，逐步打破铁饭碗，自负盈亏。除创刊阶段请求银行贷款外，此后刊物及其他出版物一律自负盈亏，不要国家补贴，并考虑实行集资认股。改变政府出资、组织领导的"公办"性质，尝试自己集资办刊。摆脱政治干预，不用看出资老板脸色，这就为刊物争取了很大的自主权力，更便于文学自身的发展。《中国》除了将自己立于作家协会党组领导下，这是所谓的"公助"，确是由丁玲从东北农垦局找到资助办起来的，这是所谓的"民办"。《中国》可以大量地发表当时颇有争议的作家的"前卫"作品，无疑也得益于这样一种比较宽松的领导方式。这种试验的结果证明它适应了创作的需要，推动了文学的发展，是符合文学自身发展规律的。

对于自负盈亏办刊的办法，《中国》是发了改革的先声。1984年12月29日，国务院发出了《关于对期刊出版实行自负盈亏的通知》。然而，这样的一种尝试、革新，在还在酝酿改革的中国大背景下，显然又是另类而又有着自身的不成熟的，这也是《中国》办刊一路艰辛的重要原因。

丁玲，终其一生，是个作家，文人，她一生希望文学界能大团结，文学事业发展繁荣。她的编辑活动贯穿在从文生涯中，也终究脱不掉她的作家情结，还是为了实践她的文学理想。《中国》是她最后的努力，是她晚年编辑思想、文学理想的实现。它绽放在春天，也只开在春天。

参考文献：

① 曹文轩.八十年代文学现象研究[M].北京：作家出版社，2003.

② 刘杲,石峰.新中国出版五十年纪事[M].北京:新华出版社,1999.

③ 王增如.丁玲自述[M].北京:团结出版社,1998.

④ 作为编辑家的丁玲[J].南都学坛,1995,(2):47.

⑤ 邢小群.丁玲与文学研究所的兴衰[M].济南:山东画报出版社,2003.

原载《湖南人文科技学院学报》2004年第5期

存 目

著 作

丁 玲 《丁玲文集》(6)

湖南人民出版社1984年

郑允宝 孙 洁编 《三八节有感——关于丁玲》

北京出版社2000年

周良沛 《丁玲传》

北京十月文艺出版社1993版

杨桂欣 《丁玲评传》

重庆出版社2001年

杨桂欣 《观察丁玲》

大众文艺出版社2001年

汪 洪编 《左右说丁玲》

中国工人出版社2002年

邢小群 《丁玲与文学研究所的兴衰》

山东画报出版社2003年

石潇纯 《缘定今生辙——丁玲与她的编辑生涯》

湖南人民出版社2005年

论　文

丁　玲　《〈太阳照在桑干河上〉重印前言》

1979 年 7 月 18 日《人民日报》

丁　玲　《〈文艺报〉编辑工作的初步检讨》

《丁玲文集》(6)，湖南人民出版社 1984 年

陈　明　《忆丁玲》

《湖南教育学院学报》1986 年第 2 期

蒋祖林　李灵源　《在太行山下的日子——回忆母亲丁玲》(二、三)

《新文学史料》1999 年 1、2 期

蒋祖林　《回忆母亲丁玲》

《人物》2000 年第 12 期

冬　晓　《走访丁玲》

《新港》1979 年第 5 期

冯夏熊　《丁玲的再现》

《延河》1979 年第 12 期

袁良骏　《丁玲和〈红中副刊〉》

《战地》1980 年第 2 期

姚明强　《丁玲一九四二年以前编辑过的刊物》

《甘肃师大学报》1981 年第 1 期

罗继长　《没有枯朽的小树——访女作家丁玲》

《编辑之友》1982 年第 2 期

林伟民　《丁玲编辑的〈解放日报〉文艺副刊》

《艺谭》1983 年第 4 期

严麟书　《丁玲与〈殷夫集〉》

《出版研究》1986 年第 3 期

艾克恩　《丁玲与延安文艺》

1986 年 4 月 18 日《中国青年报》

徐光耀 《痛悼丁玲同志》

《文汇月刊》1986 年第 4 期

马 烽 《历尽严冬梅更香——悼念丁玲同志》

《文汇月刊》1986 年第 4 期

王增如 《丁玲在最后的日子里》

《新文学史料》1986 年第 4 期

魏 巍 《向丁玲同志学习》

《湖南教育学院学报》1986 年第 2 期

中 枕 《丁玲与〈中国〉》

1986 年 3 月 21 日《中国青年报》

仲 勉 《忆丁玲》

《中外妇女》1986 年第 7 期

黄蓓佳 《默默的纪念——悼丁玲老师》

《文汇月刊》1986 年第 4 期

周而复 《浪淘沙——忆丁玲同志》

《中国作家》1990 年第 5 期

丁尔纲 《茅盾论丁玲》

《浙江学刊》1990 年第 5 期

黎 辛 《丁玲和延安〈解放日报〉文艺栏》

《新文学史料》1994 年第 4 期

柳秀文 《丁玲和她的母亲及儿子的故事》

1994 年 12 月 3 日《新闻出版报》

白云祥 《作为编辑家的丁玲》

《南都学坛》1995 年第 2 期

杨桂欣 《不朽的丁玲》

1996 年 9 月 21 日《新闻出版报》

刘 宁 《真诚到永远》

1998 年 6 月 8 日《新闻出版报》

朱鸿召 《丁玲到延安后的思想波澜》

《炎黄春秋》1999 年第 7 期

黎　辛　《丁玲在〈解放日报〉》

《文艺理论与批评》1999 年第 2 期

徐光耀　《丁玲的两篇遗作》

《新文学史料》2000 年第 4 期

王增如　《丁玲未写诬告信》

《新文学史料》2000 年第 4 期

张靖宇　《1958—1964 丁玲在北大荒》

《新文学史料》2000 年第 4 期

彭漱芬　《论丁玲的文化人格及意志》

《常德师院学报》2001 年第 6 期

赵国春　《丁玲在北大荒的岁月》

《人物》2002 年第 6 期

王景山　《我所知道的中央文学研究所和所长丁玲》

《新文学史料》2002 年第 4 期

张以谦　《丁玲给我的三封信》

《上海滩》2003 年第 7 期

李　方　《永远的丁玲——编辑〈丁玲全集〉札记》

《出版广角》2003 年第 4 期

吴芝兰　《难以忘却的记忆——记丁玲〈杜晚香〉发表及其他》

《新文学史料》2004 年第 3 期

杨桂欣　《丁玲怎样主编〈北斗〉》

《娄底师专学报》2004 年第 1 期

石潇纯　《丁玲与〈北斗〉》

《湖南社会科学》2004 年第 6 期

王景山　《记忆中的丁玲》

2005 年 1 月 22 日《中华读书报》

徐伯昕

徐伯昕(1905～1984),江苏省武田人。原名徐亮,笔名徐吟秋,赵锡庆。1922年,毕业于上海中华职业学校。1926年协助邹韬奋办《生活》周刊,宣传进步思想,竭诚为读者服务。1932年他和韬奋一起办生活书店,历任经理、总经理,在中国共产党的领导和影响下,将生活书店办成了出版马克思主义著作和进步书刊的阵地。1944年加入中国共产党。抗战胜利后,在上海与郑振铎等创办《民主》周刊。1945年参与创建中国民主促进会,任理事。1946年被选为上海人民团体联合会理事。1949年4月,任中共中央宣传部出版委员会委员,同年9月,出席中国人民政协第一届全体会议。新中国成立后,历任出版总署办公厅副主任,发行管理局局长兼新华书店总经理,文化部电影局副局长,文化部出版委员会委员,中国出版工作者协会副主席,中国民主同盟中央委员,中国民主促进会中央副秘书长、第五届中央秘书长,第六、七届中央副主席。他是全国政协第二、三届委员,第

四、五、六届常委，第一、二、三、五届全国人大代表。

徐伯昕同志长期从事出版工作，是邹韬奋同志得力的助手，是一位多才多艺的杰出出版家。“伯昕既是韬奋生前最得力的助手，又是他的事业的有力继承者。在极其艰难的条件下，伯昕继续主要通过出版工作来为中国人民大革命服务，忠实地执行了党对出版事业的要求……在他身上，可以说，既有‘生意人’的精明，又有革命家的胆略和远见，他把这两者结合起来，因而在任何情况下都能找出有效的斗争方式。在党领导的文化战线上，伯昕这样的出版家是起了他的特殊作用的。”（见胡绳为《怀念出版家徐伯昕》一书写的序，书海出版社 1988 年）

国统区革命出版工作

——1949 年 10 月 6 日在全国新华书店出版工作会议第五次大会上的报告

徐伯昕

同志们！这次会议中，中央宣传部出版委员会要我来报告国统区的革命出版工作，实在因为时间太仓促，我在上海参加接管新闻出版工作，匆匆赶回北京，接连开了十天的人民政协会议，更以过去对这类资料的搜集和研究，做得太不够，更没有把这许多工作好好地做一番经验和教训的总结，因此今天所报告的，只就手边有的材料，以三联书店为主作一个不完全的、历史性的叙述，仅供各位同志做参考而已。其中遗漏和错误的地方，非常之多，还望各位同志赐予指正和补充。

再要说明一点，国民党反动统治区革命出版工作的最大困难是政治环境的压迫，它的技术条件则比较良好；解放区恰恰相反，技术条件虽较艰苦,而政治上则得到很大的鼓励与扶助。这两个地区的出版工作,目标是一致的,经验教训大家需要相互学习的。我希望以后能有一个完整的中国革命出版工作斗争简史出现。

中国近 20 年来的进步文化工作,在国民党反动派统治下,可说是受尽了压迫和摧残,凡是法西斯独裁集团所惯用的、最残酷的、最无耻的手段,我们都已经遭受过了。

我们牺牲了许多的革命文化干部,损失了无数的革命人民的财力。搜查、拘禁、捣毁等白色恐怖,已成了革命出版工作者常常要经受的考验。但是,我们没有屈服,没有低头,更没有退缩,我们始终坚持着,随着各个时期政治情况的变动,决定了那一个时期的政治任务,运用各种不同的环境,以各种不同的方法,进行了坚决的、勇敢的斗争;从这斗争中锻炼了自己,加强了自己,并且团结了广大的读者、作者和同业,依靠了广大的群众,获得了广大的同情和支援。不是这样,我们是不能存在和发展的。

我们从多年的摸索中,找得了真理:中国的文化只有走上新民主主义的道路,才有前途,只有在无产阶级的先进政党——中国共产党的领导下,这个反帝、反封建、反官僚资本的文化思想大斗争,才能获得最后的胜利。

关于国统区的革命出版工作,我想分三个时期来说。

一　从大革命以后到抗日战争开始

(一)革命出版工作的萌芽时期

1927 年大革命前后,在“五卅”运动和北伐时期,各地的工人、学生和工商业界爱国人士,在中国共产党的领导下曾以革命的大团结,进行罢工、罢课、罢市,并以武装起义来反对北洋军阀和帝国主义,使中国革命的进展取得了巨大的成果。

中国的革命出版工作,因为受了这个大时代的孕育,逐渐成长起来。最初一个时期,是以进步作家为主动的先导力量,他们发起组织一些小规模的出版社,或与出版商合作,出版了不少的进步书刊,如创造社、太阳社、光华书店、现代书局,以及早期的北新书局等。但由于客观环境和主观力量的限制,没有能长久地发展下去。

到了“九一八”事变以后,《生活》周刊(创刊于 1925 年 10 月)也参加了抗日和团结御侮的革命战斗行列。它那时(1930 年)已拥有中国出版界历史上空前未有的广大读者,销数最多时达到 165 000余份,它普遍销行到国内各地和南洋、日本、欧美各国。它的读者,大都为小资产阶级的进步知识分子,它对准着这个对象,进行了爱国主义的思想教育,大胆地和勇敢地揭露了日本帝国主义对中国侵略的许多事实和国民党反动集团的各种卖国罪行,唤醒人民,呼吁全国团结,坚决反对内战,主张一致抗日御侮。主编邹韬奋同志,一面办刊物,一面参加实际行动,如加入宋庆龄、蔡元培、杨杏佛、鲁迅等组织的“民权保障大同盟”。因此,引起了国民党反动派的开始压迫,先是局部禁止邮递,后来以“言论反动、思想偏激、诽谤党国”的罪名,密令全国一律禁止邮寄,经过了一年半的艰苦支持,终于被封闭而停刊了。韬奋同志因此出亡海外。

国统区许多革命出版事业的发展,都是先由编行期刊,有了广大的读者以后,再逐步编辑书籍,经营出版,在当时已成为一个出版事业发展的规律。生活书店是从《生活》周刊发展起来的,是其中一个最好的例子。

在《生活》被封闭以前,早就预感到反动派的这种压迫是会来了,所以在 1932 年 7 月,正式建立了一个准备长期作战的革命出版工作的堡垒——生活书店,采用当时最进步的合作社组织和民主集中制的管理制度。发挥了工作同志的积极性,依靠自己的力量,出版和发行了许多启发思想和加强团结、鼓吹抗日的书刊。

期刊为了避免容易遭受打击,另外用分散、独立的杂志社形式出现。紧跟着《生活》的被封,又出版了《新生》周刊,到了 1935 年

6月,因为刊载了一篇《闲话皇帝》的文章,刊物被迫停出,主编杜重远先生被骗入狱,造成了轰动全国的"新生事件",因此,激起了群众痛恨反动政权的腐败无耻,尤其加深了反对日本帝国主义的民族仇恨。国民党上海市当局鉴于群情难犯,不得不将公安局局长撤换了,并将用来扼杀革命出版事业的上海市图书杂志审查会也暂时取消了,这个小小的胜利,鼓励了此后革命出版工作者的斗争意志和勇气。

(二)大量编行杂志——为抗日战争起了思想鼓动作用

"一二·九"前夜,是日本帝国主义加紧侵略中国和国民党反动派宣称"先安内而后攘外"的严重关头,我们的革命出版工作,主要以大量编行各种不同性质的定期刊物为中心,向全国各阶层鼓吹抗日主张,推动团结御侮的救亡运动。

《新生》被封后,韬奋先生回国了,又接着创办《大众生活》,这是配合着"一二·九"学生运动引发的抗日救亡运动的最高潮而出版的,《大众生活》俨然是抗日救亡运动的号角,销数达到20余万份。

这一时期,读书生活出版社和新知书店先后成立,又增强了革命出版工作,是起着主导作用的有生力量。三店中间,生活书店并非自来就是进步文化的堡垒,而是随着政治的发展与领导主持人的进步而逐渐形成的。读书、新知两家,虽比生活范围为小,但自开始起,即为在党的领导下,有计划而建立的据点。可是在业务技术上,很多地方受到生活的影响。因此,这三店的关系,是在不断地争取合作与互相推动中,终于趋向团结一致。当时由李公朴、艾思奇、柳湜等主编的《读书生活》,和姜君辰主编的《新世纪》,以及钱俊瑞等主编的《中国农村》、《现世界》等定期刊,还有《世界知识》、《妇女生活》、《中华公论》、《生活教育》、《生活知识》、《文学》、《译文》、《光明》、《太白》等各种不同性质的杂志十余种,都集中力量于宣传抗日，提高各阶层的政治觉悟，把反日斗争联系到建立民族统一战线，并积极团结了很多进步优秀的作家，同时组织和培养了广大的爱国前进青年。不但起了推动文化提高一步的作用，并且形成了抗日民族统一战线的一支生力军，为抗日战争起了思想鼓动作用，为反对内战扩大了群众基础。

在这个战斗中邹韬奋、李公朴先生与救国会诸君子同时入狱。敌人以为这样的进行无耻的压迫，就可以吓退我们，相反，我们更坚定、更积极，不久，又续办了《永生》、《生活星期刊》等。一个被禁止，再出一个，前仆后继，始终是站立在抗日运动宣传工作的最前列，而没有停止过。

生活书店不但自己编行杂志，并且代办全国进步书刊，凡是能提高读者的文化水平和政治认识的有益的书刊，无不为之介绍或搜购，甚至读者委托购买其他物品，亦尽力为其代办，忠诚服务。韬奋先生可以说是为群众服务最标准的典型，他对读者的来信不论有关思想、学习、生活各方面的问题，无不详尽为之解答，在业务上用尽种种方法，如电话购书、免费汇款购书等，用最简捷的方法，使精神食粮能很快到达读者手里，处处为读者设想。这样才建立了广大读者的密切联系。

在这个各种进步杂志蓬勃萌生的时候，又产生了一个专事出版和经销定期刊物的新型的书店——上海杂志公司，它出版了《作家》、《中流》，以代办全国各种进步杂志为中心业务，采用自由订户的办法，使读者可以自由选定杂志，看了一种不满意，可以换另一种，不是固定的。这是一个能够适应读者需要的特点。

我们知道，只有编行广大读者所需要的刊物，才是最能联系各阶层的广大群众，打击敌人的好办法。有了广大群众所拥护的刊物，才能组织群众、教育群众和发动群众。定期刊是革命出版工作的先锋队，它站在战斗行列的最前线，有了杂志，革命出版工作才能飞跃的前进，为进步读物打开了广阔的道路。

二 抗日战争时期

(一)抗战初期的迅速扩展

“七七”事变爆发,全面抗战实现了。上海的革命出版工作,大部分先后西移,先在武汉建立了据点。

在抗日救亡运动的高潮下,人民的力量抬了头,国民党反动派暂时不敢对革命出版工作施以压迫,我们抓住时机,一面大量编印各种抗日救亡读物和工作干部阅读的马列主义思想的书籍,三店合起来,出版物总共有1600多种,每种书籍的印数提高到5000或1万册以上;同时普遍地在大后方各大城市建立了自己的发行网,最多时分支店共有70余处,遍及14个省份,对中小城市和乡村,采用设立办事处和流动供应的办法,展开了广大的宣传与组织工作。不但在大后方,而且发展到前线,深入到敌后。

韬奋先生主编的《抗战》三日刊,和沈钧儒主办、柳湜主编的《全民周刊》,合并而为《全民抗战》,鼓吹全民动员,抗战到底。《全民抗战》当时还编印过战地版,是一个通俗的报道时事和激励士气的刊物,曾大量地分送到前线部队中去,以及后方的伤兵医院等,每期发行过2万份。这个战地版,首先被反动派查禁。生活书店还编印了《大家看》和其他大众通俗读物,以及小学战时读本、抗日战士读本等,大批大批地印送到前线和后方,多的印过数十万册。大大地把团结抗日的救亡运动,又推进了一步。

从日寇攻占粤汉以后,我们进步的文化出版事业因为在抗战以前,即已拥有广大的基本读者,像经常委托我们通信购买进步书刊的读者,即有五六万户,经过抗战初期蓬勃顺利的发展,读者的基础更广大而又更普遍了。所以我们把工作分成两个中心,主要中心放在重庆,当时三店出版的期刊有《学习生活》、《文学生活》、《读书月报》、《文艺阵地》、《理论与现实》等。桂林作为供应西南文化的次要中心，也编行了《文艺战线》、《国民公论》等。更协助建立了西南供应文化的一支新的生力军——文化供应社，出版许多大众通俗读物和大型的综合性期刊《文化杂志》，使两地起着配合的作用。

当时，各地进步书店的门市部，尤其是三店的门市部，读者都是拥挤得只见人头攒动，抢购他们热爱的、对他们增进知识有帮助的、对他们政治认识和思想上能获得指导的，不论理论书籍和文艺读物，都情愿跑很远的路，宁可饿着肚子，省下钱来首先要求武装起他们的头脑，为参加革命工作，反对独裁统治在政治思想上创造条件。相反，国民党反动派集团所办的书店，像正中、中国文化服务社、青年书店等等，虽有意的开在我们进步书店的隔壁或对门，位置好，地方宽，装潢漂亮，但是门市部经常是门可罗雀。除了教科书可以用反动政权的一纸命令，强迫采用外，其他的书籍都不受读者欢迎。民主人士黄炎培先生从西南各地跑到重庆时说："商务也罢，正中也罢，都是冷清清的，只有你们的书店拥有广大的读者，这是抗日战争中的力量。"

（二）革命出版工作遭受全面打击

1939 年 3 月起，到 1941 年爆发了震动中外的皖南事变前后，反革命的白色恐怖，几乎笼罩全国，国民党反动派消极抗战、积极反共的面目，完全暴露无遗，对文化方面的迫害，更加横暴残酷，到处都是搜查、封闭、拘捕，言论、出版、集会等一切人身基本自由，全被剥夺尽净。大后方和前线的进步书店，主要是生活书店，于继续 13 个月中，被封闭或迫令停业的一连串达 21 处之多。如：

1. 1939 年 3 月 8 日，浙江天目山临时营业处被国民党浙江省行署无故勒令停业，于 11 日，由警察四人加以封闭，将工作人员袁润、胡苏强迫押送出境，所有私人行李及公家财产，都被侵吞。

2. 同年 4 月 21 日晚，国民党第一战区政治部、陕西省党部，会同省会警察局到西安生活书店分店,强占并搜去当时已取得准予注册发售的书刊1860册,经理周名寰被捕,并迫令停业,27日又把全体工作人员驱逐,没收全部财物及私人行李。周名寰被送集中营,虽患肺病和瘰疬,亦不准保释,终于病死狱中。

3. 5月4日南郑分店被封闭,经理贺承先被拘押,全部生财、货栈被没收。

4. 5月31日甘肃天水支店被县党部搜查,经理薛天鹏,职员阎振业被捕,阎押74日,薛在狱7个月,出狱后,限令出境。

5. 6月9日深夜,湖南沅陵分店被县党部会同警备司令部搜查,至16日起勒令停业,新知书店亦同时被迫停业。

6. 同月14日,国民党浙江省党部会同警察、宪兵搜查金华分店,职员阮贤道被拘押,判处徒刑6个月。7月1日又强迫同人于10分钟内迁出,将分店与栈房封闭。

7. 同月15日吉安分店遭国民党省会警察总队执行省党部命令搜查,结果一无所获,但29日仍加以封闭。

8. 同日赣州分店亦被搜查,至16日强迫勒令停业。

9. 同月17日国民党湖北省党部会同警备司令部、警察局、图书杂志审查委员会到宜昌分店搜查,取去书籍1423册,其余被封,并勒令自动停业。

10. 同月26日浙江丽水分店被勒令停业。

11. 同月29日安徽屯溪支店,未经搜查,即被县政府勒令收歇。

12. 7月8日晚10时,曲江分店遭武装检查,同时被封。

13. 10月23日福建南平分店被勒令停业,经理顾一凡被囚半年。

14. 1940年2月3日深夜陕西宜川临时营业处被国民党匪特打门闯进,借调查户口为名,将职员3人用绳索捆绑而去,7日后才释放,财货全被侵占。

15. 同月 5 日衡阳国民党警备司令部会同警察局、图书杂志审查委员会到衡阳分店搜查,继以封闭,同人 10 余人被押解耒阳审问,被囚 43 天才释放,新知书店亦同时被封。

16. 3 月底立煌分店方钧、严永明二同志被捕,两个月后才释放,书店被封。

在皖南事变后,从 2 月 8 日起至 21 日止,不到一个月,又接连把三店的成都、昆明、桂林、贵阳等四个重要据点的分店,也先后查封,或勒令限期停业。被捕的工作同志有 40 余人。被查禁的书籍有 30 余种,或者在邮局检查扣留,或者公开查禁,或者因为理由不充分只好暗中禁止,如孙夫人宋庆龄先生的言论集《中国不亡论》等是属于暗禁的一类。这中间以生活、读书、新知三家书店遭受到的损失最为惨重,其他像新华日报的门市售书课也被捣毁过好几次,贵阳的自力书店也在这时期被封。查禁、扣留和没收的书刊财产,数不胜计。

在这个大的迫害中,有几个史实是值得单独一提的:

各地书店被封时,表现了反动派无耻丑恶的事实太多了,在搜查或封闭时,偷窃邮票、现金和日用品,盗劫我们门市部的生财用具,在反动派的书店门市部开张时占用。我们知道国民党政治机构的腐化,在它严禁印刷所收印稿件,没有图书杂志审查会图章不能发排的限制下,我们曾经用金钱换取革命思想书籍的出版,好些进步书籍照样一字不改地印出了。

敌人把我们天水店的经理拘捕后,关禁了 7 个多月,没有人敢保释,而我们的同志能做好群众工作,看守所的五位警察竟然愿以身家性命担保,为他连署保释。贵阳生活和读书两店的经理,入狱 2 年后,能运用机智逃出严密监视的牢狱。

我们的同志,常常在深夜被集体拘捕,反动派先用武装包围,如临大敌,打进门后,或用绳索捆绑,或用铁链锁扣,银铛入狱,也会经过审问后集体因无罪而释放。立煌店的经理方钧同志,因邻居失火，被反动派诬陷为纵火而拘捕，出狱后又去皖南新四军根据地开起书店，为革命文化工作从来不避艰险，常常通过封锁线运送书刊。他在皖南事变时被俘，在赤石暴动中惨遭国民党杀害。

同志们在这样的艰苦迫害下工作，没有一点抱怨，没有一点动摇，认清法西斯统治必将归于灭亡，被压迫者最后终会挺起腰杆，所以这个阵地破毁了，又在另一个新的战线上用另一种姿态做起工作来。

1939 年起，革命文化事业不但遭受国民党反动派的残酷摧残，更遭受了敌人——日本帝国主义者的疯狂轰炸，在重庆，在常德，在昆明，在万县，在桂林，都遭到轰炸大火，损失重大，而我们的工作同志，都是奋不顾身地冒着弹雨烈焰去抢救，甚至因此而牺牲生命，这种大无畏的牺牲精神，是值得一提的。

还有各书店不论在政治经济如何困难的情况下，对作家总是尽可能采取特约写稿或译稿的办法，保持了一部分的作家关系。

（三）从集中到分散——从公开转入地下

中国的人民革命斗争，是在曲折的道路上发展的。革命出版工作，在 1940 年到 1944 年一段时间内，全面遭受到压迫摧残，损失重大。我们一面为了保存余留的力量和培养更生的力量，不能不暂时采取守势，以待时机；但另一面，我们改变了作风，仍然继续奋斗。

反动派用种种威逼利诱，强要把生活书店和正中书局、独立出版社等合并，由独裁政权的文化集团来控制，虽然扬言“如中央（伪政权）不能合并生活书店，只有加以消灭”等，但我们丝毫没有害怕，仍一贯地、坚决地斗争到底，战斗到公开的只留重庆一个分店。

事实上我们早已看到敌人的横暴残酷，公开的工作此时已很难保存，只有转入地下，并从集中转为分散，用多种方式建立起外围阵地来，一面保存力量，一面继续工作。首先我们在重庆搞了一个文林出版社，专印中苏文化协会主编的介绍苏联文艺作品的书籍，又把《理论与现实》杂志独立起来，扩充资金，改组为学术出版社，专出唯物史观的理论与学术著译。同时投资合作的有：国讯书店、峨嵋出版社、立信会计图书用品社等。在桂林，又创办和合作经营了三户图书社、学艺出版社、建华文具公司、三户印刷厂、西南印刷厂、建华印刷厂等不少的出版印刷单位，在曲江，在柳州，也都运用了各种社会关系，先后设立出版发行机构，或以通信购书组织读者，介绍革命思想的书刊，或暂设贸易机构，经营与文化有关的纸张文具和印刷厂来保存干部，培养力量，或采用几种不同性质的出版社，继续编印新书，或改换书名和封面，重版印销。总之，用各种各样的方法，一面战斗，一面达到保存和积蓄力量，准备继续与反革命力量斗争到底。

(四)团结进步出版业继续斗争

从我们几家书店受到严重打击后，在这一个空隙里，各地也产生了不少的进步书店，如重庆的群益出版社，中外出版社，耕耘出版社等。桂林有文化供应社、雅典书屋、华华书店、文光书店等。这几家书店和出版社，都还能靠近我们，配合着工作。

但这些新出版业的力量实在非常微小，再不加以紧紧地团结合作，很容易受到个别摧残。因此，我们在重庆联合了30余家进步书店，如上海杂志公司、光明书局、文化生活出版社、群益出版社等，以三店为骨干，组成了一个新出版业联营总处，由这个组织，又发展为联营书店，经营门市，先后设店于重庆、成都以及抗战胜利后的武汉，形成了我们有力的外围力量。

当进步出版机构被反动派压迫和封锁的时期，这些新团结的出版单位不但出版了许多思想启蒙的读物，就是由进步书店出版的思想斗争的书刊，也都通过他们的关系而发行。在过去是巩固了进步出版业的团结工作，在反动统治下帮助克服了许多困难，并且建立了今后在出版合作上的良好基础。

（五）在海外和沦陷区的工作

皖南事变后，重庆许多文化工作者都转移到了香港。我们的革命出版工作，也将中心撤退到香港，一面照顾到国统区和日寇占领区的工作，另外，面向着南洋各地的华侨，努力供应进步书刊。所以在香港的10个月中，又建立了光夏书店、南洋书局、星群书店等，重版和翻印许多内地和解放区的书刊。并和新加坡的生活书店相呼应，为华侨文化服务。韬奋同志又把《大众生活》在香港复刊，销数达一万二三千份，香港和南洋各占一半。茅盾先生主编了一种泼辣的文艺小品《笔谈》，受到海外华侨的热烈欢迎。我们还想办法拿到日寇占领区的上海翻印，吸收了国统区的许多订户，保持了一部分读者的联系。韬奋同志并且写了一本《抗战以来》，两个月印了3次，销行15 000册，内容是揭露国民党反动派的政治黑暗，特务横行等残暴行为，对于唤醒华侨对祖国抗战的关心，和介绍国内民主运动的具体情形，使华侨不受反动派宣传的蒙蔽，发生了相当效果。这工作一直支持到太平洋战争爆发后才停止。

这里要特别提到革命出版工作者的旗帜——邹韬奋同志，他被迫三次流亡，一次入狱，最后在皖南事变发生，国统区的进步出版事业，全面受到打击，他身为参政员，虽再三向反动政府抗议，仍未能阻止事态的发展，愤而辞去参政员，出走香港。到港后仍不断用他锋利的笔尖和反动派作战，直到香港沦于敌手，才避难去东江。当时国民党反动派已密令通缉，因此辗转前往苏北，在严寒的冬天，在苏中苏北根据地考察，并进行演讲写作。后来回到上海医疗脑癌，在病中一面呻吟，一面写作，终于不治而死。他一生是为革命战斗而死，是中国人民解放事业的一大损失。

上海沦陷后，留下来的极小部分力量，在日寇搜查下也被迫停业了。后来用远东图书杂志公司批售各种进步书刊，又被发觉，经理被捕，再改名为兄弟图书杂志公司，终以敌伪一再威迫，无法支持而停业。此后，即完全转入地下工作。一度曾运用社会关系，集资经营美生印刷厂——通惠印书馆，仅仅做到收稿而未出版，保持了一部分留沪作家的关系。

这一时期的工作，很少发展，且部分力量，已移到贸易方面，上海只是做了一些在抗战胜利后迅速恢复供应工作的准备。

三　解放战争时期

(一)上海中心的重新恢复

全国抗战胜利后，革命出版工作留在上海的力量，用迅雷不及掩耳的手法，趁国民党反动派忙于掠夺劫收敌伪物资，还没有注意到统制文化的时候，很快恢复了生活、读书、新知三家的出版发行机构，中外出版社、进修教育出版社、群益出版社、海燕书店等也都先后复员到上海，集中力量，大批供应抗战内地出版的各种新书，满足了沦陷几年没有看到抗战书报的读者的精神饥荒，同时广泛地介绍解放区情况，揭露国统区国民党特务的暴行，像《延安归来》、《腐蚀》等书，每版印5000至1万册，不到一星期或一个月，即抢购一空。

重庆的三家书店——生活、读书、新知已实行合并，大部分力量，复员到上海，重新扩大发展。为防止国民党反动派的打击，外埠都改用了秘密的形式，在北京设立朝华书店，广州设立兄弟图书公司，汉口、台湾、成都、厦门都布置了发行网。编印了许多介绍苏联文艺的丛书，如《新世纪文学译丛》、《高尔基著作集》，马恩列斯的理论书籍，如《马列主义理论丛书》、《世界学术名著译丛》、《资本论研究丛书》等，读书出版社并继续在《资本论》之后，完成了《剩余价值学说史》巨著的翻译和出版，生活书店编印了《新中国大学丛书》等，并恢复了《读书与出版》刊物，又与广大的读者紧密地联系起来。

1946年，蒋介石反动集团撕毁国共停战协定和各党派政协决议，发动全国规模的反人民的国内战争的时候，我们团结了许多进步作家，继承韬奋同志的遗志，创办了一个《民主》周刊，号召反对内战，争取民主、和平，指出“第三条道路”、“中间路线”、“美苏必战”、“第三次世界大战必然爆发”等谬误的言论，当时在未解放的北京，竞相翻印传播，在南洋各地，也获得了广大的华侨读者，对团结和组织许多进步的爱国民主分子，推动民主运动，起了相当的作用，并且和姊妹刊《周报》并肩作战，更联合了许多进步杂志，如《新文化》、《时代》、《文萃》、《消息》等，形成了一条坚强的思想斗争阵线。上海的革命文化堡垒又重新恢复。

（二）三条战线

经验一再教训我们，在国统区的革命出版工作，要能够持久作战，是一个非常复杂和艰巨的工作，我们看到敌人有弱点，固然要进攻，但遭遇逆流的冲击，也必须善于布置阵地，分散作战。更需要分成几道战线，任务明确，阵地战和游击战配合，像第一线的出版机构是准备牺牲的，除了定期刊站在最前线外，另外成立几个书店和出版社，如华夏书店是第一线的核心阵地，打冲锋的。它分别用知识出版社、拂晓社等各种不同的名称，印行了毛主席的《论联合政府》、《新民主主义论》和宣传马列主义以及解放区的伟大革命实践的《联共（布）党史简明教程》、《整风文献》和《光荣归于民主》等书籍，大量通过书店和报贩，送到广大读者的手里。

第二线的出版物，内容比较缓和，偏重于理论性的，与现实抵触较少的书籍，如峨嵋出版社，专出历史和传记一类的书籍。万一第一线遭受到损失，有了一个退步。如北京的朝华书店，大家虽明知道它与三店有关，但做法稳重，所以还能存在到和平解放。

第三线是最隐蔽的,必须坚持它,采最稳重的作风,绝不暴露,如实学书局、永年书局和致用书局等,出版了一些小市民知识分子用以学习的应用参考书、工具书和学校的补充读本,少年儿童读物之类,内容是进步的,对读者的思想认识是健康有益的。还有像骆驼书店是专出世界文学名著和介绍苏联等文艺作品的书店,出版有《战争与和平》、《约翰·克利斯朵夫》、《城与年》等,排印格式精美,别创一格,也获得了读者的拥护。

另外,还成立了一个最后战斗堡垒——士林书店,专印新编的一般思想启蒙的中级读物如《新中国百科小丛书》,有一部分是用这个名义在上海印行的。我们用这许多方法来深入各个阶层,联系读者,进行思想斗争,坚持工作。

(三)革命出版工作最后一次的大迫害

中共办事处从上海撤退以后,国民党反动派对革命出版工作的迫害,变本加厉,上海、重庆、广州、昆明、桂林等地的蒋贼特务,常常雇用打手,作反苏、反共游行,乘机捣毁报馆、书店等,各地的革命出版工作机构,在这一个时期,常常要严密戒备,像广州兄弟图书公司,被三次捣毁,门市部的书刊,被搬一空,铁门和书架、书桌,全被破坏,最后仍遭封闭。重庆三联书店的经理仲秋元同志,亦在这时期被捕。

在"六二三"上海各界人民反内战大游行以后,接着反美扶日和学生反内战、反饥饿、反迫害等运动愈益扩大,革命出版工作,积极配合着这个运动而奋斗不懈。因此就造成了革命出版史上血腥的又一新页:

汉口联营事件——1946 年 6 月间,汉口联营书店因历来经售进步书刊,并协助苏商接洽放映苏联电影,在《武汉时报》副刊,推荐革命理论书籍,国民党特务分子将该店全体同志(除一位 13 岁的练习生外)逮捕入狱半月,备受虐待。

文萃事件——《文萃》杂志是一个以马列主义观点、毛泽东思想批评现实政治问题，报道各地民主运动，斗争最尖锐的刊物。1947 年春，16 开本的《文萃》，已屡遭特务检查没收，书店和报摊上很难买到。该刊即将形式改为 32 开本，名称改用一篇文章的标题，出版地址伪装为香港，印刷所每期调换，发行由人人书报社秘密主持，6 月间被反动派发现，即遭严密监视，7 月被迫解散，并将陈予忠、汪文彬、周阿度、郭丰业等拘捕，连女工韩友娟也未能幸免。房屋派人看守，凡去该社接洽业务的也都一一逮捕，为此事牵累而入狱的有 30 人以上，编辑陈子涛、印厂老板骆何民等，亦同时被捕，受尽匪特残酷毒刑，1948 年 12 月，陈、骆两同志在南京惨遭绞杀，吴二南同志被解往宁波活埋。

利群事件——1948 年 10 月，利群书报联合发行所因发售香港出版的进步书刊，被蒋匪特务查获，该所全体同志被捕，并牵累到黄河书店、海燕书店两家，以及许多读者，先后被捕的竟达百余人之多，虽经严刑拷讯，因严庚初、周宝训二同志坚贞不屈，始未再扩大。11 月间，赵寿先同志（即刘志宏）又遭毒刑拷问，被迫自杀殉难。直至本年 5 月间，我大军渡江直迫上海时，匪特已将严、周、黄（秉乾）、吕（飞巡）、焦（伯荣）、郑（显芝）等六同志，判处三年有期徒刑，送交上海监狱执行，后又突然提解出狱，于解放前夕，惨遭秘密屠杀，最近始查出，均在浦东被活埋！

大众文业事件——《大众文艺业刊》是一本文艺运动指导性的期刊，专载文艺理论批判和介绍解放区文艺作品，在香港出版，寄至上海发售和转发订户，被特务在邮局查出，跟踪至生活书店搜查，当被搜去寄发订户的若干册，在事态尚未发展时，我们的工作同志，为了谨慎起见，把其他从香港寄来的书刊，于傍晚一并移至另处寄放，适被预伏的警察查获，当即将送书的陈正达同志和经理薛迪畅同志拘捕，羁押半年，在解放前，反动派玩弄假和平时，取消特刑庭而保释。

这一类的事件，实在记不胜记，如中国文化投资公司的“富通事件”，“华夏书店事件”，也都受到很严重的摧残，桂林尚有“文供社事件”，因售翻印解放区书籍而被捕同人二人，附设的建设印刷厂因承印《民主》、广西大学自治会会刊和传单等，同人八人被捕，均遭毒刑拷问。昆明进修教育出版社也有工作同志被捕。蒋匪特务，到处横行。但这一次的大迫害，是蒋朝面临覆灭命运的最后一次。

（四）上海出版界的统战工作

中国的文化出版事业，集中在上海，而上海的文化出版事业，又为帝国主义和国民党反动派经过长期的统制，成了一个宣传封建反动思想及欧美帝国主义文化的大本营。以上海市来说，大大小小的书店和出版社，有210余家（贩卖同业尚不在内），杂志有300余种，教科书同业的力量占百分之八十，大部分被反动集团所控制。革命出版工作的实力，非常微小，虽然，它在群众中的影响并不算小。

在这样一个环境下，我们的统战工作，异常艰苦繁重。我们在同业中，团结的基本力量是新出版业，抗战胜利初期，曾发动组织了上海新出版业联谊会、上海杂志界联谊会，并且提出了“发行统一，出版分工”的口号，推动组织联合发行机构，如初期的上海书报联合发行所（初期是杂志社、书店投资的合作社），以团结各方面的力量，参加人民团体的活动，发表对国民党反动政府的抗议宣言，开展“六二三”示威大游行等实际行动。

上海市的书业公会，一向是“御用”的，被几个教科书同业所包办的。在日寇投降后，重加整理时期，我们新出版业，联合了其他同业，进一步作改组公会的斗争，这就运用了发展进步力量，争取中间力量，孤立顽固力量的政治路线，结果我们获得了胜利，在领导机构的理事会中占有十分之四的名额，常务理事中占有五分之一的席位。这样，在实际的工作中，团结了更多同业在我们的周围。

例如，为了免征营业税问题，发动同业几次赴南京请愿，我们在中间做了主要的组织工作，一面叫同业诉苦，一面反对蒋政权扼杀文化出版事业的恶毒手段，在上海如此，在南京也起了同样的作用，因此，提高了我们在同业中的威信和领导地位。

反动派着了慌，在统制外汇声中，用白报纸的定购，采限额分配，分化我们的团结，通过他们直接或间接有关的百余家书店，把持书业公会，进行以 80% 以上的配额，为印伪国定本教科书的正中、商务、中华等所强占，新出版业所得的，还比不上专印黄色书刊的投机书店的配额。反动派一面扼杀革命出版事业，另一面还助长黄色书刊的泛滥，以麻痹腐蚀人民的思想。

1948 年 4 月间，当第二期配纸进口，第三期已经订货的时候，伪上海市社会局借口说生活、读书、新知等 20 余家书店，出版宣传共产主义的书籍，配购纸张，竟遭全部扣留。结果三店的被没收，其余的具保而提取了，只有群益、峨嵋二家放弃权利。这是反动派最后一次的强暴的政治分化阴谋。我们感到几年来的统战工作，并没有深入，对上海出版业的材料的掌握和分析，也做得非常不够。

（五）上海解放前夜的革命出版工作

解放前夜的上海，反动逆流已达到了顶点，在《时与文》等被迫停刊后，把最后留着的五个定期刊物，又全部予以禁止出版，其中如已由《国讯》被禁后改出的《展望》、《世界知识》和《现代妇女》，连《观察》都没有幸免。《读书与出版》也在书店被迫停业时停刊了。

这时期，是天亮前最黑暗的时期，凡由香港寄到上海的书刊，均受严格检查，很多人因此被传讯或拘留。

我们在这一时期的工作,因公开书店的结束,而只能完全转入地下了。但是对准现实问题进行思想批判的小丛书,如《新认识丛书》、《国际现势丛书》中的《论自由主义》、《论知识分子》、《论胡适与张君劢》,《论哲人政治》、《中美之间》、《世界的逆流》、《反扶日论》等揭露中间路线的幻想,和反对马歇尔、魏德迈等阴谋的书,还是照常印刷出版,行销各地。更为了保证解放后的新上海能迅速复业,供应人民的需要,大量印行毛主席著作和中共中央的政策文件等书籍,曾由群益、新民主出版社和三书店合作,预先派人带同纸型,从香港冒险乘飞机到上海,排印或重版许多种书籍,并且把大批存书,预先装运到南京、汉口等地,准备迎接我大军渡江后,迅速恢复革命文化的阵地。

(六)三店的彻底合并和向全国开展

三店在上海分店被迫停业前,即把重心移至香港,作为指挥各地区工作的枢纽,一面作为发展南洋华侨文化的基础,同时沟通国统区和解放区的供应工作,并逐步把力量转移到解放区。

在中共"五一"号召后,三书店鉴于解放区的迅速扩大,人民革命已显示了光明的前途,国统区的革命出版工作,已减少了它的重要性;相反,为了迎接全国解放的新任务,必须把主力全部转移入解放区,配合着大军的前进和后方的建设,大力地布置革命出版工作的阵地。同时三书店过去在国统区的作用,是组织和推动革命文化运动的一支中心力量,需要分散经营,但也有不少是重复和浪费,发行据点有重复、浪费,出版物也有重复、浪费,干部和经济力量,同样有重复、浪费,在今天新的情况下,应该走向集中统一的道路。因此在党的正确领导下,经过反复讨论,决定了并且切实执行了真正的彻底的合并,这是一件最成功的大事,给予中国新出版业一个很好的榜样,指示出新中国的文化出版事业,应该由分散走向集中,尤其是发行的统一。在这个新方针下,我们又进行了新的出版计划,也就是要制造新的战斗武器,当时特别强调指出,思想启蒙工作,我们还要继续,但必须注意到工农兵的大众通俗读物,和新中国经济建设所迫切需要的科学知识和技术知识,所以集中力量于编辑一套新中国百科小丛书 300 种计划,现在已出版了 60 余种,在今日大众通俗读物缺乏的情形下,可以稍稍补足一些缺憾。

国统区的革命出版工作干部,经过近 20 年的长期的艰苦奋斗,锻炼出了很多坚强优秀的干部,并且始终坚持着这一岗位。在抗战爆发前,三店的干部总数不过百人,到皖南事变前后,已增加到了五六百人。但在 1940 年到 1941 年,遭遇最困难的时候,也有半数以上的干部分离的,主要是因为全部书店被封,没有能很好布置工作,领导上对每一个时期的时局发展估计也不够,对全局的战略方针掌握也不紧,因此造成了这个损失。所幸,这许多分离的干部,除很少数改变工作方向外,大部分仍能站在同一岗位上,自动地运用各种社会力量,组织书店和出版社,分布在各地独立作战。这一个时期革命出版事业变动太大,因此组织机构不健全,各种制度都松散,纪律性也差,更谈不到工作的计划性和检查制度。干部没有好好加紧学习,政治思想教育和政策教育的锻炼更差,尤其失去了利用这个时间培养干部和训练干部的机会。这不能不说是今天革命出版工作在全国范围内迅速发展时的一大缺憾。

我们革命出版工作的力量,早就计划分布到全国,我们一面在国统区坚持斗争,一面几次分出力量向解放区转移,面向全国发展。最早是 1939 年由李文、柳湜、赵冬垠、徐律、刘大明、王华诸同志到中国革命的发祥地——延安和太行创办华北书店。第二次是在皖南事变以后,由王益、袁信之同志等去新四军抗日根据地苏北设立大众书店。读书由刘丽、张汉清同志等到淮南解放区办过书店,新知在皖南也办过书店。第三次是日寇投降以后,由吴毅潮(已病故)、邵公文、何步云同志等与胶东区党委合作,在烟台、大连等地创设光华书店,向东北、山东发展。第四次是北京解放前,由欧建新同志等到石家庄及北京筹设新中国书局,这先先后后的力量的转移,成了发展解放区革命出版工作的一支力量。

今天国统区和解放区革命出版工作的两大队伍已经大会师,我们要交流经验,相互学习,加强团结,成为中华人民共和国传播马列主义、毛泽东思想,建设社会主义文化的一支常胜军。

选自《怀念出版家徐伯昕》,书海出版社 1988 年

怀念父亲徐伯昕

徐　敏

我父亲的一生,归纳起来,做了两方面工作:一是出版工作,一是统战工作。他为新文化出版工作,做了二十多年;为党的统战工作和“民进”工作,做了近三十年。他对工作极端负责,对同志极端热忱。韬奋先生说:“他忠于《生活》而生活”(忠于《生活》周刊、忠于生活书店)。赵朴老说:“他忠于人民大众生活,为忠于民族的生存而拼搏……艰难险阻、百折迂回,锻炼了他的斗志和胆略……他是卓越的新文化出版家,他是民主的鼓手,时代的木铎……”他认真学习马列主义毛泽东思想,对党的事业忠心耿耿,对祖国前途、社会主义和共产主义事业充满信心;即使在他病重期间,他仍关心国家社会主义建设,关心祖国统一大业。他把自己的一生,毫无保留地贡献给了伟大的社会主义祖国和共产主义事业。

我幼年时期,与父亲生活在一起,可那时我不懂什么;我的青中年时期,与父亲生活在一起的时间不多,虽然经常有些接触,有时也有过畅怀的交谈,但不得不坦率地说,我对父亲的思想境界和事业精神,了解和认识得很肤浅。随着近几年来,参加与父亲工作

有关的一些纪念活动，阅读先辈们和与父亲一起工作过的同志们撰写的回忆怀念文章，整理他遗留下来的文物，更直接的是和父亲数次见面时，他对我的一些亲切指点和教诲，加深了我对父亲的认识和理解，他的革命意志和思想品德一直在影响着我，指导着我的学习、工作和生活。

在追忆我与父亲接触的很多往事中，他的勤奋好学精神，给我留下的印象最为深刻，对我的教育也最大。他多次对我讲："你要做'人民的专家'，不能'不学无术啊'！"父亲学习党的文件非常认真，学习毛主席著作最为勤奋；他有个习惯，在阅读重要文件或细读毛主席著作时，每学完一段或是一章一节之后，喜欢自己进行条理性的思索，领会文件内容或文章的主要思想和观点，将经过自己思考所得，换句话说是体会与心得，先随手写在笔记本上或书籍的空白处，然后写出读后感，他的字写得密密麻麻。他在阅读文件时，在有些语句的下面画上道道，表示内容的重要；写读后感时，重点突出、观点清晰，积累多了，就装订成册。他有按各个时期、不同年代分编的学习笔记本，还专门编写了一部未曾出版的"毛泽东著作专题摘录"手稿（1964 年），共分 6 篇，合计 42 章，约 100 多万字，分篇装订成册，例如：第 1 篇：关于人民民主革命的理论和政策；第 2 篇：关于社会主义革命和社会主义建设的理论和政策……第 6 篇：关于战略与策略等等。父亲的学习心得小本本，是他最心爱的东西。

父亲朴实的作风，给我们子女留下了深刻的印象。1959 年国庆，我哥哥出差北京，与父亲共进午餐，时逢立国十年大庆，大家非常高兴，父亲把周恩来总理送给他保存了多年的一瓶葡萄酒拿出来，他一面给大家斟酒，一面兴奋地说："这是外宾送给总理的，总理将这些礼品分送给周围的同志们，以示关心和分享友情，我们都要学习总理事事、处处想到别人的精神。"父亲以总理的行动实际范例来教育我们，可他却没有半点儿显示自己之意。

父亲多次见到过周恩来总理，聆听过总理的教诲。有关他自己要求参加党组织，后来参加了党组织等等进步愿望和亲历重大事件，他从来不和我们讲，只是教育我们说：事事、处处要听党的话，要服从国家的需要，听从组织的安排。一次，他偶尔漏嘴告诉我们说，他很早就要求入党了，但总理和他说，根据蒋管区白色恐怖的情况，以及他在生活书店工作的职务和身份，暂时不能入党，便于更好开展工作，更有利于革命事业。即使他内心对于入党问题，要求十分迫切，可他坚决服从组织的决定。1944 年 8 月初，他到苏北解放区去，办理完有关事宜以后，他一心想去延安工作，但当他听到传达总理的示意，希望他回日伪统治区继续工作，这是革命的需要，他坚决服从革命的需要。1942 年 8 月 10 日，父亲在重庆见到周总理时，总理曾对他说："我们早就把你当作我们自己的人了，你可到苏北去进行办理入党手续，我可以做你的入党介绍人。"父亲听了，十分激动，整夜难眠，铭记心上，终身不忘。如此鼓舞、振奋的消息，他也从未告诉过我们，我们还是从别的同志处知道的。父亲这种淳朴、谦逊的风范，是我们子女永远学习的榜样。

后期，父亲患重病，躺在病床上，可是他还经常关心着同志们的生活、进步和各项社会工作。他一直不同意在病房门口挂上"谢绝探望"的牌子，为的是不愿让前来看望他或来谈工作的同志们失望，他认为那样是对同志的不尊重、对工作不负责任的态度，尽管这是医生的再三嘱咐和他病情严重的需要。1977 年冬某晚，我出差北京，在家庭饭桌上，他宣布一个好消息，说他的三十多年的党员身份，组织上同意当工作需要时，可在内部公开，为此，他特别兴奋，好像是他的第二次解放，感到无限欣慰；他认为党员的荣誉高于一切，举杯祝党永生。他对自己的丧事，多次表示要求从简，嘱咐实行"三不"，并要求把自己的遗体，交给医院解剖，用于医学研究。他的骨灰是遵照他生前的遗愿，撒在家乡常州东坡公园舣舟亭旁的大运河里。

父亲的一生，是克己奉公的一生，是公私分明的一生。解放后，他工作生活在北京三十多年，在此期间，他不仅没有为家乡亲友和我们子女办理过一件私事，即使是每日上下班他用的公车，也不同意子女们私用，哪怕是顺路捎带。在生活书店，他长期担任着领导工作，书店规模最大时，在全国设有56个分支店，人数多达三四百人，他也从没有以私人的名义，介绍过一位亲友到书店里去工作过。在白区工作时，为了工作需要，人们称他为“徐老板”，可是当子女生重病时，我哥哥患结核性、糜烂性腹膜炎，生命垂危，我患两年多肺结核病，家庭生活十分拮据，无钱买药治病。不是他不心痛孩子、忘了家庭，而是他一心为公，全心工作，涓滴归公，满腔心血，灌溉事业；他坚持：“忠于生活书店，忠于民族存亡”，为新文化事业做“老板”，做“克勤克俭、一心为公、大公无私的‘人民老板’”。

父亲与韬奋先生相处，重事业、重政治、重革命战斗情谊。韬奋先生是生活书店的灵魂，我父亲是生活书店的“好当家”，他也是韬奋先生不可多得的好助手和亲密战友。最近我们在整理父亲的遗留文物时，发现韬奋先生的入党问题以及有关问题的两个文件，一件是父亲向邓颖超同志询问有关韬奋先生在武汉和重庆时，两次向周恩来总理表示要求入党的回忆函（1979年6月28日），另一件是韬奋先生的《遗言纪要》，其中包括：韬奋先生临终前在病榻亲笔写的遗嘱原稿：包括韬奋先生关于临终处理（如对外发表遗言内容，由周公、汉年全权决定；请组织审查追认入党等）；关于著作整理（如《患难余生记》的最后完稿，过去著作重加整理，请愈之审查等）；关于家属布置（如大宝、小宝和小妹送延安，希望贡献于进步事业等）；关于政治及事业意见（如政治主张，始终不变；坚持团结，抗战到底；恢复书店，办图书馆与日报等）和其他方面（如设法汇款，资助愈之，伦敦购同英文本马恩全集，保存在国家图书馆等）。韬奋先生的临终病榻口述记录。父亲归纳整理的原稿

(1944年6月2日),并附有《韬奋先生的一生》手稿(约三万字)。韬奋先生于1944年7月24日病逝,不久(8月初),父亲携带着韬奋先生的遗像、遗嘱、讣告、事略、《韬奋先生的一生》手稿、新闻电稿等有关文物,亲自专程,越过当时日伪封锁线,赴苏北华中局,向组织报丧,办理有关事宜,并请示转呈延安党中央,其中包括韬奋先生的入党遗愿。父亲给邓颖超同志的回忆函,是这样写的:"邓大姐:兹有一事请求指示:邹韬奋同志在抗日战争初期,曾在武汉和重庆两次向敬爱的周总理表示,要求入党。当时总理答复韬奋先生说:你暂时不要急于入党,你还是以党外人士身份在国民党地区同国民党作政治斗争,比以一个共产党员的身份所起的作用大,党需要你这样做。这一精神是符合党当时的政策的。不知您是否还能回忆起来?……"邓颖超同志批语:"恩来同志当时是怎样对韬奋先生说的,我未参加。但我可证明党中央在国统区的政策,是不发展党员。以为有些人留在党外,作用更大。我们不只对韬奋同志这样,对不少人,也曾经作过类似的答复,包括全国解放后对沈钧儒老人也是这样做的。"1944年9月28日,党中央在给韬奋先生家属的唁电中郑重表示,接受韬奋先生临终请求,追认韬奋先生入党。父亲与韬奋先生的情谊,是革命同志的典范。

父亲离开我们已经有21年了,他的一生是革命的一生,是战斗的一生,是勤奋为党工作的一生。他没有给我们子女留下任何财物,可是他却给我们子女留下了一份极其丰富的、无价的、难忘的精神遗产,正如我们子女在向父亲遗体告别时,邓颖超妈妈意味深长地向我们叮嘱说:"伯昕的孩子们,你们要好好学习你们爸爸的革命精神和优良品德啊!"

原载《出版史料》2005年第2期

追念伯昕同志

沈粹缜

徐伯昕同志离开我们不觉已经两年了。这两年,我自己大部分时间是在病床上度过的。老年人,喜欢回忆过去,躺在病床上,更容易想到往事。这两年,伯昕同志的身影和他的音容笑貌,经常出现在我的脑海里。我早就想写一点纪念他的文字,但是力不从心,没有如愿。这次中国出版工作者协会和中国民主促进会要出一个纪念伯昕同志的集子,我义不容辞要借这个机会倾吐我对伯昕同志的怀念之情。

《怀念出版家徐伯昕》书影

伯昕同志和韬奋是老朋友、老战友,从《生活》周刊到生活书店,他们一直风雨同舟,团结战斗,为着一个共同的目标而努力工作。《徐伯昕同志生平》一文中说:“邹韬奋是生活书店的灵魂,徐伯昕对建立生活书店的基业和发展方面有着重要的建树。”这是对他十分公允的评价,是完全符合实际的。

1926年元旦,我与韬奋结婚。不久,因为办《生活》周刊,伯昕同志与韬奋终日相处,我也认识了他。那时,他只有二十多岁,是从中华职业学校珐琅科毕业,留在中华职业教育社的练习生。他的才能和勤奋,给我留下很深的印象。1925年《生活》周刊初创时,销路很差,每期只印2000多份,大部分还是赠送的。第二年10月,韬奋、伯昕同志和孙梦旦同志(兼职会计)两个半人接办了《生活》周刊,编辑工作是由韬奋这个"光杆编辑"包下来的,其他事情如印刷、发行、广告、总务等等,差不多全落在伯昕同志一人肩上。后来,事业发展了,人员增加了,伯昕同志管的事情更多了,而他依然是任劳任怨,把事情办得井井有条,显示了他的经营管理才能和一心为公的高贵品质。我这里只谈几件印象较深刻的事。

伯昕同志学的是珐琅科,具有美术修养,他不但字写得好,画也画得好。有时,《生活》周刊需要美术作品,他就会根据需要,画出插图来(他用的是"吟秋"的笔名),这在《生活》周刊早期因为付不起稿费,不能请社外人士作画稿的时候,显得尤其重要,对韬奋的编辑工作是一种有力的支持。他还把他的美术才能运用到广告设计方面,韬奋说:"因为伯昕先生的作风,即在拉广告之中,也替本店广结善缘,替本店创造了无量的同情和友谊。他完全用服务的精神,为登广告的人家设计……做得人家看了心满意足,钦佩之至。不但把它登在我们的刊物上,而且在别处的广告(登在各日报上的广告)也用着同样的底稿,每次总是迫切地期待着我们的设计。因此,我们的广告多一家,便好像多结交一位朋友。他们对于我们的服务精神,都有非常深刻的印象。在平日固然继续不断地登着长期的广告,遇着要出特号,需要增加广告的时候,只要伯昕先生夹着一个大皮包,在各处巡回奔跑一番,便'满载而归'。"韬奋还说:"幸亏有了多才多艺的伯昕先生,简直'出将入相',出门可以到处奔走拉广告,入门可以坐下来制图绘画,替各种各类的商家货物写有声有色的说明。他如果只为着自己个人打算,撇开我们这个艰苦的岗位去替自己开个广告公司,至少他是一个小小的财主了。但是他满腔心血都灌溉到本店的经济基础上面去;为了集体的文化事业,忘记了他自己的一切要求。""伯昕先生始终没有丝毫替自己打算,始终涓滴归公,使本店在奠定最初的基础上得到一个有力的臂助，这在本店的功绩，是永远不朽的。”韬奋的这些话，凝结了他对伯昕同志由衷的钦佩之情，也是伯昕同志一生思想和工作的真实写照。

伯昕同志做工作不但踏实、勤奋，而且富有创造精神。在旧中国办书店，不是一件容易的事，筹措资金和材料就是很费神思、很麻烦的事情。为了生活书店的发展、壮大，伯昕同志呕心沥血，动足了脑筋。譬如，当时的纸张供应和印刷条件，各个地方都是不同的，伯昕同志就多方调查了解，掌握各地的市场情况，用最少的钱办最多的事情，大大降低了出版书刊的成本，增强了竞争力。上海沦陷时期，生活书店大部分人员撤往内地，一部分人坚守上海，伯昕同志和书店有关同志商量决定，利用帝国主义之间的矛盾，使上海较为先进的印刷技术、优质的纸张和较低廉的工价，为开展内地和南洋的进步文化出版工作服务。上海在敌伪统治时期，有一些进步的作家和翻译家，保持坚定的民族气节，不为日本帝国主义及其统治下的伪政权服务，因而经济来源断绝，生活发生困难。伯昕同志于 1943 年秘密回到上海，了解到这一情况后，代表生活书店向一些作家、翻译家进行慰问联系，并以预支稿酬的方式，帮助他们减轻生活困难。这些做法，使那些作家很受感动。在抗战最困难的时期，生活书店政治上受到国民党反动当局的迫害，经济上遭到极大的困难，为了摆脱困境，伯昕同志团结书店同人，按照党指示的精神，由书店一些同志开办图书公司，兼营文具或者百货，挂出不同的“招牌”，一方面保存了力量，另一方面也扩大了经济来源，为进步出版事业筹集了资金。

伯昕同志善于经营，长于谋划，但又坚持原则，不发“不义之财”。就拿拉广告来说，他不是只要有钱就什么广告都登，而是作了严格的限制，韬奋说：“他当时替薄薄的一本《生活》周刊所拉的广告，每期所登在五六十家以上。”当时每期的广告收入，支付刊物的印刷费用而有余。“而且限制非常得严，略有迹近妨碍道德的广告不登，迹近滑头医生的广告不登，有国货代用品的外国货广告不登……”我认为这种不是单纯牟利的精神，在今天仍有坚持和发扬的必要。既要开放、搞活，又要有原则、有界限。

除了经营管理上的贡献外，伯昕同志在政治上也同国民党反动当局进行了坚忍不屈的斗争。伯昕同志是生活书店的“发行人”，是以“老板”身份公开进行活动的，因此，国民党反动当局要找书店的麻烦，他也是首当其冲的一个，每一次他都是临危不惧，巧妙地对付过去。如在对付国民党反动当局查封书店和书刊的问题上，伯昕同志总是据理力争，挫败敌人多次的恶意加害。1940年初，生活书店改选领导机构的成员时，关于伯昕同志的介绍中说：“徐先生是本店事业的舵手，十余年来引导全体同人渡过了不知多少惊风巨浪，才把本店的事业缔造成目前的规模。我们的事业之船在商业竞争的海洋中行进，每个同人都热烈拥戴这位熟练无比的舵手，是毫无异议的。”那次选举，他和韬奋均以最高票数当选。

伯昕同志严以律己，宽以待人，同志之间有了困难，他总是尽力设法帮助解决。生活书店职工的工资一般都不太高，一旦遇到意外事故，生活上就会发生困难，书店除了由公家给以补助之外，还发动职工互助互济。譬如当有的职工不幸病故，为了帮助他们的家属，书店就发动大家捐款，职工们也踊跃解囊，而捐献最多的，差不多总是韬奋和伯昕两人。据我知道的，在抗战期间，这样的捐款大约有十几次。

生活书店职工为了一个革命的目标走到一起来，但是，事业发展很快，人数增加也快，思想难免参差不齐，如果出现分歧，伯昕同志总是和韬奋一起，积极努力而又平心静气地、耐心地做工作。抗战时期，书店内部办了一个刊物叫《店务通讯》，为了沟通同人的意见，曾设立了一个“同人信箱”专栏，对于职工们提出的各种问题，有时是韬奋亲自答复，有时就由伯昕同志在征求韬奋的意见之后负责解答。这些,对于密切上下之间的关系,增加相互的了解和信任都起了重要的作用。

伯昕同志关心他人胜过关心自己。1934至1935年,韬奋出国流亡期间,生活书店的担子主要靠伯昕同志承担,他日夜操劳,患了肺病也不休息,待到韬奋从国外归来时,他已病得十分严重。韬奋见了他那种样子,又吃惊,又心疼,不顾他的反对,硬是停下他的工作,派人安排停当后,把他送到莫干山去,强迫他休养了半年,总算使他恢复了健康。韬奋去世之后,伯昕同志对我和我的子女的关心照顾,可以说是无微不至,令人感动。我只比他大几岁,但他总是对我以"邹师母"相称呼;对我的孩子,更是像亲人一样,关怀备至。1944年,韬奋去世之后,由于环境险恶,我和孩子不能公开露面,伯昕同志通过地下党组织的安排,将我的大儿子家骅送往苏北解放区,我与小女儿则和伯昕夫妇、叶籁士夫妇等在徐家汇谨记路隐居,以后到无锡隐居,回来后又是和伯昕夫妇同住在圣母院路等处。1947年,我们去香港仍和伯昕同志夫妇住在一起,路上及平时的生活都是伯昕同志关照的。1948年底,在潘汉年同志的安排下,我和女儿与李公朴夫人、萨空了的孩子等去北平,我们才分开。解放以后,他在上海时,我在北京,他调到北京时,我又回到了上海,生活上虽不常在一起,每有机会相遇,他还是一如既往,亲切地关心我和我的孩子。这固然是他同韬奋的特殊关系所造成的特殊的感情,但也是他一贯关心同志、视同志如亲人的感情的一种流露。

韬奋1939年在追悼生活书店职工何中五、陈元的会上说过:"一个人死了,完了,是最悲哀的事,但在我们的团体里,我们可以用团体的力量来安慰死者。他的未竟事业,由团体为他完成。人终有死的一天,但是因为团体的存在,个人的努力精神和意志可以永远不死。"这段话用在今天追思伯昕同志也是很切合的。每想到他先我们而去,心情是悲哀的,但是每想到他半个多世纪来为之奋斗的社会主义革命事业蓬勃的发展，想到他一生辛劳留给后人永世长存的风范，我感到欣慰。因为，他的精神没有死，也永远不会死！他将永远作为一个优秀的社会活动家和出版家，活在人们心中。

（雷群明整理）

选自中国民主促进会、中国出版工作者协会编《怀念出版家徐伯昕》，书海出版社 1988 年

一代多才多艺杰出的出版家

——深切悼念徐伯昕同志

李　文

3 月初，在我离开北京来上海以前，得知伯昕同志病情转重，数十天来我时常在怀念中。前天去上海书店，惊悉伯昕同志已于 3 月 27 日不幸逝世，我心情万分沉痛，默默地向他遥致哀悼！

回想起伯昕同志生前的音容笑貌，在我脑海里刻下深深的印象。他为我国革命文化出版事业所作的光辉贡献，将永远写在中国现代出版史上！

伯昕同志是韬奋同志主编《生活》周刊和创办生活书店最亲密的战友和最得力的助手，是《生活》周刊社两个半人起家的其中的一个。他是中华职业学校珐琅科毕业后，留在职教社工作的。在《生活》周刊创办时，就与主编王志莘先生一起共事。1926 年 10 月，韬奋同志接办《生活》周刊时，在一没有人，二没有钱的困难条件下，他们艰苦奋斗、辛勤创业的精神，成为我们生活书店的优良传统。伯昕同志数十年如一日，不为名，不为利，心安理得地甘心

为《生活》周刊和生活书店革命文化出版事业的发展，起到为韬奋同志的有力的助手作用。他在出版、印刷、发行和经营管理方面是深有研究，并具有独特的才能和突出贡献的。

韬奋同志对他有过很高的评价："多才多艺的伯昕先生，简直'出将入相'，出门可以到处奔走拉广告，入门可以坐下来制图绘画，替各种各类的商家货物写有声有色的说明。……"这是韬奋同志在抗日战争时期生活书店内部刊物《店务通讯》上，回忆《生活》周刊创业艰难的情景。那时韬奋同志是"光杆编辑"，施展着孙悟空七十二变的本领唱独角戏，一个人取几十个笔名，分派特殊的任务写各类的文章。伯昕同志在经营管理方面，也同样是唱独角戏，既要到外面去跑广告，回来制图绘画，写有声有色的说明，编排醒目美观的广告，使顾主和读者都满意，而且以吟秋的笔名画漫画，以丰富刊物的内容，还要跑印刷所帮着排版搞校对，出版后又要搞发行。他们在出版、印刷、发行方面都作出新的创造。那时《生活》周刊的编排式样，从不模仿别的刊物，而且在别人模仿后，又不断创新，改换新式样，如《生活》周刊原是四开版，后改为16开版，以后又改为彩色图片的封面。《生活》周刊和生活书店的出版物，版式和封面的美观、大方、新颖的设计，具有独特的风格。甚至报刊上生活书店的广告，也是与众不同的醒目动人，书名、说明编排字体都是精心设计的。生活书店的出版物的印刷质量是以对读者负责的态度，力求优美精良的。如生活书店首创出版精美的《生活日记》、《文艺日记》，定价低廉，而且为读者亲笔签名烫金，深受读者所喜爱。

在发行方面，生活书店也是有独创精神的。从生活周刊社书报代办部开始，不仅竭诚为读者代办和选购所需要的书报，而且为读者委托代办所需要的物品和不厌其烦地为读者代办委托的事项。韬奋同志经常教导同事们说："生活书店一向是站在前进的立场，促进大众文化。"并说："不重视群众，不依靠群众，便什么也干不成!”处处要为读者着想,尽力做到读者称心满意。又如为便利邮购的读者的方便,委托全国十大银行办理汇款免收汇费的办法。对书刊的推广宣传方面也很重视,又出版全国图书目录、生活推荐书等等。还出版新书介绍,免费赠送给读者。而且为中、小出版社、书店与读者的方便,首创出版联合广告。伯昕同志在《生活》周刊和生活书店的经营管理方面是花了极大心血作出很大贡献的。正如邵公文同志在1939年向全店同事介绍徐伯昕同志时说:“本店事业的所以有今天的规模,徐先生在营业方面艰苦经营的功绩是不可磨灭的。”

伯昕同志多才多艺的才能,这里举一个极小的事例:当1932年7月生活书店成立时,“生活书店”的招牌标准字体“生活”两字是黄炎培先生在1925年为《生活》周刊创刊时写的,再请他写“书店”两字,怎样写也写不出与“生活”两字一样的字体,是伯昕同志仿照“生活”两字的字体写成“书店”两字的。而且在1937年底,生活书店在全国大发展,建立五十多个分支店,汉口、广州、西安、重庆、成都、贵阳、桂林、昆明、香港等地的分支店的标准字体(如生活书店重庆分店),也都是伯昕同志写的。

伯昕同志给我印象最深的有两件事:一是在1936年,他送给我一张他亲自用铅笔画的马克思像,这是他鼓励我应加强马列主义理论的学习。可惜这张珍贵的画像,在抗日战争时期多次转移中丢失了!二是1939年,在重庆时,国民党特务时常到重庆分店门市部以查禁书为名无理捣乱。有一天两名便衣特务来将数十本艾思奇著的《思想方法论》拿走。这书是经过图书审查,由内政部注册的。那特务蛮横无理硬要将书取走,还要我和华风夏同志一起去警备司令部,伯昕同志在总管理处得知此事,立刻持注册证去国民党图书审查处找刘百闵据理力争,经交涉后,图书审查处不得不派人同到警备司令部发还取去的书和释放我们回来。在同国民党反动派查禁图书的斗争中,伯昕同志也同韬奋同志在稿件审查方面一样，在国民党审查老爷面前毫不畏惧，据理力争，作针锋相对、不屈不挠的斗争。

伯昕同志对待同事们是那样的热情诚挚、循循善诱，使被领导和共事的同事们都感到无比温暖和亲切。他和韬奋同志一样是我们的兄长和良师。他们为了共同的事业亲密团结协作，认真负责、艰苦奋斗的工作作风和全心全意、竭诚为读者服务的精神是我们永远学习的榜样。

伯昕同志安息吧，你永远活在我们的心里！

1984 年 4 月 4 日于上海

选自《怀念出版家徐伯昕》，书海出版社 1988 年

徐伯昕同志与生活书店

邵公文

徐伯昕同志是一位开创性的出版家，他协助邹韬奋同志创办生活书店，在经营管理方面，显示了他的卓越才能，对书店的发展作出了杰出的贡献。邹韬奋同志曾经这样说过："伯昕先生的辛勤支撑，劳怨不辞……为本店发展史上造成最灿烂的一页。"在这里拟将他的事迹，就笔者所知，作些简单的叙述和分析。

一　邹韬奋的亲密战友和得力助手

邹韬奋是生活书店的灵魂，徐伯昕对建立生活书店的基业和发展方面有着重要的建树。邹韬奋与徐伯昕是长期合作的亲密战友。从 1926 年开始到 1944 年韬奋逝世，18 年中，正是中国经历了大革命的失败，"九一八"国难临头，红军反围剿战争和文化方面

的反围剿斗争，接着是红军长征胜利，北平学生“一二·九”运动，1937年抗战爆发，国民党反动派在抗战中发动几次反共高潮……邹韬奋与徐伯昕就是在这样的形势和恶劣环境中勇往直前地发展着生活书店这一革命文化事业。

“九一八”事变后，《生活》周刊言论日益尖锐，代表广大人民发出了抗日救亡的呼声，韬奋的笔尖直指蒋介石政府，不断地抨击它的卖国投降政策，深得读者的拥护。此时徐伯昕也尽全力支持这场斗争，毫无怯馁，日以继夜地为发展生活周刊和生活书店的事业而奋斗不息。接着中国民权保障同盟杨杏佛被刺死，韬奋上了黑名单，被迫出国考察。徐伯昕一方面大力支持韬奋出国，预付版税，作为一部分费用，另一方面肩挑重担，继续为办好生活书店而支撑这个艰巨的局面。韬奋出国期间，正是日寇侵略更加凶恶，广大人民抗日情绪高涨，徐伯昕深深觉得更应加强宣传，于是出版《新生周刊》、《世界知识》、《译文》、《太白》、《妇女生活》及大量其他书刊。把生活书店办得更加生气勃勃，成为当时进步出版事业的一个坚强堡垒。

韬奋于1935年夏从国外回来，马上继《新生周刊》被查禁后创刊了《大众生活》周刊。由于日本帝国主义侵略气焰更为嚣张，抗日救亡运动自“一二·九”后，更是风起云涌，《大众生活》全力以赴推动这个运动。蒋介石政府又查封了周刊，韬奋再度被迫出走，流亡香港。其时徐伯昕因积劳成疾，肺病病情严重，直到韬奋回国才强迫他去莫干山疗养。他们的革命情谊是如此感人。韬奋又流亡香港时，伯昕病体稍愈，就赶回来继续帮助韬奋筹划在香港创办《生活日报》，开设安生书店。上海生活书店各项工作的重担，又落在伯昕的肩上。

《生活日报》办了五十几天就停刊了，韬奋又回到上海继续办《生活星期刊》，该刊在上海只出了十几期。1936年11月23日韬奋同沈钧儒等被捕，那就是著名的“七君子事件”。此时徐伯昕等一方面要联络各方营救被捕的“七君子”,另一方面仍为生活书店积极开展业务,先后创办“永生周刊”、“国民周刊”,在胡愈之等支持下再接再厉地同蒋介石政府斗争。徐伯昕为搞好出版发行,还亲自同国民党反动派交锋。

“七七”事变,“八一三”沪战,抗日战争终于爆发了。生活书店的人力物力大部分在战火纷飞的上海,徐伯昕又帮助韬奋想方设法把书店迁往内地,先到武汉,后到重庆,同时在各地增设了五十多处分店,以适应抗战文化宣传工作的需要。伯昕不辞辛劳,一一具体部署。生活书店在全国读者中的影响更大了,这就必然又要遭到国民党反动派的摧残打击,从1939年起分店纷纷被查封,工作人员被捕,到皖南事变几乎全军覆没。在这样严重的时刻,伯昕先顾到韬奋的安危,帮助他变服易名,从重庆撤出,再一次流亡香港。伯昕自己和书店其他人员也一一安置妥帖,把生活书店总管理处也撤到了香港。到香港后,韬奋把《大众生活》复刊,还在《华商报》撰长文《抗战以来》,揭露蒋介石投降、分裂等种种阴谋。伯昕也继续为恢复生活书店,出版发行《大众生活》等其他书刊,不疲倦地努力奋斗。

1941年12月太平洋战争爆发,香港沦陷,韬奋、伯昕只得又撤出香港,先后到了东江纵队的根据地,得到曾生同志的热情欢迎。后因蒋介石妄图阴谋杀害韬奋,伯昕只好先去桂林、重庆。后来韬奋在梅县隐蔽一段时间后,组织上决定同意他去苏北,徐伯昕派生活书店的冯舒之护送韬奋经敌占区长沙、武汉等地到上海再转苏北。由于韬奋病重,他又被送到上海治疗。不久后伯昕也到了上海,除做抗战胜利后恢复生活书店的准备工作外,协助书店其他同志为韬奋辗转隐蔽治病。抢救垂危的这位他最尊敬的老师和最亲密的战友。在这段时间里,他们两人谈得很多,韬奋谈了国事,谈了苏北的观感,也谈了生活书店的事情,商量着将来除恢复书店外,还要办日报,办图书馆等等,满怀着胜利的信心!

1944 年春，韬奋自己觉得生命不长了，他派人找来了徐伯昕，嘱咐他身后之事。徐伯昕怕他太过激动，极力劝慰他要安心养病，并用一些话语把他的思想岔开。一面则默记他嘱咐的那些话。到 1944 年 7 月 24 日，一代伟大的民主战士、爱国主义者和共产主义战士邹韬奋同志终于停止了呼吸。徐伯昕等十分悲痛中秘密地办妥了丧事，然后即奔赴苏北向党组织报告。

徐伯昕同邹韬奋从一起在上海创办《生活》周刊、生活书店，到最后他也在上海同邹韬奋永别，经历了不知多少的艰辛苦难，同时也经受了最严重的考验。在事业上伯昕对韬奋是最得力的助手，他任劳任怨，从不动摇；在思想上则亦步亦趋，随着时代的步伐和革命形势的不断深入发展而不断前进，最后终于都走上了为共产主义事业奋斗终生的革命道路。

韬奋是全国闻名的伟大人物，他对中国的革命事业作出了卓越的贡献，而他所做的一切和徐伯昕作为韬奋的得力助手和最亲密的战友是分不开的，所以伯昕同志的功绩也是不可磨灭的，将永远记在人们的心中。

二 《生活》周刊的发展

《生活》周刊创办初期，每期印数只有2 000多份，韬奋同志接任主编后，经过近五年的艰苦努力，达到每期发行155 000份之多。当然主要的原因是在于韬奋同志不断革新刊物内容，与时代共呼吸，针砭时弊，反映了人民大众的呼声，得到社会共鸣。但是也不可抹杀的是与徐伯昕同志善于经营管理、贯彻竭诚为读者服务的精神是分不开的。他们两位的亲密合作，因为有着共同的政治思想基础，所以相得益彰，使得刊物随着时代不断前进。《生活》周刊的政治态度，是逐渐从资产阶级民主主义转到革命的方向来的。开头几年，他们备尝艰辛，刊物增长到四万余份，每期售价只有八个铜板(约合三分钱),入不敷出,必须设法多招登广告,增加广告收入,才能挹注。徐伯昕在这方面费尽了心血。后来韬奋在《生活史话》里曾说:“伯昕先生每天夹着一个黑皮包,里面藏着不少宣传用的印刷品(这都是他一手包办的),他不但有十二万分的热诚,而且还有一副艺术家的本领,把宣传材料做得怪美丽怪动人,东奔西跑,到各行家去用着‘苏张之舌’,尽游说怂恿的能事,真是‘上天不负苦心人’,广告居然一天多一天。”由于徐伯昕设计的广告美丽动人,对不同的厂商不同的产品,他都能独出心裁,替登广告的人家作义务设计,做得人家看了心满意足,钦佩之至,不但把它登在《生活》周刊上面,而且在别的地方如日报上刊登广告,也用同样的底稿。于是《生活》的广告户越来越多,并且都和徐伯昕结成了友谊,期待着伯昕同志给他们设计新的广告。这样,《生活》周刊广告费的收入激增,刊物的出版印刷等费用也就可以收支相抵,略有盈余了。这给工作人员以很大的鼓励,增强了信心和决心。

徐伯昕想方设法扩大《生活》的销路,很重要的一个功绩,是努力发展长期订户,使刊物印数不断增长。刊物每年征订一次,平时也可随到随订。这样不断努力,发行量到达十几万份时,其中长期订户占了5万多份。依靠长期订户作进一步的宣传推广,采取滚雪球的办法,利用每逢刊物改版(从单页改为16开一本)、增加篇幅出版特刊或增加画报等时机,动员老订户介绍新订户,介绍满五位新订户可免费赠阅一年。这样一来,一个订户平均介绍一户,也就翻了一番。因订户的增加,预收的订费就很可观,有助于资金的周转。

发行《生活》周刊,除了吸收订户外,还是要依靠派报社和各地书店分发零售。当时上海望平街是报刊的集散地,其中王春山是较大的派报户,他每期发行《生活》约二三万份。每星期六一早把刊物送到望平街王春山那里,由他分发给全市的报摊。每星期结算一次,销不完的可以退货。由于《生活》的内容和外观不断改进,很受读者欢迎,退货很少,有时候还要再版。其他全国各地的派报社或书店,包括商务印书馆的分馆也都代销《生活》周刊。随着发行量增加,扩大了社会影响,招揽广告就不难了,经济收入增加并且较为稳固,《生活》周刊社就此奠定了发展事业的社会基础和自身的经济基础。正是由于伯昕同志经营管理得法,经济上有了保证,使韬奋同志可以集中精力把刊物编好。

三　创办生活书店

韬奋同志编刊物总是精益求精,并且强调竭诚为读者服务,从而得到读者的支持。伯昕同志对于韬奋同志的这个主张,体会最深,以不断创新的精神来兴办各种服务项目,所以读者委托买书的不断增加,到 1930 年韬奋和伯昕商量后决定设立"书报代办部"。1932 年 7 月成立了生活书店。因为《生活》周刊的内容抨击时弊日益尖锐,随时有被封的可能,决定把周刊社同书店分开,两地办公。

在出书上,生活周刊社已经出过好几种,如韬奋译述的《一个美国人嫁与一个中国人的自述》、《读者信箱汇集》和《读者信箱外集》等等。这些书起初销路不多,其原因之一是书名不吸引人,伯昕同志分析了读者心理,把信箱汇集第一辑改用《最难解决的一个问题》作书名,第二辑改名《悬想》;信箱外集(即没有在刊物上发表过的)第一辑改名《该走哪条路》,第二辑叫《迟疑不决》,第三辑叫《迷途的羔羊》。这些书名,来自书内某篇文章的题目,也能说明内容。于是发行量大大增加了,后来还不断地再版。

伯昕同志虽然不具体管编辑方面的工作,但因他是经理,是出版物的发行人,也经常关心注意编辑工作,并且出过不少很好的主意,尤其在 1933 年 7 月以后,因环境险恶韬奋被迫出国考察期间,生活书店在胡愈之同志的筹划和支持下，与徐伯昕同志商定出版由傅东华主编的《文学》杂志，这是作者阵容整齐的大型文艺月刊，创刊号再版了5次，是生活书店扩大出版范围非常重要的一个决策。1934年9月，又创刊由胡愈之主编的《世界知识》半月刊。这两个刊物的创刊，生活书店由此团结了一大批左翼作家，也使生活书店有了更加明确的出版方向，向革命出版事业的道路迈进。存在决定意识，伯昕同志也进一步认识到书店工作是中国革命事业的组成部分，更加自觉地把书店办得更好。《文学》出版后，商请傅东华把其中有些文章汇集起来出了几种单行本。如落华生等著的《春桃》，丰子恺等著的《劳者自歌》，茅盾等著的《残冬》等。另外，还请傅东华编了一套《创作文库》，多为著名作家的作品，如巴金的《旅途随笔》、《将军》，臧克家的《罪恶的黑手》等。《生活》周刊上发表的文章汇集起来出版的，除有韬奋的《小言论》、《漫笔》等之外，还有国外通讯——韬奋很重视国外通讯，让读者经常了解各国的情况，在《生活》上写通讯最有名的一个是在美国的李公朴，一个是在日本的徐玉文，后来也汇集起来出版了如《深刻的印象》、《游日鸟瞰》……和人物传记《人物述评》等书，都是比较受到读者欢迎的。

伯昕同志有时还亲自出马向作者约稿。比如由张仲实主编的《青年自学丛书》（这是一套对青年富有教育意义，也是影响很大的丛书），请茅盾写一本《创作的准备》。茅盾在回忆录（二十）中说："我刚把《中国的一日》编完，生活书店又找上门来。这次来的是徐伯昕。他说，生活书店要出一套丛书，叫《青年自学丛书》，其中有本要请你来写。"开始茅盾没有同意，徐伯昕反复动员说：你平时除了写小说也写评论文章，我和韬奋商量过，认为写这本书你是最适合的人。你只要把自己的写作经验写下来，就能给文艺青年以正确的指导。茅盾被他说动了，答应"我试试看"。以后《创作的准备》一书终于问世。

这一类由伯昕同志亲自出马约稿的，还有不少，抗战期间他在沦陷后的上海，就约请了傅雷、罗稷南等为生活书店译作。此外他亲自参与设计出版的《生活日记》、《文艺日记》，可以替读者把亲笔签名制成锌版，用金粉烫印在日记的封面上，不另收费，这是对读者很有吸引力的创举，当然只有不厌其烦的服务精神才会这样干的。

1933 年前后这几年，正是国民党反动派大搞白色恐怖进行“文化围剿”最严重的时期，《生活》周刊就在这一年被查禁，同时查禁的左翼作家的作品也很多。《文学》杂志也岌岌可危。后来国民党实行了原稿审查制度，这时作为生活书店的经理、发行人，就同国民党反动派进行了坚决而又巧妙的斗争。例如《文艺日记》每页有高尔基、鲁迅等人的语录，估计如果一次送检是通不过的，就采取化整为零的办法送审，竟被糊里糊涂地通过了。待到日记出版，国民党的审查官发现竟是一本语录集，气急败坏地下令禁售，而日记早已发完了。当徐伯昕同志把这个愚弄敌人的情况告诉编者黄源同志时，他们不禁捧腹大笑。抗日战争时期，一度取消的原稿送审办法又恢复了。在重庆伯昕同志出面同“审查老爷”周旋，经过据理力争，救活了不少书稿。为了使早先出版的图书取得合法地位，向国民党政府内政部注册领取执照。有一次国民党警备司令部派人在民生路生活书店门市部查去了《思想方法论》一百几十本，还把经理李济安（李文）也带去了。伯昕同志闻讯后，亲自带着此书的内政部执照去警备司令部交涉，终于把经理和书都带了回来。当然，进步书刊为国民党反动派所不容，在 1939 年至 1940 年及到皖南事变发生，随着蒋介石消极抗战，积极反共政策的推行，不但查禁书刊，除重庆外，生活书店各地分支店都被查封了，还要捕人下狱。环境险恶，伯昕同志临危不惧，镇定自若，同敌人进行了不屈不挠的斗争。

四　锐意经营管理

生活书店白手起家，资金全靠自己积累，但是为数总是有限，要应付不断扩大出版工作的局面，有很大的困难。在1934年以后出版了《文学》、《世界知识》、《译文》、《太白》、《光明》、《妇女生活》、《生活教育》等许多刊物。书籍的出版从1932年的10种到1934年出了56种。1936年2月张仲实担任总编辑后，当年就出了105种。所需资金的筹措和运用，全靠伯昕同志精打细算，量入为出，从不冒险，从不在经济上打无准备之仗。

抗战前的上海，一本书能发行3000本就不会赔钱了。上面说到的生活周刊信箱集、《人物评述》之类的书，销路好，不断再版，而且一般都不用付稿费版税，成本较低，为书店赚了一些钱，可以用作扩大再生产之用。

其次，利用邮购户的结存余款。当时约有3至5万邮购户，包括读者个人和图书馆在内。每户都预付款，有的还有存款(一次汇来10元，只买5元书，就存了5元)，这样经常有邮购户的存款几万元，成为不必付利息的流动资金。

第三，刊物的预收订费。生活书店出了多种刊物，接收一年、半年、三月的预订费，加起来是一个不小的数目。一次付款，分期归还，等于无息贷款。还有一点必须提到的是，刊物屡遭查禁，《生活》周刊被禁，改出《新生》，《新生》被禁，又出《大众生活》等等，刊物被禁通知读者结算预订费，而读者往往不要求退款，书店应退未退的刊物预订费积存不少，事实上成为读者的捐款为书店所用。

第四，提高出书效率，加速资金周转。如《中国的一日》800页80万字的厚书，不到100天就出版了，《青年自学丛书》每种三五万字，生产周期只有10天左右。出版前广为宣传，在自己出版的许多刊物上登新书预告，又通过邮购寄书夹附推广品。等新书出版，很快销光了，不断再版。所以伯昕同志对出书抓得特紧，研究印数，采用少印勤印的办法，使有限的资金加速运转，得到充分的利用。

第五，凭借社会信誉，运用社会资金。生活书店同新华银行关系最密切，新华银行总经理王志莘是《生活》周刊的第一任主编，为韬奋好友，加上生活书店的社会信誉极好，成为新华银行的长期透支户，是伯昕同志"调头寸"的主要对象，有求必应。凭借这层关系，当纸张落价时，就吃进一批，降低了书刊的印制成本。

抗战开始，生活书店计划内迁和增设分店(当时已有广州分店和汉口分店)，但是缺少资金，后来也是靠伯昕同志利用一时上海出版停顿，纸价大落的时机，做了一笔纸生意，赚了几千块钱才解决开办费。同时赊进了一大批申报馆编印的中国地图集，运往内地，卖出还钱，以资周转。

总之，伯昕同志是煞费苦心，动脑筋，出点子，思想敏捷，善于应变，维护生活书店的存在和发展，从白手起家，发展到后来出版期刊十多种，每年出书一百几十种，分支店五十几处这样的规模。韬奋同志赞扬他："伯昕先生始终没有丝毫替自己打算，始终涓滴归公，使本店在奠定最初的基础上得到一个有力的臂助，他在本店的功绩，是永远不朽的！"

抗战期间，"皖南事变"后，生活书店遭到国民党反动派毁灭性的摧残，所有分店除重庆一店外全被查封，经济上的损失极大。根据中共中央"隐蔽精干，长期埋伏，积蓄力量，以待时机"的方针，伯昕同志当时在党的南方局周恩来同志的具体指导下，采取变换招牌，分散经营等办法，坚持继续斗争。先后用峨嵋、骆驼、永年、华夏等招牌，继续出书，经济上更加精打细算，一个钱要当两个钱用。这样才保存和运用书店的这部分实力，抗战胜利后很快打开了局面，一直坚持到全国解放。

《生活》周刊等刊物，都承揽招登广告，吸收了不少广告费。

同时生活书店对自己的出版物也作了很多宣传推广工作,扩大书刊的销路。伯昕同志善于为客户的广告精心设计,当然,对书店本身的广告,更加重视。生活书店从来不作自我夸张与吹嘘的广告,就是刊登在《生活》周刊等杂志上的客户的广告,也有所选择。如"略有迹近妨碍道德的广告不登,略有迹近招摇的广告不登,花柳病药的广告不登,迹近滑头医生的广告不登,有国货代用品的外国货广告不登"。要求人家如此,要求自己当然更严。所以生活书店在报刊上登广告,推广宣传自己的书刊,从来都比较实事求是,不说过头话,所以读者看到这些广告,都很相信,对合于自己需要的书刊,乐于订阅购买。

生活书店举办的邮购业务,除发行本版书外,也代办其他出版社、书店的出版物。所以从1935年起,由伯昕同志创议,办了一种联合广告,登在上海《申报》第一版上。对于这个联合广告,出版同业很欢迎,因为一个出版社单独要在《申报》头版上登一则广告,费用很高,登得太小,又不明显。联合起来登一整版,非常吸引读者的注意。另外,广大读者也很欢迎。读到这个联合广告,就可一目了然最近出了些什么新书,而且这是由生活书店主办的,读者比较放心,不致上当受骗——当然吸收哪些出版社参加联合广告,也是有选择的。

书店的推广工作,除了在报纸上和自己出版的刊物上登广告外,还编印了许多目录,有宣传一种书的目录,有宣传一套丛书的目录,有定期的综合性的目录,乃至在1935年11月平心先生受伯昕同志的委托编辑出版了一巨册的《全国总书目》。这本目录搜集各种图书两万种,这在当时的确是一个创举。对公私图书馆、学校、各方面专家以及广大读者选购书籍,给予极大的方便。

上面谈到,生活书店有期刊订户和邮购户约8万到10万户,直接向这许多读者作推广宣传工作是最有效的方法,生活书店经常印制了各种精美的目录或夹在刊物里面或单独直接寄给读者。

这是开展邮购业务的好方法。为了便利读者，伯昕同志分别同中国银行、交通银行、上海银行、新华银行、江苏省农民银行、浙江兴业银行、华侨银行、聚兴诚银行、大陆银行、富滇新银行等商妥，凡读者买书，各银行可以免收汇费，使读者免去汇费的负担。从而生活书店的邮购业务更有利地开展起来了。这也是伯昕同志的创举。

五　作风和干部问题

《生活》周刊最初只两个半人，除了邹韬奋和徐伯昕外，还有一个孙梦旦，他是会计，还兼了中华职业教育社的工作，所以只能算半个（后来不兼了）。生活书店最多时增加到300多人。书店的干部，主要是在邹韬奋同志和徐伯昕同志的培养教育之下成长起来的，特别在抗战之前，培养了一批骨干，因此抗战开始后各地开设了分店，就把这批青年骨干都重用起来了，担任各分店的经理，抗战期间又输送了一批干部到解放区去。全国解放后，有许多干部又成为出版战线的骨干力量。伯昕同志在全店同志中威信也是很高的。首先是他对业务工作的精明能干，把书店办得有声有色，大家都很钦佩。其次就是他全心全意扑在书店工作上，从来不为自己打算。上面谈到伯昕同志善于设计广告，在上海做广告工作的一般都有佣金可拿，但是他从不提取，始终涓滴归公。其时曾有某一大报馆的老板，非常赞赏伯昕同志的才干，曾想以高薪拉他去该报馆工作，伯昕同志也不为所动。在伯昕同志的思想里，把《生活》周刊，生活书店这个事业办好，就是为苦难的祖国和人民多做些贡献，并不想自己去发财，个人发了财决不能解救民穷财尽的旧中国，所以他自始至终将《生活》的事业放在第一位，即使在生活书店不断遭到国民党政府的打击，处境十分困难之时他也从不动摇，坚持到底，从而也带动了其他同志坚定了自己的革命出版工作的岗位。第三,与同志相处,他也同韬奋同志一样,诚恳对待。如最早参加生活周刊社的孙梦旦同志,专管会计,勤勤恳恳,认真负责,在经济上一清二楚,生活书店每年请会计师核查账目,从无差错。伯昕同志同孙梦旦因长期在一起工作,筚路蓝缕之时而同甘共苦,日以继夜地为《生活》工作,所以他们两人间的友情甚笃,互相砥砺,克服了各种困难。有一段时间,他们两家就住在一起,真是朝夕相处,相知甚深。不幸的是孙梦旦同志因积劳成疾,1939年4月1日就与世长辞了。韬奋和伯昕对这位为《生活》奋斗了13年的老同事,不幸早逝,十分悲痛!《生活》周刊最初的三位老同志,孙梦旦去世最早,后来韬奋同志1944年逝世,伯昕同志也于1984年逝世,追溯从《生活》周刊的创办到生活书店的成长发展,这三位开辟者的历史功绩,将永远被后人纪念!

伯昕同志对待同志又最平易近人,从不摆架子,什么事都带头去干。1939年重庆五·三、五·四大轰炸,书店几遭波及,后来将总管理处搬到新租的学田湾去。为搬家发动了群众大家动手,伯昕同志也同大家一起干,最后总结评选劳动英雄时,从22位候选人中评出5人,伯昕同志也在里面,名列第二。

总之伯昕同志的思想和作风就是以身作则,以诚待人,善于创新,不断前进。他也是以这种精神来教育、培养生活书店的干部的。

六　最后说几句

伯昕同志在生活书店的事迹,绝不是这样一篇文章可以说完的。尤其是太平洋战争以后,我同他没有什么接触,所以这一时期的情况我了解得很少,一定有很多遗漏,有待别的同志来补述。伯昕同志曾长期受到韬奋同志的影响,加上他自己的努力,他的思想认识,在30年代初期,主要的也是爱国主义和民主主义思想这个动力，推动他决心为办好《生活》周刊而艰苦奋斗。以后随着同国民党斗争的日益尖锐，思想觉悟也不断提高，到抗战开始，党对生活书店的领导已很明确，伯昕同志的思想视野更开阔了，学习马列主义也更勤奋了。1938年苏联出版了《联共党史》，他也积极参加学习。因此也就更自觉地为党的出版事业继续奋斗。在皖南事变前夕，他曾向韬奋同志谈到加入共产党的问题。这说明他的思想又起了急剧的变化，局势越困难，越应向前进，这是他总结了长期革命实践的经验终于体会到只有马克思主义和中国共产党才能引导中国革命取得胜利，而自己也必须争取参加无产阶级先锋队的行列，才是应该走的唯一正确道路。1942年伯昕同志去重庆向周恩来同志汇报书店执行"隐蔽精干"政策的情况，也提出了入党要求，周恩来同志对他说：我们早就把你当自己的人了。并指示他以后到苏北解放区去解决这个问题，周恩来同志还自任他的入党介绍人。于是他在1944年去苏北解放区时，解决了加入中国共产党的问题。这是党对伯昕同志为生活书店，为中国的革命出版事业奋斗一生最好的结论。

选自中国民主促进会，中国出版工作者协会编
《怀念出版家徐伯昕》，书海出版社1988年

生活书店门市工作的特色

——为纪念徐伯昕同志而作

王仿子

30年代的生活书店，今天依然受到一些老读者的怀念，他们说起往事来津津有味，充满感情，这不是没有原因的。首先是韬奋

先生的言论和行动,在他主持下办杂志,开书店,都有鲜明的进步性、群众性和服务性。韬奋说:“我们是共同努力于中国进步文化的一个组合”,“服务精神是生活书店的奠基石”。不管遭受了多么严重的打击和磨难,始终坚持不渝,百折不挠。其次就是韬奋的亲密合作者徐伯昕同志的经营天才。他把正确的政治方向和竭诚为读者服务的精神,贯彻到书店的实际工作中去,做得既周详,又彻底,受到千千万万追求光明和进步,不愿做亡国奴的读者的信任和爱护。

伯昕同志和韬奋先生合作得如此天衣无缝,是因为他们有共同的思想品德和共同的信念。

本文着重介绍生活书店的门市工作在伯昕同志领导下,是如何坚持革命立场,竭诚为读者服务的。

一　陈列图书馆化,开架售书

生活书店第一个门市部于 1934 年在上海福州路复兴里(384 弄)的二楼开业。为了方便读者,在门市陈设上,伯昕同志提出一个在当时是创新的设想。靠墙周围 20 来个书架全部开放,按科学的图书分类法陈列,从总类开始,分哲学、社会科学、自然科学、文艺、语文、史地、应用技术、儿童读物等。本版书和总经售图书分设专柜。书店同人把这种布置叫作陈列图书馆化。在店堂中间,摆开四个书柜,陈列杂志、新书与重点书。每个书柜可摆近百种图书,每种书七八十本一叠,畅销书一放就是三四叠。读者一进门,全部图书都看得见,摸得着,置身于一个随意挑选,不受拘束的环境中。

这种陈列方式突破当时一些书店的做法。许多老式书店在经营方式上老气横秋,仅仅有少数样本供读者翻阅,书店职员在柜台边坐着,等待读者购书,读者没有自己挑选图书的便利。所以,生活书店的做法，给读者面目一新的感觉。

被韬奋誉为多才多艺、出将入相的徐伯昕，原本学的陶瓷美术，有绘画基础。他在为《生活》周刊客户设计广告时已经展露才华。在门市部的布置上，又运用他的艺术修养为美化环境和增强文化气息，激发读者的阅读兴趣，下了一番工夫。除了前面说过的陈列方式外，他利用门市部中间两根水泥柱子，设计了一套贴在柱子四周的挂柜，上不着天，下不着地，柜子里的新书有电灯照明。读者一进门就被这两组明亮的挂柜吸引。这样的装潢，如今不算稀奇，在30年代的书店里，却是一项别出心裁的设计。书柜上面的墙上张贴新书海报。成本的图书目录和单页的专题书目，读者可以随意取阅。

生活书店门市部的出现，给书业界带来一种新作风。这种把为读者服务作为工作准则的新作风只能产生于新书业（当时为了有别于纯粹商业性的书店，把生活书店、读书出版社等称为新书业），它们出版和经销的图书具有新思想，属于进步的文化事业。对这一点，韬奋说过："我们这一群的工作者所共同努力的是进步的文化事业，所谓进步的文化事业是要能够适应进步时代的需要，是要推动国家民族走上进步的大道。"正是这种新的经营思想引发出新的经营作风。

在二楼开书店门市，生活书店是第一家。说也凑巧，13年后，生活书店在香港繁华的皇后大道开门市，也在一家商店（西服店）的二楼，楼梯也是缩在一条弄堂里。当然不是有意追求上海门市部的格局，实在是经受国民党和日本帝国主义的双重打击下，没有能力担负更多的租金了。

香港门市部开业前，伯昕同志从上海赶来，亲自筹划店堂的陈设布置。根据具体条件，尽量突出书店的文化气息和增强读者的亲切感，是伯昕同志一贯的设计思想。1945年生活书店在上海复业，租用吕班路（今重庆南路）口一个双开间门面，利用临街大玻璃橱窗陈列图书外，又利用两扇玻璃门上方的气窗位置，写上“读者之家”四个大字。这一次在香港，他请美术家曹辛之画了一张十分传神的韬奋像，挂在了墙上。读者进门首先看到的是韬奋先生，倍感亲切。

“陈列图书馆化”和开架售书，以后成为生活书店门市传统的模式。1939 年我参加生活书店衡阳分店，1940 年到桂林分店，1945 年在上海，1947 年在香港，1949 年到大连光华书店（生活书店与读书出版社、新知书店合作经营），我所经历过的门市部，都采用科学的图书分类，书架全部开放，把方便留给读者。

二　好书皆备，尽量满足读者需要

生活书店门市部把进货工作看作是做好门市工作的重要环节。要做到经销好书，品种丰富，快速供应新书，全靠在进货上下工夫。后来又提出“好书皆备，备书皆好”的奋斗目标。

所谓“好书皆备”，实际上是不可能完全做到的。只能作为一种理想和努力目标。如果进货时严格把关，“备书皆好”是做得到的。

第一任门市部主任毕子桂生前说过进货的标准：凡是内容低劣，政治上反动的书一概不进。韬奋说：“我们在上海开始的时候，就力避‘鸳鸯蝴蝶派’的颓唐作风，而努力于引人向上的精神食粮；在抗战建国的伟大时代中，我们也力避破坏团结的作风，而努力于巩固团结坚持抗战及积极建设的文化工作。”这就是生活书店对读者负责、对社会负责的态度。

没有丰富的品种，不可能做到最大限度地满足读者需要。在 30 年代前期，本版书还不多，加上总经销的书，品种还是不多。如果门市部品种单调，读者没有选择的余地，是无法吸引读者上门的。为了满足读者需要，必须有选择地大量经销外版书。如开明书店、北新书局、现代书局、良友图书公司以及商务、中华、世界、大东等，都是进货的对象。伯昕同志后来回顾那个时期说："除了诲淫诲盗和含有毒素的以外，全国各种书刊都为读者代办。"

毕子桂和以后的门市部主任，为了追求"好书皆备"的目标，从不放过报纸、杂志上的新书广告和出版消息，每天开出去的添货单中总有一些从报刊上捕捉到的新书。对于售缺书的进货，是全体同人的责任，每天下班以前要对当天售缺的和即将售缺的书的销售情况作出估计，需要补充进货的列入添单。

爱好读书，经常跑书店的读者，遇到新书新杂志出版，都有一种先睹为快的心理状态。生活书店理解这种心理，新书的供应力求快速及时，从装订作拉来的到货新书第一批首先送到门市部。对于杂志，要求提前一天出版，当天发售。韬奋对于杂志的准期出版是非常认真的，每星期六大量读者来购买《生活》周刊（后来的《新生》、《大众生活》也一样）时，决不允许让读者空手回去。《生活》周刊印数最高时达 15 万份，其中 5 万订户，10 万份零售，每星期六早晨，新出版的《生活》周刊送到报纸批发市场望平街，分发到全市的报摊，与书店同时发售。

1945 年毕青任生活书店吕班路门市部主任时，为了尽快得到新书新杂志，有时等不及装订作送来，自己跑到装订作去取书。1940 年我在桂林时也有过这样的感受，如果有一本吸引读者的新书在邻近的读书出版社或新知书店门市部出现，而我们进的货还没有到，就会坐立不安，不得已跑到读书或新知去批进几本，在门市应付。遇到对方不愿意转手批发时只能借用几本，以后如数归还。为追求新书供应的及时和品种的丰富，三家兄弟书店之间这类既铁面无私的竞争又兄弟般协作的事情是经常发生的。

如果只讲经济效益，这种竞争和协作可以看作"傻事"一桩。因为论经济利益微乎其微。幸而生活书店同人不这样看，他们追求的是尽量让读者早一天得到新书，早一天认识真理。他们把这件事看得比金钱重要。我钦佩这种“傻子”精神,如果连这一点精神都没有,如何谈得到竭诚为读者服务的“竭诚”两字。

福州路是30年代上海的书店街,许多著名的书店(出版社)都在这条街上占有门面,其中不少是十分气派的。为什么缩在弄堂里二楼的生活书店十分兴旺,120平方米的营业场地经常挤满读者,历久不衰,原因就在有一点竭诚为读者服务的精神。

三　发展服务精神,存心不怕麻烦

韬奋在《我们对外(笔者注:对读者)应有的态度》一文中说:“发展服务精神——本店三大目标之一……极可宝贵极当重视的原则。”他说“不但应为门市部全体同人所严格注意,而且是任何部门的同人所应严格的注意”。他要求书店同人“对于服务的意义有正确而深刻的认识……”,要“存心不怕麻烦”。

门市工作中最大的麻烦是开架售书。

书架开放不开放,新中国成立以后若干年中一直是一个有争论的问题。很明显,敞开书架,让读者自由挑选,读者往往把书抽出来不放回原位或随手乱扔,这样工作人员就要跟在读者后面整理。前一批读者走了,刚整理好的书又被后一批读者弄乱了,增加工作人员的工作量。有时有的读者站累了,就会转过身来靠着书台看书,压迫和摩擦书台边上的书,使书角翘起来。工作人员要去提醒他,必须和颜悦色。这类事每天发生数十起,不能有丝毫的厌烦情绪,确是很难的。但是,一有厌烦情绪,态度稍有生硬,便会使读者反感。这就是敞开书架的麻烦。

如何对待这个麻烦,有两种态度两种做法。一是把书架拦起来,不让读者接近;二是存心不怕麻烦。生活书店采取后一种态度。韬奋看到正确处埋这类麻烦的重要性,他说:“麻烦是大家怕的,但是认识了服务的意义,存心不怕麻烦,存心克服麻烦,就可以不怕麻烦。”徐伯昕的门市陈列模式，是书店工作中不怕麻烦，克服麻烦的代表作。

尽管有满足读者需要的意愿，真正做到可不容易。战时环境的衡阳、桂林等，想要的书添不到，已经收到发货票的书也会在运输途中变得无影无踪。就是当年的上海，也做不到要啥有啥。为了减少读者的失望，徐伯昕创立登记购书办法，把读者需要的书登记下来，进货后通知读者。以后又建立了电话购书服务部，发展电话购书业务。当年生活书店编印的《全国新书汇报》中，对于电话购书写道："本埠读者可用电话(94426)通知选购任何图书杂志，随时由专差送达，快廉省费。"

门市部没有的书，让读者登记购买，这种办法 1986 年我在美国也看到过。有经营眼光的书店并不因为一二本书的小买卖获利甚微而不予重视。生活书店在半个世纪前就创立这种服务方式，以后在战争环境下被迫停止，遗憾的是战争结束以后未能恢复。近见报道，某家书店正在试办电话购书，希望能够坚持下去。

上海是我国人口最多的一个大都市，生活书店一个门市部不能满足全市读者的需要。可是，增开一个门市部需要很多投资。生活书店试办过不需要大量投资的销售点，在霞飞路(今淮海中路)康健书店的门面上和愚园路青年书店门面上挂出"生活书店临时营业处"的招牌，设一专柜，派一名职工，从每天销售收入中抽 10% 作为租场地的酬金。类似的办法，抗战时期在武汉的珞珈山、重庆的北碚用过。

开架售书、缺书登记、电话购书、建立临时营业处，都是发展服务精神的实际行动。如果怕麻烦，不为读者谋方便，那么，所谓"竭诚为读者服务"将成为一句空话。正如韬奋告诫的："在实践上——不是在口头上——发展服务精神。"

四　工作人员在读者中间，与读者交朋友

开架售书，把工作人员从柜台后面的小天地里解放出来，放到读者中间去。这样一来，他们不会处在读者对立面的地位，与读者的距离缩短了，关系密切了，感情得到交流了。

书店工作人员与读者能不能交流情感是新书业与纯商业性书店的一个显著的差别。由生活书店、读书出版社、新知书店等组成的新书业，它的进步性、革命性决定它必须接近读者、了解读者，与读者交朋友。有感情的交流，才能做到想读者所想，急读者所急，全心全意为读者服务。徐伯昕后来总结生活书店的成功经验时说："生活书店的建设与发展靠三个方面的力量：著作人、作家的合作与支持；读者的信任与爱护；书店本身干部的勤劳和努力。"

读者对生活书店工作人员的看法，与对一般商店职工也不一样。韬奋说过他的感受："一般社会上的人，把生活书店的人看得太好了，或想得太好了。于是乎生活书店的人更感觉做人难，更要注意到做人之道。""一二同事对外的态度言词偶有不客气、不诚恳，可以影响到朋友们对于整个书店及全体同人的印象。"他讲到门市部同人服务态度时说："最须注意的是诚恳、热忱、周到、敏捷、有礼貌等等，而要做到这些，最主要的是要存心耐烦。"

上海福州路门市开业时，有4个青年人，毕子桂既是门市负责人，又是普通工作人员，与大家一样整理书架、添配新书、补充缺书（书架与书台下面就是存放复本的小书库）、开发票、收银、包书、答复读者问题。有时还要打邮包，代读者寄书。收银处有门市部唯一的一张凳子，整天空着，没有人会去坐着休息。只要门市部有读者，他们就会到读者身边去，至少也要把目光与心放在读者身上，常常不等读者招呼，工作人员已经来到读者身边为他服务。读者找到需要的书，可以在原地付款，工作人员会把包好的书和"找

头”送到他手里。遇到读者拥挤时,只要说一声,邮购和批发部门的同人都会到门市部帮忙招呼读者。

工作人员不受分工和 8 小时工作制的约束,自觉地支援需要人手的地方,这是在发展服务精神的感召下养成的习惯。办事迅速,不让读者等候,珍惜读者时间,都是服务精神的表现。韬奋在讲到“服务不仅仅是替人做事,而且要努力把事情做好”时,列举的要求中就包括“敏捷”。不急不忙的冷淡态度是不符合生活书店的服务精神的。

在毕子桂主持下,为了替读者着想,每月一次盘点存货不占用工作时间。预先印好的存货表已印上书名,盘点时只填一个数字,在门市打烊以后,几个小时就做完了。1939 年黄宝亢出任衡阳分店经理,把上海的做法带到衡阳。1947 年香港生活书店门市开业,仍旧保持这种好作风。

书店热心帮助读者,读者用同样的热情回报书店。我经历过的,因为得到读者帮助而解决难题的就有好几起。在衡阳,在邮局供职的读者帮助书店逃过国民党邮检人员的黑手,把一批又一批的进步书刊送到外地读者手里;在香港,远洋轮船上的热心人,帮助我们冲破东南亚某些地方当局的禁令,把进步书刊悄悄带进去。这些读者所以甘心承担风险,在于对生活书店的信任。

五　依靠为大众服务起家

生活书店政治上站在人民大众的立场,经济上是一个合作社组织,没有私人投资,靠自力更生一点一点积累资金。1932 年 7 月,在书报代办部的基础上成立生活书店,只花了 2000 多元。伯昕同志 1948 年回忆当时情况说:“生活出版合作社的第一期股款不到二万元,经过五年的共同努力经营,发展到十五万元。”

生活书店用在出版、发行的周转金,主要是几万户杂志预订金和几万邮购户的存款，这是一大笔不要利息的存款。徐伯昕这位当家人，最清楚书店经济上的困难，1982 年纪念三家书店革命出版工作 50 年时，他回忆说：“三家书店在诞生后，除了受到敌人制造并强加给书店的种种迫害而外，相同的最大困难是经济上的穷困。”

虽然穷困，却从来没有把营利放在第一位。韬奋在《我们的工作原则》一文中提出：“促进大众文化，供应抗战需要，发展服务精神，这是我们在现阶段，一切工作上的总的原则。”生活书店的历史证明，它所以获得广大读者的爱护，奠定它在出版史上的地位，依靠的是这个总的原则。用现在的话来说，就是把社会效益放在第一位。

生活书店不是不要盈利。韬奋在论述社会效益与经济效益的对立统一时，他说：“我们的事业性和商业性是要兼顾而不应该是对立的。……倘若因为顾到事业性而在经济上作无限的牺牲，其势必致使店的整个经济破产不止，实际上便要使店无法生存……如果因为顾到商业性而对于文化食粮的内容不加注意，那也是自杀政策，事业必然要一天天衰落，商业也将随之而衰落，所谓两败俱伤。”对于如何增强商业利益，增加收入，韬奋说：“在积极方面，必须注意‘工作第一’。在工作上最努力，最有成绩的同事，是我们的英雄！工作能力最强，办事最负责的同事，是我们大家的宝贝！在另一方面，在工作上拆烂污，成绩上恶劣的同事是我们的害群之马，工作能力不强而办事又不负责的同事，是我们的蠹虫！前一种同事，对于我们的事业，对于我们的商业，都有切实的贡献；后一种同事，对于我们的商业固然只有破坏的作用，即对于我们的事业，也是只有破坏的作用。”

徐伯昕是善于在社会效益第一的前提下发展经济的能手。生活书店全盛时期有 56 个分支店，用于发展事业的资金，都是依赖全体职工全心全意为读者服务，在尽心竭力满足读者需要中得到的。越是服务得周到彻底,越是得到读者的信任,营业额蒸蒸日上,经济收入自然跟着增长。生活书店从来没有只顾盈利而忽略读者的利益。韬奋说:“生活书店是为大众服务起家的。”

韬奋先生的遗著《患难余生记》中有这么一段话:“为读者服务,是生活书店最宝贵的几种传统精神之一,是生活书店所以在十六七年中能由小规模的周刊社(最初有我在内,正式职员只有二个半人!),突飞猛进,蓬蓬勃勃,发展到分店布满全国各重要地点达五十余处,全体同事达四五百人之多,最主要的基本原因之一,简单称为服务精神。”

1993 年 4 月写于芳古园

选自《王仿子出版文集》,中国书籍出版社 1994 年

徐伯昕在香港生活书店的日子

王仿子

韬奋的亲密合作者

今年是徐伯昕诞辰 100 周年,伯昕同志离开我们 21 年了。在日本帝国主义的侵略和国民党反动政府的压制摧残下,他和韬奋先生并肩战斗,坚持革命出版路线,推动国家和民族的进步,其业绩已成为中国革命出版史上光辉的一页。

伯昕同志的工作是多方面的,除了为进步出版事业贡献力量外,又作为中国民主促进会的领导者之一做了大量的工作。我在怀念他的时候,所以首先想到他在生活书店奋斗的日子,因为我曾经也是生活书店的一员,还因为有他的教诲,我得以在出版事业中逐渐成长起来的缘故。

伯昕是韬奋的亲密合作者。从韬奋在1926年接编《生活》周刊起，他们就合作同事，除编辑工作由“光杆编辑”韬奋一人承担、半个会计孙梦旦之外，所有出版、发行、推广、广告、总务等工作，全部由伯昕一人包办。有时候还要施展他的“艺术家的本领”（韬奋的话），为周刊画漫画，代客户设计广告。经过艰苦的努力，三个铜板四开一张的《生活》周刊从发行1 300份，逐步发展到16开一本，发行155 000份，到《大众生活》，发行200 000份。1929年成立书报代办部，1932年由代办部发展为生活书店。在抗日战争的烽火中，几年之间，成为大后方国民党统治区有56处分支机构的一支巨大的抗日反蒋的出版力量。“满腔心血都灌溉到本店的经济基础上面去，为了集体的文化事业，忘记了他自己的一切要求”。这是韬奋先生在《生活史话》中为一个全心全意为读者的徐伯昕的写照。

与生活书店关系非常密切的张友渔，在他为《新文化出版家徐伯昕》写的《序》中说：“自20年代以来伯昕协助韬奋创办《生活》周刊、《大众生活》、《全民抗战》等轰动国内外的刊物，创办生活书店，由小到大，由上海一地发展到全国，以至海外，影响深远。韬奋是这一事业的总设计师，而业务建设和经营管理都依赖着伯昕的劳作。打个比方，韬奋倘是枝头的红花，那么伯昕恰是衬托着红花的青翠绿叶。”

徐伯昕是中国人民出版事业开拓者之一，是韬奋开创的事业的继承者。韬奋于1943年3月，因耳疾加剧，由新四军军部派人护送回上海治疗。经医生诊断为耳癌，徐伯昕闻讯，从桂林赶回上海。韬奋病情加重，在召集亲友口授遗嘱的第二天，他把事业的复兴托付给徐伯昕。伯昕同志在《冲破困难，实现遗言》一文中回忆道：“我记得1944年6月2日，邹先生在病榻上嘱咐我们：‘对事业要脚踏实地的从小做起，一本以服务社会与艰苦奋斗的精神。首先恢复书店，继续创办图书馆和日报。’”

伯昕牢记韬奋遗愿，日本投降，他就率领隐蔽在上海的生活同人，趁国民党的“劫收”大员忙于劫收敌伪资产，攫取“五子登科”（金子、票子、房子、车子、女子），顾不上统制文化的时候，以迅雷不及掩耳的步伐，于10月10日打出生活书店的招牌，10月13日郑振铎主编的《民主》周刊创刊，接着又复刊由史枚主编的《读书与出版》。在短短几个月内，除了生活书店复业出书之外，又化名韬奋出版社、知识出版社、骆驼书店等，同时用几个招牌出书。还派许觉民与韩近庸合作办华夏书店，用丘引社、拂晓社等化名出版毛泽东著作，翻印介绍解放区的读物。

1946年6月，国民党悍然撕毁停战协定，大举进攻中原解放区，假和平、真内战的面目已经暴露，徐伯昕考虑到全面内战已不可避免，派张明西、王仿子南下香港建立据点，一方面向港澳和东南亚供应书刊；一方面储存纸型，出几本书，保存一个立足之地。7月又派邵公文、唐家栋北上大连，建立光华书店。

蒋介石关死和谈大门之后，一心要消灭中国共产党，在统率数百万大军进攻解放区的同时，加紧对进步文化出版的管制围剿，制造《文萃》事件（陈子涛、骆何民、吴承德被杀害）；重庆生活书店仲秋元、上海读书出版社范用被捕；又逮捕《联合日报》、《新民报》记者多人。徐伯昕在得到从上海警备司令部内部传出的要查封书店的消息后，率领总管理处同人秘密南迁香港，同时在上海《大公报》刊登结束在上海的业务的启事。1947年7月间，先后到达香港的书店同人还有胡绳、史枚、胡耐秋、陈正为、程浩飞、陈怀平、艾明之等。韬奋夫人沈粹缜带着女儿邹嘉骊同时到达香港。留在上海的是几个独立经营的二三线的机构，有从重庆迁沪的峨嵋出版社和1945年后新建的骆驼书店、致用书店、士林书店等。由陈原接替史枚主编的《读书与出版》继续留在上海出版。

对于这一次把工作重心南移香港，伯昕同志在为香港复刊的《店务通讯》写的《认清目标、努力准备》（以下简称《准备》）一文中说:“因为统治者反对人民,反对民主,反对言论自由、出版自由,所以对全国的进步文化事业横加摧残,而我店首当其冲。为了减少损失,而把工作重心南移香港,向海外发展。但是,这并不是退却,而正是进攻前的准备。”他已经预见到人民胜利即将来临。

为人民的胜利作准备

1947 年在中国大地上发生了一个历史的转折,气势汹汹,企图在三至五个月内压垮解放军的国民党,在战场上从主动进攻转变为被动挨打,而解放军从弱势转变为优势,从弱者成为强者。全国人民对这一个转折欢欣鼓舞。徐伯昕的《准备》一文,就是为这一新形势向书店同人提出的新任务。

《准备》开头说:过去的三大目标:促进大众文化,供应抗战需要,发扬服务精神,因为抗战结束,所以今后“我们的努力方向:第一是促进大众文化,第二发扬服务精神”。他引用韬奋的教导:“我们所需要的是为大众谋福利的文化,而不是为少数人谋福利的文化,所以在思想或理论上,我们积极注重于大众有利的思想或理论,反对少数人保持私利的欺骗或麻醉大众的思想或理论。”接着,他阐述当前的出书方针:“在今天之中国百分之七十以上是工农劳苦大众,这最大多数的同胞,就是我们的服务的主要对象,也只有与工农劳苦大众血肉相连的,为工农劳苦大众服务的文化,才是最进步的文化。但是,由于人民解放运动的客观需要,我们不要忘记职业青年,一般知识分子,以及中小资产阶级的读者。我们也必须供给他们进步的思想和新的知识。推动他们跑到人民解放运动中去,使他们能为工农兵服务。”伯昕同志这篇《准备》是为《店务通讯》的复刊写的,写于 1948 年的三四月间。两个月后,接到周恩来副主席 6 月 6 日发自西柏坡的电报:(一)“即将三联工作人员及编辑人员主力逐渐转来解放区,资本亦尽可能转来”;(二)“业务以出版通俗读物为主，向工、农、兵、学生、店员、贫民等介绍社会与自然科学知识及新文艺”；（三）“有计划编印或选印几套丛书”；（四）为联系读者，在转移时应“保留一部分可能留下的活动力量”，“有时可改换门面以求存在”，对转移人员“必须告以解放区条件困难”，使他们“有精神准备”（见《周恩来年谱》1898～1949年，第775～776页）。伯昕同志为新时期的生活书店提出的出书方针与周恩来的指示完全达到一致。

关于发扬服务精神，他说：“服务精神是‘生活精神’的主要内容之一，我们是以服务起家的，把读者看作自己最亲密的朋友一样，不怕麻烦，办事唯恐其不周到，对读者绝对忠诚，绝对负责。这一种优良传统精神，必须发扬光大。只有人民文化事业，为人民忠心服务，对大众负责办事的，才能得到人民的信任，大众的爱护。才会生长而发展。”

关于如何为迎接这个大变革的大时代做好准备，他说：“我们必须检查自己的力量，能否担当起这个任务来。”“说得明白些，我们应该从今天起立即健全组织，计划出版，培养干部，增厚资力，发展业务，配合着新时代的需要，加紧准备一切。”然后他对“加强组织”，实行“计划化”，“培养干部”，“充实经济力量”等一一提出设想和要求，号召全体同人齐心协力，遵照“我店创办人韬奋先生临终遗言”，作好“充分准备，努力前进”。《准备》一文，实际上成为从思想上组织上业务上迎接全国胜利的工作大纲。

伯昕同志1947年到香港，到1949年3月，他护送一大批民主爱国人士一起北上，在这将近两年时间里，香港生活书店在继续出版《青年自学丛书》（有孙起孟的《学习·工作·修养》、杜守素的《先秦诸子思想》、狄超白的《中国土地问题讲话》等）、《大学丛书》（有李达的《新社会学大纲》、吕振羽的《中国政治思想史》、侯外庐的《近代中国思想学说史》等）等外，还出版《韬奋文集》、《帝国主义与中国政治》、《方生未死之间》，还有高尔基的《奥莱叔华》、《旁观者》等等。着力编辑出版的是一套《新中国百科小丛书》。这是一套为全国解放作准备的以工农大众为对象的启蒙读物，每册二三万字，有三百来个选题。到 1949 年已出版《孙中山》、《马克思》、《列宁》、《蔡特金》、《居里夫人》、《联合国》、《社会主义的苏联》、《美国》、《怎样搞通思想方法》、《怎样学文学》、《DDT》等四十来种。杂志有邵荃麟主编的《大众文艺丛刊》，是一本宣传毛泽东文艺思想的双月刊。从 1948 年 3 月出到 1949 年 3 月，共出 6 期。

恢复出版《店务通讯》

供书店同人阅读的内部刊物《店务通讯》，创刊于 1938 年 1 月 22 日。到各地分支机构纷纷被国民党封闭，《全民抗战》被迫停刊，邹韬奋、徐伯昕出走香港之际，《店讯》出到 108 期，在 1941 年初停刊。7 年之后，《店讯》在香港复刊，徐伯昕的复讯词《〈店讯〉复刊的意义》写道："《店讯》是我们这个小小的民主团体里的言论机关，是有关整个店的业务的机关刊物。它是反映同人对于业务上的意见的园地，它负有传达各种业务会议中的讨论及决议的事情的任务。它当时更尽了同人间相互研习业务技术和教育新干部的重大作用。"

生活书店是一个合作社，没有资本家，书店同人既是书店的职工，又是书店的主人，运用民主集中制的原则管理书店。韬奋说："全体同事都是管理者，同时全体同事都是被管理者。"为了沟通管理者与被管理者的意见，每周编印一本《店讯》，每期有韬奋一篇面对同人讲话式的短文。复刊后的《店讯》，每期写一篇短文的任务就落在伯昕同志身上了。

伯昕同志为复刊新一号《店讯》写了复刊词、《准备》和《生活史话第五章》；新二号有《文化工作的战斗性》和《书籍基本定价计算标准》；在新三号发表《冲破难关，实现遗言》。他为三期写了六篇。遗憾的是《生活史话》未能继续写下去。

在韬奋的《生活史话》之后续写《生活史话》是《店讯》编者程浩飞的主意，他向徐伯昕约稿。伯昕同志有写《生活二十年》的打算，他在《准备》文中说："整理店史，尤其需要把书店的发展历史加以整理，加以发扬，把以前的优良作风，把过去经营的经验加以总结，并可作为我们今天进行自我教育的重要参考。"他已经有一个写作大纲，从1925年到1945年分为九章：第一章，开场白；第二章，孕育时期（周刊时期，从1925年10月～1929年7月）；第三章，幼年时期（从书报代办部到书店成立，1929年10月～1932年7月）；第四章，成长时期（从书店的初期到抗战爆发，1932年8月～1937年7月）；第五章，壮大时期（从抗战开始到粤汉陷落，1937年8月～1938年10月）；第六章，横被摧残时期（从粤汉撤退到皖南事变，1938年10月～1941年2月）；第七章，转向海外时期（从出走香港到重回内地，1941年3月～1942年2月）；第八章，坚持工作时期（从太平洋事变到抗战结束，1942年3月～1945年8月）；第九章总结。他又设想："倘使继续写抗战惨胜以后的话，可以增加一章复苏时期（从抗战惨胜复业到转移海外，1945年9月～1947年12月）。"港版《店讯》向他约稿，他按照编者的意见，接着韬奋的《生活史话》从第五章写起。他说："随手写来，遗漏一定很多，仅仅作为店史的初稿，希望同人们不吝指教。如能加以修正补充，更所感幸。"

这个时期的伯昕同志，除了书店工作之外，又创办持恒函授学校，还有中国民主促进会的工作，推动香港新书业的团结与合作，开展香港书业界的爱国统战工作等。又负责大批民主爱国人士道经香港北上解放区的接待工作，十分紧张而忙碌，《生活史话》是不能继续写下去了。

港版《店讯》只出了三期。因为在那年6月接获周恩来发自西柏坡的电报后，即在中共香港文委领导下成立胡绳、邵荃麟、徐伯昕、黄洛峰、沈静芷五人小组，着手三家书店的全面合并的工作，同时立即派遣干部水陆两路从香港、上海分批北上。《店讯》就此终止出版。

这三期《店讯》刊载当年在港同人胡绳、史枚、程浩飞、陈正为、毕青、张明西、杨文屏、陈怀平、蔡学昌、王仿子等的文章。如胡绳用于田的笔名，写了《求进步的精神》和《著作界和出版界》；史枚写了《书的校对》和《两年七个月的编译和出版》等，至今读起来仍有新意。

坚持低书价政策

“服务是构成生活精神”最重要的因素，也可说是“生活书店的奠基石”（韬奋）。生活书店把竭诚为读者服务的精神贯串到全部工作中去，不仅仅用优良的进步的读物为读者服务，不仅仅用不怕麻烦的态度为读者服务，为了减轻读者负担，还用低书价为读者服务。

韬奋在《生活史话》中回顾《生活》周刊早期的情形说：“赚钱干什么？全是为事业。我当时和伯昕先生憨头憨脑地立下一个心愿，就是把所有赚的钱，统统用到事业上去，屡次增加篇幅，出特刊（笔者注：九一八事变爆发，10 月中的一期《生活》周刊，编为《国庆与国耻》特刊，文字增加 48 面，另加图版 8 面）一个钱的价格不加。”几年以后，筹备《生活日报》时，又宣布：“本报注重为大多数民众谋福利，不以赢利为目的。”邹韬奋和徐伯昕创办的出版事业把不以赢利为目的的宗旨贯彻始终。

抗战期间，物价飞涨，由于纸价和印刷工价狂涨，书价不能不提高。当年的书店同人，多数是血气方刚的年轻人，有为读者服务的热忱，却缺少国难时期经营出版业的艰苦的体会，特别是在门市部天天接触读者的同人，纷纷为“读者要饿三顿饭买一本书”向总管理处呼吁“救救读者”。从1939年6月到1940年6月,总管理处营业部接连三次在《店讯》上说明不得不调高书价的理由,还调查了重庆市的书价,发现商务印书馆提价幅度最大,中华与开明次之,生活与读书、新知三家提价幅度最小,生活版书籍在重庆是定价最低的。可是仍有同人质疑呼吁。于是,伯昕同志发表《再谈定价问题》,他解剖一本10万字的书的成本。列举印3000册的排、印、装和纸张等各项费用,按调整后的定价标准,每册定价1.20元,平均以9折出售,实得盈余61元,占码洋3600元的1.69%。这是假定3000册全部卖出去的结果。书店同人都知道,在当年不光是国民党在邮局经常检扣没收生活版图书,还有战乱造成的运输途中的损失,没有一种书和杂志可以完全避免意外损失。伯昕同志这一笔账终于使书店内部对于书价的呼声悄悄平息下去了。

伯昕同志一贯亲自掌握成本计算和定价标准。1945年在上海,我做出版,成本计算由他亲自掌握。1946年他派我到香港,原本以为可以利用香港低价的纸张造货,但到港后发现香港的印刷工价远比上海的高,光是排版和一副纸型,就把在上海占直接成本34%的费用提升到46%。所以我在香港的头一年,基本上没有印书。1947年编辑工作随总管理处迁到香港,不得不在香港造货了。经伯昕同志精密计算,他提出一个新的经营策略。他说:“目前经营出版非常艰苦,倒是贩卖利益仍巨,所以我们要提出这样的口号:以外版利润支持开支,以重版利润发展新书。我们在成本上要经常精密计算,固然不应盲目地提高定价,也不应盲目地不顾成本。”

当年香港门市部销售的外版书绝大多数从上海用法币进货,运到香港以港币售出。获利丰厚,所以可以用“外版利润”承担整个书店(包括编辑出版部分)的开支。香港的排印工价较高,初版书的印制成本占定价的45%,发往上海的邮运费占定价的20%。因此初版书要保本也很困难。一个有利条件是香港进口纸张不纳税，纸价低廉，所以，可以用重版书的盈利弥补初版书的亏损。

伯昕同志从《生活》周刊时期开始，一贯为减轻读者负担而煞费苦心。在上世纪的20年代，他用增加广告费的收入，使《生活》周刊几次增加篇幅不增加定价。在40年代，由于国民党的摧残，经济上遭受巨大损失，艰难万分，他仍然千方百计，用节约开支，降低成本，还用经售外版书的收入来弥补等等办法，坚持低书价的经营方针。用低书价供应优良读物，用低书价减轻读者负担，不以营利为目的，是人民出版事业的一个重要标志。

创办持恒函授学校

为了纪念韬奋先生，继承他为自学青年服务的遗志，1947年在香港创办持恒函授学校。开头想取名韬奋函授学校，因为考虑到要吸收国民党统治区的学员，才定名为持恒函授学校。

创办这所学校，也是一项培训出版后备力量的工作。在1939年生活书店的全盛时期，有400多工作人员。经过几次反共高潮的摧残，到1948年，除了派往解放区的一部分干部之外，在香港、上海、重庆的干部不足百人。伯昕同志面对全面胜利的新局面而干部不足，深感忧虑。他在《准备》一文中说："人民是一定要胜利的，人民胜利后的新中国需要我们进步文化事业普遍到全中国，为人民大众忠心服务。而我们的干部呢？我们每一个工作同人，是否已有了思想上的准备？"又说："要有计划地吸收新干部，加紧教育训练，并且团结旧干部，把分散在各处的优秀老干部有计划地组织起来。"持恒就是一个"教育训练"新干部的场所。

伯昕同志是持恒的奠基人，任校务委员会主席，孙起孟任校长，总务主任程浩飞，教务主任胡耐秋。孙起孟在《怀念徐伯昕同志 件往事》中说道："持恒函授学校在极端困难的条件下，能够办起来，为广大青年（不少是当时国民党统治下的有志青年）服务。取得积极效果，这和伯昕同志的极大努力分不开。”他说：“伯昕一心一意扑在工作上，做得多，说得少，具有高度责任感，遇事认真，一丝不苟，驳繁不乱，临变不惊。”

学校设专修部和中学部。专修部设哲学概论，社会科学概论，经济学原理，文学作品选读与习作，中国通史，现代国际关系等课程。由胡绳、曹伯韩、沈志远、邵荃麟、葛琴、宋云彬、张铁生、狄超白等任教。中学部由孟超，吴全衡，戴依南，徐舜英等教授国文、英文、数学、常识等。教材由学校自编自印（刻钢板油印）。老师授课，一般都结合当时国内外形势。文学课多半选用左翼作家和解放区作家的作品。讲师们在课外一般都与学员有通信联系，解答问题。在港九地区的学员得地利之便，除函授外，有胡愈之、乔木（乔冠华）、郭沫若、邓初民等以讲座形式面授。这些做法深得学员的欢迎。

可惜好景不长。开学还不到半年，经济上已经亏损累累。因为收入的学费多数是法币，而法币一再迅速贬值，开支却是港币。到 1948 年 8 月，港币 1000 元，已等于法币 20 万万元。从 1947 年 10 月开学，勉强支撑着办了两期。到 1948 年 8 月不得不宣告结束。

两期的学员有 2700 人，分布在香港、澳门、广东、上海、北平、天津、苏州等地；在英国、加拿大、马来西亚、新加坡、印尼、泰国、菲律宾等，也有少量学员。函授结束了，它的影响还在。特别是港九地区的学员，几位积极分子如翟暖晖、蓝真、冯廷杰等，发起成立“持恒港九学友会”，开展多种多样的联谊活动。他们还邀请张铁生、刘思慕、胡绳、乔冠华、胡愈之、郭沫若、孙起孟等主讲国际问题、中国革命问题、青年修养问题等等，还出版《持恒学友》杂志。他们的活动并没有因为学校结束而停止，以后又成立“持恒之家”，一部分学员居住在“持恒之家”，集体生活，集体学习。多年之后，翟暖晖在《忆“持恒”》一文中说到当年港九地区的学员，他说:“受了持恒的影响而献身祖国解放事业。”“由于受到母校的熏陶,老师的教导,启迪了智慧,认明了路向。一批又一批地走上革命的道路。”北平的学员徐丰村,把持恒的函授比喻为甘霖与明灯。他说:持恒“启开了我的前程”,“给了我文化知识,给了我进步思想和精神力量,我与‘持恒’犹如枯苗久旱逢甘霖,暗夜独行遇明灯”。

持恒的学员分布在海内外各地,生活环境各种各样,后来参加文化出版工作,成为出版业的中坚力量的有蓝真、翟暖晖、钱静娴、冯廷杰、潘敬中、任志伟、杜文灿、吕舜如、胡天宠等。伯昕同志的辛劳得到了收获。

结　束　语

最后我借用与伯昕同志共事多年,熟知他的为人和作风的胡绳的一段话来结束本文。胡绳说:“在抗日战争时期和全国解放战争时期,国民党统治地区内的革命出版事业既受到严重的政治压迫,又苦于种种物质条件的限制,其处境的艰难是现在人们难以想像的。伯昕在这种环境中千方百计地从事进步书刊的出版发行工作,不因任何挫折而气馁,不为任何困难所压倒……在生活书店备受摧残以至无法生活生存的时候,仍通过各种灵活的方式,运用各种力量,在国民党地区散布革命文化的种子。在他身上,可以说,既有‘生意人’的精明,又有革命家的胆略和远见,他把这两者结合起来,因而在任何情况下都能找出有效的斗争方式。在党领导的文化战线上,伯昕这样的出版家是起了他的特殊作用的。”(摘自胡绳为《新文化出版家徐伯昕》一书写的《序》)

2003 年 4 月初稿

2005 年 1 月修正稿

原载《出版史料》2005 年第 1 期

存 目

著 作

中国民主促进会、中国出版工作者协会编 《怀念出版家徐伯昕》
书海出版社 1988 年

邵公文主编 《新文化出版家徐伯昕》
中国文史出版社 1994 年

论 文

许觉民 《一位有卓越才华的出版家》
《出版工作》1984 年第 6 期

赵晓恩 《为了革命的出版工作》
《出版工作》1984 年第 6 期

毕 青 《他总在关心我们的工作》
《出版工作》1984 年第 6 期

程浩飞 《团结同志善于用人的榜样》
《出版工作》1984 年第 6 期

黄宝珣 《生活书店的好当家》
《出版工作》1984 年第 6 期

沈静芷 《和伯昕在一起的日子里》
《出版工作》1984 年第 6 期

王 益 《无声的教诲》
《出版工作》1984 年第 6 期

公 文 《我所知道的徐伯昕先生》

《人物》1985年第5期

米　希　《他致力于新出版业的发展》

《出版工作》1986年第6期

胡　绳　《革命的出版家徐伯昕》

1987年7月14日《人民政协报》

王仿子　《我的良师益友》

《怀念出版家徐伯昕》,书海出版社1988年

许觉民　《战斗的才能和事业的才能——记徐伯昕同志1943年至1949年在上海的文化出版活动》

《出版史料》1990年第1期

许觉民　《新型的出版家徐伯昕传略》

《出版史料》1990年第4期、1991年第1期

许嘉璐　《缅怀徐伯昕》

2005年3月31日《光明日报》

臧克家

臧克家(1905～2004),山东诸城人,现代著名诗人。也是著名的文艺报刊编辑家。在他60多年的文学生涯中,其中有15年时间从事文艺报刊的编辑工作。1987年,他曾荣获中国作家协会文学期刊编辑荣誉奖。

臧克家1930年至1934年,在国立山东大学读书期间,开始从事文学创作,1933年第一本诗集《烙印》出版。1935年夏,乘暑假之机到青岛会晤文友,与老舍、王统照等人编辑文艺周刊《避暑录话》,1941年冬至1942年夏,任三一出版社副社长,并在河南叶县与友人合办《大地文丛》。1946年先后在重庆、上海主编《侨声报》文艺副刊《星河》和《学诗》。1947年,在曹辛之的倡议下,与曹一起编辑出版《诗创造》月刊,并主编了一套《创造诗丛》共12种。1947年10月,接编白寿彝主编的大型文化学术刊物《文讯》,1949年9月,开始编辑《新华月报》"文艺栏",1950年,任人民出版社《新华月报》编辑室编审,前后达7年之久。后任中国作家协会书记处书记。1957年

1月25日，新中国成立后第一个专门发表诗作、诗评的刊物《诗刊》创刊，臧克家任主编，直至1965年休刊。

臧克家在中国现代文学史上素有“诗坛泰斗”之称，2003年荣获国际诗人笔会颁发的“中国当代诗魂金奖”称号。他主编的《诗刊》对宣传新诗、注释和宣传毛泽东诗词做出了重大贡献。

关于编选工作的几点说明

——《中国新诗选1919～1949》后记

臧克家

中国青年出版社为了帮助青年读者丰富文学知识，了解“五四”以来中国新诗发展和成就的概况，委托我编了这部诗选。因为它是以一般青年读者为对象的，需要照顾青年们的阅读能力，也要适当照顾他们的购买能力，因此出版社希望选入的作品数量不要过多，尽可能选得更集中些。在这本诗选里，主要介绍1919年到1949年中国新诗创作中一些比较具有代表性的诗人和作品。1949年以后的优秀诗作，出版社还打算另外出版一本选集。“五四”以来三十年的诗坛上，有名的诗人很多，他们在不同的时代里，以不同的风格，反映了现实和斗争的各个侧面。这本诗选，限于作品的数量，就无法按着整个新诗发展的道路，把那许多有过一定成绩的诗人的作品都包括进来。

这本诗选的编排次序，基本上是按照每个诗人第一本诗集出版年月的先后为准的。这样排列，也有它的缺点，那就是，有的诗人作品出现得早，但出版集子较晚，结果就被排列在比他发表作品在后、但出版诗集却在前的诗人的后边去了；而且不少诗人第一本诗集的确切出版日期，短期内很难查考确实，在这方面，花了一些考证的工夫,查考了几种新诗集编目,询问了一部分作者本人,彼此之间,往往还稍有出入。有些诗集同年出版,先后就必须取决于月份,但苦于找不到原著,连作者也不能回答这样的疑难,在这种情况下,就可能安排得不完全正确。好在这种情况到底是不多的,而排列的前后,影响也究竟不大。

为了帮助青年读者更清楚地了解诗人作品的时代精神和意义,在某些诗篇的末尾加了写作年份,必要的地方加了一点简单的注释。在每位诗人作品的后面,本来想附上作者小传,编者并已着手向诗人们、前辈们和朋友们搜集了材料,许多同志都曾热忱地给予帮助,但因为材料难于完善,终于未能编印出来,不免感到遗憾。

选入本集的这些诗篇,都曾向作者征求过意见(除了已故的诗人),个别作品还曾经往返商榷。许多诗人,对于选入的某些诗篇曾做了一些修改。

在编选工作中,碰到的最大困难是资料的不足。有不少诗人的重要作品,遍求不得。在不得已的情况下,除了原作之外,就不能不凭第二手材料——几种选本作为辅助了。

编选这部诗选,差不多花费了一年的时间。个人的健康情况不太好,又有许多别的工作需要去做,事实上,不过把一部分精力和时间放到这本诗选上。这样一份意义重大而又繁难的工作,对于我的能力和见识是一个严重的考验。我始终在惴惴的心情下慎重地工作着。我普遍地向朋友们请教过,我想尽可能地避免掉错误和偏差。但实际上,缺点恐怕是难免的,希望广大的读者和从事诗歌工作的朋友们,多多加以指教,使它一步步接近正确与完善。

1956年6月　北京

选自《中国新诗选1919—1949》,中国青年出版社1956年

长夜漫漫终有明

臧克家

1946年7月下旬,我到了东亚第一大都会——上海,好似一叶孤舟漂在茫茫的大海中。无处可去,只好投奔到山东同乡张亮忱家做一名不速之客。亮忱是为抗战牺牲的张自忠将军的弟弟,曾同住重庆歌乐山,因为搞张将军的纪念活动认识了的。亮忱为人忠厚,热情招待。行装刚卸,便致函流沙,第二天他就来访,我悬悬的心才算放下了。他热情地把我介绍给《侨声报》老板,让我负责副刊工作,拉些名家撰稿,使报纸增光,销路推广。

没过几天,我搬进北四川路东宝兴路一三八号报馆的宿舍,从此我安身有处,有了个饭碗,"光荣而又惶恐"地成了大上海的一个市民。

《侨声报》,顾名思义,就可以知道是办给华侨看的一份民间报纸,销路只几千份。这个宿舍是接收来的一座日本式小楼,楼上拐尺形一排房子,每人斗室一间。我住在东首末尾,室内一桌一椅,睡"塌塌米",入室脱鞋,客人来访,席地而坐。月薪25万元,数目惊人,说大话,使小钱,以万当一。我的小叔叔带着我的两个孩子和妹妹在青岛艰苦度日,我把这25万整个寄给他们,自己凭写文章维持最低的生活。

我编的文艺副刊,每周一次,另外每月出一次诗专页,题名《星河》。这副刊虽小,但写稿人却都是著名作家。郭沫若、茅盾、巴金、叶圣陶、冯雪峰,屈指数来,何止几十位。这不光由于人事关系得到支持,主要是文艺战线上又新辟了一个小小阵地。

这个副刊,篇幅较小的杂文、散文较多,同时也连载了骆宾基同志的长篇《姜步威家史》。

《星河》诗专页，有名家作品，也发表了崭露头角的青年的诗篇。我对画版、编排不熟悉，流沙同志不惮其烦地帮助我，把着手教我。

北四川路一带，住着许多文艺界的同志。郭老住在狄斯威路一座花园洋房里。茅盾先生住在施高塔路大陆新村，30 年代与鲁迅比邻的故居。叶老、陈白尘同志就住距我咫尺的大街上。穆木天、彭慧同志住在景云里，鲁迅曾经住过的地方。田仲济同志和木天同志是近邻。唐弢同志工作的邮局，也在北四川路。李健吾、李白凤同志和我住在一个巷子里。楚图南（高寒）同志离我处，也不过半里多路。洪深同志住在上海戏剧学院，一举足就到，我常去看他。他为人坦率热情，多少有点神经质。田汉和安娥同志住在北四川路底，他是戏剧家，也是诗人和书法家。他坐牢时写的一首旧诗大有名，记得末二句是“乾坤硬骨余多少？莫作顽铜一例磨”。写狱中苦闷，磨铜的制钱以消磨时间。他曾为我写了一个条幅，笔势如走龙蛇，十年浩劫，已化飞灰了。

这些文艺界的前辈、朋友，在蒋介石反动统治之下，在上海令人窒息的环境里，在剧烈复杂的斗争中，经常往来，相濡以沫，彼此携手。有时在郭老的宽敞的会客厅里开会，商谈文化斗争的问题，情况紧急时，彼此传递情报，交换消息。

我的斗方“陋室”，经常客满，有时“坐谈”，有时“立谈”。季羡林同志，从南京过上海去“北大”任教，就住在我的“塌塌米”上，他的书箱子一个又一个，把我的这间小屋挤得更小了。我们有时促膝谈心，抵足而眠，有时流沙也凑过来，三个人高谈阔论。经济学家姜庆湘住在楼梯拐角处，他为《侨声报》编了个经济周刊，他在参加民主党派的活动，我们常一道谈谈。他的一个七八岁的小女孩，名叫小丹娘，活泼，聪明，可爱。住在瑞丰里的程光锐、张孟恢同志编了个经济刊物，常常跑来向姜庆湘同志约稿。

我到上海不过一个月，去参加追悼闻一多先生的大会。地点是一个大戏院子。人满满的，情势紧张。郭沫若同志登台讲话，慷慨激昂，沉痛而愤怒，声若炮发，语似火焰！台下掌声如雷，人心激奋！我热泪滚滚，啜泣不已。接着上海国民党教育界头子潘公展讲话，歪曲事实，为特务掩盖罪责。少数坏家伙，顿地板，吹口哨；革命群众则众口齐“嘘”，声势浩大。接着讲话的记得有顾毓琇——闻先生的老同学。

参加这个追悼会，等于参加了一次战斗，带着激动悲愤的心情走进会场，带着悲愤激动的心情走了出来，许久许久，不能平静。忆往事，抒悲怀，我写了《我的先生闻一多》这篇散文。

曹辛之同志创立的星群出版社，我全力支持，并且介绍了一些文友和青年同志同他合作。虽然经费不多，但办得却颇红火。抗战胜利不久，辛之就到了上海，在西门路福源里租了一间小房子，把牌子挂了起来。辛之在生活书店工作了多年，人事关系熟，对出版事业又内行，所以左右逢源，周转灵活。辛之又是画家，也能诗。在他的倡议下，我们创办了《诗创造》这样一个小小诗刊。在上面发表作品的，名诗人和翻译家有：戴望舒、任钧、臧云远、苏金伞、金克木、方敬、戈宝权、冯沅君、王辛笛、陈敬容、高寒（楚图南）……青年诗人更是屈指难数了。这个小刊物，在当日的文艺园地里，是一朵小花，但它也曾在黑夜中放出一点点微光，发生了一点点作用。大约出版了一年左右，辛之又另创办了《中国新诗》，《诗创造》由林宏同志接编了，出了16辑，就被查禁了。星群出版社还出版了吴组缃同志的《山洪》，骆宾基同志的《北望园的春天》，吴祖光同志的《牛郎织女》，任钧同志的《发光的年代》，辛笛同志的《手掌集》和戴望舒同志的《灾难的岁月》，袁水拍同志的《诗与诗论》和译作王尔德同志的《莎乐美》；再版了我的《罪恶的黑手》和《泥土的歌》。另外，在辛之的鼓励和协助下，我主编了一套《创造诗丛》，一共12本：杭约赫（辛之笔名）的《噩梦录》，苏金伞的《地层下》，吴越的《最后的星》，沈明的《沙漠》，青勃的《号角在哭泣》，索开的《歌手乌卜兰》,方平的《随风而去》,黎先耀的《夜路》,唐湜的《骚动的城》,康定的《掘火者》,李抟程的《婴儿的诞生》,田地的《告别》。

不论是《诗创造》还是《创造诗丛》,装帧设计,均甚精美,刊头有画,诗尾有图,都是辛之心血浇出的花朵。

在《诗创造》上,开始发刊黄永玉同志的木刻:《苗人酬神录》、《浴》,和漾兮同志的《孩子们》,还选刊了外国有名的木刻。为了共同为文艺事业作出贡献,我与辛之以及一批老朋友和新交,团结一致,结同心,齐努力。我的斗室,辛之、劳辛、先耀,是常客,有时一天一见,甚至一天好几次见。劳辛同志是共产党员,他的立场观点、对文艺的见解和我一致,我俩最相知,倾心置腹,无所顾忌。先耀那时还是暨南大学的一名学生,他思想进步,能诗能文,成为我的知心朋友。他还时常带一些气味相投、爱好文艺、追求光明的同学到我处来。我的房间虽小,但多嘉宾。1946 年李何林同志从昆明过上海去北平,我们就在这间斗室中订交,成为好友;楚图南、杨晦、白寿彝、冯雪峰、艾芜、陈白尘、吕荧、骆宾基、柳倩、穆木天、李纯青诸位,也是我的座上客。特别是碧野、艾芜、宾基同志,过从很密。碧野和司空谷同志住在一起,离我处不远。艾芜同志生活穷苦,凭一支笔维持一家数口的生活,写作极勤奋,多产而不粗制。他穿一身浅蓝布衫,提一个小布包包,我们常一道去访黄洛峰同志。那时洛峰负责读书出版社,也住在北四川路,住处是半秘密的。宾基和我交往密切,不只因为住的近,而是心近。他为人真挚诚笃,慷慨热情,能急人之急,患难与共。他写作勤奋,在读者中很有影响。

重庆时期一起工作的张启凡、陆慧年两位好友,都在上海,慧年在《联合晚报》做记者,她精明能干,斗争性强,不愧为一员女战士。

我到上海,以群同志是党组织和我的联系人,通知参加活动,送消息，都通过他。以群办了一个文章"托拉斯"式的小机构，名义上是茅盾先生挂帅，实际工作由他在搞，盛舜夫妇做他的助手。把作家们的稿子约来，先付稿费，然后看情况，分到适当的刊物上发表。以群去香港之后，联系人换成蒋天佐同志。1948 年前后，天佐也去了香港，由陈白尘同志接替他的工作了。

我和巴金同志，初会于重庆，30 年代就通过信。我的《运河》诗集，就是在他的文化生活出版社出版的。他住在静安寺路，环境较幽静，一座小楼，院子不大。我去看他，萧珊同志怀抱一个小孩子，大约就是女儿小林了。巴金同志为人平易，待人温厚。郑振铎同志的家离巴金不甚远，我每次去看他，总碰到"书贾"在座，和他谈书的交易，他购进，也让出。振铎同志是有名的老作家，也是藏书家，为人豪爽热情，落落大方，后辈与他相交，没有半点拘束。不论环境如何困难，他总以乐观态度处之，与他交往，像冬天偎近一盆红火。

沙汀同志，住在四川乡下，我们远隔千里，也不时信息往还，写信给他，总写他爱人的名字，她在一所小学里教书。我和艾芜常常谈起他，也谈起 30 年代他俩在上海刚刚开始走上文艺创作的道路，给鲁迅写信求教的情况。1933 年，他俩和我同时登上了文坛，成了"新人"。

我到上海不久，郑曼从南京也来了。由于任钧同志的热情帮助，她进了财政局，分到设在一个屠宰场的分征所当一名小职员，早去晚归，一方面工作，一方面照顾我的生活，一条心肠两处挂。1947 年夏，我的两个孩子乐源、乐安也从青岛到了上海，在我小房外边的走廊上搭几块木板，隔成一间"屋"，聊且安身。人口加多，生活担子也加重了。郑曼的家务事也繁多起来。她下班之后，常常从场子里带回一条牛尾来，熟人来了，她亲手作"牛尾汤"以享客。事隔 30 多年，至今有的朋友谈及往事，还啧啧赞叹：当年你家的"牛尾汤"真美呀！

1947年,解放大军对蒋介石展开了全面战略反攻,看大局,很兴奋,胜利的战报,鼓舞着亿万人心!但是,上海的白色恐怖,却随着政治局势的演变越来越重。物价飞腾,人心浮动。套在我颈上的生活绳索,一扣一扣地拉紧,《侨声报》因为亏损而关门大吉了,而一家四人的口却大张着呀,何况孩子们还得上学。祸不单行,我发烧咯血,检查结果,是肺结核,左侧已形成三个大空洞。怎么办?紧紧腰带,把已经很低的生活再简一下。抽了多少年的纸烟也戒绝了(几十年来未再抽一支)。从此,斗室成为愁城,满心悲愤,笔不停挥:写,写,写!

这时候,物质生活的困苦,还可以咬住牙吞下去,国民党的法西斯倒行逆施,令人愤怒,也令人担心。什么黑名单呀,大搜查、大逮捕呀,消息频传,夜不安枕。紧张的时候,听警车呜呜尖厉的鬼叫,头侧在枕上,听它的去向,心突突地乱跳。

我从1942年到重庆以后,就开始写讽刺诗,抗战胜利后,产量更大,锋芒更尖锐了。诗友们都在写讽刺诗,丑恶的现实"把诗人们刺起来了"!

到上海之后,目所接触,心所感受的,是一片令人悲愤的景况,种种叫人心碎的呼号;同时,革命的地下火在燃烧,战斗在短兵相接。阶级对立,红白分明。

我看到国民党的达官贵人,搜刮人民,取之尽锱铢,花天酒地,用之如泥沙。每到星期六,什么"院长"、"部长",成群"要员"从南京专车到沪,舞场灯红,笙歌度夜!而一夜北风,八百童尸!

我看得太多,想得太多,如果我手中没有一支笔,悲愤的烈火将把我炸碎!我悲愤,为了千千万万流落街头等待死亡的穷苦受难的同胞,我悲愤,也为了我自己。

于是我的讽刺诗犹如泉涌。从笔端上流下来的不是蓝墨水,而是心头的红血呀!一行一行写在纸上的诗句,就是一条一条的火焰呀!

国民党召开伪“国大”，我立即用《谢谢了，“国大代表”们！》反击它，诗句冷如冰，心中怒似火！警员，一股杀气，却说着为国为民的堂皇的话，听了刺耳惊心；我写了《“警员”向老百姓说》，剥开他们的胸膛，暴露出他们的黑心！1946年5月离渝前夕写的这篇诗，和《谢谢了，“国大代表”们！》可以说是姊妹篇。看了那些冻死在街头、饿死在巷角、从乡下逃来的农民，看了八百儿童——人类幼苗，约好了的一样，一朝被北风杀死在光明的、温暖的、豪华的东亚第一大都市上海！这种种情况，激发着人们的正义和良心，谁能不眼中含泪、心头起火？！我再无法抑制自己的感情，一气呵成了《生命的零度》这首长诗。

1946年12月，到上海才不到半年，我写下了《你们》这篇较长的诗。这篇诗，在唯美派的人们眼中也许不承认它是诗，因为我无心去雕饰，也实在有违“温柔敦厚”之旨。这是口号，这是控诉书，这是宣战表。它抒发了我的悲壮情怀，也道出了被压迫、被摧残的广大无辜人民的心声。现在，我把其中的一小节抄在下边：

我要写诗，
因为我要活下去，
而且，越活越起劲！
我明白，在我们消极的时候，
你们才积极起来！
我要用我的诗句鞭打你们，
就是你们死了，我也要鞭打你们的尸身！
我要把我的诗句当刀子，
去剖开你们的胸膛；
我要用我的诗句，
去叫醒，去串联起
一颗一颗的心，

叫我们的人都起来，都起来，
站在一条线上，
向你们复仇！复仇！

这个时期，我的创作如火如荼。我写了大量的诗，结集成《生命的零度》和《冬天》。作于1947年底、题名《冬天》的这篇诗，我描绘了由于国民党的统治造成的民生凋零、乡村破产的悲惨苍凉的景象，结尾我用"这该是最后的一个冬天"这样一个句子，呼唤着新的未来。除了诗创作之外，我也写散文、随笔、特写，结集为《磨不掉的影像》，其中包括《在"胜利号"拖轮上》长篇日记。我平生不写日记，这是有意为之的。此外，我还学写小说，大半发表在郑振铎、李健吾同志主编的《文艺复兴》上，得到朋友们的鼓励，特别是郑振铎同志，他那发自衷心的赞誉之辞，我听了之后，真是一则以喜，一则以愧。他奖掖后进的热情，给予我极大的力量，为之感动不已。一篇又一篇，接二连三，我写了《挂红》、《拥抱》这两本小说。这些小说，有的身旁取材，情况熟悉，像《挂红》、《小马灯》，有的有一点影子，伸引生发，针对黑暗现实，发愤而成。

我拼命地带病写作，主要是心中郁愤，一吐为快，以文章换口粮，也大有关系。

在坎坷穷途上，突然一个好友向我伸过热情的手。白寿彝同志看见我贫困潦倒，把他主编的文化综合刊物《文讯》让给我编。寿彝那时和顾颉刚先生为文通书局搞了个编译所，出版了学者和翻译家的不少著作。

1947年6月接编《文讯》月刊，不但有了新的文艺阵地，生活上也有了支柱。我编《文讯》之后，每出两期"综合"版，间出一期文艺专号，篇幅加大。撰稿人的范围也更加广泛了：费孝通、裴文中、杨仲健、夏康农、冯沅君、郭绍虞、陈觉玄、李纯青、谭丕模、杜守素等几十位学者专家都在综合版上发表过文章。至于"文艺专号”,包罗得就更广了:郭沫若、茅盾、叶圣陶、朱自清、冯雪峰、王统照、洪深、杨晦、曹靖华、巴金、穆木天、彭慧、高寒、沙汀、艾芜、端木蕻良、戴望舒、李健吾、王西彦、碧野、田涛、徐迟、许杰、戈宝权、董秋斯、吕荧、黎烈文、方敬、林辰、丰村、刘北汜、刘岚山……都为它写了作品,有的还不止一次。

我的手伸得很长。向北,伸向北平;向西,伸到昆明。李广田同志不时寄稿子来。冯至同志的译作:海涅的《哈尔茨山游记》,也在“专号”上连载。

我和朱自清先生素不相识,他为了编《闻一多全集》开始和我通信。从往来的信件中,看出朱先生是一位态度公正而谦逊,为人忠实而奋勉的学者和诗人。

1948 年,朱自清先生不幸逝世。不论识与不识,都同声哀悼,景仰其为人,为其遭遇不平。手泽在目,而哲人已逝,我的难过心情,自不待言。在《文讯》第九卷第三期“文艺专号”上,为朱自清先生出了“追念特辑”。我凭友情、量关系,约来了 22 篇悼念回忆文章。它们的作者是:郭绍虞、郑振铎、叶圣陶、冯至、魏金枝、许杰、杨晦、李长之、吴组缃、杨振声、王瑶、徐中玉、余冠英、穆木天、王统照、任钧、牧野、渐离、刘北汜、青勃,以及朱先生的公子朱乔森。还有清华大学学生郑敬之写的《清华园里的追悼会》的报道。

这些文章的作者,都是朱先生的同学、同事、好友、学生,都凭着一腔热情、两行热泪,把笔为文。记述了朱先生的生平,赞颂了朱先生的为人气节及其在各个方面的卓越贡献,故友情深,评价公允,非一般应酬之作。

在文章之前,有道林纸插页,刊登了朱先生西装半身小像,下面是生平及著作介绍。小像右边是朱先生的手迹,给我的一封近 300 字的信,今日重读,不胜今昔之感。朱先生大约给我三四封信,十年浩劫,尽化飞灰,忆来心痛!

几十年来,我集存有文艺界前辈和朋友函件,何止千封。最多的是王统照先生的，也有老舍在美国讲学时寄来的。原想有朝一日，编一本《书简集》，存史料，抒情谊，供参考，大有意义。十年浩劫后，这些书信与希望一同烟消雾散了。

《文讯》月刊，综合版大约销 2000 份，而“文艺专号”呢，印 4000，在当时就算不错了。冯乃超同志在香港也看到了这个刊物，托人带消息给我，要我组织文章批判萨特的“存在主义”，我照办了。

我隔个十天半月总到郭老、茅盾先生家去谈谈，以消胸闷，交换点消息。同时，也为刊物约稿。郭老有时在会客厅里为人写字，一条大长方桌，我为他镇纸。看郭老笔酣墨饱，落纸云烟。有一次郭老为《文讯》写了一篇 7000 字的长文《再谈郁达夫》，于立群同志亲自送到我的蜗庐，此文发表在《文讯》月刊七卷五期上。

茅盾先生的寓所距郭老住处一箭之地，从旧日的内山书店（此时王造时在旧址办了一个书店），往右拐不远就到了。他住着两间房子。大约新到不久，尚未用人，家务事全由沈太太一人操劳。我去了，有时碰到她在一张桌子上烫衣服。

办刊物，拉稿子倒不愁，因为熟朋友们支持。杨晦先生（我中学时代的老师）那时在幼稚师范学院教书，和夏康农同志住在一起，距我处较远，但过从颇密。约他写篇文章很难，他很慎重，手下的那支笔很沉。由于我紧逼力追，杨先生在《文讯》上发表的文章却不少。那时，他偏重“农民文学”，有的同志写文章提出不同意见。

每到发稿费的时候，我便有点发愁，先到银行去把款子取来，然后分发。一取，便是半麻袋包。1 万元一搭，因为太多，无法点数。回头一查，每搭子少 100 元！款子到手后，立即送出，谁也不肯把现款稍事存留，因为物价不断飞腾，而纸票的身价却时时大跌！

当时写文章，办刊物，是为了糊口，也是为了战斗，有时也外出作些活动。记得有一天,蒋天佐同志来,他让我在某日下午三时,到大马路一栋楼房的二楼去讲讲诗。我也没问什么,到时间去了。看到有三十几位青年,工人模样,在那里坐等了。另有一个晚上,应邀到同济大学的大礼堂去讲演,这是三个大学联合举办的,到了千余人。田汉、洪深、胡风同志都讲了,我讲的是闻一多先生的诗,并且高声朗诵了《一句话》。我们的讲话,受到热烈的欢迎,掌声雷动。我带着兴奋的心情回到了家。

我到上海以后写的许多讽刺诗和文章,大半发表在唐弢同志主编的《文汇报 · 笔会》和《文萃》、《文艺复兴》上。写的越多,约稿的也越多。记得 1948 年初,南京中央大学的一位女同学来访,要我为她们办的反蒋地下刊物写稿,我答应了,约定时间来取。到了那天,我的小屋里来了许多人。一遇到时局紧张,总有人来好意地问去留,但也有人来窥探行踪。我看这位女同学快到门前了,心生一计,当她到了门口时,我把准备好的稿子拿到手中走出门去,大声说:“你要的稿子,拿走吧!”回头来,神色自若。

政治形势越来越紧张,国民党随着战场上的节节失败而更加疯狂起来。周恩来同志领导的党在南京、上海的办事处,被迫撤退以后,国民党独裁、高压越来越严重。人民在反抗,学生在怒吼。“反内战、反饥饿、反迫害”运动如火燃烧。大约是 1947 年夏天,交通大学派代表来送邀请函,说是几天后他们与市长吴国桢辩论所谓“爱国有罪”的问题,要我们去作评判员。并说,在上海各界共约了 20 多位先生。我写了支持信,他们把它张贴在学校的墙上。事后得知,那天大辩论,形势紧张,有 6 人到场评判。

革命形势越好,国民党反动派的日子也就越不好过,它的法西斯统治也更加紧了。天明之前这一阵黑,最难熬!一堵老病墙快要倒了,它可以压死人!郭老、茅盾先生同时秘密离沪去了香港。凶恶的消息一日数传,弄得人心惶惶。在这紧要时刻,我总是跑到近在咫尺的李纯青同志家里去探听一下虚实。他是《大公报》的社论委员，消息灵通，又是革命同志，可以放怀畅谈。另外，也经常去找白尘、唐弢同志交换听到的情况。

郭老、茅盾先生走了之后，也给我增加了紧张和寂寞之感。每次路过他们的故居，我心里思绪万千。吟诗纪感，我写下了《你去了》这一篇诗。末节七行是这样的：

你去了，
像头上移去了太阳，
心还是那颗心啊，
可是，
它陷出了一个缺口，
里边有那么多的惶惑，怅惘，浮动，
更加上一点儿彷徨……

1947 年 11 月于沪

大约就在我写这首诗前后，碧野、司空谷也向我告辞，到北方解放区去了。我的心里确乎有点儿彷徨。记得十分清楚，就在 1948 年元旦，一天之中有三位朋友先后来送消息，也就是下紧急警告，要我赶快离开，特务已经在追踪了！我何尝不想走，我将到何处去？我一个人走，一家三口怎么办？这时候，我倒沉着了。我回答朋友的关怀说：我没有那么重要，而且看局势还没到非走不可的“最后关头”。

不久，又有朋友促我起身。他说，听到消息，特务要把你上黑名单，罪状是：写讽刺诗，办“左”倾刊物，第三条是星群出版社是共产党出钱办的，你参与其事。

1948 年六七月间，杨晦先生到我处辞行，说明后天要去香港，也希望我计划一下，论情况也到了该走的时候了。杨先生要我下决心，走的话，他和组织上说一下就行。

杨晦先生的离去，我的思想斗争更加剧烈，真是心中纷纷乱如麻啊！

我没走。但觉得精神压力更重了，更孤单了。好在白尘同志经常送消息给我，有个依靠，心里也得到点慰藉。他有时给我送书来，封皮是黄色小说，内容是革命书刊。为了谈心事，舒情怀，经常和知心朋友往来。力扬同志在郊外育才学校教书，回到市内，总找到一起聊聊。柳倩，住得很远，我有时去看看他。丰村、木天、陈敬容、辛之、林宏、江星明……更是经常往返。老友田仲济，我们常常在一起。记得1948年鲁迅逝世纪念之后不久，我们一道到郊外墓地上去凭吊，一口小坟，埋着一个巨人。一块小石碑，上书“鲁迅之墓”四字。我们徘徊的时间很长，心里想的也很多。想到鲁迅先生生前和他的死后，想到我们到上海之后两次纪念他逝世的大会被特务捣乱不得终场的情况，想到群众如何的热爱他、崇敬他，而国民党反动派又是怎样围剿他、迫害他，连前来拜墓的人，都有特务追踪，暗中给你“留影”。反动派连战士之墓也怕得要命！

1948年11月下旬，晚7点多钟，我刚放下饭碗，白尘同志到了。戴一顶灰色礼帽，帽檐遮住半边脸。一进门就严肃而又轻声地说：“今晚不能在家里睡。”说完转身就走：“我还得到别的朋友处送消息。”

听了白尘的话，立即与郑曼作出决定：到仲济家去。如夜间无动静，一早叫孩子去通知我。到了仲济家，我说，形势危急，南京的学生纷纷散走，我爱人的一位女同学到了，我来借宿一晚。我和仲济是挚友，心照不宣。一夜心中忐忑。次早黎明，孩子来叫，我放心地回家了。喘息未定，辛之的爱人突然闯进来，神色仓皇，发急地说：“臧先生，您还在家！昨夜一群特务搜查了‘出版社’，幸而辛之回老家去了。特务还逼问蒋天佐和您的住处。臧先生，赶快走！”话音未落，她转身就走了。

我知道，最后关头到了。三十六计，走为上策。仓促之间，先在朋友处躲躲。每到一处,就用电话和郑曼联系。

头一天先到韩易田同志处。他在贸易公司工作,没人注意,我就在会客室里坐着,挨到下午五点,就到金城银行王辛笛同志处,坐他的汽车,一同到他家里去。辛笛是诗人,为人敦厚,对朋友热情,我到上海以后才和他订交,过从较多。他在这家银行作副总经理,家住一栋小楼。去前,他先嘱咐:我对家里人说你是我的老朋友,从北方来,接到家中住几天。你不要说出真姓名。

到了辛笛的家,受到热情招待,在这患难时刻,心里特别感激。住了两三晚上,看见辛笛翻动抽屉,撕裂信件,我心里感到不安,决定换个地方。我又转移到和我家住在一条巷子里的健吾家中。健吾是要好的朋友,心肠热,终天乐呵呵的。晚上李大嫂为我作"刀削面",面刚下到锅里,有人叩门,我急步登上三楼他的藏书室,听见健吾慢悠悠地走出去,拖长声音问:"谁呀?"客人没进门,说了两句话就走了。我受了一场虚惊。

就在我东躲西藏的几天里,住处又发生了问题。《侨声报》停刊之后,我们以不发遣散费为理由,赖在那里不走。实际上是无处可走。我离家时,姜庆湘同志早已搬走了,只剩我们这一家。这时候来了三个彪形大汉,赶我们走。声言,再不走,就要"对不起了"!万般无奈,最后向文通书局交涉,老板腾出一间放书的亭子间来给我们暂住,算有了个新居。我们养了只猫,为了给忧患生活中增加一点生趣。搬家时把它带来,它不认这个陌生地方,逃走了。我胸中有点怏怏不乐,心想:如果是条小狗,它就不会跑掉了。我们搬家,只有寿彝和易田这两个朋友知道。他们来看望我们,心窝里热乎乎的。

形势逼人,上海不让我再苟安下去了。我找白尘同志商量,决定去香港。他开了个条子叫我到一家银行去找一位女同志取700元"金圆券"作路费,又把盛舜同志在香港照相馆的地址告诉了我,我深深地牢记在心上。他说,找到盛舜就可以找到以群了。辛笛知道我要走，慷慨赠我2000元“金圆券”，白尘开的700元，我没去取。

12月初，文通书局总经理要去广州分店，带一个随员。我与他结伴同行。他替我也买了二等火车票。临行前夕，和郑曼、两个孩子做了一点家事的安排，虽系暂别，但风云难测，心中烦乱，默默无多语。

深夜踏上南去的火车，冷风凄凄，灯光黯然中家人分手，心中的负载，比车厢还重。

车到杭州，这位总经理游兴大发，下了车，到西湖饭店暂住。我们都是第一次来到这天下闻名的胜地，但各人心情不同。他俩慢悠悠，恣意游赏；西子有情，我则无心，急攘攘情怀，觉得山无光，水无色。夜间，荡舟湖心亭畔，看天上、水底两个大月亮比美。湖上水波微动，浪簇金蛇。西湖在眼前，但她不在我心上。驰名天下的“八景”，忆来踪影模糊。

两天以后，重新登车，人山人海。他们两位知难而退，我却只有前进。他们全力以赴地把我推到车上，打开窗户，将两件行李塞了进来。汽笛呜呜，告别了冰冷的西湖，告别了两位旅伴，前途茫茫，孤身远征。

越往前走，车上的旅客越少。二等车厢里，后来只剩了我和十几个国民党军官。他们这些从东北回来的残兵败将，以解放军的神勇作为玩笑的资料，妄评战局形势，彼此自嘲以为乐，有幸而生还的自得之态。听了他们的不知羞耻的闲聊，我心中暗笑。我躺在席位上，把礼帽遮住脸。他们大约从我这种神态上发现了破绽，我听他们窃窃微语：“看这家伙……”语声虽小，却使我惊动。车到株洲，尚未停稳，这一群魔鬼纷纷跳了下去。我以为他们想要搞我，仔细一想，我笑了。他们一定是没买票，逃之夭夭了。

要换车，只得下来。车站离旅社有一段路程。晚上，落着濛濛细雨，我一手拎一件大行李，另有一个装牙具的小塑料袋子，只好用牙咬着,摇摇晃晃,"咔嚓"一声,把左边一颗门牙崩掉了。30多年来,我没修补它,留个缺口作为永久纪念。

车子越南行,天气越和暖,身上的冬服一层一层往下剥。车到广州近郊,大野里满是赤身劳动的农民了。记得我在13年前写的《运河》这篇诗里有这样两个句子:"头枕着江南四季的芳春,尾摆着燕地冰天的风云。"好似为了叫我印证这两句诗,使我有这次亲身的体会。祖国是伟大的,大地是辽阔的,可是竟无处可以容下我这条身子。

我作为不速之客,进了文通书局广州分店。经理是一位中年人,早就认得,招待热情。我一杯清茶在手,心里觉得有点着落的当儿,他以平静的口气说出了一件严肃的事情:"臧先生,我不能多留你……"我听了有点惊异。他转身取来一张隔天的香港《文汇报》,指一条"上海通讯"给我看,特务搜查星群出版社,追问天佐和我住处的消息,已经见报了。这位年轻的经理好意地说,我替你买车票,明天就起身!

我说:"好!"心里的"着落"又渺茫了;我很感激我的主人。

第二天,他送我上车。来也匆匆,去也匆匆,握别的时候,心中凄然。没有亲人,他就是亲人了。最后他附耳说了一句:"过深圳就可以放心了。"

汽笛呜呜,车声隆隆,我总觉得车子走得太慢。

"深圳"二字映到了我的眼中。我向四处投出探视、警戒的目光。我留恋深圳,对祖国,对人民,对朋友,对亲人别绪依依。同时,我又恨不得马上离开它。

车子平安无事地驶过了边界线。我的心,从半空中落了下来。此时我胸中充满了乱糟糟一种情味,苦乐难分了。

车到了香港,两个世界,两种心情。按地址在一家照相馆找到了盛舜,他带我到九龙的以群处。老朋友异地重逢,自然欣喜。以群住着一间楼房,夜里我就睡在地板上。他的朋友如云,文学方面的，电影、戏剧界的，经常开会，两不方便。没过多久，我搬到荔枝角九华经这个小村子去了。那里住着许多朋友：杨晦先生、适夷同志、巴波同志三家，还有端木蕻良、方成、黄永玉等同志。这个不显眼的、有点诗意的寒村，一下子就住进了这么多的文艺界人士，连港警都为之注目了。巴人同志刚刚离开九华经，有几个达德学院的学生住在那里。他们都是马来西亚共产党员，我也暂时在那里安身。这些青年有朝气，很热情。

到了香港以后，见到冯乃超同志。他问了一下上海的情况，便代表党组织送了我 100 元港币。我也把要到解放区的决心向他表明了。过于紧张的心情一旦松了下来，我忽然病倒了，高烧达四十度，而且久久不退。巴波同志的爱人李琪树同志关心我，无微不至，使我感动；马共青年，照顾我如同亲人。组织上又请了一位中年红色医生来为我打针，并且打了电报给我滞留上海的爱人。过了十几天，郑曼突然来到了我的身旁，令我惊喜。她说，两个孩子已安排去了青岛，再转入山东解放区；所有家当，寄存在友人处了。

郑曼来到的前夕，托黄永玉同志在九华经村头赁了一间盛牛草的土屋，凭小梯子爬上阁楼，头一仰，顶着屋瓦。门前是一条小小的臭水沟，一叶木板连着小径。文艺界的朋友你来我往，一进土屋，都是笑着说："小桥流水人家，这新居真有诗意呀！"吴祖光、丁聪同志来玩，曾为它留影。一张是在楼上，我们与杨晦先生、吴祖光同志合影；另一张是我和郑曼带着杨先生的大儿子站在门前拍的。这历史陈迹，我至今仍然珍存着。

健康慢慢地恢复，活动也渐渐地多起来了。香港文化教育界，为招待先后来港的文化界朋友，举行了联欢茶话会。见到了几十位老朋友，认识了不少新朋友，陶大镛同志就是其中之一。我曾到进步的学校达德学院去访问，至今存有与黄药眠、钟敬文、周钢鸣、端木蕻良同志的一张合影，也会见了老朋友孟南同志。

叶圣陶先生也到了香港，住在九龙饭店，我去拜望了他老人家。叶老对人真诚,不以“老”自居,迎送客人,都是九十度鞠躬如也。他从事教育工作多年,写了许多文艺作品,向往革命,有正义感。“有所为,有所不为”,这种精神,令人钦佩。

邵荃麟,葛琴同志,住在香港湾仔,他和林默涵同志搞了一个资料研究机构。荃麟夫妇请我和郑曼去吃饭,谈到一些往事,情洽意足,极感快慰。我到旅馆里去看过纯青,在那儿遇到周太玄先生。萧乾同志是《大公报》社论委员,住在该报宿舍的一座大楼上。

有一天,一个喜讯传到我的耳中:余心清同志来到了香港。他因为反蒋被关押,解到南京。国民党反动派力逼他承认军人身份,要杀害他。他在监牢中,留着一把长须,领导同志们和反动派作坚决的斗争,为难友所钦敬。现在乘南北和谈机会,经多方营救,才获得自由。我到一所大饭店去看他,悲喜交集,情景动人。没过几天,他也搬到九华经来了,赁了一间房子,在我家吃饭。他来,是为了写本回忆录,我介绍巴波同志替他执笔,构思、修辞也差不多都想好了。不到一个月,稿子写成了,书名:《在蒋牢中》,把蒋家王朝反动黑暗的内幕,作了痛切的揭露。由于黎澍同志帮忙,很快就出版了。

我到香港,只是过路,什么时候离开,自己也不知道。不能老向组织上伸手,为了眼前的生活,我又提起笔来。《文汇报》副刊,在上海时,我是经常撰稿人,可说是老朋友了。一听这报名,就有点亲切之感。编辑部的同志们来约稿,来慰问我们,实际上也就是帮助我们,约了 7 位文友,每周每人规定好要写一篇。记得有端木蕻良、聂绀弩等同志。另外,《大公报》社的朋友方蒙同志也找上来了。记得为他写了一篇专论,送稿费港币 60 元。另外还写了一篇题为《寄北京大学照澜园》的诗,是为李广田同志写的。广田是我中学时代的同班同学。方蒙同志陪我在海边散步,还有一张沙滩上的合影留在手头,今日再看,真有点雪泥鸿爪的味道了。叶灵凤在《星岛日报》编副刊，过港文友，都被邀写篇文章，我也写了。

有一天，我在电车上遇到乃超同志，他说：正好，有两张票子，你和郑曼就走吧。说着，他从口袋中掏出两张船票交给了我。两三天后，我们就辞别居留三个月的香港动身北上了。

这只船的名字叫“宝通号”，是党组织包航的一艘专轮，乘客有百余人，大半是三联书店的同志。其中有阳翰笙、史东山、严济慈、徐伯昕、张瑞芳、汪金丁等同志。我的舱位，正与郭老的儿子紧挨着，他大概是个高中学生，从日本回来。一路风涛，我不断呕吐。那时蒋介石的舰艇常在海上捣乱，袭击北上的船只，虽然在广阔无垠的大海上，心中却还有点不安。过了危险的海域，我们开起联欢会，表演节目，大家心情愉快而激奋，像大海的波涛。我在船面指手画脚，高声朗诵，海阔天空，热情澎湃，心中充满了鱼归大海，鸟奔深林的快乐。丁聪同志为我拍下了这个历史镜头，以为永念。

“宝通号”把我们带到了天津。船刚停，带队的乃超同志对我说：“克家，你一个人先下去。”我不知是什么事，一下船，见到黄敬同志立在岸上。我遥呼一声：“老俞！”他走上前来，替我提着小包包。我原不晓得黄敬市长就是我青岛大学的老同学俞启威。他盛宴招待我们同船的同志。在宴会上，我认识了天津文化教育方面的负责人阿英、黄松龄同志，张颖同志是我在重庆就熟悉的，她现在天津作文艺组长。她看上去还是有点软弱的老样子，穿一身旧棉军衣，肘子上已经露出了棉花。一到解放区，不但人的作风大不同，连天地的颜色也似乎两样了。

在天津停留了两天，坐上火车飞驰到了祖国的心脏、仰望已久的伟大的北京(那时还叫北平)！我们一到，《人民日报》就发了消息。住处安排在前门外永安饭店。刚刚住定，忽听走廊上人声欢腾，走出房门一看，周恩来同志看我们来了！他满面笑容，一个门、一个门地走遍，和每位同志握握手。他对大家说：“同志们一路辛苦了。有什么需要可以提出来，你们现在是到了老家了。”这几句话，把我们的热泪都碰出来了。

余心清同志来看我们，塞给我一点钱，怕我乍到，零用钱不方便。心清对朋友一贯热情慷慨，他离香港北上时，还留给我二百元港币，我不要，他说："他们刚送给我四百元版税。"

周恩来同志说得好："你们现在是到了老家了。"我的回忆录到此为止，也算写到老家了。

1980 年 12 月 20 日

选自《臧克家散文小说集》(下)，长江文艺出版社 1982 年

《避暑录话》与《星河》

臧克家

青岛，大海环抱，崂山遥映，是举世闻名的游览胜地。但它在文化上，却是一个荒岛。1929 年"国立青岛大学补习班"成立以后(1930 年"国立青岛大学"建校，后两年改为"国立山东大学")，青岛进入了一个新的时期。像春天的百卉，这儿的文艺花朵也开放了。

五四时代写过小说《玉君》的杨振声先生作了校长，他的后任是戏剧家赵太侔先生。闻一多，洪深，老舍，王统照，赵少侯，沈从文，游国恩，梁实秋，杨晦……这许多文艺界的著名人士都来到"山大"任教。吴伯箫同志也在"山大"工作。萧军、萧红、端木蕻良、于黑丁……这些"东北作家"都经过青岛去上海，有的还在青岛小住过。萧军就曾在这儿停留一个时期，我和他晤谈过。至于外地来度夏的名人，那就更多了。章太炎就曾在我们的学校里演过讲，用粉笔把讲题写在黑板上，清楚地记得那四个白字："行己有耻"。那是批评蒋介石不抵抗而放弃东北的。章太炎身体瘦小，精神硬

朗,他的话我们听不懂,理学院长黄际遇先生给他作的翻译。

我1934年在"山大"中文系毕业后,就到临清中学教书去了。但每逢暑假我不回老家却来青岛。并不是为了趁热闹,赶繁华(青岛一到夏天,一片繁荣景象,秋风一吹,游人散去,柏油马路上只见落叶不见行迹,显得冷冷清清,寂寂寞寞),而是抱着欢晤会心朋友的情怀旧地重来。我在青岛住了五年,听悲咽的海涛,看大好河山的蒙辱,痛苦,失眠,悲愤,卧病,百感交集,呕血苦吟……这心情,这际遇,这时代,这环境,谁能证明?谁能了解?到了青岛,我无言,可以倾诉,见了亲友,可以推心。我所以系恋青岛,因为青岛系恋我。

1935年暑期,我投进了青岛绿色的怀抱。青岛有一家《民报》,总编辑是杜宇,他爱好文艺,译过卓别林的《从一个丑角看世界》,他的日文不错。刘西蒙同志也在《民报》工作,这家报纸有个文艺性质的副刊。记得于黑丁同志作过一个时期编辑。孟超同志也搞过这副刊,常以"小糊涂"的笔名发表文章。王亚平、袁勃同志,这时在黄台路小学教书,蒲风也来了青岛,写小说的李同愈、王余杞同志也同在。因为文艺界的朋友们集中在一起,话语离不开本行,《民报》又拉大家写点什么。在一次大家聚会的时候,就有人说我们搞个文艺副刊如何?一个倡议,大家赞同,就这样,《避暑录话》因而诞生了。

为什么取名《避暑录话》?这是洪深同志提议的,他还有个解说:"我们避暑不是纳凉,而是避国民党老爷们的炎威。"这个小小副刊,夏生而秋死,寿命短得可怜,在文艺刊物的历史上,它也是渺沧海之一粟。因为撰稿人是著名的小说家、戏剧家、诗人、散文家、翻译家,像夏日的云朵,偶尔聚合在一起,任意洒落下一阵小雨点,所以至今有时还被大家想到,谈起。

这个《录话》,既无主编,也没编辑,它是附在《青岛民报》上作为一个文艺副刊出现在读者面前的,仿佛是一周一次。每次出刊之前,大家聚餐一次,一面碰杯,一面畅谈,一面凑稿子,虽然有点随随便便,倒也觉得无拘无束,有点自由自在的情趣。青岛有个颇有点名望的餐馆,名叫“厚德福”,据说梁实秋先生就是它的股东之一,我们在这儿聚过餐。文友中,赵少侯先生,酒量最大,家中酒罐子一个又一个。老舍先生也能喝几杯,他酒量不大,但划起拳来却感情充沛,声如洪钟。在1935年那样一个苦闷时代,在青岛那样一个外国军舰横陈的地方,这样“书生救国恨无力”但又心怀义愤的一群,你写篇散文,他来篇杂文,凑成一个小品文刊物,聊以抒情消忧。当然,内容方面,既无刀光剑影,更谈不上火药气味。我记得我写过一篇题名《吃大蒜》的小文。上边提名的这些文艺前辈、著名作家,个个都写过作品。

《避暑录话》在《民报》刊出之后,引起读者注意,报社格外增印几百份道林纸的,折叠起来,成为八小页的一个小小刊物,送到荒岛书店代售。这家书店,专卖上海、北京出版的书籍、刊物,成为荒岛上的一朵文艺之花。

暑期过了,在“山大”教书的,开学上课了,外地来的,告辞了。“录话”也就结束了。

44年,弹指之间,已成过去。当年一起搞《避暑录话》的文友,大半已登鬼录,活到今日的,仅仅六人而已。每次晤面,谈及往事,感愤无已。

1945年抗战胜利后,有办法的,从天空中,从水陆上,纷纷离开了这座浓雾迷漫、令人窒息的山城——重庆。作为职业作家的我,却无可奈何地滞留在“歌乐山大天池”一家贫农的房舍里,一直到第二年七月间,才以我爱人(她在一个小学里任教)眷属的身份,登上了“胜利拖轮”顺大江东去。所谓“拖轮”,就是一个马达当先,拖着几只用铁链子连在一起的大木船,战恶浪,冲险滩,过三峡,出夔门,惊心动魄,几乎葬身鱼腹,不死是蒙天之幸!好歹到了古老的石头城——南京,我只能小事停留,我的目的是大上海。我去上海，既无门路可攀，又无亲故可投，前途茫茫，不堪设想。真是天无绝人之路。有一天，在街上碰到了一位在重庆结识的青年朋友林宏。异地重逢，喜出望外，何况在我举目无亲的时候。他问我将往何处去？我说去上海。他说：前几天见到陈流沙同志在《侨声报》上刊登了一则查询您近况的消息。他的这几句话，使我在苍茫中看到了一点希望的光，从心里感到欣慰。七天之后，我置身在这冒险家的乐园里了，心中有点茫茫然、惶惶然的感觉。没有预先打招呼，我就作为不速之客投奔到张自忠将军的弟弟张亮忱先生家里去了。在重庆的时候，我们一同住在歌乐山，为了悼念为抗日牺牲的张将军，他找我在纪念册上题了词。他在上海有一座楼房，我便在他家暂时落脚了。他颇重乡情，热情地招待我。我放下行李，就投信给陈流沙同志，茫茫大上海，我只把一线希望寄托在他身上，而对于他的情况，我是毫无所知的。信发出后第二天，他的人到了。我1942年到重庆后才认识流沙同志的，他那时在负责编辑《侨声周刊》，还编过一个诗与散文的小刊物，不时约我写点稿子，“复员”到上海，他在《侨声报》当一名编辑，并不被看重。这时见面，特别感到亲切。他慷慨允许马上找社长朱培璜给我介绍工作，在走投无路，举目无亲的时候，他的这种热情对待，给了我很大的安慰。没过几天，他来报喜，说朱社长请我到他家里去吃便饭。说是便饭，其实是盛馔，主人很客气，希望我到社里帮忙，编一个文艺周刊，使报纸增光，打开局面。话语无多，从中我体会到他的用意，就是想让我多拉些有名的作家在他的报纸上见面，凭这招徕读者。

在亮忱家打扰了七八天，我就搬到虹口横浜桥附近的东宝兴路一三八号《侨声报》宿舍里去了。小楼独院，是抗战胜利后接收的一幢日本房子。《侨声报》是以华侨为对象的一家民办报纸，但在那时代，没有后台办份报是难于上青天的，何况能把一座敌伪产业接收过来，到底是什么来路，我不明白。编辑们全住在二楼，一家一间，密密挨近。睡在“塌塌米”上，进门要脱鞋。室内一桌一椅，别无长物。斗室虽小，容膝易安，总算有了一个饭碗，悬的心才落实了下来。每月工资 25 万，实际就是 25 元，物价腾飞，而薪水不涨，仅仅维持一日三餐。那时我小叔叔、妹妹和两个孩子全在青岛，我的工资全数寄给他们，我自己凭一支笔生活，一种低级纸烟，也成为奢侈品，索性禁绝了。物质、精神，双重压迫，此中况味，不言而喻。

我负责编的那个文艺副刊，名字叫《星河》。因为，我特别喜欢星河这两个字，我曾以星星为名写过一首小诗，因为“它们是那么渺小，渺小得没有名字，它们用自己的光圈，告诉着自己的存在”，但是它们“谁也不排挤谁，彼此密密地挨近”。另外还有别的周刊，譬如有个《经济周刊》，由经济学家姜庆湘同志主编，他也住在同一楼上。因为七天出版一次，所以工作并不紧张。记得刊头是曹辛之同志设计的，流沙同志教我如何画版。凭个人关系，我尽力拉一些文艺界名作家的稿子，不论长短，不限体裁，都要至少在周刊上见面一二次。郭老，叶老，茅盾先生……文坛点将，何止几十名。骆宾基同志的长篇小说《姜步威家史》就在周刊上连载，我的手伸得很长，不止在上海的作家，连在昆明的像李广田、冯至同志也拉来了稿子。隔两周刊出一次诗歌专号，题名《学诗》，《星河》副刊，记得遵从了社方的意见，写明由我主编。在 1946 年那样一个革命与反革命斗争剧烈的时代，在国民党白色恐怖弥漫的上海，编一个专刊，写一篇文章，不可避免地要表现出编者、作者的立场。目之所见，耳之所闻，心之所感，无一不令人悲愤满怀，心痛欲裂。刊物反映现实，透露人民的心声，这才能得到读者赞赏，但又不能色彩太鲜明，揭露太露骨，那样的话，虽然可以逞快于一时，但会惹得剪子、棍子一齐来，使刊物遍体鳞伤，甚至夭亡。在反映现实与争取存在的矛盾之中，作为一个编者是煞费苦心的。由于那时，我写了一些揭露控诉国民党反动派的讽刺诗，时常被朋友好心地警告。国民党搞黑名单，大搜查，在紧急的时候，一夜不得安枕，倾耳耸听令人心惊的警车，呜呜地从门前驶过。刊物和它的编者，像惊涛骇浪中的一叶扁舟。

这《学诗》诗的园地，得到诗人们的支持，案上的投稿虽不能说盈尺，但也不少。记得丁力同志从南京寄稿子来。劳辛、黎先耀同志，也是在这个时期认识的，成为亲密的战友，他们为刊物写诗论和诗。辛笛、陈敬容、田地、康定、唐湜，唐祈……这些当时的中年、青年诗友，头角崭露，因诗得识。美术家黄永玉、方成同志，也不时光临我的斗室，那时他们少年翩翩，年仅二十二三岁。至今还有时和他们晤会，都已白发半头了。就在这间既是卧房又是编辑室中，接待过杨晦先生，楚图南同志。于立群同志有一次亲自把郭老的大作送到我手。季羡林同志从德国回来，将到"北大"任教，就睡在我的"塌塌米"上；李何林同志从昆明赴京，路过上海，我们在这斗室里订交……在上海的许许多多的诗朋文友，大都曾经到过这斗室，进门脱鞋，作为我的"地上"宾。这家《侨声报》，在我去负责编文艺副刊不到一年的时间，因销路不佳，停刊大吉了。我的这个瓷饭碗也嘣然一声摔碎了！幸而好友白寿彝同志看我失业，形将肠断，患难相助，援我以手，把他主编的《文讯》月刊，让给了我。

今天，由于回忆在《侨声报》编副刊这一段生活，因而想到我住过的那间斗室，想到上海当时那种种情况，想到在这间日本式房子里接待过的一些朋友，想到那些令人悲愤的日日夜夜，想到盼望黎明到来的那种焦急迫切的心情，如同在光天化日之下，追忆一场夜间的梦境。

选自《臧克家散文小说集》(下)，长江文艺出版社 1982 年

一个理想的实验

——四个半月副刊编辑的回味

臧克家

常常想,如果有机会自己来主编一个刊物,一定要严格地遵守以下的几条:

首先,要打破宗派的成见。成见是一个窄门,往往把好的东西关在门外。只要是本着"艺术良心"创作出来的,有真实价值,有时代意义,有正义感和斗争精神的作品,一概欢迎。

其次,不问有名无名,只问作品好不好。名家作品也有粗糙的,无名的作家也有杰出者。然而,也不能降格以求无名作家的作品,就像不能放心滥用有名作家的稿子一样。

在自己的刊物上少刊自己的东西,把地盘公开给别人。就是刊用自己的文章,也一定要排在后边,表示一点谦逊。而且,不一定把编者的名字大字排出来。当然,在某些必要的情况下非出名不可的时候,那又当别论了。

破费时间读稿子。因为投稿者花许多心血写成的东西,以"求售"的心情投出去,像投出一个希望。如果编辑人看也不看地让它积压起来,那太对不住人也对不住自己了。新作家全是选拔出来的。当你发现一篇好东西的时候,兴奋得都要跳起来了,好似心和心打通了那么的快乐。就是不合用的稿子,也应该在上面写出自己的意见,叫作者折服,而不灰心。

式样要朴素大方,校对要认真不苟,把一个标点也要安排在最美的一点上。稿费按时发,出版不脱期。……

这是我的一个理想,我曾把它表现在一篇题名《介绍一个诗刊》的短文里,文章发表不久,竟有人投了稿子来,以为我真的在办这样一个刊物,其实是:"意园者,无是园也,意之如此云耳"。

去年(今天,可以说是去年了)8月我给《侨声报》主编《星河》和《学诗》两个副刊,前者是全版,后者是八栏。这可有了机会给我实验很久以来的那个理想了。这虽是一家无名小报,但我也用了全力去编它,约了各方面的朋友帮忙写稿,每天总有几份投稿从邮差手里接过来。成都,重庆,香港,北平,天津,桂林,台湾……的许多前辈和朋友都源源的有稿子写来,一直到现在,还积压在我的抽屉里,没有机会刊出来。

可是理想和现实之间的距离总是那么远!

第一,错字有时多得看不清文句,甚至给"臧"云远先生的头上加一顶"草帽";稿费,第一个月还好,以后就随着时间越拖越久了。10月份的稿费清单,至今还没有兑现。在我,这是一个很重的精神负担!

因为这些副刊没能给报馆挣钱来,于是,五天之内,我接到了三道"谕"令:第一道是,缩小篇幅,一律改为六栏;第二道是,稿费一律减低为3000至5000;第三道是,副刊一律取消。

回想这四个半月的"实验",有欢喜,有歉疚,更多的是愤慨。

选自《臧克家散文小说集》(下),长江文艺出版社1982年

我与《诗刊》

臧克家

50年来,大约有15个年头,我参加了刊物和报纸副刊的编辑工作,大都是个人主编,也有的是和朋友们合作的。

1935年夏,许多文艺界的朋友聚集青岛海滨,我们搞了一个

小小刊物《避暑录话》。所谓“避暑”,“避国民党老爷们的严威”之谓也。参加人有老舍、王统照、洪深、吴伯箫、赵少侯、孟超、王亚平、杜宇、刘西蒙、王余杞、李同愈和我。没有出版几期,暑期一过,刊物也就随着人的散去而告终了,可是在当时的文艺界还是发生了影响的。前年,吴伯箫同志去世之前,曾寄给我一份复制品,刊头的四个大字,是我的手笔。

抗战胜利第二年夏,我到了上海。由于陈流沙同志的介绍,我为《侨声报》编了题名《星河》的文艺副刊(每月出《学诗》诗专号一次),文坛上老中青作家都有作品在上面发表,不到一年时间,报纸停刊了。我和友人曹辛之(杭约赫)、林宏,为星群出版社编辑出版了一个诗歌刊物《诗创造》,团结了许多写诗的同志,起过进步作用。同时,我主编了《创造诗丛》,一共12本,并为每位诗人的集子写了序言。它们的作者是:方平、青勃、田地、康定、唐湜、杭约赫、黎先耀、苏金伞、吴越、李抟程、沈阳、索开。

1947年夏,老友白寿彝同志,把他负责的《文讯》月刊,让给我主编,解决了我的饭碗问题,使进步文艺多了一个阵地。到第二年年底,我在上海不能立脚,潜往香港,刊物也就停了。

以上谈的是解放以前的情况。关于《避暑录话》和《星河》,关于《文讯》的编辑经过,我已经在人民日报社的《大地》月刊上和三联书店出版的《读书》杂志上分别写了专文,不再多谈了。

大家都知道,解放以后,我主编过《诗刊》,至今还挂着顾问和编委名义。

《诗刊》,是中国作家协会的机关刊物之一,销路十万左右,是有影响的一个诗歌刊物。我愿意谈谈它的诞生过程和编辑情况。

1956年,在京的许多老中青诗友们不时聚在一起谈谈。那时徐迟同志在外文出版社工作,有一天,好几位青年诗人在他的宿舍里碰头了。大家都说,诗歌需要一个阵地,应该搞个刊物才好。我心里想,已经有个综合刊物《人民文学》了,再搞个专业性质的刊物恐怕不成。同时,我接到读者的来信,也表示了和大家同样的意愿。大家怂恿我争取一下试试,因为我已调到作协书记处工作了。我把这些情况向党组负责人刘白羽同志谈了,希望他向领导同志反映一下。不久,白羽同志到我笔管胡同的宿舍来了,说:领导上已经同意诗刊出版了。我听了,自然十分高兴,真有点出乎意料!于是,我们商讨了编委、主编、副主编以及编辑同志的人选等问题,请他拿到党组去研究、决定。这样,解放后第一个全国性的诗歌刊物《诗刊》就诞生了。

我和严辰、徐迟同志分任主编、副主编,整个编辑部,只有沙鸥、吕剑、吴视、唐祈、白婉清、丁力、刘钦贤、楼秋芳几位同志,后来有些同志离开了,又调来了尹一之、沈季平、许敏歧、吴灌、吴家瑾等几位同志。

那时,我生病在家休养,严辰同志是兼职,不常来,主要是由徐迟同志在管,我每周到办公室去两次,和同志们一道商谈问题,决定大计。徐迟同志经常到我家里来商谈事情。那时,纸张很紧张,为了《诗刊》的印数问题,我俩去找老朋友黄洛峰同志,他负责文化部办公厅。原以为熟人好说话,结果,各道困难,互不相让,争来争去,面红耳赤。只能印一万份,不能再多!真是乘兴而去,败兴而返。

我们忙着组织稿件,还有编辑后记、征稿条例种种事情,移花接木,创始者难啊。徐迟同志脑子灵活,认识人多,也能跑。有一次,他把从各处搜集到的毛主席诗词八首拿来和我商议,我认为很好,立即联名给毛主席写了信,恳请他老人家改正传抄之误后,交《诗刊》发表。

1957 年 1 月 12 日,我们就收到了毛主席的诗词 18 首和给主编及编委们的一封信。这 18 首诗词,就是把我们抄去的和他老人家自己加上的 10 首合在一起了。这封信,很重要,毛主席认为:"诗当然应以新诗为主体,旧诗可以写一些,但是不宜在青年中提倡,因为这种体裁束缚思想,又不易学。”同时,祝贺《诗刊》诞生,他老人家热情地在信上说:“《诗刊》出版,很好,祝它成长发展。”

1月14日,毛主席要袁水拍同志陪我去中南海颐年堂谈谈。心境像雪后天气一样地晴朗而美好。在交谈中,我向毛主席谈了作家协会要创办《诗刊》的事,也诉说了印数太少的问题。毛主席问我:“你看印多少合适?”我回答:“5万。”并且加了解释,说:“《人民文学》同样是作家协会的机关刊物,印20万,《诗刊》照顾纸张太紧张,我觉得印5万比较合理。”毛主席把头一仰,说:我答应你们,“5万”。我说:“请主席给黄洛峰同志打个招呼。”水拍含笑连忙说:“不用了,不用了。”

《诗刊》在1957年1月25日出版,因为有毛主席的诗词18首,又将毛主席信件的手迹用道林纸同期刊出,轰动一时。《诗刊》创刊时,正在春节前夕,大街上排了长队,不是买年货而是买《诗刊》,这件盛事,成为文坛佳话。

《诗刊》所追求的目的,从下面创刊号编后记的一段话中,可以窥见:

“我们完全了解,读者要求读到好诗,要求读到歌唱和反映生活的诗,精练的诗。我们希望今后能够团结、鼓舞全国的诗人们来创作出优秀的作品,以满足读者的渴望。”

为了反映现实生活,为了诗歌的群众化,为鼓动工农兵的创作热情,《诗刊》先后发表了工人、解放军诗歌一百首,也刊登了大量的民歌,受到领导同志的赞许和广大读者的欢迎。

在题材方面,表现艺术方面,是多样化的。团结是广泛的。朱德同志曾约我去谈诗,并将纪念辛亥革命的诗作交给《诗刊》发表了。陈毅同志,更是大力支持。他的名作《冬夜杂咏》在《诗刊》发表后,引起很大的影响。陈毅同志以平等态度待人,诗人气质浓重。有一次,我们向他索稿,他正要出国,从飞机场上给我们发来稿子,在信上,热情而诚挚地说:我愿居中流,最怕上头条。他还说，我心中有不少诗料，可惜无时间整理，诸公定有同感。信的末尾缀上了四个字："陈毅倚装。"《诗刊》创刊时，是道林纸印的，两种订装，其中一种是毛边的，这是徐迟同志出的主意，倒也别致。后来陈毅同志听说，我们道林纸缺少，他批了条子从外交部拨调了一些支援。因为纸张太困难，有一段时间《诗刊》改出双月刊。陈毅同志从国外归来，在会场上相遇，他力主恢复成月刊，结果照办了。

每当全国人大、政协开会，诗人聚集于北京期间，陈毅同志总是主动向我们打招呼，让我们主持召开个诗歌座谈会。一次是1959年4月，在南河沿文化俱乐部，陈毅同志参加。另一次是1962年4月15日在人大会堂福建厅，朱总、陈总、郭老，文化部、文联负责同志以及几十位诗友全出席了。朱总、陈总、郭老都讲了话，热情而又充满诗趣。这是一次既十分隆重而又活泼生动的大会。一道谈诗，一道会餐，一道摄影。盛哉此会！美哉此会！《诗刊》发了题为《诗座谈纪盛》的文章，以志盛况。

我们把团结问题，看得很重。尽可能请搁笔已久的老诗人重新歌唱起来，同时也想大力发现新生力量。创刊号上，既有艾青、冯至、萧三这样的老诗人，也有严阵、周良沛、孙静轩这些新名字。

关于鼓动老诗人，我举一个例子。陈梦家同志，是新月派的后起之秀，30年代在国立青岛大学，我们结成诗友。《诗刊》诞生时，他在考古研究所工作，久矣夫告别新诗了。我去找了他，他很高兴。在《诗刊》二月号上，便写了《谈谈徐志摩的诗》，在五月号上又发表了《纪游三首》。那时湖南古墓里挖出了一个多年前的莲子，在新的气候里，它又开了花！梦家在一次座谈会上说：我好比那古墓里的莲子，又被挖掘了出来。

我体弱多病，1959年病势严重，住院八九个月之久。副主编严辰、徐迟、阮章竞同志先后调走了，葛洛同志实际在负责。他工作仔细，严格认真，我们相处得很好。

《诗刊》刚创刊时，编辑部只有两间房子，有问题大家商量，立即解决，虽然有副主编、编辑部主任、各组组长，职责分明，但无层层批示，延误时间的现象。有重大问题，就向党组分管《诗刊》工作的副书记郭小川同志请教。这样，对原则性问题有党的领导，一般编务有自主权，发扬了民主精神。郭小川同志是诗人，和我与徐迟同志以及编辑部所有的同志，相处融洽，关系密切。有问题共同研究，意见一时不能统一时，互相辩论。今天回忆那一段共同工作的情况，还有点留留恋恋的亲切之感。我们一方面尊重他是党的领导，另一方面，又觉得他是可以交心的朋友。那时候，他在《诗刊》上发表了《白雪的赞歌》，我写了评论文章，提出了对其中人物处理的不同看法，无所顾忌，小川也有容纳别人意见的胸怀。同志加朋友，情况是动人的，也是感人的。

《诗刊》1957 年创刊，1964 年后休刊，它一共有 8 年的生命。在团结诗人、发现新作者，在鼓励创作、推进诗歌运动这两方面，都起了不小的作用，销路最佳时，达到 12 万份。这些成绩的获得，主要由于领导同志关怀、鼓励，同时，也是编辑部同志们共同努力的结果。特别是徐迟、葛洛两位同志，出力多，贡献大，我呢，实际上没有参加多少工作，挂个“主编”名义，有名无实，觉得愧怼。在我提笔写这篇回忆文章时，心中还有点不安的感觉。

1984 年 6 月 19 日

1994 年 3 月修订

选自《编海风云录》，书海出版社 1989 年

沧海横流安足虑[①]

——《毛泽东诗词鉴赏》前言

臧克家

毛主席是伟大的无产阶级革命家,他的理论著作是指导革命和建设的法宝,同时,他行有余力的诗词创作,艺术性很高,充满革命豪情,是他几十年革命实践的产物,誉满海内外,家传而户诵,影响之深,难与伦比。一个外国人曾经说过:"一个诗人赢得了一个新中国",这话并不夸张。

《诗刊》1957 年创刊号上,由于发表了毛主席的诗词 18 首,形成排队买《诗刊》的热烈场面,给文学史上平添佳话。1958 年 9 月,文物出版社刻印大字本《毛主席诗词十九首》。1963 年,又出版了《毛主席诗词三十七首》。同年,人民文学出版社也出版了《毛主席诗词》,1976 年再版时,加了两首。1986 年,人民文学出版社又出版了《毛泽东诗词选》。这个选本有个特点,它把毛主席的诗词,分成正、副两编,共收 50 首。正编作品,都是作者生前校订定稿的和正式发表过的;副编作品是作者写成后没有最后定稿,一般是作者所不准备发表,有些还明确表示过拒绝发表的。这个选本,有个好处,使读者能看到毛主席诗词的全貌,以便吟诵,学习,评论。

现在,由我根据这个选本负责编一本《毛泽东诗词鉴赏》,约请全国著名学者专家、新旧诗人、评论家以及多年前曾经参加《诗

---

① 本文在原书中标题为《前言》,本标题为本文发表时作者所加,现予以保留。——编者注

刊》领导与编辑的老同志，每人认定一题，撰写一篇鉴赏文章，长短限制不严。约稿信发出后，几个月内，稿子已基本齐了，大家热情之高，令人鼓舞！七八十岁的老专家、教授，像钟敬文、王季思、唐弢、周振甫、吴奔星、林焕平……很快寄来了大作。特别使我感动的是萧涤非同志，这位杜甫研究权威，已经83岁了，一气写了六千言！他在来信中说："我不习惯用毛泽东，所以仍旧用了毛主席。"看了他仔细认真的写作态度，看了他的这两句话，我百感丛生，眼泪欲流。

作家、诗人冰心、刘白羽、姚雪垠、端木蕻良、魏巍、冯牧、碧野、叶君健、阮章竞、郭风、邹荻帆、张志民、李瑛、朱子奇、葛洛等同志参加了撰稿。参加长征的老革命家、诗人张爱萍、魏传统同志，也写来豪情满纸的鉴赏文章。特别是赵朴初同志在病中修改了旧作《娄山关》赏析，并为本书题写了书名。同志们的大力支持，给本书增加了光彩。遗憾的是，老《诗刊》负责人之一徐迟同志，呻吟病榻，口授儿子写了封信来，签个字，也不能成形。1957年1月，是他搜集来毛主席诗词八首，然后我们上书，毛主席回了信，又加上了十首，登在《诗刊》创刊号上。为了不能写篇鉴赏文章，他心里很难过。看了信，我也怆然久之，遥祝一声"痊安！"

要问为什么现在编辑出版这样一本书？

简单回答：出于需要。

这些年来，资产阶级自由化像一阵狂风，不少人心，如"百草"为之"偃"。在这种恶劣气候之中，毛主席及其著作受到攻击、非议，他的诗词作品，也受到冷遇。而今气候变了，我们编辑《毛泽东诗词鉴赏》，就是想用它去鼓舞人民为革命建设大业而奋斗的壮志豪情，使广大读者学习毛主席诗词，在思想上、艺术上得到提高，并得到高尚的美感享受。

析赏诠解毛主席诗词最早的版本是我和周振甫同志合作的《毛主席诗词十八首讲解》，1958年增订，改名为《毛主席诗词讲解》,印数百万余册。报载,不久将重印。另外,鲁歌等同志也出版了析赏毛主席诗词的著作。至于单篇的析赏文章,那就不可胜数了。我们的这本《鉴赏》,与众不同,它不是一家之言,一人之言,而是集中了几十位作者的群言。这许多作家,各人畅谈个人的心得,长的达万余言,短的只一两千字,各具风格,水平也并不一致。有的抒情味较浓;更多的,考证事实,布列背景,使读者清楚地了解了诗词的意义与情味。还有个特点,就是不设框框,就诗词本身来评说。记得60年代,袁水拍同志约我与叶君健同志(他在外文出版社工作,与毛主席诗词翻译有关)交谈,集中群众看法不同的一些句子,约二十个左右,请毛主席亲自说明自己的原意。如:"莫道君行早",毛主席说,"君"是指作者,不是别人。水拍把毛主席的回答打印了几份,而今我手中还珍藏一份,成为"珍贵的孤纸"。当然,毛主席自己的自白,也不一定要一一遵从,应凭对诗词本身的体会与写文章抒发自己的看法。作者的原意与读者的体会未必完全相同,也不应强求。所以,我们可以参照作者个人的与别家的意见,但主要是撰稿人的独立见解。诗无达诂,词也无达诂。难说谁是谁非,可以争鸣嘛。

再说说副编的问题。就艺术上的高低而论,毛主席自己把这一编的作品不入集子,这编"另册"与正编比较,当然逊色一点。可是,它也有特殊意义。从这八首诗词中,可以见出伟大革命家的心胸和甘心做"下里巴人"的气概。《八连颂》,通俗性很强,艺术至上的人,不会喜欢它的。可是这篇作品多年来传诵不衰,最近报纸上还引用"军民团结如一人,试看天下谁能敌!"你说它诗味淡薄,我认为它意义重大。毛主席领导中国革命,对军队问题一直很重视,从这篇作品里也可以看出来。

又如1935年写的《给彭德怀同志》一诗:"山高路远坑深,大军纵横驰奔。谁敢横刀立马?唯我彭大将军!"短短四句,写出了当时的战斗形势,反映出他对彭总的高度赞扬。末二句,真是豪情如海,英气冲天!

列于副编中首位的《送纵宇一郎东行》一诗,写于 1918 年,不但写出了"丈夫何事足萦怀,要将宇宙看稊米。沧海横流安足虑,世事纷纭何足理"的凌云壮志与满腹激情,从字句的锤炼上,从用典上,从学识的广博上,难以设想它出自一个二十多岁的青年之手,怎能不叫人钦佩仰止!这副编里的八首作品,有古诗,有律诗,有六言诗、杂言诗,有词,形式多样,如列八珍。

这本《鉴赏》,是个浩大的工程,我一人,独力难支,幸有两位副主编同志与我并肩奋战。一位是北师大现代文学研究专家蔡清富老友,另一位是中央文献研究室从事毛主席作品研究的李捷同志,我们三人合作得融洽而和谐。河北人民出版社的李良元同志也来去奔波,使这本书,在不足一年的时间内,能与广大的读者见面,我与我的同事们共同感到欣慰。感谢对毛主席生平事迹有研究的同志,为原诗词的写作背景提供了较为准确具体的材料。向几十位热情撰稿的同志,致以衷心的谢意!我们合力同心完成了这件很有意义的工作。

1990 年 2 月 23 日

选自《毛泽东诗词鉴赏》,河北人民出版社 1990 年

在《诗刊》编委座谈会上的发言

臧克家

首先,我向新编委同志们致贺,致意!这些同志,有的是我的老朋友、老相识;有的名字很熟,但没见过面,或极少见面。但有一点是共同的:大家对诗的立场、看法,是一致的,是志同道合的同志,我们一道从事工作,我很高兴!

谈点对《诗刊》工作的看法与想法:

首先肯定一年多来的《诗刊》,做出了成绩。团结了诗人;内容比较健康。当然,没发表出传诵一时的大作品,水平也没有突破。这不是《诗刊》的问题,是整个诗坛的问题。

《诗刊》上的诗创作,我看得甚少;论文读得多。就我读过的一些论文,有相当水平,理论性也较强,但总的印象是:导向力量不强。有一些文章,如按毛主席的文艺论点要求,还很不够。当然,论文要"百家争鸣",但我们的刊物应该遵循中央精神,引导读者,这就是"弘扬优秀文化传统"、"群众喜闻乐见"、"作家到火热斗争中去"、"反映时代精神,表现现实生活"。我看过的一些论文,不是旗帜鲜明地这样立论;有的虽然谈了"时代精神"、"生活",但过分强调了"主体精神"(这是有关诗人、作家随时代要求时时改造的主观境界的问题)。有位同志在论文中,把毛主席强调的"在民歌、古典诗歌基础上发展新诗"的论点视为不合时宜,当时看了,我就不以为然。冯健男同志(我认识)11 月 10 号在《光明日报》上发表了一篇《陈毅论诗》,我读了十分高兴!请同志们找出来看一看。希望《诗刊》多发点这样的论文!

《诗刊》,应该搞得活泼一点,有力量一点,群众性强一点。

论文,要有强大的导向性,引导广大青年读者走上健康之路,不为现代派、大潮派所迷惑。

论文,不一定长篇大论,我建议过《诗刊》发表社论性质的"短论",代表《诗刊》的意见,展开批评与自我批评,对不良倾向提出批评(不一定提名)。

举例:汪国真成为"热流"的时候,可以作为一种有很大影响的倾向性作品来评论或批评一下。这方面的文章,我至少看了七篇(批评者多,肯定的少)。这不是对汪国真的人和他的诗的一般评论,而是作为一种大的倾向来评论的!

对港台诗作,不能评价太高,也不一定每期必刊。社会制度不同，立场不同，观点不同，我们应该取其长而论其短。譬如，台湾有的大诗人，我看了他的诗，水平并不高，在这里我就不举例了。

恢复一点过去《诗刊》与群众联系的老办法。记得50年代，我们到北大、国棉一厂去卖《诗刊》，开座谈会，影响不小。当年北大听我讲话的同志，现已成名，谈到往事，仍兴致勃勃。

与青年、工人、解放军的新诗爱好者开群众性的座谈会，我以为比老是诗人与诗人座谈，效果也许更好些。

我们要提高，发高质量的作品，但也不要忘记普及的一面（民歌……）。韩笑同志前几天来谈，他介绍40首工人诗作给《诗刊》，全部退还了，他很有意见。记得50年代，《诗刊》发了工人诗歌100首、解放军诗歌100首。在一次大会上，周扬同志指着我的名字说："这样做很好……"

最近看到中宣部评奖17家评论文章好的刊物，其中就有《美术》。《美术》评论受到表扬，我们《诗刊》几时也能得到这份奖励？我挂名《诗刊》，当然看了人家，也想想自己。

我是个直性人，有意见就想贡献出来，不是为了个人，完全是为了希望我们的《诗刊》越办越好，声誉越隆。

一气写了五页纸，气力已尽，语无伦次，但是说的是心中的实话，不对的，请同志们指正，批评。

1991年12月27日

选自《臧克家全集》第12卷，时代文艺出版社2002年

在编辑岗位上的臧克家

孙继国

一

人们对于诗人臧克家是很熟悉的。他以诗歌驰名。他在中国现代文学史上的地位主要的是由诗歌创作的成就决定的。他的诗严谨含蓄,精练隽永,清新自然,体现了诗人的艺术功力和美学追求。他的散文情感浓重,构思精巧,文辞优美,风姿绰约。60 多年来,他辛勤操劳,共出版了 50 余部作品,"诗与散文平分秋色","特别是近年来,散文不但产量多,质量方面,被朋友和读者评为文胜于诗。"①但是,对于在编辑岗位上的臧克家,一些读者恐怕就不清楚了。

1984 年,为编辑《编海风云录》一书,我给臧老写信约稿。他马上回信说:

> 关于编刊事,我已发表二文:(1)三四年前在人民日报《大地》杂志上发了关于星河一文;(2)去年在《读书》上发了编《文讯》月刊另一文。均已收入散文集中。你编书,如系选的性质,可以从二者中择一而用,如须新写,怕重复,无新材料了。望示!②

我回信说明了此书将作为书海出版社"编辑回忆录传记丛

① 《臧克家抒情散文选·代序》,湖南文艺出版社 1988 年版,第 2 页。
② 臧克家 1984 年 6 月 7 日给笔者信。

书”之一出版，他便在6月19日寄来了《我与诗刊》的文章。从附寄的有关材料和他的一些诗文集中，我们清晰地看到了诗人在编辑园地里辛勤耕耘的身影：

在青岛时期：

——1935年夏，与友人编辑《避暑录话》；

在河南叶县时期：

——1941年冬至1942年夏，任三一出版社副社长；与友人合办《大地文丛》，1942年5月1日，创刊号出版，即被查禁。

在重庆、上海时期：

——1946年起，协助友人创办星群出版公司（后改为星群出版社）；1946年8月至12月，主编《侨声报》副刊《星河》、《学诗》；1947年至1948年冬，协助友人编《诗创造》丛刊，主编《创造诗丛》12本，并作序。

——1947年6月至1948年底，主编《文讯》月刊。

在北京时期：

——1949年11月至1956年5月，主编《新华月报》文艺栏；1957年1月至1964年12月，主编《诗刊》；1976年至今，任《诗刊》顾问兼编委。

二

《避暑录话》。1934年8月，臧克家作为山东大学中文系第一届毕业生，应邀到坐落在古运河畔的山东临清中学任教。每值暑期，则常到青岛与文朋诗友相会。1935年夏，与老舍、王统照、洪深、吴伯箫、赵少侯、孟超、王亚平、杜宇、刘西蒙、王余杞、李同愈等相聚青岛海滨，创办了周刊《避暑录话》（共出10期），作为青岛《民报》的文艺副刊出现在读者面前。所谓“避暑”，“避国民党老爷们的炎威”之谓也。假期一过，当地的，开学上课了；外地的，告辞了。《避暑录话》也随之终刊。但是,它所刊载的诗歌、散文、评论及译文,却给当时的青岛文坛注进了生机与活力。

《星河》、《学诗》。抗战胜利后第二年,臧克家到了上海,经友人陈流沙介绍,为《侨声报》主编文艺副刊《星河》(周刊)、《学诗》(双周刊)。该报是办给华侨看的一份民间报纸,销路只几千份。副刊以篇幅较短的散文、杂文、诗歌居多,也连载长篇,如骆宾基的《姜步威家史》就是。《侨声报》虽是一家小报,臧克家也用全力去编。对画版、编排不熟悉,就认真学习。在组稿方面更是煞费苦心。一方面广泛约请著名作家撰稿,以壮声威;另一方面,注意培养新生力量,发表崭露头角的青年作者的作品。臧克家还协助友人曹辛之(杭约赫)、林宏编辑诗歌刊物《诗创造》,亲自主编了12本《创造诗丛》,并为每位诗人的集子写了序言。

《文讯》。1946年底,《侨声报》销路惨跌而关门,臧克家因此失业,幸得老友白寿彝相助,主编文化学术月刊《文讯》,每出两期普通号,出一期文艺专号。自9卷起,间期而出。《文讯》普通号,内容颇丰,有社会科学、自然科学、文艺理论研究、国际问题等,撰稿者多是当时学术界著名人士。文艺专号,阵营甚盛。郭沫若、朱自清、冯至、巴金、叶圣陶、王统照、冯雪峰、曹靖华、唐弢、李健吾、戈宝权、黄永玉等均有小说、散文、诗歌、论文、译文、木刻等发表。

围绕一个中心,及时组织稿件,自成一个专辑,是当时刊物的一个特色。《文讯》也继承了这一传统。1948年,朱自清先生不幸逝世。臧克家立即到处组稿,在《文讯》第9卷第3期文艺专号上,出了《朱自清先生追念特辑》,刊载了22篇纪念文章。其作者,都是朱先生的老友、同学、同事、学生和崇拜者。人们一腔热血,握笔为文,追述朱先生的生平,赞颂朱先生的气节、为人和学识,情真意切,感人泪下。《文讯》展现了民主革命的风貌,促进了文艺事业的发展。臧克家一人双手编《文讯》,既是主编,又是编辑,还要拉稿子,搞校对,送稿费,更是功不可没。

《诗刊》。《诗刊》于1957年1月创刊,是中国作家协会的机关刊物之一,也是臧克家执编时间最长的一个刊物。虽然当时纸张非常缺乏,销路最佳时,也曾达到12万份,在国内外颇有影响。《诗刊》所追求的目的,从它的创刊号的《编后记》中可以窥见:"我们完全了解,读者要求读到好诗,要求读到歌唱和反映生活的诗,精练的诗。我们希望今后能够团结、鼓舞全国的诗人们创作出优秀的作品,以满足读者的渴望。"

建立一支强大的写作队伍,充分调动一切积极力量,反对关门作风,是臧克家编辑《诗刊》的突出特点。为了反映现实生活,为了诗歌的群众化和鼓动广大读者的创作热情,《诗刊》先后发表了工人的诗、解放军的诗,也刊登了大量的民歌。毛泽东、朱德、陈毅等党和国家领导人对《诗刊》的出版极为关注,亲自解决纸张困难,并以诗作相寄。创刊号上,既有毛主席的诗词18首,又有箫三、冯至这些五四时期老诗人的诗作,也有严阵、周良沛、孙静轩等新秀的作品。陈梦家是新月派诗人,臧克家登门拜访,使这位搁笔已久的老诗人重新放开了歌喉,连续写了《谈谈徐志摩的诗》和《纪游三首》交《诗刊》发表。

三

臧克家系统地阐述编辑思想、编辑方法、编辑甘苦,莫过于他在总结编辑《侨声报》时所写的一篇文章《一个理想的实验——四个半月副刊编辑的回味》。① 文章说:如果有机会自已主编一个刊物,一定严格遵守以下几条:

要打破宗派的成见。成见是一个窄门,往往把好的东西关在门外。只要是本着"艺术良心"创作出来的,有真实价值,有时代

① 《臧克家散文小说集》(下),长江文艺出版社1982年版,第871页。

意义,有正义感和斗争精神的作品,一概欢迎。

不问有名无名,只问作品好不好。名家作品也有粗糙的,无名的作家也有杰出者。然而,也不能降格以求无名作家的作品,就像不能放心滥用有名作家的稿子一样。

在自己的刊物上少刊自己的东西,把地盘让给别人。就是刊用自己的文章,也一定要排在后边,表示一点谦逊。而且,不一定把编者的名字排出来。当然,在某些必要的情况下,非出名不可的时候,那又当别论了。

破费时间读稿子。因为投稿者花许多心血写成的东西,以"求售"的心情投出去,像投出一个希望。如果编辑连看也不看地让它积压起来,那太对不住人也对不住自己了。新作家全是选拔出来的。当你发现一篇好东西的时候,兴奋得都要跳起来了,好似心和心打通了那么的快乐。就是不合用的稿子,也应该在上面写出自己的意见,叫作者折服,而不灰心。

式样要朴素大方,校对要认真不苟,把一个标点也要安排在最美的一点上。稿费按时发,出版不脱期。……

几个月的"实验",臧克家发现理想和现实之间的距离是那么远;错字有时多得看不清文句,甚至给"臧云远"先生的头上加了一顶"草帽",成了"藏云远";稿费越拖越久,以至无法兑现;最后,因为副刊没能给报馆挣钱而取消。几个月的"实验",臧克家有欢喜,有歉疚,更多的是愤慨！这个理想,当然只有而且已经在解放后的《诗刊》编辑出版工作中实现了,这是臧克家可以欣慰的事。

臧克家的编辑生涯,给我们的启示无疑是多方面的。

灵活多变的组稿艺术。组稿是编辑工作的重要环节,组稿质量如何,决定着刊物水平的高低。在上海编《文讯》时,因投稿者不多,臧克家就主动出击,不但在当地组稿,还把手伸向千里之外的昆明、重庆、北平,以及南京、杭州等处。他和郭沫若、茅盾同住上海北四川路横浜桥一带,他就几乎每周至多隔半个月前去拜访,约取稿件。有时碰到郭老为人家写字,他就替郭老磨墨、镇纸。因为声气相投,关系极好,索稿也较容易。郭老甚至让于立群亲自将《再谈郁达夫》的长文送来。冯至当时刚从昆明回北平,在北京大学任教,臧克家和他心契神交已久,但始终未曾晤面,就鸿雁传书,函件往返,使冯至翻译的海涅的名作《哈尔茨山游记》得以在《文讯》连载。杨晦,是臧克家中学时代的老师,他就一再催促,"咬"住不放,杨先生最后,也写来了两篇论文。

对自己创作的印行非常严格。臧克家编《文讯》共十几期,都不署编者的名字,也极少发表个人的作品。他有一篇短篇小说《小马灯》刊在第7卷第1期上,一首比较有影响的诗《冬天》,登在第8卷第2期文艺专号篇末。1956年,臧克家因肺结核病复发住院。他设法从各大图书馆以及朋友处,借到五六十种"五四"以来诗人们的重要著作,编选了一部《中国新诗选》(1919~1949),却没有选他自己的诗。此书出版后,何其芳立即提出批评:"选中国新诗,不选你自己的,这是不对的。不应以选家身份过分强调自己,同样也不应因为自己选诗,把自己去掉了。这样不科学,不公允。鲁迅选小说,不也选了自己的作品?没有人说他。我建议你要选你自己的作品,重点放在1933~1936年,这期间,你在诗歌方面代表性较强。"①几位读者也来信"质问"作者:"您是教我们谦逊,还是教我们虚伪!?"此书再版时,臧克家才选收了自己的4首诗作。

早在1961年,作者张惠仁就写了《论诗人臧克家三十年的创作道路》的书稿,请臧克家审阅,他当即回信说:"现在纸张困难,这类稿子很难出书,我的诗,写得不好,专书论列,也似不宜。"②后

---

① 臧克家:《怀人集》,上海文艺出版社1980年版,第175页。

② 张惠仁:《臧克家评传》,能源出版社1987年版,第281页。

来,作者继续从事这一工作,他又告诫:“凭材料,要公允。”①

对自己的创作印行严格要求,对别人即或是领导、名人的作品也坚持原则,认真把关,然而又充分尊重作者的意见,从不强加于人,三者统一于臧克家的编辑生涯中。在《新华月报》主编文艺栏期间,何其芳就当时文艺界关于楚辞的讨论写了一篇近两万言的结论性质的文章,臧克家打算予以转载,便直截了当地表示了自己的看法:“第一节太长了一点,因为与论点结合得不太紧密。”何其芳笑语坚持说:“我写文章,有自己的一套,七宝楼台,没法片段地拆下来。”②最后,臧克家只好割爱。作协党组分管《诗刊》工作的副书记郭小川在《诗刊》发表了《白雪的赞歌》以后,臧克家无所顾忌,撰写了评论文章,指出自己对其中人物处理的不同看法,活跃了《诗刊》学术争鸣的空气。多年来,和臧克家一起共事的编辑同仁,对他的为人为文都很佩服,对某些问题的看法不尽一致时,就互相讨论,关系很融洽。

严肃认真的工作态度。早在30年代,臧克家就患有严重的神经官能症,以后又染上肺病、心脏病、美尼尔氏综合症等多种疾病,但他坚持工作,毫不懈怠。他编《星河》,东奔西走;编《文讯》,尽心尽力。解放初期,他在人民出版社任编审,达7年之久,天天看稿子,替他人作嫁衣裳,自己的创作很少。每天的签到簿上,他大半是第一名,三名以后的时候极少。到《诗刊》社时,因病虽然不能天天上班,仍每周去办公室两次,有时通过说诗论文的谈天方式指导工作。1951年9月,他在《鲁迅先生与编辑出版工作》的长文中写道:鲁迅“那种对待工作的忘我的精神,对人民负责的严肃的态度,对恶劣的出版商和编辑所作的坚决斗争,都值得我们向他学

① 张惠仁:《臧克家评传》,能源出版社1987年版,第284页。

② 臧克家:《怀人集》,上海文艺出版社1980年版,第174页。

习、致敬”。① 臧克家正是以鲁迅为榜样,来实践躬行的。他又极其谦逊,认为《诗刊》的成绩是大家共同努力的结果,特别是徐迟、葛洛两位同志出力多,贡献大,自己实际上没有参加多少工作,挂个“主编”名义,有名无实,觉得愧怼。

在60余年的文学创作生涯中,臧克家有十数年献身于编辑出版工作。从1935年夏编辑《避暑录话》,到现在仍兼任《诗刊》顾问和编委,他虽然已届85岁高龄,但心笔俱健,仍在密切关注着我国的编辑出版事业。“我们抬起头来向他仰望之余,必须低下头来以他的精神来鞭策自己,努力提高思想水平和业务水平,严肃认真、负责地把编辑出版工作做好!”②

选自孙继国著《编海徜徉录》,辽宁大学出版社1994年

试论臧克家文艺报刊的编辑实践与思想

胡正强

1987年,著名诗人臧克家荣获中国作家协会文学期刊编辑荣誉奖。这是对他长期在文艺报刊编辑园地里辛勤耕耘的公正评价和褒奖。臧克家在60余年漫长的文学生涯中,前后约有15个年头,参加了文艺刊物和报纸文艺副刊的编辑工作,在报刊编辑方面积累了丰富的经验,对如何办好文艺报刊有着深刻独到的见解。

---

① 臧克家:《学诗断想》,四川人民出版社1978年版,第239页。

② 臧克家:《学诗断想》,四川人民出版社1978年版,第260页。

一

臧克家的主要编辑活动如下:

1. 参加创办《避暑录话》。1935 年夏,臧克家乘暑假到青岛会晤文友。当时青岛有一家《民报》,总编辑杜宇爱好文艺,和文艺界人士联系紧密。在一次聚会时,有人提议搞个文艺副刊,于是诞生了《避暑录话》,参加者有臧克家、老舍、洪深、王统照、吴伯箫、孟超、赵少侯、李同愈、杜宇、刘西蒙、王余杞、王亚军等 12 人。之所以取名《避暑录话》,是因为洪深提议并解说道:"我们避暑不是纳凉,而是避国民党老爷们的炎威。"①这个刊物既无主编也无编辑,它是附在青岛《民报》上作为一个文艺副刊而出现的,一周一次,每次出刊之前,大家聚餐一次,一面畅谈,一面凑稿子。该刊共出 10 期,暑期一过,作者星散,就此停刊。臧克家曾在《避暑录话》上发表《吃大蒜》等文,刊头"避暑录话"即为臧克家手笔。

2. 主持"三一出版社",主办《大地文丛》。1941 年冬,臧克家应邀到驻豫的汤恩伯三十一集团军从事文化宣传工作,任"三一出版社"副社长,协助社长王德昭编辑出版文艺小丛书。当时,《华中日报》社也在该地,其友杜宇任主编。臧克家和他商定按抗日民族统一战线立场编报纸,写社论,尽可能挤掉一些不利于团结抗战的东西。这份报纸有文艺副刊,以此为核心,他们创办了一个文艺刊物《大地文丛》。1942 年 5 月 1 日,由臧克家、碧野、田涛等编辑的《大地文丛》创刊号出版,由华中日报社印行,印了 2000 册,寄到重庆 500 册,很快售罄。但因刊有林焕平译的《马列主义的文艺观》一文,引起汤恩伯连拍急电,查封刊物,并派人搜查出版社图书室,传讯臧克家。臧克家只好转赴重庆。《大地文丛》仅出一期即告终结。

3. 主编《侨声报》文艺副刊《星河》、《学诗》。1946 年暑期,臧克家辗转来到上海，正因生计无着而苦恼时，得作家陈流沙之助，于8月12日接编《侨声报》文艺副刊。《侨声报》原有一个文艺周刊《文学》，臧克家接编后，改题为《星河》周刊，另外每月加出一个诗歌专页《学诗》。前者为全版，后者为八开。《星河》与《学诗》虽然只是两个不大的文艺刊物，但作者阵容异常壮盛：郭沫若、茅盾、田汉、叶圣陶、洪深、田仲济、李健吾、穆木天等文艺名家的文章，不论长短，不拘体裁，每星期至少在周刊上见面一二次。一些青年诗人如辛笛、陈敬容、田地等，也因此而崭露头角，登上文坛。由于这两个纯文艺副刊在当时并没有如该报主编所期望的那样给报纸带来大批读者，所以，1946年底，臧克家接到了主编"副刊一律取消"的命令。

4. 组织"星群出版社"，出版《诗创造》月刊、《创造诗丛》丛书。1947年7月，曹辛之创立"星群出版社"。在他的倡议下，臧克家和他一起编辑出版《诗创造》月刊，臧克家主编了前12期。刊头"诗创造"三字用鲁迅墨迹制版。刊物以专辑形式出现，每期均有一个主题和名称，如《带路的人》、《丑角的世界》等。这个刊物发表了一大批著名诗人和青年诗人的作品，"在当时的文艺园地里，是一朵小花，但它也曾在黑夜中放出微光，发生了作用"②，是国统区当时有影响的诗歌刊物。与此同时，在曹辛之的协助下，臧克家还主编了一套《创造诗丛》，共12种，由星群出版社于1947年10月20日出版。为此，臧克家撰写专文《论十二位诗人之诗》，对杭约赫、苏金伞等12位青年诗人的不同诗风作了评价，产生了很大影响。不论是《诗创造》还是《创造诗丛》，装帧设计均甚精美，刊头有画，诗尾有图，令人赏心悦目。

5. 主编《文讯》月刊。1947年10月，《侨声报》因销路惨跌而关门，臧克家顿时陷入了经济窘境之中，恰好在文通书局供职的白寿彝来访，白遂将自己主编的大型文化学术刊物《文讯》月刊让给他编。臧克家接任后，每出两期综合版，间出一期文艺专号。从第

9卷开始，间期而出，篇幅加大。从1947年11月至1948年12月，臧克家共主编《文讯》月刊14期，其中综合版8期，文艺专号6期。1948年12月初，臧克家正在编《文讯》第9卷第6期，突获消息，特务已将他列入“黑名单”。由于风声越来越紧，他只得将《文讯》未尽事宜交给其爱人，自己于12月8日踏上去广州转香港的火车。

6. 主编《新华月报》“文艺栏”和《诗刊》。1949年9月，臧克家来到北京，开始主编《新华月报》“文艺栏”。一年后任人民出版社《新华月报》编辑室“编审”，前后达七年之久。1957年1月25日，新中国成立后第一个专门发表诗作、诗评的刊物《诗刊》创刊，臧克家任主编兼编委，直到1965年休刊。1976年1月《诗刊》复刊后，臧克家一直担任该刊顾问兼编委。《诗刊》是中国作协的机关刊物，在其创刊号上，因刊有毛泽东的诗词18首，又将毛泽东信件的手迹用道林纸同期刊出，轰动一时。

二

臧克家对报刊性质和作用的认识发轫于1925年，其时他是山东省立第一师范学校二年级的学生。那时的“省立一师”算得上是济南的一个革命阵地，同时也是“五四”新思潮、新文化吸收与传播的一个站口。学校里成立了“书报介绍社”，从北京、上海大批定购图书杂志，供同学们选择。臧克家如饥似渴地阅读宣传革命的书籍和刊物，对具有民主进步色彩的文艺刊物更是情有独钟，《创造月刊》、《语丝》、《北新》、《莽原》、《浅草》、《沉钟》等，在臧克家的案头如列八珍，成为他不可或缺的精神食粮。他后来对此回忆道：“每个青年都准备以鲜血和狂欢迎接光明的未来，心，被摇撼着似的日夜得不到安定。”③“第一次看到自己的名字印在书上，心里当然是‘不亦乐乎’”④。由此，他对报刊编辑活动有了较深入的理解和认识。臧克家曾形象并充满激情地描述报刊“是正义的号角，是真理的呼声，是四万万人希望的表现”[⑤]。报刊宣传的直接目的就是通过反映和引导社会舆论，取得人民群众的支持。臧克家明确指出，“要赢得抗日战争的胜利，就必须唤醒千百万人民大众，并使他们团结起来，武装起来：复兴民族需要宣传/需要训练/粉碎迷信/用理论的铁鞭/需要组织/需要领导/把这个力量/拉上抗战的光明大道”[⑥]。他毫不讳言报刊为政治斗争服务的功能，宣称写《津浦北线血战记》、《隋枣行》等通讯报道集，就是为了“叫置身后方的同胞们读罢它，掩起书本来，默想一下敌人的凶狠，劫后的残灰，无家可归的灾民的惨状以及前线上士兵们英武敢死的精神，而悲愤交集，热血澎湃，来一个深切的反省”[⑦]。

臧克家非常重视报刊宣传工作，他希望人们都记住“宣传重于作战”[⑧]这句名训，因为它“正确地估计了宣传的力量，同时给予它一个特定时代的意义”[⑨]。在特定的历史环境中，报刊宣传“同样是一支突击队，是整个战斗中的重要一环”[⑩]。他常把报刊称为“笔部队”。报刊宣传以纸张、文字为武器，是一种特殊的战斗，虽然无形，但“负着和冲锋陷阵同样重要的责任”[⑪]。它争夺的目标“是正义和人心”[⑫]，而正义和人心向着哪一边，最后的胜利就属于哪一边。他很不满意当时报刊宣传落后于戏剧、歌咏等其他文化工作的状况，“这不但是叫人可惜的，而且是叫人痛心的”[⑬]。他号召人们大力支持前方的报刊宣传工作，大声呼吁后方作家快快给前方的报刊寄稿件。

报刊宣传的特殊性就在于它是“把已有的事实表扬给大家看”[⑭]。臧克家认为，报刊宣传的本质在于它以事实作为自己活动的灵魂。如果“事实不紧跟着宣传，宣传就成了‘不兑现’的支票”[⑮]。对事实的描写要客观与真实，他写《津浦北线血战记》就严格遵循“把个人在前方眼见耳闻的一些事实向大家来个忠实的报告”[⑯]的原则。当然，报刊宣传要取得好的效果，还必须具有一定的操作技巧,而且在国民党舆论控制严格的地区,刊物还有一个生存的问题,“在反映现实与争取存在的矛盾之间,作为一个编辑是煞费苦心的”[17]。刊物只有反映现实,表达人民的心声,才能得到读者的赞赏,但又不能揭露太露骨。否则,惹得剪子、棍子一齐来,使得刊物遍体鳞伤,甚至夭亡。所以臧克家曾勉励报刊宣传工作者努力掌握报刊宣传的艺术和技巧,以不断改进报刊工作。

臧克家力倡报刊文字应有可读性,报刊宣传不能只是干巴巴的记录,要适当借鉴某些文学表现手法,这是吸引读者,取得鼓动效果的一个行之有效的手段。他的通讯报告集《津浦北线血战记》中除了精彩事实的记录外,“有几段是战场的素描,此外,一些零星有关抗战的材料我也很珍重审慎地把它穿插起来作为枝叶呈现给亲爱的读者”[18]。其中《三吊台儿庄》等篇既是实况写真,又是描情绘景的散文佳作。他直言不讳地说:“我喜欢言之有物,见解独立,文字生动,引人入胜的作品。”[19]

报刊内容时间性很强,臧克家主张编辑工作者要具有时间意识,要抢时间,争速度,以配合形势需要。他编《朱自清先生追念特辑》可以说是这方面的典型之作。1948 年 8 月,朱自清先生不幸病逝,臧克家闻讯后立即到处组稿,仅用 20 余天的时间就完成了组稿工作。一共约来了 22 篇纪念文章,作者有的是朱自清的同班同学,有的是其多年老友,有的是他的学生和崇拜者。臧克家还特约当时清华大学学生郑敬之写了《清华园里的追悼会》纪实特写,这个追念特辑还用道林纸刊登了朱先生摄于 1940 年着西装的照片,介绍了其生平和事迹。由于这个特辑的作者与朱先生关系密切,对朱先生的人品与生平事迹、文学和教学活动,都有亲切生动的记述,加之出版迅速及时,故而在当时产生了很大的影响。

臧克家十分重视通过编辑书籍报刊,促进进步文化事业的发展。他主编《诗创造》、《创造诗丛》等刊物的直接动因,就是为了推动新诗运动的前进。他主编的《诗刊》创刊号“编后记”说:“我们完全了解,读者要求读到好诗,要求读到歌唱和反映生活的诗,精练的诗,我们希望今后能够团结、鼓舞全国的诗人们来创作出优秀的作品,以满足读者的渴望。”[20]20世纪40年代后期国统区文艺界的进步作家都处在白色恐怖下,声气相投,相濡以沫。臧克家利用自己主编的《星河》、《文讯》等刊物,团结和联系了一大批进步作家,为进步文艺事业贡献了自己的力量。他接编《文讯》伊始,即决定加出文艺专号就是证明。臧克家还很重视发表翻译的外国文学作品,他觉得这是推动我国文学艺术不断提高质量的一条途径。他编的《文讯》文艺专号上每期都有翻译的文学作品。

臧克家非常重视通过报刊进行文艺理论建设。他是一个现实主义诗人,在他登上诗坛的1932年前后,正是新月派、现代派等形式主义诗风漫吹的季节。他针对那种“闭上眼睛,囿于自己眼前苟安的小范围大言不惭的唱恋歌,歌颂自然”[21]的现象,愤慨地说:“诗做得上了天,我也反对,那简直是罪恶!你有闲情歌颂女人,而大多数的人在求死不得;你在歌咏自然,而自然在另一些人饿花了的眼里已有些变了。”[22]到了抗战后期,他接受了《在延安文艺座谈会上的讲话》中的文艺观,自觉地通过所编的刊物倡导现实主义和浪漫主义的文艺理论,先后发表的著名文章有高寒(楚图南)的《关于介绍惠特曼》、杨晦的《中国新文艺发展的道路》、洪深的《论者谓易卜生非思想家》、蔡仪的《弗里契的“艺术社会学”方法论略》等。他编的《文讯》,成为当时在上海宣传左翼文艺理论的一个重要阵地。

三

编辑工作归根结底是为作者和读者服务的,所以,编辑如何处理与作者和读者的关系,是体现其思想道德和业务水平的重要标尺。臧克家认为要办好一个刊物,编辑必须做到以下几点。

第一，"要打破宗派的成见"㉓。编辑工作的目的是通过对稿件的审读、选择和加工，把质量精美的成果奉献给社会。臧克家认为一个编辑应本着对整个社会负责的精神，力求最大限度地满足社会的精神需求。这就要求编辑在审稿中，从读者需要出发，尽可能地抛弃自己的成见，客观全面地衡量稿件的价值。他说个人或宗派的成见往往会使你把好的东西关在门外。文艺反映社会现实生活有着自己独特的方式，因此，编辑在审读文艺性稿件时，固然要从政治上进行鉴别，但也要从艺术上对之分析。"我们没有权利要求一个诗人必须写哪一类的诗，必须用哪一种形式去写，像一个冬烘先生所要求于他弟子的那'八股'窗课"㉔。臧克家提出编辑选择稿件的标准是："只要是本着'艺术良心'制作出来的，有真实价值，有时代意义，有正义感和斗争精神的作品，一概欢迎。"㉕

第二，"不问有名无名，只问作品好不好"㉖。臧克家主张编辑对作者一视同仁，要热心培养新作者。臧克家从自己的经历和体验中感受到，任何作家都不是生下来就是名人或天才。作家是由社会和人民培养的，而社会和人民培养作家的责任更多地则要落实到编辑工作上，由编辑的劳动具体体现出来。因此，编辑应当勇于担负起为社会培养作家的神圣职责。一般来说，著名作家稿件的质量要比无名作家的高，但这并非无一例外的规律。臧克家指出："名家作品也有粗糙的，无名的作家也有杰出者。"㉗所以，编辑审稿时一定要坚持质量标准，注意克服审稿心理中的马太效应，"新作家全是选拔出来的"㉘。编辑要格外留心来稿中是否有可造之才，对那些新写文章的人，不妨稍微从宽。臧克家认为扶植文坛新人是编辑的责任，他主编《创造诗丛》推出的 12 位诗人，均是当时诗界新军。为了扶持他们尽快成长，臧克家特地撰写专文，对每个人的特点和不足，一一加以实事求是的品评。编辑有义务帮助文坛新人，但"不能降格以求无名作家的作品，就像不能放手滥用有名作家的稿子一样"㉙。编辑应该给他们指出努力的方向。

第三,“破费时间读稿子”[30]。臧克家深知作家的创作是一种极其复杂艰苦的创造性劳动,作为这种劳动直接成果的每一份手稿,都凝聚着他们无法计量的心血和汗水。“投稿者花许多精力写成的东西,以‘求售’心投出去,像投出一个希望。如果编辑人看也不看地让它积压起来,那太对不住人也对不住自己了。”[31]所以,他要求编辑充分尊重作家的劳动和权益,要认真对待来稿,耐心阅读作品。臧克家鼓励编辑工作者要培养耐心,心无旁骛,乐于奉献。他主编《侨声报》副刊《星河》时,骆宾基的长篇自传体小说《姜步威家史》第一卷即在其上连载。这个稿子写得比较乱,字虽大如拇指,却潦草难认。臧克家在校对的时候,往往为一个字要揣摩多时,不厌其烦、乐此不疲地干下去。即使是不合用的稿子,臧克家也主张慎重对待,他认为“应该在上面写出自己的意见,叫作者折服,而不灰心”[32]。

第四,“在自己的刊物上少刊自己的东西,把地盘公开给别人”[33]。工作性质决定了编辑常常处在无名英雄的地位,其辛勤劳动大多凝结在别人成果之中。编辑作者一身二任,这是古今中外出版界司空见惯的现象,也是编辑提高自己业务水平的有效方式。但是,有些修养不高的人,常常利用职务之便,把自己的作品塞入刊物,或沽名钓誉,“把编者的名字大字排出来”[34]。臧克家认为一个编辑如果汲汲于名利,是不会做好本职工作的。编辑当然可以发表作品,但要处理好自己与刊物的关系,如果作品质量确实很高,“刊用自己的文章,也不一定要排后面”[35]。当仁不让亦无不可。臧克家主编《文讯》十多期,仅在上面发表过一首后来有较大影响的诗《冬天》,而且从不在编者位置落上自己的名字。

第五,密切联系作者,注意约稿。联系作者是报刊编辑活动的一个有机组成部分,没有作者也就没有刊物,编辑与作者是真诚合作、互相支持的关系。臧克家认为报刊要办出特色,提高质量,编辑就必须有针对性地加强约稿工作。臧克家身为文艺中人,与很多知名作家均有交往，特别是他到上海以后，为他约稿提供了极大方便。他也就充分利用这种优势，所办刊物的“稿件来源，投来的少而组来的多”㊱。郭沫若和茅盾处，他几乎每周都去，第一是互相谈谈，交换消息，第二就是为刊物约稿。郭沫若的7000字长文《再谈郁达夫》，即为所约之稿。著名作家杨晦和臧克家虽同在上海，但住处相距较远，且杨晦生性稳重，一般人向他约稿都是不允，但对臧克家却有求必应。臧克家的约稿范围非常广泛，如他所说，“手伸得很长”㊲。他主编《诗刊》，“尽可能请搁笔已久的老诗人重新歌唱起来，同时也想大力发现新生力量”㊳。所以，《诗刊》创刊号上，既有艾青、冯至、萧三这样的老诗人的名字，也有严阵、周良沛、孙静轩等新名字。

臧克家对办好刊物还有很多有意义的观点与经验，如刊物“式样要朴素大方”、“校对要认真不苟，把一个标点也要安排在最美的一点上”、“出版不脱期”㊴等等。他在解放前，通过主持、编辑报刊和丛书，团结与扶持了不少进步的青年作家；解放后，他又主编了新中国第一个全国性的诗歌刊物《诗刊》，为新诗的繁荣尽职尽力。有人称赞他为我国新文学运动中的一个不辞劳苦的园丁，诚非虚誉。

注释：

①⑯㊲　臧克家《〈避暑录话〉和〈星河〉》，《战地》增刊1979年第4辑，第73、75、75页。

②③④⑦⑰⑱⑳　《臧克家散文》第3集，中国广播电视出版社1993年版，第235、16、110、277、277、277页。

⑤⑧⑨⑩⑪⑫⑬⑭⑮⑲㊳　《臧克家文集》第5卷，山东文艺出版社1986年版，第476、475、475、475、476、475、476、476、476、377、378页。

⑥　臧克家《走向火线》，张惠仁《臧克家评传》，能源出版社1987年版，第135页。

⑱　臧克家《京华练笔三十年》，冯光廉、刘增人编《臧克家研究资料》，甘肃

人民出版社 1990 年版，第 146 页。

㊱ 臧克家《一人双手编〈文讯〉》，《读书》1983 年第 12 期，第 79 页。

㉑㉒㉓ 《臧克家散文》第 2 集，第 5、5、263 页。

㉔㉕㉖㉗㉘㉙㉚㉛㉜㉝㉞㉟㊴ 臧克家《一个理想的实验——四个半月副刊编辑的回味》，《申报》1947 年 1 月 1 日版。

原载《徐州师范学院学报》1999 年第 3 期

悼臧老

樊希安

早上收听广播，从电波中获悉我国文坛再失巨擘，99 岁的著名诗人、作家臧克家与世长辞，我的心情非常沉痛。尽管在此之前，我已从友人处得知臧老的 99 岁生日是在病床上度过的，医生已对家属下了 4 次病危通知书，但还是默默祝福他能闯过百岁大关，甚至盼望他能病愈康复，能够再在红霞公寓的寓所接待我们，再谈笑风生地攀谈聊天。然而他去了，这一切都成为往事。我陷入默默的思忆之中。

臧老是对我国新诗做出卓越贡献的著名诗人。他从 1925 年发表诗作，创作生涯长达 80 年之久。成果之富、影响之大，被视为“一部活生生的中国新诗史”。其《烙印》、《老马》、《罪恶的黑手》、《春风集》、《欢呼集》、《今昔吟》、《学诗断想》等都是跨越时空、经久传诵的名篇佳作。他奇迹般的生命历程与一个世纪的日月沧桑相同步，有幸成为历史变革的见证人和革命事业的参与者，在不同历史时期都创作出有代表性的优秀诗篇，成为点燃人们心灵之光和激扬时代精神的号角。中国有很多人知道诗人臧克家的名字，读过他的诗，甚至能背出他的诗句。作为一个诗歌爱好者，我崇敬他的诗，同时也崇敬他的为人。在仅有的几次交往中，体察到他不仅具有诗人的魅力,同时也具有人格的魅力。他不仅是人们崇敬的诗人,也是我们做人的榜样。

记得是在1978年初,由于粉碎了"四人帮",久寂的文坛开始热闹起来,《人民文学》、《诗刊》、《十月》等杂志一时间洛阳纸贵,这年《诗刊》第一期发表了臧老的长文《论诗遗典在》,集中论述对毛泽东同志就旧体诗创作致陈毅信的理解,提出了许多有利于旧体诗词创作发展的新见解。当时我是吉林大学中文系二年级学生。读了臧老的文章很受启发,但对其关于"今诗"和"古典决不能要"的解释有不同看法。也是年轻气盛,当即便写了一篇和臧老商榷的文章,寄给《诗刊》并请转交臧老。文章和信件寄出后,在一段时间内竟无音讯。就在我即将失望之时,《诗刊》第四期登出了我指名道姓和臧老商榷的文章。这使我深受感动,为臧老的胸襟和气度所感动。众所周知,臧老是解读毛泽东诗词的专家,对毛泽东诗词和创作思想有精深的研究。一个小毛孩子的"一孔之见"竟能引起他的关注,不能不让我心生感激。当时臧老虽不再担任《诗刊》主编,但仍是编委和顾问,如果没有他的同意,我的文章是断然登不出来的。十年过去之后的1988年夏季,我撰写《公木评传》(公木先生是《中国人民解放军军歌》词作者、著名诗人、学者、教育家),需要采访深知公木先生的臧老,便冒昧地按响了他坐落在北京交道口赵堂子胡同宅院的门铃。臧老和夫人郑曼女士热情地接待我,使我一下子消除了面对大诗人的紧张和冒昧而来的不安。我主动说起在《诗刊》刊登文章的往事,对当年的"唐突"和"冒犯"表示道歉。臧老拉着我的手,用山东大汉洪亮的嗓门大声说:"这事我都忘记了。你一说,我还有那么一丁点印象。应该允许不同意见嘛,应该提倡向权威挑战嘛,雏凤清于老凤声,未来是你们青年人的,年轻人要敢于发表不同意见,真理越辩越明嘛!"我当即感受到,这件往事不仅没造成当事人之间的"隔阂",反而拉近了我和臧老的距离。他对我越发热情起来。不仅详尽地介绍了他所知道的公木先生的一些情况，而且当场展纸挥毫为《公木评传》题写了书名。当我告辞时，老人竟冒酷暑送到院门外作别。

冬去春来，一晃十余年过去。2000 年 3 月，为落实《臧克家全集》出版有关事宜，我和时代文艺出版社总编张秀枫专程去北京探访臧老。因为旧房拆迁，他家暂住在北京饭店贵宾楼后面不远的红霞公寓。当时臧老已是 95 岁高龄，且因病多次住院。虽然比上次相见老了许多，腿脚也不如先前灵便，但精神矍铄，依然嗓门洪亮，声震屋瓦。医生是不让他见客的，家人也极力劝阻，但听说我们到来，他非出来会客不可，且在客厅一坐就是一个多小时。他淳朴自然，思维敏捷，滔滔不绝地谈诗，谈故人。说到长春，说到东北，老人很兴奋："长春我去过。那是冬天，很冷，很有意思。一汽很大，斯大林大街很宽阔，吉林是好地方呀！"当说到《臧克家全集》的出版，他的话却很少，让我们就具体事宜和郑曼女士及他的小女儿商谈。他有几句话给我的印象十分深刻。当我们问及整理全集文稿时，是否有一些东西需要"避讳"和删改时，他毫不犹豫地说："尊重历史，实事求是，我过去也说过错话，办过错事，不能搞为长者讳、为尊者讳那一套！"寥寥数语，掷地有声，又增加我们对老诗人的几分敬意。现在，凝结着他一生心血和汗水、收入他各个时期、各种体裁作品的 12 卷本《臧克家全集》已经出版。其独具的审美价值、认识价值、史料价值，成为中华民族一笔不可多得的文化遗产和精神财富。

臧老走了，但人们不会忘记他。诚如他的诗《有的人》所言：有的人活着/他已经死了；/有的人死了/他还活着。斯人已去，但他的诗，他的精神永远活在我们心里。

原载 2004 年 2 月 25 日《中国新闻出版报》

送别臧老话诗缘

王国钦

2004年2月18日,我国一代杰出诗人,著名作家、编辑家臧克家的遗体送别仪式在北京八宝山革命公墓举行。带着匆匆编好的《中州诗词·沉痛悼念诗坛泰斗臧克家专号》,我与著名诗人林丛龙先生一起,代表河南诗词学会、河南文艺出版社专程赴京参加了臧老的送别仪式。林老与臧老是老朋友了,而我则是第一次,也是最后一次见到这位德高望重的诗坛泰斗。

崇拜臧老开始于我的大学时代,那是在20世纪的80年代,臧老"有的人活着,他已经死了;有的人死了,他还活着"的诗句,使我深深地感到了心灵的震撼,并决心把后一种人作为自己学习的榜样,为社会、为人民做出一些有益的贡献。当我于1993年主编"新纪元中华诗词艺术书库"之始,便斗胆致函臧老,恳请他与学者诗人霍松林一道出任丛书的名誉主编。后来,臧老亲笔来信,"把'名誉主编'改为'顾问'",理由是"打着我的名义容易招致非议"。所以,他只做了这套丛书第一辑的"名誉主编",而做了其他五辑的"顾问"。而臧老来信中所体现出的谦逊之德、认真之举、严谨之范、长者之风,却使我受益至今,长期难忘。

臧老是一位新诗大家,但他却与诗词大家毛泽东共同写下我国文坛上的一段当代佳话。他不仅在自己主编的《诗刊》创刊号上首发了毛泽东18首诗词作品,而且多次帮助毛泽东进行作品推敲和修改。1963年,当《毛主席诗词(三十七首)》首次正式发表时,臧老所提出的23条建议就被采纳了13条。由此可见臧老与毛泽东结下的诗歌情谊之深。也许正是因为如此,1990年由臧老主编并由数十位专家、诗人分别撰文的《毛泽东诗词鉴赏》一书，才更具有了艺术性和权威性。后来，当我读到臧老“自沐朝晖意蓊茏，休凭白发便呼翁。狂来欲碎玻璃镜，还我青春火样红”（七绝《抒怀》）的诗句时，当我读到臧老“碧野桥东陶令身，长红小白作芳邻。秋来不用登高去，自有黄花俯就人”（七绝《咏菊》）的诗句时，便更增加了对臧老学识与人品的崇敬之情。

2003年，是毛泽东同志诞辰110周年的纪念之年。由于这样那样的因素，原版的《毛泽东诗词鉴赏》一书，在鉴赏内容、编校质量等方面，存在着大量的文字、技术错讹，也由于最新发表了11首毛泽东诗词，我便于2002年8月赴京向臧老提出由河南文艺出版社出版《毛泽东诗词鉴赏》（增订二版）的约稿建议。不巧的是，当时臧老已经患病住院。于是，其夫人郑曼便委托副主编李捷先生与我全权洽谈。当得知我的意图并听了我的想法之后，李捷先生非常高兴地告诉我：“臧老早就有再版此书的心愿。”我说：“我本人喜爱毛泽东诗词，也进行诗词创作，自己又在出版社工作。我当然希望在帮助完成臧老心愿的同时，也完成自己十多年来亲手编辑出版《毛泽东诗词鉴赏》的基本心愿。”事情进行得非常顺利，不到半个小时我们便初步敲定了出版意向。

经过大半年紧张、艰苦的编辑工作，《毛泽东诗词鉴赏》（增订二版）首印5000册抢在2003年10月与读者见面，为毛泽东诞辰110周年献上了一份特殊的礼物，而且在不到三个月的时间就销售告罄。可是，当出版社正准备安排重印之际，北京却传来了臧老仙逝的噩耗。

2004年2月7日，我代表我们出版社向北京发出唁电，同时在社领导和同志们的大力支持下，以新面貌出现的5000册《毛泽东诗词鉴赏》（增订二版），终于赶在臧老的送别仪式举行之前保质保量地印了出来……在臧老的遗体送别仪式上，我随着人流走进肃穆的吊唁大厅，只见灵堂正中的黑字横幅上写着：

有的人死了，但是他还活着……

这一下令人想起臧老生前许多脍炙人口的著名诗句来。再想一想：仅此一句诗，臧老不是已经永远地活在我的心中、活在人民心中了吗？

原载 2004 年 3 月 2 日《大河报》

臧克家与《诗刊》

贾金利

2004 年 2 月 5 日，中国现代文学史上素有“诗坛泰斗”之称的著名诗人臧克家因病在北京逝世。这位世纪诗翁以其不朽诗篇在 20 世纪的诗坛、文坛上留下了美名。从 1925 年开始发表诗作，到 1933 年第一本诗集《烙印》出版，再到 2000 年 1 月获首届“中国诗人奖——终生成就奖”，2003 年荣获国际诗人笔会颁发的“中国当代诗魂金奖”，臧克家以近 80 年的诗歌创作历程书写了中国当代诗坛的神话，被誉为“一部足以现身说法的活生生的中国新诗史”。人们一提到臧克家，就会想到他的诗，就会想到他那脍炙人口的诗篇《有的人》、《老马》……可以说，臧克家这个名字总是与诗歌联系在一起的。值得一提的是，臧克家是一位在文艺方面具有卓越天赋的“多面手”，除了诗歌写作，他早年还创作出了《官》、《野店》、《老哥哥》等散文名篇。然而，臧克家更鲜为人知的是他作为编辑家的独特一面，当然，这也可能是因为他巨大的诗歌创作成就掩盖了他作为一个编辑家的风采。在臧克家漫长的文学生涯中，前后约有 15 个年头参加了文艺刊物和报纸文艺副刊的编辑工作，在报刊编辑方面积累了丰富的经验。1987 年他曾荣获中国作家协会文学期刊编辑荣誉奖，无疑，这是对他长期在文艺报刊编辑园地里辛勤耕耘的公允评价和褒奖。

臧克家编辑过许多刊物,《诗刊》就是其中之一。《诗刊》创刊于 1957 年 1 月,是新中国成立后第一个专门发表诗作、诗评的刊物,也是中国作协机关刊物之一。臧克家在《诗刊》创刊伊始就任主编兼编委,直到 1965 年休刊。1976 年,《诗刊》复刊,臧克家重新担任了《诗刊》的顾问兼编委。准确地说《诗刊》是臧克家执编时间最长的一个刊物,因为在从事《诗刊》编辑工作之前,臧克家曾经编辑过多种报纸杂志,但时间都不长,如:1935 年夏,与友人老舍、王统照在青岛创办周刊《避暑录话》(共出 10 期);1941 年冬至 1942 年夏,任三一出版社副社长,并在河南叶县与友人合办《大地文丛》;1946 至 1947 年间,在重庆和上海,先后主编《侨声报》副刊(《星河》和《学诗》)、《创造诗丛》12 本以及《文讯》月刊;1949 年编《新华月报》文艺栏等等。可以说,臧克家在编辑《诗刊》之前,已经积累了一定的编辑经验,这些经验在《诗刊》的编辑过程中又得到了充分的验证和进一步的发展完善,臧克家的编辑理想由此得以在《诗刊》实现。因此,这份刊物可以说是最能反映臧克家成熟的编辑思想的一份刊物。选择《诗刊》作为研究臧克家编辑思想的对象具有相当的合理性与科学性。

《诗刊》在创刊之初就受到了毛泽东等老一辈无产阶级革命家的关怀,体现了他们对繁荣诗歌创作的重视。1956 年作家协会经有关领导同意,决定创办《诗刊》,由臧克家任主编,严辰、徐迟任副主编。在组稿过程中,冯至建议在创刊号上发表在群众中流传已久的毛泽东诗词,以提高《诗刊》影响。臧克家及《诗刊》编辑部的同志都认为很好,但不知道毛泽东本人是否同意。于是商量给毛主席写封信,征求意见,并把已收集来的《沁园春·雪》等八首诗词一起寄去,请他改正传抄中可能产生的错误。信写得十分亲切真挚,充满对毛泽东的敬爱之情。

亲爱的毛主席：

中国作家协会决定明年元月份创办《诗刊》，想来您喜欢听到这个消息。因为您一向关心诗歌，因为您是我们最爱戴的领袖同时也是我们最爱戴的诗人。全世界所爱戴的诗人。

我们请求您帮我们办好这个诗人们自己的刊物，给我们一些指示，给我们一些支持。

我们希望在创刊号上，发表您的八首诗词。那八首大都已译成各种外国文字，印在他们的《中国诗选》的卷首。那八首在国内更是广泛流传。但是，因为没有公开发表过，群众互相抄诵，以至文句上颇有出入。有的同志建议我们：要让这些诗歌流传，莫如请求作者允许发表一个定稿。

其次，我们希望您能将外边还没有流传的旧作或新诗寄给我们。那对我们的诗坛，将是一件盛事；对我们的诗人，将是极大的鼓舞。

我们深深感到《诗刊》的任务，美丽而又重大；迫切地希望您多给帮助；静下来要听您的声音和您的吟咏。

臧克家　严辰　徐迟　田间
艾青　吕剑　沙鸥　袁水拍
一九五六年十一月二十一日

臧老和同事们把信送出后，就急切地等待回信。1957 年 1 月 12 日等来了电话，说中共中央有重要信件送来，请主编在编辑部等候。不久，中国文联总收发室打来电话，说中共中央有急件送到，要《诗刊》社立即派人去取。取回拆开，内有毛主席的信和诗稿。诗稿是用钢笔抄写的，非常工整。毛泽东把《诗刊》社寄去的 8 首诗词，认真做了校订，另外又加上了 10 首，还有他的亲笔信。毛主席的信平易近人，老朋友似的坦诚随和。

克家同志和各位同志：

惠书早已收到，迟复为歉！遵嘱将记得起来的旧体诗词，连同你们寄来的八首，一共十八首，抄寄如另纸，请加审处。

这些东西，我历来不愿意正式发表，因为是旧体，怕谬种流传，贻误青年；再则诗味不多，没有什么特色。既然你们以为可以刊载，又可为已经传抄的几首改正错字，那么，就照你们的意见办吧。

诗刊出版，很好，祝它成长发展。诗当然应以新诗为主体，旧诗可以写一些，但是不宜在青年中提倡，因为这种体裁束缚思想，又不易学。这些话仅供你们参考。

同志的敬礼！

毛泽东

一九五七年一月十二日

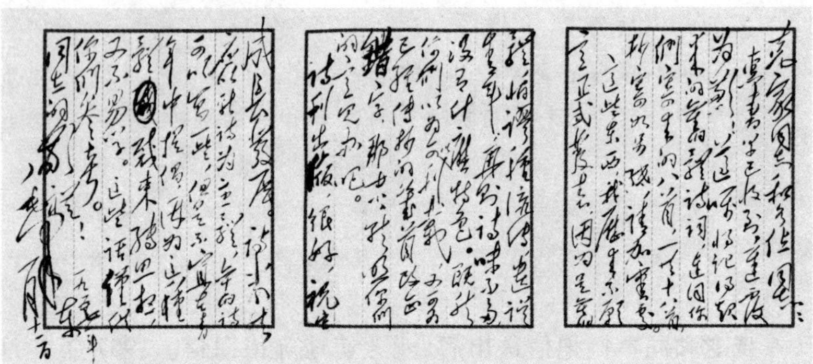

毛泽东致臧克家等信手迹

毛主席对《诗刊》出版的肯定和寄予的厚望，体现了国家领导人对诗歌出版工作的重视与关注。《诗刊》的创刊号上因为有了毛主席的信和18首诗词而大大加重了分量，以至于《诗刊》创刊号一面市，就出现了读者冒雪排长队争购《诗刊》的喜人景象。

党和国家领导人对《诗刊》的出版不但寄予了深切的期望，而且在许多具体的细节问题上也给予了大力的支持和帮助。当时,国家经济状况不好,纸张短缺,《诗刊》的出版经常会因为缺少纸张而面临严峻的考验,毛泽东、朱德、陈毅等国家领导人常常为《诗刊》雪中送炭,亲自安排解决纸张困难问题,有时,他们也会把自己创作的诗歌寄给《诗刊》。1957 年 1 月,毛主席邀请《诗刊》第一任主编臧克家及袁水拍去谈诗,一谈就是两个小时。"毛主席知道《诗刊》就要创刊时,表示高兴。那时,纸张困难,为了争取份数,我们和当时文化部的一个负责同志争得面红耳赤。我向毛主席报告:纸张困难,《诗刊》只印 1 万份,太少呀!毛主席反问:你看印多少?我说:5 万份。毛主席说:好,我答应你们印 5 万份。看,毛主席充分估计的是诗歌的意义和影响,而不是纸张。"①毛泽东对《诗刊》的关怀与爱护在臧克家的诗作《在毛主席那里做客》中我们也可以清楚地看到。对诗歌有浓厚兴趣的陈毅同志对《诗刊》也是极为关注的,"不但关心《诗刊》的内容,连纸张、编排、印刷,也希望它做到'精美'"②。在 1959 年 4 月诗刊社举行的诗歌座谈会上,陈毅同志说:"我是拥护《诗刊》的。《诗刊》变为通俗性群众《诗刊》,不好。以前轻视工人、农民,以后完全倒过来,也不好。好诗就登,选得严一点儿,我赞成。编辑要有一点儿权限,有取舍。对群众如此,对诗人也应如此。群众意见登一些也好。《诗刊》,印得美观一点儿,太密密麻麻,不像话。"③他曾写信指出编辑似乎太强调大众化方面,觉得提高还不够。在三年困难时期,《诗刊》出不了道林本,陈毅同志发觉了,知道是纸张困难的缘故后,马上写了条子,要外交部调拨了一部分道林纸给《诗刊》。另外,他还提出《诗刊》出双月刊,在国际上影响不好,要赶快改回月刊,甚至还建议改为半月刊,以便满足读者的希望。陈毅对《诗刊》的支持还体现在为《诗刊》写稿上,他寄来《赠郭沫若同志》、《莫干山纪游词》、《冬夜杂咏》等诗作。可以说,党和国家领导人对《诗刊》的关注"是对'诗刊'的一个最有力的支持,一个最大的鼓舞"④。

在党和国家领导人的深切关注下,《诗刊》迅速成为新中国最具影响的大型诗歌刊物。《诗刊》创刊不久就得到了读者的一致好评,最高发行量达到12万份。这一成就的取得与《诗刊》所追求的艺术目的有着密切的联系。在《诗刊》创刊号的《编后记》中,我们可以窥见《诗刊》出版的艺术目的:"我们完全了解,读者要求读到好诗,要求读到歌唱和反映生活的诗,精练的诗。我们希望今后能够团结、鼓舞全国的诗人们来创作出优秀的作品,以满足读者的渴望。"臧克家在主持编辑这份刊物时,牢记以这一目的为宗旨,千方百计为读者奉献高质量的诗歌作品。从臧克家编辑《诗刊》的过程中,我们可以大致看出他以下几点编辑思想。

第一,尊重名人佳作,扶植文坛新人。一方面广泛约请著名作家撰稿;另一方面,注意培养新生力量,发表崭露头角的青年作者的作品。他认为刊物要办出特色,要提高刊物质量,就必须有针对性地加强约稿工作。臧克家是文艺界知名人士,同很多作家都有交往,所以,他的约稿范围很广,如他所说,"手伸得很长"⑤。陈梦家是新月派诗人,臧克家登门拜访,使这位搁笔已久的老诗人重新放开了歌喉,连续写了《谈谈徐志摩的诗》和《纪游三首》交《诗刊》发表。臧克家还给王统照老先生写信约稿,王老给《诗刊》寄来了他谈诗的文章,并发表在1957年《诗刊》第6期上。另一方面,臧克家还特别看重新人新作,"大力发现新生力量"⑥。他认为"新作家全是选拔出来的"⑦,编辑有责任去扶植文坛新人。因此,在《诗刊》的创刊号上既有毛主席的诗词18首,又有艾青、萧三、冯至这些五四时期老诗人的诗作,还有严阵、周良沛、孙静轩等新秀的作品。为了能够发现和培养具有诗歌创作潜力的新人,同时也为了诗歌的群众化和鼓动广大读者的创作热情,《诗刊》先后发表了工人的诗、解放军的诗,也刊登了大量的民歌,从中培养了一大批新秀,像黄声孝、晓凡、温承训、刘镇等,他们都曾经写出过较好的诗篇,其中相当一部分作品达到了较高的艺术水准,如温承训的《动人的音乐》、刘镇的《光荣颂》等等。同时，为了帮助新人成长，《诗刊》专门开设“新花坛”、“新作短评”等栏目，对一些新人的作品进行点评，汪承栋、沙白、成文魁、孙友田等新秀的作品的评论文章都曾在该栏目刊登，为他们漫长的诗歌创作道路指明了方向。臧克家也曾在《诗刊》上专门撰写文章，对饶阶巴桑、刘镇、周雨明、程光锐等诗界新秀的作品一一加以品评。可以说，在《诗刊》周围形成了一批相对固定的老诗人群，能为其提供源源不断的高质量的稿件，同时也团结了一支朝气蓬勃、富有创造性的年轻作者队伍，为《诗刊》的发展打下了坚实的基础。

第二，摈除个人成见，客观全面地衡量作品。编辑工作的目的就是通过对稿件的审读、选择和加工，为社会提供高质量的精神食粮。编辑要本着对社会负责的态度，认真细致地为社会奉献高质量的作品。臧克家认为编辑要从读者需要出发，尽可能地摈除个人成见，客观而全面地衡量稿件的价值，不要因为个人好恶或政治偏见去评判稿件，那样的话就可能会埋没很多优秀的作品。所以他主张“要打破宗派的成见”⑧，他认为，个人或宗派的成见是一个窄门，往往把好的东西关在门外。文艺作品对生活有其独特的表现形式，编辑在审稿时，从政治方面考虑固然重要，然而更应该从文艺方面来分析。因为我们没有权力要求一个诗人必须写哪一类的诗，必须用哪一种形式去写，像一个冬烘先生要求他弟子的“八股”窗课那样。臧克家一再叮嘱《诗刊》的编辑们“不要搞门户之见，创作应提倡多样化”⑨。在创作上要求百花齐放，在评论上要求百家争鸣。《诗刊》曾发表了许多不同流派诗人的诗作，也发表了许多不同见解的评论，如陈梦家、郭沫若、汪静之、艾青、汪曾祺等诗人都有诗作在《诗刊》上发表。所以，臧克家提倡的选稿原则是：“只要本着‘艺术良心’创作出来的，有真实价值，有时代意义，有正义感和斗争精神的作品，一概欢迎。”⑩臧克家还主张一视同仁，“不问有名无名，只问作品好不好”⑪。一般来说，知名作家的作品要比无名作家的水平高,但也并不绝对。有些“名”不副“实”的“名家”,虽然在各种刊物上都能看到他的大名,但是如果买来他的“大作”来读,即使硬着头皮也会觉得味同嚼蜡,很难看出“大作”中有多少作者自己的见解。正如臧克家所说的,“名家作品也有粗糙的,无名的作家也有杰出者”⑫。所以编辑在审稿时一定要严格把关,坚持质量标准,客观公正审读作品,不要盲目相信名作家。

第三,淡泊名利地位,常想作者读者。臧克家提出“在自己的刊物上少刊登自己的东西,把地盘让给别人。就是利用自己的文章,也一定要排在后边,表示一点谦逊”⑬。编辑的工作性质决定了编辑默默无闻的地位,他们的心血和汗水大都凝结在了别人的成果中。当然,编辑不仅仅是编辑,他们长期从事编审工作,有着关于某个方向深厚的学养和扎实的专业理论基础,因此,他们有时也会写出一些在编审过程中发现的问题或有切身体验的文章,这时候,他们就不是以编辑的身份而是以作者的身份出现了。因为从事编辑工作的便利条件,他们在自己刊物上发表作品也是司空见惯的事情,因为这也是他们提高自己业务水平、总结编辑经验的有效方式,我们不能因此禁绝编辑本人在自己的刊物发表高质量的作品。但也有一部分编辑素质不高,为了某种目的,利用职务之便,把自己的作品强塞在自己的刊物上,滥竽充数,降低了刊物的质量。臧克家认为如果一个编辑总是汲汲于名利,是干不好本职工作的。编辑发表作品无可厚非,但首先要确保作品质量。臧克家在这方面堪为表率,他主编《文讯》十多期只在上面发表了两篇作品,在他任《诗刊》主编的八年内平均每年在《诗刊》上发表的作品不足三篇。臧克家在刊用自己的稿件方面所表现出来的谦虚谨慎、严肃认真的态度,与他主张要“破费时间读稿子”⑭,对作者和读者负责的工作作风是相一致的。创作是一件很辛苦的事情,臧克家深深理解这一点,所以他主张编辑要耐心、细致、认真地审读稿件。“因为投稿者花许多心血写成的东西,以‘求售的心情’投出去,像投出一个希望。如果编辑连看也不看地让它积压起来,那太对不住人也对不住自己了。”[15]所以编辑要慎重而认真地对待投稿者的稿件,应该尊重他们的辛勤劳动。要以关心和爱护的态度对待每一篇来稿,给予切实的帮助和支持。即使是不合用的稿子,“也应该在上面写出自己的意见,叫作者折服,而不灰心”[16]。对那些稿件不能刊用的作者及看不出有文学才能的人,臧克家主张也应该给他们指出努力的方向。1951 年 9 月臧克家曾在《鲁迅先生与编辑出版工作》的长文中写道:鲁迅“那种对待工作的忘我的精神,对人民负责的严肃的态度,对恶劣的出版商和编辑所作的坚决斗争,都值得我们向他学习、致敬”[17]。臧克家正是以鲁迅为榜样,来实践躬行的。

“有的人死了,但是他还活着……”臧老就是那永远活着的人,他在漫长的编辑生涯中积累的丰富经验,他所倡导的编辑理念以及他淡泊名利、鞠躬尽瘁的敬业精神,都是我们编辑人员应该学习的。“我们抬起头来向他仰望之余,必须低下头来以他的编辑精神来鞭策自己,努力提高思想水平和业务水平,严肃认真、负责地把编辑出版工作做好!”[18]

注释:

① 臧克家:《伟大的教导　深沉的怀念》,见《臧克家散文小说集》,长江文艺出版社,1982 年版,第 448 页。

②③ 臧克家:《陈毅同志与诗》,见《臧克家散文小说集》,长江文艺出版社,1982 年版,第 468、472 页。

④ 《诗刊》1957 年 1 月创刊号编后记。

⑤ 臧克家:《长夜漫漫终有明》,见《臧克家散文小说集》,长江文艺出版社,1982 年版,第 1019 页。

⑥ 《臧克家文集》第五卷,山东文艺出版社,1986 年版,第 378 页。

⑦⑧⑩⑪⑫⑬⑭⑮⑯ 臧克家:《一个理想的实验——四个半月副刊编辑的回味》,《中报》1947 年 1 月 1 日第 14 版。

⑨ 刘梦岚、罗雪村:《臧克家:百年风雨铸诗魂》,《人民日报》2004 年 2 月 9 日。

⑰⑱ 臧克家:《学诗断想》,四川人民出版社,1978 年版,第 239、260 页。

原载《出版史料》2004 年第 5 期

存 目

著 作

臧克家 《学诗断想》

四川人民出版社 1978 年

臧克家 《臧克家散文小说集》

长江文艺出版社 1982 年

张惠仁 《臧克家评传》

能源出版社 1987 年

冯光廉 刘增人 《臧克家〈研究资料〉》

甘肃人民出版社 1990 年

蔡清富等 《臧克家评传》

重庆出版社 1998 年

论 文

臧克家 《一人双手编〈文讯〉主编话旧》

《读书》1983 年第 12 期

臧小平 《我的父亲臧克家》

《中华儿女》(海外版)1997 年第 11 期

郑苏伊 《三见爸爸臧克家》

李城外编《向阳情结——文化名人与咸宁》(下),

人民文学出版社 2001 年

徐　鸿　《老诗人放歌新岁月——访臧克家》

1992 年 7 月 18 日《新闻出版报》

王立强　《三百六十五个祝福——诗翁臧克家救助西北一失学少女的故事》

1994 年 12 月 3 日《新闻出版报》

胡正强　《臧克家报刊编辑思想论略》

《编辑学刊》1998 年第 6 期

刘福春　《臧克家的青年时代》

2001 年 11 月 16 日《新闻出版报》

胡正强　《臧克家:新作家是选拔出来的》

《中国现代报刊活动家思想评传》新华出版社 2003 年

舒晋瑜　《众人印象中的臧克家》

2004 年 2 月 18 日《中华读书报》

王廷芳　《深切怀念我的导师臧克家》

2004 年 2 月 18 日《中华读书报》

张同吾　《飞腾意马到天涯——悼念世纪诗翁臧克家》

2004 年 2 月 18 日《中华读书报》

杨静远　《我所知道的臧克家》

2004 年 3 月 10 日《中华读书报》

楼适夷

楼适夷(1905～2001),浙江余姚人。原名楼锡椿,又名建南,笔名适夷。1918年小学毕业后,随父到上海钱庄当学徒。在五四运动影响下,积极参加爱国运动,阅读大量革命书籍。1925年加入中国共产党。1927年始,专门从事地下工作和文学活动。1928年入上海艺术大学学习,加入著名文学团体太阳社。1929年留学日本。1931年回国后,加入中国“左联”,并参加编辑“左联”机关刊物《前哨》,同时从事文学翻译工作。后来到中共江苏省委宣传部工作,同时,还主持了《群众日报·大陆新闻》和瞿秋白领导的《白话小说》的编辑工作。1933年被国民党当局逮捕。在南京监狱里,先后翻译了高尔基的《在人间》、《我的文学修养》及日本的一些进步文学作品。1937年,抗日战争爆发后出狱,至福州参加福建省文化界救亡协会工作,并编辑《文教周刊》和《救亡文艺》,同年年底去武汉,担任《新华日报》副刊主编,并参加《抗战文艺》的初期编辑工作。广州沦陷后,去香港协助茅盾编辑《文艺阵地》。1939 年秋，被迫转移到上海，继续编辑《文艺阵地》和其他刊物。1941 年底太平洋战争爆发之前，与巴人（王任叔）一起在上海编辑《大陆杂志》。1944 年，赴浙东抗日根据地，任新四军地区文教处副处长，其间，创办日文版《解放日报》。抗战胜利后，在江苏淮阴任《新华日报》华中版编委。1946 年回到上海，任《时代日报》副刊编辑。1947 年到香港，与周而复共同创办《小说》月刊。1949 年赴北京参加第一次文代会，被选为中国作家协会理事。

新中国成立后，曾出任出版署编审局通俗读物处副处长。1950 年冬，参加抗美援朝，任东北军区后勤政治部宣传部部长。1952 年调回北京，任人民文学出版社副总编辑，后任副社长，并担任《译文》、《世界文学》编委。1978 年，任人民文学出版社顾问。由他提出创办大型《新文学史料》期刊，并制定办刊方针，使该刊成为有广泛影响的刊物。

楼适夷同志从事出版工作近 70 年，创办编辑多种报刊，尤其是新中国建立后，在担任人民文学出版社领导期间，为鲁迅著作的出版和外国古典文学名著的出版做了许多开创性工作。

零零碎碎的记忆

——我在人民文学出版社

楼适夷

一

我是 1952 年 9 月，奉调到出版社工作的。原来我于 1950 年参加抗美援朝，在沈阳东北军区后勤政治部宣传部工作，这年的 1

月份，我去了后勤司令部“三反”运动办公室。运动正在轰轰烈烈地进行。当时军队的后勤部门，管钱管物，掌握巨额的军用物资和大量资金，被认为“山深林密，藏龙卧虎之地”。根据“大胆怀疑”的方针，这里必然有的是大大小小的“老虎”。在司令员李聚奎将军亲自直接领导下，由张璋和我担任办公室的正副主任，我们日以继夜，不休不眠地工作，白天是检举信像雪片似的飞来，晚上就查表格，打算盘，计算今天打出了多少“老虎”，往往搞到深夜。检举信的内容真是无奇不有。例如说所属某部政委老干部某某家里，每张沙发里面衬填的，全是人民币；安东截获了一个走私贩毒的车厢，满满一车厢装的是海洛因……都把我吓了一大跳。结果三反积极分子去老干部家里抄家，把沙发布全剪破了，掏出来的却是一张张破麻布，连一张人民币也没找到；而满车厢的海洛因，更是渺无踪迹。更有一次拆开一封检举信，打开一看，被检举人的名字正是我自己，我吓得连内容也不敢看，立刻交给坐在大办公台上边一起办公的司令员，李聚奎同志看了信，微微一笑，就交给了我。原来是1949年从香港到北京，有一批组织上让我带的队，二三十个各式各样奔赴北京参加工作的同志，其中有一位看来是民主人士资本家，他独乘头等舱，不和我们这些甲板旅客在一起，只有我一个人到头等舱去和他联系，他夫人是民主党派的妇女活动家，已先他受到邓大姐的邀请，到了北京，他这一回是转移部分财产及工业器材，从海外回国的。轮船到天津码头，海关查验他的行李，大大小小堆满了码头，由我向海关的同志说明，未经查验，就一律放行了。写检举信的也是一位从香港调北京的出版界同志，承他的热心，使我记起了往事，连忙向司令员作了说明，李聚奎同志笑了一笑，便叫我不必解释了。总之，全国解放后历次搞运动，我大抵是挨整的对象，“重点的”或是“边缘的”，只有这次却由我来整人，我的确是搞得兴致勃勃的。后来每次挨整，回忆此事，才知整人之乐。

正在那时候，后勤部副政委兼政治部主任张平凯同志，悄悄地向我透露了信息，中央宣传部向军区来了调令，要我回北京到人民文学出版社工作。我参加抗美援朝已经两年，原来一心以为到了部队，可以上前线当个战地记者，脱离学不会的行政工作，专门从事写作。万不料依然还是得坐办公室，挑起十几万后勤部队的文化、教育与宣传担子。责任那么重，而我却非常陌生，办法很少，连每年大量的战士文教宣传费用，还不知如何花法。记得要给部队战士搞广播，派一个宣传科的同志特地出差到大连去采购唱片。这老先生凭着自己的爱好，买来了一大堆贝多芬、肖邦等的乐曲，他以为还有文盲半文盲的广大战士，也跟他具有同样的欣赏水平，于是只好搁置起来，成为废物了。凡此种种，给自己增添不少烦恼。对于编辑出版工作，从30年代初期以后，多少做过一些，是有兴趣和理想的。孤岛时期和傅雷聊天，也曾相约抗战胜利以后，大家来搞理想的出版社。因此，有了这个调令，我当然是愿回京的，但目前运动正在热火朝天，而且军区宣传部还给我一个写后勤电影故事剧本的任务，没有完成。一时没法离开，所以直到9月，才脱去志愿军的军服，复员到了北京。

二

雪峰同志给我谈出版社创立的经过，那是在文化部艺文局编译处的工作基础上，独立成立起来的。原编译处处长曹靖华，副处长蒋天佐，早已在周扬同志领导下，搞了一套出版计划，并开始实施了。开国初期用新华书店名义出版了全套50余种解放区的文学作品，包括两种得斯大林奖的长篇小说在内的文艺丛书；又由开明书店出版了几种现代革命作家蒋光慈、洪灵菲等的选集；再就是曹靖华主编的《苏联文学丛书》，及正在进行的古典名著《水浒》的校勘、整理工作，已经斐然成章，有了一定的规模。现在一切工作移交到出版社，由雪峰同志担任社长兼总编辑，蒋天佐同志任副社长兼副总编辑，并成立由张天翼、曹靖华、冯至同志等组成的编辑委员会。

雪峰同志任职以后，把原编译处的计划全部改变，主张从头来。这一点，与天佐同志的意见是不大一致的。因为天佐身体不好，长期请病假，由他向中宣部提出，把我从东北调来，与天佐同任，协助工作。雪峰在30年代即领导我从事地下党工作，天佐也是在狱中的朋友，抗战中在孤岛一起工作过；加之我自己受日本出版事业的影响，心中有一点"理想"，因此对这工作与合作的同事是很满意的。但天佐养病回社之后，不久就调文化部办公厅去了。雪峰身兼作协党组成员及《文艺报》主编，在出版社方面，自愿专力从事领导鲁迅著作编刊室搞《鲁迅全集》的工作，不问其他。他要我把社的行政管理与编辑、出版全部业务代他总揽起来。我自知力不胜任，但雪峰那么分配，我也无法固辞。幸而当时任办公室主任的是许觉民同志，出版社行政工作与出版业务的全才，而编辑部门，则有对编辑业务经验丰富的总编室主任郑效洵同志，我便依靠他们把工作担任了起来。当时社的机构不大，人员比较精干。编辑部设三个编辑室，一编室搞中国现代文学，主任是厂民同志，就是诗人严辰，后来他去专业创作，由方白同志继任。二编室包括中国古典文学和民间文艺两部分，起初由贾芝同志负责，不久就由聂绀弩同志担任副总编辑兼管古典文学，而贾芝则去民间文艺研究会了。三编室管外国文学，由总编室主任分管，副主任先后为刘辽逸和朱葆光同志，后来苏联的时代出版社移交中国，好几位优秀苏联文学工作干部调入我社，即由孙绳武同志担任主任了。另外还有一个鲁迅著作编刊室，这部门原为全国解放后在上海创立的由雪峰主持的鲁迅著作刊行社，随雪峰移到北京，并入我社改编而成的，雪峰直接领导，而以王士菁同志为副主任。几个编辑室由总编室统一起来，所有各编辑室发的书稿，都通过总编室交总编或副总编终审签发。其他出版业务与机关行政管理，则统属于出版部和办公室，由许觉民总管了。

当我向雪峰请示建社时决定的总的出版方针，他的回答非常简单，只有四个大字，叫做“古，今，中，外”。并且告诉我，一切大的有关方针和原则性的问题，可以直接向中宣部常务副部长胡乔木同志请示。这样，就把工作交给我了。

三

我对出版工作的所谓经验，不过在解放前办过几种公开的或地下的报纸和刊物，帮助过两家小书店的创办和编辑业务，规模不大，机构很小，只少数几个工作人员，有时还是一人单干，工作是手工业式小手小脚的。可是我的兴趣和理想，主要是从读者的角度，看到日本那种气派大、方式活的出版事业而得来的。我也羡慕解放前商务印书馆那样大规模成套成批、按计划、有系统的出版《四部丛刊》、《万有文库》以及各种丛书的方式。我觉得现在是一个国家的大出版社，再不应该像解放前上海四马路开小书店那样，东一本，西一本，有一本，出一本那种小手小脚杂乱无章的做法了。我对书籍的装帧设计、印制质量也大有意见，书籍不是报纸，看过就扔，不但要美观，更重要的是坚固。用印报的纸印书，好像都不准备保留，装帧也不牢固，一本厚一点的书，像一块砖头那么重，打开了要两手使劲按住才能读，而且读过一次就变了形，像北京人爱吃的大油饼，无法好好保存了。印刷的字体颜色不鲜艳，常常是灰溜溜的，用笔形显微镜一检查，外文书是完全墨色，但我们印出来却成为一点一点的小灰点。我一开头就认为这一些都是应该着手改革的。

但事情与我的理想距离很远，雪峰的看法同我不一样，他反对规模、气派，认为出版物第一是内容质量。取消了原编译处订定几种丛书的计划,并不主张另搞丛书。他说:“乔木同志说过,搞丛书要慎重,质量水平,不能有所参差。”那就是非常不容易的了。对于装帧设计和印制质量的问题,他随手拿起一本新出版物向我面前晃了一晃:“这有什么不好,你这个人呀,就是专讲形式嘛!”我脑筋钝,口齿笨,向来没本领说服人,而常常被人说服。结果还只能有什么出什么,只要认为是好书就出。根据这一方针,我们一开头就出了一些好书,有些书,像方志敏的遗稿《可爱的中国》,《瞿秋白文集》(1953 版),还都是雪峰亲自动手当责任编辑,从编选、校订、审定,都不经过编辑室而一手包办,然后把稿子交我签发付排。后来,如对杜鹏程《保卫延安》的投稿,则亲自审读以后,就与作者反复长谈,两个人并坐在写字台边,几乎是手把手地帮助作者作了很大的修改,70 万字的稿子变成 40 多万字,才成为后来出版的样子。提到这部稿子还有一段插话。它原来是某丛书编辑部的退稿,作者心不甘服,就找到了雪峰,却被雪峰一口肯定,给予高的评价,经过整修而决定出版的。那时某丛书的主持人才着了急,打来一个紧急电话,要我社在出版时,封面上必须印上某丛书的名义。作者早对出版社说过不愿这样做,我当然是同情作者的,觉得这位主持人出尔反尔,态度有点不正,就在电话中加以拒绝。对方声色俱厉地说:“这作者就是我们培养出来的,所以必须用我们‘文艺丛书’的名字。”我的回答很不客气:“我们是国家出版社,你们也是属于国家的嘛!”这一下不得了,只听到电话筒狠狠地摔了下来,再也听不到一句回言了。这是我到出版社以后,所闯的第一场祸。最后还是雪峰出面赔礼道歉,而《保卫延安》的初版上,还是加上那块“丛书”的招牌。雪峰对此并未埋怨我一句话,更未要我写检讨,只是向我苦笑了一笑。

四

从这件事上,不能不感到权力的可怕。可是回想起来,作为一个编辑,在工作上,自己所发挥的权力,也是有点可怕的。我们好像一个外科大夫,一枝笔像一把手术刀,喜欢在作家的作品上动动刀子,仿佛不给文章割出一点血来,就算没有尽到自己的责任。这把厉害的刀,一直动到既成老大作家,甚至已故作家的身上。当然对鲁迅著作的原文,是一个字也没动过的(不过根据上级命令,也删过他大量的书信),其他作家的作品几乎全动过一些手术。郭老《女神》解放后的第一新版,就给删去了三首小诗,其中一首:《死的诱惑》,内容说到诗人面对一把刀子,一条绳子,忍不住想走自杀的路。茅公的《蚀》、《子夜》说有些描写认为是"黄"了一点;曹禺的《雷雨》、《日出》,都是被动过手术的;甚至《夏衍戏剧选》,硬是给删削了整整的一篇《上海屋檐下》,认为小资产阶级的气味重了。当然,编辑部是当作意见向作者委婉提出协商的,而作者则无不遵命,一律照办。那时,我们看解放区来的人,尽管过去还是无话不谈的老友,但认为他们"整过风,脱过胎换过骨"了。我们从国民党统治区来的知识分子,没整过风,最害怕自己思想上余毒未清,带着不少渣滓。郑振铎同志曾对我讲过一个笑话:那是1949年7月在北京举行第一次全国文学艺术界代表大会的时候,从解放区、从国统区来的两支文艺大军,浩荡会师,真是一片洋洋喜气。有一次,会后夜游北海,泛舟中流,月光照在水面上,银鳞闪闪,景色甚美。振铎同志举首望明月,情不自禁地对一位延安来的作家发出了赞叹:"今夜的月色真美呀!"而对方竟然毫无反应,既不点头,也无回话。他就有点担心了,是不是"谈了风花雪月",暴露了自己的小资产阶级的尾巴呢?

作者们既然小心翼翼,当然,尽管心里对编辑意见未必同意,也只能唯唯诺诺，表示“同意”了。后来，到1956年，我们为郭老编辑多卷本的《沫若文集》，郭老就向我吐苦水了。说这首被删去的《死的诱惑》，正是他生平写白话诗的处女作，可见当时头生儿子一刀被砍，作者是怎样的心痛了。

更荒谬的，动刀子动到已故作家的身上，《瞿秋白文集》（1953版）中《俄乡纪程》，开头有一处是写海参崴华侨吸鸦片和贩毒的。这不是给中国人脸上抹了黑吗？便都予以删去。仿佛我们这样一删，30多年以前的海参崴就真没有一个华人抽过鸦片了。作者已故，当然毋须征求同意，可以为所欲为。实际上，那时作者心虚，编辑也心虚，生怕把不住关，就做出这种事来了。到了后来，凡是这种不成理由的改删，又照原状恢复了过来。编《茅盾全集》时，我见到改删过的地方都已恢复了原状，教训是应该记取的。几年之中，特别涉及到政治运动，改来改去，真成了编辑部的一件浩大工程，发生了“高饶事件”，查一次书，凡书中有高岗的名字，都得删去，庐山会议出了“彭德怀事件”，彭老总的名字也不许出现了，讲好讲坏，一律删去。同某国外交发生了纠葛，歌颂某国的东西当然也不要了。（记得反修时，名编辑某君，发现了一句歌颂南斯拉夫的话，立了大功，任叔同志大为器重，特奖《六十种曲》一部。并从编辑升为编审。）编辑部一次次停产查书，印厂挖改纸型，抽页排版，有些已出的书，则干脆停止发行。浪费时间，劳民伤财，这样的笨事，真不知做过多少。

五

说是不搞丛书，其实还是搞的，一种用丛书的名义，一种则不称丛书而其实是想成龙配套的。首先是外单位，那时解放军还没有自己的文艺出版社，他们编《解放军文艺丛书》；电影部门也还未成立电影出版社，他们编电影剧本丛书之类，全是交给我社出版的。中国作家协会《人民文学》杂志编辑部，编辑《文艺建设丛书》，也由我社印行。至于不用名义的，无论古典部、外文部、现代部都有。任叔同志来社以后，亲抓古典部，并在四个编室之外，又扩大了一个五编室，是专门翻印古籍的，对外用“文学古籍刊行社”的招牌。任叔同志认为中国文学古籍一向以印行诗词为主，不重小说，便大印笔记小说的古籍，从《虞初志》开始收集，影印了原来已比较偏僻的类集，如《类说》、《金陵琐事》、《古今谭概》等等，直到出了《一笑散》，大批迅速印行出版，成套成批，布脊硬面精装，颇有气派，其中确实保存了一些善本。可这件事，平白受了大报社论的批评，说是出于资产阶级的出版思想。于是赶快写了检讨。不久五编室也随之而收场了。但在此以前，由雪峰、绀弩主持，用正式牌号影印了的《诗集传》、《楚辞集注》、《史记会注考证》、《白氏长庆集》、《脂砚斋石头记》等高级古式精装本，用毛边纸和连史纸影印，分册线装，装上布函的，现在已成为解放后出的珍本书，外交上还拿来作赠送外国政府首脑的礼品。（一个插话：当时日本外相大平，由毛泽东同志送他一部特装《楚辞集注》，视为珍物，后来家中失火，半夜从火中逃出，一切财物都不及拿，只拿了这部宝书。）又一次，我们遵照上级传达更上级的指示：“《金瓶梅词话》原本可以影印一些，可作限定本按级别内部发行；另编一部经过删削的节本，可以公开。”于是用毛边纸影印，线装 20 册，分装两个布函的精本出来了，原定印五百部，我经手签发，认为这样的书，只印一次不会再印，反正控制发行，不妨多储藏一点，就一批批了 2000 部。所以多年后仓库里还藏了一些。不过，特约北京图书馆左恭同志编订的节本，则没有印出来。到了“文化大革命”，这就成了大批判的大事，甚至那位传达指示的上级同志，那时他大概已在开始挨批，还没“打倒”，来了一个电话，严厉责问：“是谁叫你们印《金瓶梅》的？”经手的我，早已打入“牛棚”，对着这样的质问，就只好用“沉默”来回答了。

六

现在谈外国文学的编辑出版，虽然原文化部艺术局编译处所订《苏联文学丛书》的名字是没有了，但一开始，主要还是大量介绍苏联的作品，虽然不成为套，也没系统，实际还可以称作丛书，成了那时的热门货，译者稿酬常上万元。经过1954年由中国作协外委会主办的“全国文学翻译工作者会议”，大规模翻译出版世界文学名著提上了日程，制订了从古典到现代的东西方文学名著大规模长期出版规划，普遍组织约请专家从事译述，毫不犹豫地花了大量人力物力，为后来与中国社会科学院外国文学研究所合作，与上海分工出版的《外国古典文学名著丛书》等“三套丛书”的出版，打下了基础，“丛书”这个名字也就在我社合法化了。有一次来了“反修”，又大量译印所谓“修正主义”文学作品，是内部发行作反面教材，规定封面不加装饰，印个铅字书名就算了，避免把它们美化，实际也隐然形成了一套“丛书”。

对外国文学，一时化的力量很大，请人译一部大著作，是长年累月的工程，译者等不到出版后拿稿酬，有的先要预支来维持其生活需要，这预支款一度总计起来有六位数字之巨，当然大部分都完成了译稿，但既不交稿也不还钱者也颇有其人，成了烂账。以特约方式邀请名译者的事，值得一记的，一位是周作人先生，他被国民党当大汉奸，关在南京老虎桥的牢狱里。别的大汉奸大部分早已搭上了线，摇身一变，成曲线救国分子，依然高官厚禄多的是，周先生是穷文人孝敬不起接收大员就只好坐牢。解放战争末期，由李宗仁派代表上北京和谈时，把他释放，回京闲处。建国后上级指定归我社与他联系，约请他从事特约翻译，译希腊、日本古典文学等等，作为预支的稿酬，每月支付200元作他的生活费，后来他到处诉穷，上诉生活困难，上级一位领导同志在他的诉苦报告上批了几个大字，一下子从200元改为400元。一位领导还特地为他的事把我召去中南海个别谈话，叫我们必须尊重他在文学上的高度造诣，多关心他的生活与工作。不要光由个编辑联系联系，领导也该登门拜访，使我很荣幸地拜见了这位五四文学的大将。应该说，这位老人确实是勤勤恳恳，认认真真，做了许多工作，一直到"文化大革命"被人斗死为止，译出大量古典名著，除了用周启明名字陆续出版的以外，还有一大堆至今没见印出的原稿，计算多少年支付的稿酬，也没有什么亏欠了。

又如莎士比亚的译者，已故的朱生豪，他生前是在极艰苦的条件下，以极菲薄的卖稿费，孜孜矻矻，埋头苦干，几乎译出了莎氏的全部著作，结果还是贫病而死。这情况是我在孤岛时芳信告诉我的，我便向雪峰请示，由我社把他的译书全部接收过来，经一位默默无闻，而刻苦用功的出学校不久的青年编辑同志（现在他以自学西班牙语，成了拉丁文学知名专家），作了认真细致的校订，就出版了第一版的《莎士比亚戏剧集》，千方百计，在浙江找到了译者的遗属，送去了一笔巨大的稿酬，孤儿寡妇感动得痛哭流涕，还拨出一笔巨款捐赠给儿童福利基金会了。

七

话说到现代文学部门，作协所编的《文艺建设丛书》，不知为什么，编了不多几本，忽然就停顿了。《解放军文艺丛书》推荐出了不少新老部队作家的作品，过了不久，部队自己成立了文艺出版社，收回自印了。因此关于当代的创作和理论著作，总是有一本出一本，成不了龙，配不上套，一直没有计划用丛书的形式加以排列而突出。但是优秀突出的新创作是出了不少的，有的则是新人的处女作，无名作家的投稿，一下子打响，使作者立地成了知名作家的，也颇有几位。这些作品中有的渗透了不少编辑工作者的心血和汗水，为了使新人新作与公众见面，他们默默无闻地长期苦干，帮助作者做了许多工作，捧着一本稿，一字一句，真像一位皓首穷经的老儒。一旦作者崭露头角，“一举成名天下知”，他们还是照样在编辑部的斗室中，在一个字、一句话地啃另一位作者的原稿，谁也不知道他们的名字。而这些名字，其实是应该刻在文学史的凌烟阁上的。

当时对新文学运动以后到全国解放以前的文学作品，并无单独的编辑室，这部分工作附属在一编室内的一个组，照习惯称做“五四文学组”，“五四文学”这个名字到今天还在使用，其实这概念包括的不仅仅是五四时期，而是现代新文学运动以后到建国为止的文学。有的今天已把这30年时期的文学称作“现代文学”，表示中国文学到此开始了现代化，另把全国解放以后的文学创作叫做“当代文学”而加以区划，倒是比较合理的。由前编译处制订编选，由开明书店出版的作家“选集”，计划到出版社既已改变，就重新另外进行编选。据我们当时理解，所谓五四新文学的精神，就是反帝反封建的新民主主义革命精神，一开头在选材上就偏重于一般公认的革命、进步作家的著作，好像最早出的是沙汀、艾芜的小说选集，以及左联烈士和别的共产党员作家，如蒋光慈、洪灵菲、应修人、潘谟华等的诗文选。圈子不大，禁忌不少，对新文学运动中也有一定影响，如解放前在政治态度上对革命还有一定距离的作家，就非常花费斟酌了。就是对党的及和党一起的重要作家的作品，也还是咬文嚼字的“一丝不苟”，如上述对《女神》、《子夜》那种办法。禁区是后来逐渐打破的，而且进展得很慢；特别对解放后身在海外的作家，更不敢有所触及了。这块最后禁区，要等到党的十一届三中全会后开创了社会主义建设新局面，才焕然一新地改变了面貌。

在领导班子的分管中，我自认为对这部分有较深的感情，抓得多了一些。虽然仍不许用上丛书的牌号，但在版式装帧上予以统一，企图实际形成一套丛书。我对于书的封面设计，除了儿童和通俗读物，是不大喜欢把封面当插图用，画上五颜六色的图画实景，我以为书上有一点装饰图案，能象征内容品格，或突出作者的图像，表示尊重的，就可以了。即使像中国古籍那样，不加画笔，典雅朴素的，也使人发生美感。在这套作家选集上，我就想发挥我的理想了，一律以白纸作地，不加任何图样，仅仅采取一种宋版书上木刻字体标上书名，形成一色。这也是从解放前巴金同志主持的文化生活出版社的《创作丛书》中学了来的，但结果很不得人心，出版部门、发行部门都啧有烦言，似乎现在解放了，大喜临门，就该挂灯结彩，大红大绿，五色斑斓，才能表示我们时代的气概。我独断地坚持了自以为是的主张，最后还是败下阵来。

形式事小，最糟糕的，有一次接到顶头上司的指示，说是某一位方面大员，对我们出五四作家选集意见老大："中央也只出了一部《毛泽东选集》，用作家人名作书名，现在什么作家，都用人名作书名，出了不少《××选集》、《×××小说选》、《××诗文选》。"大概是不成体统吧！于是连忙改弦更张，恰巧出一本《柯灵散文选》，便把他开了头刀，将"柯灵"二字在书名上砍去，改成了《遥夜集》。但大员很忙，无暇长期遥察，慢慢地时过境迁，我们便阳奉阴违，又恢复了作家书名的选本。这是千百年来中外传统，读者是愿意这样抉择的。

到了1956年，解放后第一次加上注释的十卷本《鲁迅全集》开始出版后，根据读者的希望，认为某些新文学运动兴起后的重要作家，光出一本篇幅不多的选本是不能满足的，于是规划出版重要作家的多卷本"文集"，第一批就着手原定10卷而后来逐步扩大到17卷还未完成的《沫若文集》，10卷本的《茅盾文集》及14卷本的《巴金文集》，那就是"文化大革命"年代成了大批判对象的"黑老K"的14卷黑书。基本上都是编辑部搜集材料，以作者自选自编为主，再加上责任编辑同志的专任配合，在较短时期内陆续印制出来的。按照预定计划，又出了《叶圣陶文集》、《郑振铎文集》，但都只出了两卷三卷就停顿起来。计划内原定还有《丁玲文集》，则因作者在 1955 年受了大批判，五七年又错划成“右派分子”而取消了。《老舍文集》，则作者自己一口谢绝：“那些旧作品还出它干么，你们已经印了一本《骆驼祥子》也就够了。”还有他的大长篇《四世同堂》，虽经编辑部一再提请，作者还是谦虚地辞谢：“别在那些旧作上绕圈子，等我写出新作品来吧！”事实是，在解放以后，老作家中，他就是不断产生新作的最勤快的一位。叶圣陶先生对出版旧作也极不热心，一定不肯出多卷《文集》，他把这种做法叫做“炒冷饭”，直到经过多次反复请求，才编成了他的《文集》，但只出了两卷。有人提出“写十三年”，对于这种文化财富的积累不感兴趣，五四计划奉命大加压缩，他的第三卷的稿子不及付排，就来了“史无前例”的日子，连稿子都差一点丢失了。

有的作家，对编辑部不向他们征求旧作是有意见的：“我某某不是解放后才写作的，应该使读者知道我过去的成就！”有一位还向编辑部提出责问：“你们出了某某的，为什么不出我的选集？”

从 1919 年到 1949 年，新文学运动 30 年的创作成就，回头看来的确是丰富厚实的，不说鲁迅，即其他几位重要作家的宏博的和高度的成就，有人说：“在以后的三十年，还没有可以与之相比的。”这话当然偏颇，时代不同，这样的比拟是不伦的，但这个中国新文学的开创时期，的确是很重要的。1958 年的“大跃进”中，我们就计划编选大规模的《新文学三十年集》，来迎接 1959 年的五四运动 40 周年纪念。这计划当时由于体制的变动没能实现。直到作家出版社重新并入“人文”以后，成立了编译所，仍把这一部分工作当作重点进行编选，被错划为右派分子的雪峰同志和别的几位同志，就分别大规模地收集编选小说、散文、诗歌选稿。稿子结结实实整装了几木箱，在空前浩劫中居然幸免于难，后来是交给了中国社会科学院的文学研究所，他们就在那基础上编出了 30 年文学多卷本《小说选》、《散文选》和《诗歌选》。

八

我对日本"圆本书"[1]方式非常羡慕，总算在我社的《世界文学名著丛书》和五四文学多卷文集，与系统编选本稍稍得到实现。但沿着文学史的脚印，把中国古典名著系统地形成一套大丛书，大丛刊，和怎样使当代作品有组织地编成丛书，这种愿望终于无法做到。在现代部门，50年代前期，为了倡导普及，曾经编过《工农兵文学读物》，选择一些优秀名作，编成薄薄的小本子，作通俗读物，意图在提高的指导下开展普及，把鲁迅的《故乡》，茅盾的《春蚕》都收编在内，也把郭沫若解放后几首歌颂祖国的新诗，编了一本《毛泽东的旗帜迎风飘扬》，郭老为此还大为高兴，说："我的诗也可以成为工农读物吗？"我们这样的编辑方针应该说是正确的，但在出版上，薄薄的小本儿仍只能一本一本出来，不能成批成套造成声势，引起读者与文化工作者的注意，发行上一切率由旧章，和一般出版物同样分配下去，没建立起针对一定对象的特殊发行路线，于是零零落落出了20多本，也就无以为继了。

50年代初我们也制订了编印《文学小丛书》的计划，而且开始出版了若干种。这在我的设想中，是企图像日本的《岩波文库》、英国的《企鹅丛书》、德国的《莱克兰姆版》、美国的《近代丛书》及解放前商务印书馆的《万有文库》那样，成为包括古今中外名著的袖珍版，但结果本儿小，只编入了一些每本能独立容纳的短小作品，而且不限名著，依旧是零零碎碎，不成系统地一本一本搞了出

① 当时日本大量出版了各种名为《全集》的丛书，如《世界文学全集》、《现代日本文学全集》等。四五十万字一卷，每月出一卷，定价一圆，因此叫"圆本书"。

来，同样造不成声势，引不起多大影响。

从这类教训中，我认为要求出书的系统化，首先是帮助读者养成系统读书的习惯，并使他们选购书籍得到方便。从长远看，则为文化积累奠定基础，是精神文明建设的重要基建工程。再者，我以为出版物不仅仅是一时的流行商品，轰动一时的流行书是有的，有一些也是需要的，但基本上每一本书必须争取立得住脚，成为长期积累的一砖一石，不能让它随时弃置的。出版社须听发行部门的命令，只重视新书，忽略重版。一本好书往往没出来时大家盼，一出来就一哄而光，下次再也无法买到了。我对这样的出书譬之为熊瞎子抓老玉米棒子，抓一个丢一个。读者买不到书，不能仅仅怪发行部门订货的数量太少。不管出版社或发行者，谁都没那么大的资金与仓库，把出版物大量存储起来，让读者随时随地可以买到，要啥有啥。解放以前的书店，大抵要买什么书都可以买到，那是因为不断再版的缘故，因此必须少印多版。但要做到出版的系统化和少印多版，不仅仅是编辑工作与出版社的出版部门的事，也得与印刷、发行的部门真正成为三位一体，密切配合，这就涉及出版体制、先进技术和管理方法的问题了。三权分立曾大大繁荣了出版事业，而发展到一定程度，却变成了相反的挡路石。至今仍成老大难，良有以也！

九

现在谈谈我做过的几件荒唐事。1958 年，原来作为一块“人文”副牌的作家出版社，变成了实质的机构划归作家协会去了。我被调出“人文”，去负责这家专搞当代创作的出版工作。开初还是一起办公，正值文化部号召“大放卫星”，当然是积极响应的。出版社的“卫星”就是书，这书，一要工农兵，二要数量大，出多少书就算放多少颗卫星，当然是越多越好。这事不难办。是七亿人口，人人写诗的时候，报纸刊物，满坑满谷是工农兵的新创作，简直令人怀疑，作家这个东西，今后到底还要不要。于是剪刀糨糊，剪剪贴贴，一下子就成一本，出版部门，印刷厂全都大跃进，印得又多又快。我在解放前办出版，总是深入排字房，学会与排版工人共同熬夜的，解放后多少学了点"官气"，轻易不下走。十几年中只在印刷车间搞过两个通宵，一次是为《鲁迅全集》的出版，另一次就是这个大跃进大放卫星了。为了向国庆献礼，以空前未有的高速度，在一个月中，放出了 80 颗"人造卫星"，那是苏联放出第一颗人造卫星的一年后的事。对这些卫星，发行部门的兴趣也大，动不动就要 10 万 20 万，后来是不是都送到工农兵手里，还是烂在仓库里，最后送造纸厂造还魂纸，则不得而知了。

荒唐事当然还有，不及一一谈到，略谈另一件事，也可以说又闯了一场祸。仍是在作家出版社时期，冲犯了一位名作家的大作品，一部早被领导做大报告表扬了的长篇小说，而我和一位责任编辑同志，则居然胆敢提出一些修改的意见，这就成了祸事，招来了解放后还不曾挨过的狂风暴雨的大批判，连汽车司机与工务人员都坐满了会堂，也算增长了一番经验。我不是"秋后算账"，本来不提也可以了，可它是一个关隘，从此与我本来力不胜任的编辑工作有了疏远。等到 1960 年作家出版社重新合并回到"人文"时，我的分工就只管一个新设部门——编译所，退出编辑的第一线了。说是退出，还是附带着经管一些"五四文学"的发稿，那时我们不但编选作家的旧作，而且也照样重印起解放前出过的书，连装帧面貌也保持了原状。不料出了一本许钦文的《故乡》，舍不得那张曾经有名的陶元庆的封面画，一个红袍持剑的女鬼，偏偏碰上孟超的《李慧娘》挨批，正在到处打鬼、闹鬼的时候，这个美丽的女鬼也给我带来了一场灾殃。

按照"革命造反派"的说法，这编译所算是牛鬼蛇神成堆，早已腐烂复辟的摊摊，我这个主管的人，当然成了"牛鬼蛇神"的头子。整个一层办公楼变成了专门关多至60余人的牛鬼蛇神的所谓“牛棚”，正是因地制宜，再合适也没有了。

十

从1952年入社到1966年从办公室扫地出门（办公室我个人珍藏作家大批书信、手迹，和特地保存起来的重要文稿，如圣陶先生亲自以红笔为我修改的《蟹工船》译本原稿等，现在可以作为纪念文物，而从此已不知尚在人间否？这实在比当牛鬼蛇神还令我痛心。）蹲进“牛棚”，我在出版社做工作的时间14年，其中一次一次搞停产的运动和一次一次脱产下放，真正干活的时间是少而又少了。空具理想而工作没有做好，漏子是出了不少。从出版社来说，成绩是很大的，那得归功于别的领导干部和全体积极工作、埋头实干的同志们，而所有错失与漏子，则大半有我的份。在那腥风血雨、杀气腾腾的日子，工宣队进驻，检查历年的工作，举行了毒草展览会，据说十多年出版4000多种书，都是封、资、修的黑书，好书只占印张量的千分之六，那就是一本大量印，反复印，印成各种版本的《毛主席诗词》。因此造反派头头就慷慨宣言：“四个社长，两对混蛋。”像我这样的混蛋，按照一位军宣队指导员对我的谈话：“本来是该枪毙的，只因党的宽大，才让蹲进‘牛棚’，好好改造。”不过我不想多讲那种天昏地黑、日月无光的日子了，有人想否定全部的历史与现实，把一切打翻在地，永不翻身，结果呢，被彻底否定了的，原来就是他们自己。但愿他们真正地从此“永不翻身”了。

新局面打开，新时期到来，被颠倒了的历史重新颠倒过来，社会主义建设大踏步走上大道，一切在蓬蓬勃勃地兴旺发达起来，人人都思想解放，心情舒畅，意气风发地投入了四个现代化和两个文明建设的大事业。什么冤的，错的，假的，一切都可以平反和改变，平反不了的只是个人失去了的岁月，改变不了的是生物自然的规律。3 年牛棚，4 年干校，再加 5 年的挂起，足足靠边 12 年，比工作的时间还多了，人都变成拿拐棍的七老八十，只能白吃人间小米的老头子，心有余而力不足，唯有把一生最美好的愿望，寄托于后起之秀，英俊有为的年轻的一代了。"天虚我生何足道，历史长河万古流。"

1985 年 10 月在杭州浙江医院初稿，原为社成立 35 周年纪念而作，1990 年 9 月改定，移作社成立 40 周年纪念之用。

原载《新文学史料》1991 年第 1 期

我谈我自己

楼适夷

包子衍笔录　袁绍发协助

引　言

有人在鲁迅先生生前，请他写自传。先生说："人各有一生，人人可自传，那么中国可出四万五千万部。太多了，图书馆也装不下。"这话是胡愈老当面对我说的，他还说"现在大家要我写自传，则中国七亿五千万人都写，要出得更多了，我不写"。

我写过"自传"，是造反派逼的，写了二三万字，丑化自己，由牛棚看守，一位食堂烧饭司务（工人阶级），在我那扫地出门的办公室两条腿搁在写字台上读过。后来平反，官复原职，许多材料都不还，当时宣布说："全烧了！"我相信党，没再追究到底真烧了没有。我生平最怕填经历表，何况写自传。1978 年我社办《新文学史料》，文井说："这事你多管点，当个顾问！"我很高兴，主张史料要原始,直接,翔实,多回忆录。第一手材料为主,事实不能一一核对,只带参考性。现在办了十多年,印数不大,影响不小。我在后台参加,提些意见,主编老要我上台唱戏。怀念亡友,秀才人情,不免写了一点,把自己带了进去。至于自述呢,决计不写。我大时代小人物,人家叫我"老作家",我感到惭愧,"老"倒是"老",只能算个文学工作者,一辈子为文艺服务,用腿比手多。虽写过一点,量少,质低,品杂,大半废品。包子衍问我:"除了《盐场》,你最满意的是哪一篇?"我说:"我对《盐场》也不满,幼稚得很。鲁迅先生推荐给伊罗生,不是我写得好,叫他不选某作家而选楼适夷,那是因为我在南京蹲无期徒刑,安慰安慰我的。某作家才高学富,当然比我高明,他却认为应选楼适夷,这心意当时我也了解的!"

自入新时期,1984 年我住上海近 4 个月,老包常带袁绍发来,要我谈谈自己。看他面子,提供了些材料。每周一二次,都来找我,万不料他录音整理,搞出了《楼适夷自谈生平》,出我意外,我把稿子没收,写别人的生平都可发,写我不行。"咔哒"一声,禁闭了多年,子衍不幸而中年谢世,我心痛如割,整旧作见此稿,拿在手里是一团火。牛汉主编把我写着玩儿的《我的小学》硬发表了,不管我的反对。权在他手,我要从印所抽回,破坏《史料》刊期,就屈服了。既已下海,于是一不做,二不休,把包子衍的稿子重读一遍,大加修补,请主编批准,决定发表了。是包、袁二人的辛苦劳作,岂能白费,话句句是我说的,还添了些新材料,最后自己重加整理。改称今题《我谈我自己》——楼适夷口谈及最后定稿,包子衍笔录,袁绍发协助。下文都是包、袁笔录的。他们实事求是,一句没空话。——是为引。

短暂的学校生活

我 1905 年出生,浙江余姚人,家在余姚城里。祖上是小土地所有者,开个小铺子谋生。父亲号心斋,因亲戚的关系到上海当学徒,后来在汇划钱庄里做到有自己股份的副经理。我没念什么书,在一个旧式而又吸收新学制的完全小学里读了 8 年。辛亥革命前 1910 年入学,读新课本国语、算术、史地、修身……其间要念《论语》、《孟子》,唐宋大家文章,也有外语。这种学校培养两种人:一种是有钱人家子弟,他们毕业后到外地宁波、杭州、上海等继续升学;一种是普通人家子弟,学点文化准备将来做生意。我属于后一种。当时,我只有一个姐姐,是个小康人家,有条件供我升学。那个时候余姚城里有两个著名的学校:一个是县立的,一个是私立的。我读书的学校叫私立余姚实获小学。4 年初小,3 年高小,共 7 年,毕业后又进修了一年,在那里前后 8 年。

由于父亲从小有喘病,身体不好,希望我能早日继承父业,但他不自作主张,也征求我的意见。我是想升学的,但念父亲身体,愿意听从父命。小学毕业后,就跟着他到上海当学徒了。

五 四 运 动

1918 年我到父亲任职的上海征祥钱庄学生意,不到一年就爆发"五四"运动了。那个钱庄在南市,十六铺还要往南。当时上海的汇划钱庄业有两个中心:一个在北市,天津路、河南路一带租界里;一个在南市,十六铺南的马路弄堂里。"五四"运动对我的印象很深刻,刺激很大。我天天看报,一般人看报看剧影广告,市价行情,还有什么《快活林》、《自由谈》等副刊,我除这些外,还看前面的电讯消息。看到北京大学学生火烧赵家楼,打了章宗祥,高兴得不得了,哇啦哇啦叫起来,隔壁房间里的父亲听到了把我骂一顿,说:"你要造反吗?!"运动中,市民起来救国,组织"救国十人团",发传单、贴标语、抵制日货、到马路上去游行,闹得很厉害。我往往趁店中管事人不注意混出去参加。就在这时,碰到一些意气相同的年轻人,办过一个小报。我还去向人家捐钱,参加印传单、宣传等活动。但几个月后,"五分钟热度"过去就散了。

经过这场热闹后,性格发生了一些变化,对周围环境不满意,感到一定要读书,没有知识不行。交的朋友也有变化,大部分是钱庄里、银行里志同道合的青年,但也有其他行业中的。记得有一个是在《民国日报·觉悟》当校对也写文章的何公超(笔名味辛),他比我稍大一点,通过他见过邵力子、瞿秋白、叶楚伧等人。这样逐渐接近了一些爱好读书的青年。

1922 年我已开始写东西,给周瘦鹃编的《先施乐园报》投稿,如笔记小说之类,用"剑南"的名字。我原名锡椿,"剑南"是我自己取的,取意于陆放翁的《剑南诗稿》,后来觉得颇有点"礼拜六"派头,就改"剑"为"建",成了"建南"了。除《先施乐园报》外,还给《新世界报》投稿,"新世界"也是个游乐场,这个报也是周瘦鹃编的。经常投稿必发表,游乐场送我长期入场券,工作一完就跑到那里去玩。在《礼拜六》周刊上也发表过好几篇小说。那时,也热心看《新青年》、《新潮》和改革后的《小说月报》等刊物。1923 年,认识郭沫若、成仿吾,写了诗投稿,第一次是在《创造日》上发表的。在这以前,我的小说处女作《母亲的心》是在《学生杂志》发表的。

通信图书馆

1924 年我参加通信图书馆。经过情况是很偶然的。这年春天,有一次到大光明看电影,碰到一个青年说话是家乡口音,两人一谈气味相投,认了同乡,互留了地址。他叫戚焕勋,在日本洋行中当小职员。第二天他来找我,说是现在他们办着一个小图书馆,今年 5 月是这个图书馆创建三周年纪念,正在募捐、征集会员、扩大组织,他约我参加,我就参加了。这就是通信图书馆。

通信图书馆起初设在天津路四十四号,一个弄堂里的纸店楼上。几个主持人中有一个钱庄老板的儿子,叫沈滨章,一名白梅,在麦加利银行当职员,与应修人等是朋友。他们几个人办起图书馆,包括谢旦如(澹如)等几位,应修人先在福源钱庄当学徒,"福源"是个大钱庄,在天津路、河南路转角。从"五四"运动后,这些爱看书的年轻朋友齐集在一起,大家拿出书来,由一个人经管,慢慢扩大起来,书多起来,以后又捐钱买书,办了个共进图书馆,范围越来越大,扩大为通信图书馆。我参加时书已相当多,一间房间放不大下。书多了,对外开放。晚上没事,我们就去接待。读者阅览有座位,要借就写个条子,拿回家去,外埠的也可写信来借,一律免费,信用担保。

这个图书馆不管在政治上、文化上对我都有很大的影响。我们这帮青年,志同道合,有了新的倾向,开始了政治生活。《向导》、《中国青年》成为我们的主要必读刊物。它们不能公开发行,我们设法买来,公开出借。那个沈滨章相信国家主义派,他把《醒狮周报》、《孤军杂志》这类刊物拿来,我们反对,于是就进行辩论,发生了冲突。这场斗争,一方面以沈滨章为首,另一方面以应修人为首,我站在应修人一边。他们大约四五个人,我们的人要多得多,辩论的结果,他们失败了。失败之后他们退出,还登报发表声明。沈滨章等退出后,1924 年下半年通信图书馆搬到北四川路横浜桥附近的天寿里九十一号,隔壁九十号是应修人的家。

此时我已调了好几处工作。1922 年春节时,父亲因肺气肿久病,医治无效死在上海。我在征祥钱庄的地位降低了,人家认为我不务正业,太自由了,不喜欢我。满师后一年,也即 1923 年我就调了工作。我的叔父介绍我到南市益慎钱庄,也只待了一年,待不住了。叔父又把我调到北市。我不能与人为伍,人家与我格格不入,掌柜的也就不喜欢我。我自己要求到北市,因为那里活动方便,伙伴们都在附近。参加通信图书馆时,我在鸿丰钱庄,也只待了一年。我想脱离商界,打算重新去考学校,奋斗了几年都不成功。因为父亲死了,没有其他收入了;1922 年结婚之后,家庭经济就靠存款了。

参加革命

通信图书馆经过一场斗争,搬到天寿里后,政治色彩就浓厚了。天寿里在闸北,与商务印书馆很近,如沈雁冰、胡愈之等我们都有接触,陈云同志那时在商务发行所站柜台,我老去买书就认识了。1925 年 3 月孙中山先生逝世后,我们认识了商务印书馆共青团支部书记董亦湘,向他提出入团要求,他叫我们先加入国民党。"五卅"以前,我与应修人、朱公垂等参加了国民党,修人被选为党部委员。

"五卅"前一天,上海大学同乡郭肇唐先通知我,第二天到南京路去示威,这个人是共产党员,上海大学学生、我的同乡。"五卅"下午,我从江西路到南京路往西走,刚到山西路口附近,就听见一阵枪声,还没有弄清是怎么回事,只见人群向东拥来,我拼命往西挤去,挤到先施公司附近,外国巡捕、马队拦住了去路。我随拥挤的群众拐进了先施公司,公司当局发现进来这么许多人,立即把铁门关了。在人群中我见到了郭沫若,他也是拥进来的,后来他在自传里写了这件事。我们一起上楼,从窗口看下去,巡捕在马路上用水龙头冲洗血迹,他们举起枪口,不许我们看,公司的人就把窗子关了。关了有半个多小时,才从浙江路边门出去。

1925 年我已在一个小银行——正大银行工作,那地方比较自由,星期天休假,八小时工作后就可溜号。我的叔父只要我不离开商界,千方百计想办法安排我。叔父待我真好,他也是个大钱庄经理。5 月 31 日起罢市了,不上班了,我们就为运动奔走。

到了下半年,我住在天通庵路滋德里我的朋友朱公垂家中。

有一天半夜朱才回家，回来后告诉我说参加了共青团，我也要求参加。这年10月我在商务印书馆支部入了团，应修人在我之先加入的。支部书记是董亦湘，支部工作的主要中心在通信图书馆，对外是公开联系群众的图书馆，内部是共青团的通信处。后来与商务支部分开了，单独成立通信图书馆支部，团员有七八个，书记应修人。1926年应修人与鲁宿荷等到广州黄埔军官学校去了，我成了支部书记。也在这年，我从团员转为共产党员了，也当过店员工会委员。

1923年以后，我与创造社接触不少。我1923年认识郭沫若、成仿吾，“五卅”运动前后又认识郁达夫。1926年初，通信图书馆从天寿里搬到宝山路三德里A16号，整幢房子租不起，与世界语学会合伙，他们在楼上，我们在楼下。同年五六月间创造社出版部在三德里A11号成立，我们成了邻居，来往频繁。出版部里小伙计很多，包括周全平、潘汉年、叶灵凤等，稍晚一点还有柯仲平、丘韵铎、成绍宗等。我们都是年轻人，常常玩在一起，叙在一起，相处得非常愉快。

1927年初，我参加上海工人起义两次，北伐军进了浙江省，到了余姚。2月间，上级将我调到家乡工作，公开身份是国民党县党部组织部长，实际上担任中共余姚第一支部书记，领导工人运动、农民运动、盐民运动。“四一二”反革命政变后，国民党反动派进行清党，从省里来了“党务指导员”。他叫徐镜如，一到余姚就同我们暗通消息、打招呼了，他也是共产党员，从别处被清出来，省里找个关系，假着“清党委员”的名义到余姚来。后来又来了两个都姓徐，其中一个就是徐懋庸，他当时还不是共产党员，是“左”倾分子，跟着两个党员来避难。此事我原来不知道，是在他的回忆录里看到的。他们通知我们，向上级报告余姚没有共产党，我们又维持了一些时候。另外，主持国民党县党部的郭静唐也是余姚人，他活动能力很强，与蒋梦麟关系较好。这时蒋任浙江省党部委员，对我们也做了些掩护、支持的工作。到了5月30日还开大会,拥护武汉政府,我在主席台上大呼大叫。6月初就待不住了,在徐镜如的掩护下,我第一个离开余姚,到上海去了。

流亡在上海

回到上海,通过创造社关系与阿英、蒋光慈认识。1928年上半年我与阿英的关系较多。先办《太阳月刊》,出了7期,我发表了四个短篇,到七八月份停刊;接着又办了《海风周报》,是阿英、蒋光慈他们搞的,我最早开始用世界语翻译,发表在这个周报,后来编成第一本译本《桥》(1929年文献书房出版)。

1928年下半年,我失业没有地方呆了,到上海艺术大学作为一个学生待在那里。上海艺术大学在善钟路,是个美术学校,周劲豪办的,他是王独清的朋友。学校中学生不多,创造社帮他开了个社会科学系,冯乃超、李初梨、彭康、潘梓年,大批左派参加教学,学生大增,学校兴旺起来了。学生中大都是革命中退败下来的人。我在那里呆了半年不到,没有正式上课,就发生问题了。因为学生参加法租界的电车工人罢工,法国巡捕房把艺大包围起来,抓去了几十个人,我适巧不在,没有抓去。被抓的学生不久也放出来了,但像我这样的人,可不能再回学校去了。

去日本

1929年9月我去日本,是通过组织关系去的。因为上海没处呆了,日本生活费同上海差不多,在那里可以读点书。日语是自学的,所以我的日语不高明,日常会话和听听讲还可以,但没有根底。名义上是去考大学,实际上没有考。后来同日本文学家有点接触,和国内《拓荒者》、《新流》、《萌芽》有关系,但主要关系是同太阳社的。1930 年左联成立时我在东京,但已成了当然盟员了。1931 年回国来了,因为日本的形势不好了,经济又有问题。回来后被分配当左联党团的成员,管宣传。

这一阶段中我经常投稿的刊物主要有:《一般》、《太阳月刊》、《贡献月刊》、《海风周报》、《朝花》周刊及旬刊、《拓荒者》、《萌芽月刊》、《小说月报》、《东方杂志》、《青年界》、《读书月刊》。发表了短篇小说《病》、《烟》、《蒙达珂的夜》、《革命 Y 先生》、《盐场》、《甲子之役》、《狱守老邦》等;此外还有很多的译文,如高尔基的《一个人的出生》、《强果尔河畔》,爱罗先珂的诗歌《催眠歌》,秋田雨雀的剧本《稣达的泉》等。单行出版的创作有短篇小说集《挣扎》(现代书局 1928 年出版)、《病与梦》(光华书局 1929 年出版),中篇小说《她的彷徨》(广益书局 1930 年出版);译稿除《桥》外,有 A. 托尔斯泰剧本《但顿之死》(商务印书馆 1930 年出版)。

《文艺新闻》

1931 年 4 月到上海之后,我同冯雪峰比较密切,以前是朋友关系,这时是工作关系,我属于他领导。他是“左联”党团书记,党团成员有阳翰笙、阿英、夏衍等。雪峰叫我参加《前哨·文学导报》的编辑工作,并派我作为“左联”的代表到《文艺新闻》去。关于《前哨·文学导报》过去谈过不少,这里不讲了;下面着重说说《文艺新闻》的事。

《文艺新闻》在我从日本回来之前就有了,大概 1931 年 3 月里创刊,我回来是 4 月底了。它是袁殊独力搞起来的,当时还没有什么组织领导关系。袁也是日本留学生,学的新闻学,到东京比我晚,他很机灵、能干,也很活跃。我在东京的后期,他与叶以群住在一个楼里,我去看以群时认识了他。其实在国内时我们就见过面,不过不大注意。那是 1929 年上半年在柯仲平那里碰到的,柯住在狂飙社租的房子里，一幢房子三层楼，空空洞洞，连家具也没有。柯仲平、陈凝秋(塞克)，还有袁殊同一女友合住这幢楼，袁最早是狂飙社成员。这次我们在叶以群那里见了面，就一起玩儿。他的日本话讲得很流利、很漂亮，他给我的印象很深刻。4月底我一回上海，雪峰就对我说："现在我们所有的刊物都办不了了，只有袁殊办的《文艺新闻》我们可以利用它。"我说："袁殊我认识，同他很熟。"雪峰说："那好，你就到他那里去，代表'左联'参加他的工作。"

袁殊是这一年因钱花光了回国的。他是湖北蕲春人，他妻子马景星是浦东一个大地主的女儿，靠马景星的钱到日本留学。回国后又弄了五百元，准备重新再去日本。人家说，现在再去念书没有什么意思了，还是留在上海做些事情吧！于是他就创办了一份以报道为主的小报型的文艺周刊《文艺新闻》。开始，他依靠的社会关系很复杂，既有进步的，也有中间的，还有反动的。就是因为五烈士牺牲的事，雪峰同他联系上了，通过《文艺新闻》把消息透露出去。雪峰用了几种化名写了读者来信，第一封信中故意问：柔石等几位作家很久没有消息了，他们到哪里去了？隔一期上的一封信中回答说：这些作家在地狱里。我第一篇为它写的文章是署名林莽的《白莽印象记》，末尾的"五月五日于东京"是故弄玄虚，表示作者不在国内。这以后我就开始参加《文艺新闻》的工作了。

袁殊当时不是共产党员，也不是"左联"盟员，但他要求"左联"派人来。我的身份他完全清楚，只是大家心照不宣罢了！还有一个翁毅夫(从六)当经理，他很有办法，钱、纸和印刷都靠他的力量去筹划。这两位是主持人，我参加编辑部工作，因为是"左联"代表，可以起作用，我的意见他们能够接受。这样，我们把《文艺新闻》搞起来了，范围慢慢扩大，色彩渐渐浓厚。开初搞得比较混乱、芜杂，还有点纯"客观"的味道，后来立场逐渐鲜明。翁毅夫(从六)的本领非常大，社会关系也不少，他可以通到巡捕房的人，我们

《文艺新闻》之所以能够维持下去,这是一个原因。

《文艺新闻》编辑部开头在四马路、山东路附近,中西大药房后面一条没有名字的肮脏的小弄堂内,是一家商号的后楼上。编辑部里还住着一些流亡来上海的青年,他们白天到外面去教书或干别的工作,晚间就回到这里过夜。有个叫周康靖的青年是编辑部的工作人员,拿薪水的,他对我讲:"袁殊这个人很神秘,有人送条子给他,他写了回信留下来,同我说:等会有个什么样的人来,你不要说话,把信交出去即可;如有东西交给你,就收下交给我。此事不许对别人讲。"他对袁殊很怀疑,偷偷告诉了我,我就报告了雪峰。雪峰说:"这些事你就不要管他,他同小潘(潘汉年)、一氓有关系。表面上办《文艺新闻》,实际上主要做情报工作。我们不要去管他。"袁殊也察觉我怀疑他的行动,但对我无话不谈。有一次他说:"我将来也许身败名裂,但你是老朋友,会知道我的。"这个话是他亲口对我讲的。另外,我还听见过他同翁毅夫的谈话,翁那时与我们党的距离还比较远。翁说:"我们现在是不是就跟着他们(指共产党)了呢?"袁回答:"除了他们没有别的路的。"可见他的政治立场是相当坚定的(这话我偶然听到的)。

《文艺新闻》出到 1932 年五六月份停刊,这中间还搞了许许多多活动,如组织"文艺新闻读者联欢会"、成立"曙光剧社"、参加反帝大同盟、慰劳抗战的十九路军、开了文新书店等等。袁殊对"文新"的事越做越少了,但我们的报纸根底比较深、影响比较大,所以还能维持下去。1932 年 5 月底,党将我调开,去办《大陆新闻》(日报);我走了不久,《文艺新闻》也停了。《文艺新闻》不是因受压迫停刊的,主要是袁殊无暇及此,别人也继承不下来,完成了历史使命也就结束了。从此以后我很少见到袁殊,但知道他做着什么工作。

在闸北前线

我在《文艺新闻》工作期间，还有一件事可以单独提出来谈谈，那就是支援十九路军进行抗日的活动。“九一八”以后，大概是在11月间吧，上海成立了一个民众反日救国会，它是反帝大同盟的外围组织。我作为《文艺新闻》和“左联”的代表参加，负责到闸北区成立一个分会，是闸北分会的实际负责人之一。分会里出头露面的部长之类的职务，都由农民、工人、乡绅担任，具体工作我们做。为了扩大抗日力量，只要肯来的，我们就把他们请出来。这时，闸北的居民大都逃光了，只有难民和一些失业工人，我们的一个任务就是把他们组织起来，支援抗战的十九路军。我们还从市区捐了款、捐了东西送到前线去慰劳。闸北分会一度设在十九路军翁照垣司令部隔壁，他们很照顾我们，我们也很拥护他们。“一·二八”后没有几天我们就去了，一直搞到3月份。丁玲、冯雪峰、郑伯奇、沈起予、叶以群都到过前线慰问；我住在那里一个多月，直到十九路军撤退为止。我们开头住在太阳庙，是个市镇，比较热闹，日本飞机经常来轰炸，所以撤至朱家角农村，我们冒着炮火跑到北火车站一带送慰劳品。这一段战地生活我只写过《战地的一日》，发表在《现代》月刊第一卷第一期上。在战地无处写东西，睡也睡在地上稻草堆里，没有心绪写作。其实当时可写的很多，如果我能坚持着写，有好多可写的。

《大陆新闻》及其他

“一·二八”战争结束后，我回到《文艺新闻》编辑部。5月底应修人把我调到江苏省委，负责创办党的《大陆新闻》。1932年5月28日《大陆新闻》创刊，日报；社址在九江路、汉口路附近的一个大楼里，不久《文艺新闻》也搬到那个大楼里，《文艺新闻》上可能印有地址。《大陆新闻》由我负责，省委与我联系的是一个姓柳的干事，经费由他交给我。主持编辑部日常工作的叫刘英，广东人。这个报纸出了一个月左右，办不下去了，改名《东亚日报》，由刘英负责。我们故意选用日本式的名称。《东亚日报》办的时间比较长，大约有三四个月光景。丁玲的《母亲》是为《大陆新闻》的连载发表，开头执笔的。

我离开《大陆新闻》以后，到"文总"办一个群众刊物叫做《社会生活》。这是"文总"主办的，派我负责，钱从各方面捐的；16开薄薄的一本，像初期的《生活》周刊那样子。半月刊还是十日刊我记不清了。从1932年的11月出到1933年的1月份。和我一起办的还有个周钢鸣，他那时是暨南大学的学生，已经入党了。还有一个是我的同乡，朱亚之。办《社会生活》时，我又第二次到日本去。

那是1932年12月初，上海临时中央宣传部长朱镜我派我去东京，与日共联系研究1933年在远东召开反战会议的准备工作。他叫我到东京先找到张光人（胡风），说他是日共党员，经过他可以找到日共中央，当时在场的还有阳翰笙同志，附带给我一个任务，了解留日学生文化团体间"宗派纠纷"真相。因我以前去过日本，所以这任务交给了我。那时去日无需护照，但要身份证件，我借了叶籁士（原名包叔元）的东京高师学生证，冒充了他，作为继续入学的学生身份去的，得到张光人和他的友人方瀚、王达夫的接待与安置。我在张光人的陪同下在日共中央委员池田寿夫家与朝鲜及东北代表一起与日共举行了几次会议，我报告中国革命形势，并在会后被邀去日共作家江口涣家。我在东京住了一个月，完成了任务，确定1933年在上海开反战大会，即函在上海的兄弟炜春发一个"母病即归"的电报，以此作借口回国。所谓留日学生文化团体之间的争执，一边是胡风、聂绀弩等的新兴文化研究会，一边是自称中国左翼文学同盟东京支部的戚宪章一派,双方我分别接触,了解情况,回国汇报,承认胡风的团体是正确的。

回来之后,我还与阳翰笙、林伯修、潘梓年在"文总"工作。1933年6月,雪峰调任江苏省委宣传部长,我当了宣传部干事,我的主要任务是编党的秘密刊物《斗争》。它不仅仅是江苏省委的党刊,还是上海临时中央的党刊,最困难时期是油印的。我管编辑,也管印刷、出版,从中央拿到稿子,叫这部门去刻,叫那部门去印,然后通过秘密的渠道去发行。参加的人还有团中央的华少峰(华岗),他是团中央的负责人之一,中央级的领导,是我的上级;他当时的妻子葛琴担任中央交通员,文件由她送给我们,稿子也是她拿来的。8月以后我调到反帝大同盟筹备反战会议,担任反帝大同盟党团书记,不久即被捕,是1933年9月17日。

围剿过鲁迅

在叙述我被捕经过及其以后情况之前,我要补述一下与鲁迅先生的交往。鲁迅先生对我恩情如山,但我对他的态度却有着一个曲折发展的过程。

我从小就喜欢《语丝》这个刊物,《语丝》以前的《晨报副刊》也常读。"四一二"政变发生后,我用长风的笔名写过一封信,1927年8月6日发表在《语丝》一四三期上,题目叫《怎样"做"?》,是控诉蒋介石发动反革命政变屠杀共产党员的;以后柔石主编的时候,我在日本写了一篇题作《泥泞》的文章,在1929年11月15日出版的第五卷第三十七期上刊出。可见我对《语丝》的感情一直很好。我周围有熟悉鲁迅的夏丏尊、章锡琛等先生,对他也怀着景仰之情。1927年10月初,他们告诉我鲁迅先生到上海了,但我不会特地去拜访,那时年龄已经大了些,不像小孩子那样莽撞了。可是隔不了几天,阿英来通知我去见鲁迅,他说这是党的意思,是潘汉年根据上级领导的指示，说鲁迅到上海了，应该接待他。用济难会的王望平名义。济难会是党的外围组织，是救济革命受难者的。我们把鲁迅作为革命同情者去看他。

这次会见中有个王望平，又叫王弼，他是济难会的干事，由他出面请客，约鲁迅到兴华楼吃饭。兴华楼是安徽帮饭店，在横浜路上，楼上可以请客，底下卖散座。这饭店不是著名的，因为离景云里近，鲁迅出来方便点，就定在这里。那天，鲁迅直接讲政治的很少，第一个问题讲他从广州出来的事，他说，“四一五”之后他离开中山大学了，但是不离开广州，一直在白色恐怖中呆了近半年。为什么不动身北上呢？他打比方说：我不能动，我一动他们就要动手了，好像我心虚了。如同两只雄鸡相斗，你看着我，我看着你，不能动一动，动一动对方就要啄过来，那个时候我就呆着。第二个问题讲高长虹。鲁迅的《唐宋传奇集》中有一个序，序末记曰：“时大夜弥天，璧月澄照，饕蚊遥叹，余在广州。”那天吃饭时郁达夫、王映霞两人都来了，他们两人是离不开的，看到鲁迅一个人来，达夫就问：“密斯许怎么不来？”于是由密斯许谈到“璧月”、“大夜”、“饕蚊”，从而说起高长虹。高长虹原来奔走于鲁迅门下，非常谦恭、非常恭敬的。鲁迅很喜欢青年，何况他还有点才气，所以来往就密切了。高长虹常向鲁迅纠缠一些什么事情，向鲁迅借钱。他说：“我吃饭的钱也没有了，饭也吃不上。”鲁迅说：“那你就到我家里来吃罢！”因此往往吃饭的时候他就来了，鲁迅请他吃饭。后来他反对鲁迅时却说：“你看他这官僚，还请我吃饭呢！”高长虹追求许广平，许广平当然没有理他，所以鲁迅同许广平离京南下，他就大肆攻击鲁迅，里面就因为有着这么段故事。那天吃饭时，鲁迅就讲了以上这两桩事。

我们当时请客还有一个目的，是想请鲁迅支持济难会办一个刊物，办什么刊物呢？好像是《白华》。《白华》的主编名义上是郁达夫，做具体工作的是阿英，我找出《白华》来一翻，它是 1928 年

10月出版的,离吃饭那天相距很长,而且上面鲁迅的文章一篇也没有,会不会是别的出版物呢?现在想不起来了。(也许叫《民众》)。

见过鲁迅后,我有一个印象:鲁迅与我们党是很接近的;我们党对他是很了解的;他是党外的同情者,愿意同我们在一起。但过了不久创造社、太阳社就围攻他起来。我很纳闷,也很怀疑,我怀疑攻击鲁迅对不对?我认为应当团结他,而不应该攻击他。有一位朋友明白向我谈心,说"骂了鲁迅,他必反驳,这样我们就可以出名了"。当时除了冯雪峰外,我接近的文艺界朋友不是创造社的就是太阳社的,假若划圈子的话,应该划在鲁迅对立面的圈子里。我在太阳社中参加过一次会,是后来的平心夫人胡毓秀告诉我的。我到北四川路天潼路口新亚饭店去开的,这一次会是反对《语丝》派、反对有闲文学,实际上是反对鲁迅的。这时我才知道自己也是围攻鲁迅的营垒中的一名小卒。我同别人讲反对鲁迅的意见讲得很少,也没有写过专门反对鲁迅的文章,但既在这圈子中当然也会受到影响,这影响直到我去日本后还没有完全消退。1930年4月9日我从东京写信给蒋光慈,其中有一句话就可看出我的"圈性":"看见第三期的《萌芽》,鲁迅虽已隐约表示了唯物史观的立场,但态度还是老样子的,这种态度,也不能不给以相当的纠正。"这封信后来登在《拓荒者》第一卷第四、五期合刊上了。

开始正确认识鲁迅要到1931年4月我从日本回来以后了,因为编辑《前哨·文学导报》和《文艺新闻》与他接触逐渐多起来。萧三的名字我第一次就是从鲁迅那里知道的,鲁迅把萧三从莫斯科寄来的《出席哈尔可夫世界革命文学大会中国代表的报告》交给我,叫我编在《文学导报》第一卷第三期上。我有时到鲁迅那里拿稿子,或者请他出来开会。开始都到内山书店去找他,后来比较熟了,也到北川公寓去找他,但尽量少去。上级告诉我们,没有要紧事情不要去,我们这些人背后也许有尾巴,要是牵连他就不好。鲁迅对人很谦虚,记得不知一篇什么文章,他交给我,要我好好看看,并说有什么不对,有什么意见尽管提出来。我心想:您的文章我们提得出什么意见呢?我这个编辑只不过是跑跑腿的,您的文章一拿来,我们就发表。求他的事情有求必应这也是鲁迅的一个特点,只要你需要,你的要求正确,虽然他有困难,也想方设法来帮助你。我到内山书店找鲁迅还有好几件事,同日本反帝同盟联系要内山让他的书店给我们做通信处,那要靠鲁迅的,没有鲁迅的关系,内山是不会同意的,鲁迅讲了话才行。还有天马书店的事,我同鲁迅接触也不少。

天马书店老板韩振业是我的同乡,他虽是个地主,但比较接近进步,思想上是开明的。1927 年我们在余姚搞县党部把他作为国民党的左翼分子吸收进来,担任一个委员。"四一二"政变后,他也流亡到了上海。1932 年时,他拉着我的堂弟炜春合办一个书店,并且要我帮忙。我向"左联"领导汇报了这件事,组织上指示我去参加,搞一点进步力量进去,不要搞得太红。事实上我能找到的还不就是一些"左联"的人。店名是我取的,"天马"二字即为"天马行空"之意。鲁迅非常支持这个书店,我请他编一本杂文集交天马出版,他说我的杂文刚刚出版了一本,没有了。我说,你写了那么多小说、散文是不是选它一本,编个《自选集》呢!?他答应了。于是郁达夫、茅盾、叶圣陶等随后也都搞自选集。鲁迅是第一个支持的。"左联"发起编一本《创作的经验》,请"左联"一些作家每人写一篇,由我汇总成书交天马出版,鲁迅很赞成这个建议,不仅为它写了《我怎么做起小说来》,而且还为封面题了字。我被捕后,天马积欠了鲁迅不少版税,大约有几百元,他们和鲁迅商量,这些版税是否作为资本存下来,请他做书店的一个股东。鲁迅回信说:"我不喜欢与书店有股东关系,钱没关系,非书局将来宽裕自动付还,我决不催索。"那么,目前也可以不算在债务里面了。还有一件事只有我知道,是鲁迅同我讲的。"一·二八"事变后,闸北商务印书馆毁于炮火，周建人失业了，生活困难，鲁迅送钱给他他不要。鲁迅想了一个办法，叫天马书店请周建人当编辑，每月工资一百元鲁迅拿出来，由我送去，说是天马书店的钱。韩振业不干，他说我们小小书店，这样做不好意思，如果有稿子，稿费多点没关系。这件事没有办成功，但可看到鲁迅对兄弟无微不至地关心，那种精神，那样苦心地帮助人也不作声。

这个阶段我同鲁迅的联系比较多，其中还有一件大事就是鲁迅第二次会见陈赓，因为我专门写过文章，这里不谈了。鲁迅迁寓大陆新村后我没有到他家去过，那之后不久我就被捕了。我在狱中，鲁迅曾参加过营救工作，找过蔡元培，找过柳亚子。还通过炜春多方地帮助我，这些事已写在拙作《毕生难忘的恩情》里，此处不再赘述了。另一件应该记录的，他通过国际路线，由英国马莱爵士向中国驻英使馆抗议，要求释放我，当时大使郭泰祺反映到国内，由外交部向军政部要人，事情通到监狱里，监狱的答复是“查无此人”。——这是沈炳铨私下告诉我的。

被捕前后

我是怎样被捕的呢？1933 年 8 月 16 日反帝大同盟党团书记刘芝明同史存丘、张耀华被捕后，我接替了刘的职务。这时，反帝大同盟的组织遭到破坏，许多关系都没接上，我一上任主要从事恢复组织的工作。当然还领导一些其余工作。9 月 17 日我约定在北四川路一路电车站上与一个人见面，因为时间还早就去附近看了看江丰，又到内山书店和内山书店杂志部遛遛。在杂志部里被盯梢的特务绑架，拖至五区警察派出所关起来，晚上解到老北门的警察总局。在那里，一个叛徒出来指证，他原来用刘华的化名，“一·二八”抗战时由上海总工会派到闸北民众反日救国会里工作，我们一起开过会，过过组织生活，当然还比较熟。特务们就放这条狗出来咬我,我说:“我不认识你。”接着就用沉默的办法对付他们,当然这也没有用,那个叛徒已将我的身份和盘托出。

我的案子牵连了三个人。当解到警察总局时,特务从我身上搜出一个条子,是别人交来的关系,叫我派人去联系的,上面有地址和名字。条子上有名字的那个人是从外埠来的,作为群众团体的代表准备参加反战会议的。特务根据地址不仅把他抓了,连跟他住在一起的一个学生也都逮来。这个学生是张耀华的弟弟,年龄还很小,他从镇江来找哥哥,准备考学校的,一跑到上海,哥哥被捕了,无处可去,就住在同乡那里,结果成了“池鱼”一起遭殃!还有一个是江丰,我们两人以后见面时谁也讲不清楚,我说我牵连了他,他说他牵连了我。9 月 17 日那天我到公益坊去看他,从他家里出来在内山书店杂志部被绑架了,第二天他也被捕了。我被解到警察总局时,特务问我:“到公益坊去干什么?”我说:“没去。”他们说:“明明见到你去过,那是什么机关?”他们了解得非常确实,我只得说那里住着我的一个朋友,是学美术的学生。第二天中午他也被押来了,我们远远地望着,只能相互默默地苦笑。以后没有向我查究他,也没有向他查究我,我们两人不是一个案子了。大概江丰对付得很好,所以含糊过去了,我押往南京时,他没去,认为他的案子比较轻,解到苏州,一年多点就出来了。为什么说我牵连他,他牵连我呢?后来我们凑起情况来,我说:“我到你那里去被敌人发现了你的住处,因此牵连你被捕。”他说:“不是那么回事,我早几天就发现弄堂里有可疑的人,你一到我处,特务就把你跟上了。”这就变成他牵连我了。他是“共党嫌疑罪”,因为掩护得好,把自己推得干干净净的,没有形成大案。我始终推托说:“这个人我认识,但没有政治关系;我去他家,因为他没有钱,要他画画,给他稿费维持生活。”

我在警察局关了十天,被逼供二次,第一次很凶,但另一个头子说:“有名气的文化人,我们不来这一套!”没有受刑,我熬到了天明，才让我休息。隔了一天又问一次，形势缓和了，只问我左联几个人的地址，我一概不知道，见面只在公共场所，谁也没上过家。……以后就不问了，那个头子说："你真像潘梓年，就是不开口。"把我重新关起，外边人是绝对不能探监的，偏偏来了一个我的女友（真朋友）王祖芸，到看守所来安慰我，说我可以出去的，叔叔说，倾家荡产也把你弄出去！因为已报到了南京，还得上南京去一趟，仍旧可出来的。还送来了衣被。原来王祖芸是学法政的，上海有名大律师吴凯声是她干爷。吴凯声向警察局打了招呼，所以我未再次受逼供，她可以进来见我。炜春是与他同来的，但不许人内，等在外边。

炜春又一件事，是半夜接出了我的前妻与孩子，第二天又上我住处探询，房东摇摇手："楼上有人等着呢！"炜春立刻退出，还在弄口马路边守候了一回，偏偏从来白天不来的冯雪峰，摇摇晃晃地来了，炜春连忙拦住："老兄出毛病了！"雪峰才没进弄，回头就走了。

9月底我被押解到南京宪兵司令部，那是关要犯的，到那里不再审讯，他们的政策已经改变，主要不是要杀人，而是要你"反省"、自首、投降；因此不用司法审讯的手段，而是一次一次的谈话。开始很客气，好像同你讨论问题；也不是天天谈，大约隔一个月光景谈一次，说你待在这里，情况也了解了，形势也知道了，自己的前途也清楚了，你要好好考虑，思想上有些什么变化。他们还要我填写"自新人登记表"、写材料，我没有写。我说："什么叫'自新'，我不知道。你们把国家弄得这样，日本人都打进来了，我们爱国抗日有什么罪？"他们说我的态度很恶劣，中毒太深。恶劣就恶劣，你们看着办就是了。还有一个文化特务潘孑农，来探望我，约我写篇文学稿，风花雪月也可以。我说你看看这里天天杀人，还有什么"风花雪月"！后来家里用各种各样办法营救，从经子渊到叶楚伧，他们把我的母亲动员来了，她由炜春陪到南京，但探监的时候炜春不许进监,有个中央党部的人(自称姓罗,看来官儿不小)陪着她进来,叫我写退出共产党的声明。我说不能写,母亲说:"还是写吧,只要我们不写对不起人的事情就行了。"我说:"我再考虑考虑吧,您不要着急,没有什么关系的。"我把她骗走,让她痛哭而去。

后来审判了,由军法处审判。审过两次,分别在1933年年底和1934年2月进行的。第二次审判前发生了一件事,看守所中关在一起的一个人告密,说我阻止人家自首。当时一个号房里关着三个人,其中有个年轻的无锡人姓程,他常和我在一块,老是哭,表示动摇。我问他:"到底有什么关系没有?"他说:"什么关系也没有,他们要我承认,承认了关系就可放出去。"我说:"你既然什么关系也没有,承认什么呢?没有就是没有嘛!他们要你承认了之后可以把你关起来,治你的罪,不要承认!"旁边另外一个人是特务,我不知道,只晓得他言论不对。他说他是第三党,福建事变中被捕的。他劝我们到了这个地步,只有屈服、投降是唯一的路。他劝我们,我知道他是坏蛋。后来他去报告了,说我阻止人家自首。"阻止自首"的罪名很大,可以枪毙的,我还说过陈立夫的《唯生论》是《唯死论》,所以第二次审判时法官把这个问题提出来了。我极力否认说:"我们三个人关在一起,还有一个人可以证明的嘛!"他们说:"这是柳玉书报告的,叫柳当庭对质。"他到庭说我阻止自首,我说:"没有。""两个人怎么说法呢?"我说:"可以把第三者找来。"其实那个当事人早已送到反省院里去了。

这次审判后我知道比较危险了,心想:破罐子破摔,要死就死吧!在此之前,看守们往往半夜里叫我从离监狱铁门比较远的号子搬到比较近门的号子中去,暗示明天就要枪毙,拉出去比较方便。这是威胁手段。另外,他们也用软功。姚篷子进来后,一自首马上放出去,姚走后看守长给我"做工作",他说:"姚是你的朋友,他是作家,你也是作家,他多聪敏,多好啊!"那天审判结束回号子,我哇啦哇啦地喊:"柳玉书是特务,你们要当心呀!"这是非常严重的事，我想这回要倒霉了，一定要死了，也蛮紧张的。但是没有事，副所长又来找我谈话，说：“你的舅舅来看你，但是这里的规矩是不能见的，所以他托我对你讲，你家里很着急，你年纪轻轻的，不要糊涂。”我说：“我本来就没有犯什么罪，我为了国家，不是私人有什么罪恶。你们应该把我放出去。”这当然是空话，没有什么用处。过了不久，5 月 20 日判决了，判为无期徒刑。

为什么只判个无期徒刑呢？这里有个内幕。我在日本留学时认识一个人姓毛叫程鹏，湖南人，他是国民党汪精卫的改组派。我知道他是国民党，他也知道我是共产党。这个人是老留学生，当时在东京高等师范读书，我们日语讲得不好，他肯帮忙。后来毕业回国，在教育部里担任科员，我们也通过信。我关在看守所里，家中问我南京有什么朋友没有，家里不能老来看你，有个朋友我们可以托他照顾照顾。于是就找到毛程鹏，他非常热心，经常给我送书，送吃的东西；进来是不能进来的，东西可以送。后来他毛遂自荐，对我家里讲，他的岳父周鳌山是军委会里的一个少将参议，与唐生智的关系非常密切，和宪兵司令谷正伦也是要好的同学。他想办法叫周鳌山给谷正伦写了一封信要求保释，谷复了一函，其中说：此人中毒已深，顽劣成性，无可救药，贷其一死足矣！周的信大概起作用的，没有死大概就是这个原因。判刑后就押到中央军人监狱执行。

监 狱 生 活

从 1934 年 5 月 20 日到 1937 年 7 月，我在中央军人监狱关了三年多。有一个人很值得讲，此人姓沈名炳铨，是一个中级狱官。这个监狱的典狱长下设有三科、两所。三科是：管总务的第一科，管打人、看守的第二科，管工场劳动的第三科；两所是：医务所和教诲所。沈炳铨担任教诲所的少校所长。他年轻的时候是杭州法政学校的学生,"五四"运动时也参加了爱国运动。大革命失败后坐过牢,他不是共产党员,后来知道,是入过党的。大约关了两三年。在牢里认识了一个叫胡逸民的。此人是蒋介石下面的一个要员,不知怎么得罪了蒋。他大概是专门给蒋介石做策反工作的,蒋以为他不忠诚,把他关了起来。胡与沈关在一起,居然谈得投机,相处很好。关了一阵子之后,胡放出去了,回到南京。蒋介石说:"委屈你了。"他上了一个条呈,要求办一个好点的监狱——一个新式的、现代化的监狱。蒋答应了。于是就造了我们住的中央军人监狱。中央军人监狱在南京水西门外,规模很大,第一任监狱长就是胡逸民。胡办起了监狱就要招兵买马,把沈炳铨找来了。沈是读书人,一个学生,所以就叫他当教诲所长。他上任后怎么"教诲"呢?请些和尚、牧师来讲讲道。我们政治犯不愿去,也不勉强,他的方针是:你们要去就去,不去拉倒,所以很优待。信件、书报由他这一所检查,他手下的人检查得比较马虎;他管思想的,思想工作也不做。因为有靠山,人家对他也无可奈何。他认为要优待的,就优待起来。

我刚进去是苦的,三四十人住一个号子又热又臭;三四天后调到里面小房间,三个人或两个人住,干干净净的。人家说我外边有人通了什么路子,我也不知道为什么。一个年轻看守长常叫阮立成来看我,他说:"你叫楼建南吧?!你写的文章我看过的。"后来他又对我说:"红军不行了,都跑了,瑞金没有了,你们以后怎么办呢?"我说:"没有关系,消灭不了的。"他同情我们,因此我也同他谈。在这个地方待了不到一个月,忽然沈炳铨把我找去,他很客气地说:"现在想叫你出来做一点事情好不好?"我说:"什么事情我也不会做。"他说:"我们这里文盲很多,想编个识字课本教教他们文化。"我说:"不会。"他坚持说:"你能编,编出来试试看。"没有办法,所长说的话是命令嘛!第二天我就被带去了。监狱当中有两座很大的厅堂,一座是教诲师讲道理的礼堂;另一座当办公室用,里面有好几张乒乓球桌大小的台子，许多犯人围坐着写东西。我看到其中有潘梓年，他见着我很高兴。我说：“他们要我编教科书，这事情不好办。”他说：“没关系，你来好了，优待优待你嘛！”我说：“为什么优待我呢？”他解释道：“这个所长很好，特殊照顾我们，叫我们翻译厚厚的四本《德国军事法典》；其实我们这些人中除托派分子郑超麟外都不懂德文，他在教我们，我们名义上搞翻译，实际上学德文。我们知道你也在这里，告诉所长，所以把你找来了。”我说：“你们搞翻译可以装样，我课本怎么编呢？”他说：“乱七八糟地写一写好了。”同我一起编课本的还有一位经济学家笪移今，我们伙同着磨洋工，好在他们也不问进度。后来，沈炳铨叫我也译那部《法典》，我不懂德文，就和大家一起泡蘑菇。我们每天上班下班，早上犯人们各有劳动，我们出来上办公室，晚饭吃好回囚室仍旧关起来，但在大厅房内外走来走去，终究比较自由的。

我们在这里装模作样地假搞翻译搞了很久，每天有个看守监视着，他也知道这帮人在搞翻译。我们光坐着也不好，于是各人转念头想写写东西了。沈炳铨发现后，跟我们说：“东西不能写，翻译随你们自己搞好了。”他不仅允许我们自己译点稿子，还提供原本，译成之后又帮我们将稿子寄到上海出版去。有了这些条件，所以我在狱中译了好几本书：高尔基的长篇小说《人间》、法国菲利浦的中篇小说《蒙派拉斯的葡萄》、日本志贺直哉的短篇小说集《焚火》、苏联的报告文学《切流斯金历险记》、高尔基的《文学的修养》，此外还有一本《新文学教程》。我每译完一部，沈炳铨就拿去交给张天翼转到上海去。张天翼与沈是朋友，他因亲戚关系隐藏在国民党机关里挂个名——张一之，我们上海的党通过他了解狱中的情况，我解到中央军人监狱后，天翼向沈介绍了情况，我之备受优待的原因就在于此。我的狱中译稿的出版和发表，除上述两位外，还得到鲁迅、黄源、炜春的帮助。

我从押到南京算起，在监中呆了三年十个月，先在宪兵司令部呆了八个月,又在中央军人监狱里待了三年两个月,1937 年 7 月 11 日出狱,是母亲到上海,叫炜春来接的。我从判处无期徒刑变成交保释放,最主要的当然是当时的政治形势,这时国共已开始谈判了。端午节(阳历 6 月 13 日)以前潘汉年忽然来看潘梓年了,会见以后,梓年回到号子里告诉我:"刚才汉年来了,他从延安来同国民党谈判的,可能国共重新合作,政治犯可获释放。"没过多少天,潘梓年就出去了。他出去以后写了一张明信片进来,大意是说:"形势很好,你们放心,我们不久就可见面。"后来 9 月份就大批释放政治犯了。我为什么 7 月份出来,比别人早呢?这仍与毛程鹏、周鳌山有关系,是周写信给谷正伦要求保释的。这一次谷为什么能够答应呢?这既与形势有关又反映了国民党内派系的矛盾。谷是负责审判的,判决之后犯人送到何应钦主管的军政部所辖的军人监狱关起来。有的人走了何应钦的后门,何一批就放了。谷有时要复查案子,要将某人调去重审,结果某人放掉了。他很生气:我判的,你卖人情放掉了;好,我也放。我就因为这关系比别人出来得早。

抗战烽火

出狱的第二天我回到上海,13 日就见到了冯雪峰。他陪我到霞飞坊许广平家里,许送我刚刚出版的鲁迅先生遗著《且介亭杂文》。从霞飞坊出来,雪峰带我去万国公墓鲁迅先生墓前致敬。这次见面时,雪峰告诉我,他与博古闹僵了,准备离开上海,潘汉年主持中共上海办事处的工作,可以去找他。我据雪峰说的办事处的地址,在爱文义路(今北京西路)的一条弄堂里找到潘汉年。我们在一起谈了很久,主要是潘汉年问我南京监狱中的情况,我就尽所知道的包括我自己的情况作了汇报;汇报之后他又进一步问我监狱中还关着哪些主要的政治犯,凡是记得的我都报告了,大概他是要搜集政治犯的名单作材料。我向他提出,出狱后外面什么情况也不了解,形势已大变,我一下子搞不清楚,弄得晕头转向,有什么材料可给我看看?他拿了个文件给我,可能就是惹得冯雪峰拍桌子的那一个,叫做《中国工农红军将士为卢沟桥事变告全国民众书》,后来知道它是王明他们搞的玩意儿。我看了之后很生气,那上面有“服从蒋委员长”呀,“信奉三民主义”呀等话,我说:“这不是投降了吗?”他说:“你不知道形势大变,能够抗日就是胜利。”我说:“一下子想不通!”他说:“想不通,慢慢地就会想通的嘛!”我的组织关系当场不谈,他说:“你刚刚从牢里出来,好好休息休息,将来我们再联系。”这件事曲曲折折地拖了十年,直到1947年还是由潘汉年解决的(参看《忆何云烈士》——《散文与人》1993年第一期)。

我在上海住了三天就回家乡去了,过了一个月“八一三”事变发生,与上海中断了联系。9月底10月初应郁达夫之邀从余姚去福州,在那里过的“双十节”,帮达夫搞文化界救亡协会,八百壮士撤退时我在福建报上还编了一个救亡文艺副刊,1月份离闽,那时淞沪、杭嘉湖已沦陷,兵败如山倒。我在浙江江山呆住了,朝哪条路走呢?回家乡去看看,还是上大后方呢?我犹豫了。后来还是决定上大后方。那时炜春在长沙,任儿童书局长沙分局经理。12月到了长沙,遇到张天翼。那天碰到张天翼、曹禺,正好徐特立举行招待会,招待文化界、新闻界(他当时是八路军驻长沙办事处主任),我同他们一起去了。会上我起立发言,谈到福建的情况,与会者对我很注意,曹禺还到儿童书局来看我。第二天我找到徐老的住所去拜访,他住在一个小旅馆里,只有一个红小鬼同被窝睡在他脚后焐焐脚。我汇报了出狱经过,并提出恢复组织关系问题,他回答说:“我知道你的名字。”这时,蒋牧良也在长沙;钱君匋是逃难来的,他在路上衣服被人剥光了,弄了件女人的旗袍穿着。不久,黄源由武汉来长沙,他问我:“八路军办事处叫你的电报收到了没有？”我说：“没有见到。”他说：“不会错的，赶快走吧！”

1938年1月12日到武汉，在《新华日报》工作，黄源说的那个电报是潘梓年发的，他是“八办”的工作人员。潘梓年见到我时说：“到处找你没有消息，后来从徐老那里知道你在长沙。”《新华日报》1月11日创刊，潘梓年是社长，华岗是总编辑。我到武汉时，报纸已出两天了，第三天起我即着手编副刊，这个副刊原定由我主编。在报纸工作期间，我得罪了王明。我当然没有像雪峰那种拍桌子的地位，但和王明当面冲突过，他做报告的时候，我站起来发表不同意见，触犯得很厉害。王明那时像个矮矮的斯大林，穿着皮夹克，神气活现的。他到《新华日报》社来，身边还带个穿贵族长毛大衣的孟庆树，大家呼地站起来，他一一握手。独不与我握手，第二次他来了，就伸手过来，我把手缩到身后。他的衔头一大串：共产国际执行委员会委员、主席团成员哩；实权的职务是中共中央长江局的第一把手。他还是国共两党谈判首席代表，博古第二，周恩来挨到第三。我怎么会同他发生矛盾的呢？我编副刊接触群众最多，收到群众来信一抽斗一抽斗的。群众控诉国民党反动派的材料既在我手里，我就汇报这方面情形，要求揭露顽固派阻止人民抗日，认为共产党的报纸不能对群众的呼声置之不理。王明他们认为我是大逆不道。许多人来给我做“思想工作”。那些教条主义者的谈话不睬他，但有些同志还是很诚恳的，比如潘梓年呀，华岗呀，何云呀，他们对我也不是不了解，他们觉得我刚从牢里出来很多情况不明白；另一方面在目前形势下，我们有许多事情干得很困难，也很痛苦，但是组织总是要服从的。就因为得罪了王明，我大闹情绪，恢复组织关系的问题也没有提出来，博古召我谈话我拒绝了。这问题一直拖下去了。

3月26日，中华全国文艺界抗敌协会在武汉成立，我当选为宣传部长，在老舍主持下主办机关刊物《抗战文艺》二日刊。在此之前，我还同叶圣陶、宋云彬合办过一个儿童刊物《少年先锋》，由章锡琛的弟弟章锡珊负责出版。

四五月份我因鼻窦炎请病假不准，请辞职也不准，于是自费进了汉口宝隆医院开刀。主治医师叫李宝实，据说是留德博士，其实医术不高明，而且又会敲竹杠。开完刀不几天，就赶我出院，要我到他私人诊所去换药，每次去得付给他几元钱。由于手术进行得不好，脸孔肿起来，肿了两个月，我不回《新华日报》。老舍招待我与他同住，他当时借寓冯玉祥处，在武昌千户街的一个大教堂里。住在那里的文化人很多，每人一间房间，老舍特别，一个人有三间，当中是会客室，一头是书房，另一头是卧室，他让出书房给我住。约摸待了一个多月，外边谣言很多，楼适夷是张国焘派，张到国民党那里去了，楼适夷脱离《新华日报》，跑到国民党那边当了冯玉祥的食客。王平陵特意要我去见邵力子，说他可以安排我，我因而大怒，7月去长沙，到炜春处养病。8月又回武汉，《抗战文艺》中有一篇文章叫《回到武汉》就是回来后写的。

9月，在所谓“保卫大武汉”的呼声中，我从粤汉路南下到广州，准备与蒋锡金办一个刊物《大地》，资金由天马书店提供。广州天天挨轰炸，没法做事，呆着无聊，跑到香港看看茅盾，没几天就回来了。茅盾叫我住到香港去，帮助他编《文艺阵地》，我说我不离开战场，要继续办成《大地》。到了10月18日，广州的人差不多逃光了，几乎连狗叫声也没有了，我们怎么办呢？总不能当日本侵略军的俘虏吧！这时，天马书店还有点钱，我和锡金、海南岛的诗人施征军，还有从武汉撤退下来的天马书店经理郭少卿就跑到江边去找船，雇到一条小划子，在珠江上游荡，看到轮船就爬上去。这艘轮船驶往梧州，船上挤得已无立足之地，我们费了好大劲才坐定下来，第二天记起了这天正是鲁迅先生逝世二周年的日子，于是我们闭目静神，以默哀作为纪念先生的仪式。我们随着轮船到了梧州，住不久又到玉林，然后决定借道广州湾（今湛江）到香港找茅盾。

11月初抵达香港后我们四人分手了。这时,香港有一个南洋商人,在上海开一家文具公司,在新加坡有一家书店叫大众书店,此人经常往来于香港、新加坡之间。他有个伙计王忍庵我认识的,我到了香港,王忍庵来接,就住在他那里。这位老板想办一个画报,把我留下。那个画报我办了两三期,请叶灵凤、叶君健帮忙,廖承志提供八路军的照片,到后来我与老板关系搞得不怎么好,就不干了。在办画报的时候,大约12月初我找过潘汉年,是茅盾联系的。见面时,除潘汉年外,还有廖承志,我将来港的经过向他们作了汇报,并说预备在香港留下来办那个画报。为了多宣传一些国内抗战的情况,所以我对廖承志说,希望他供给我八路军、新四军和解放区的材料,廖一口答应了。老板不欢喜我,也可能编得太红了。

到香港之初,茅盾即叫我协助他编辑《文艺阵地》,后来,老实对我说,他要去新疆了,《文阵》由我独办,写茅盾、适夷主编。我答应代编,但不要名。12月20日他离港往新疆任教,即由我代编,这些情况我已写有《茅公和〈文艺阵地〉》,尽述始末,这里不多说了。

我在香港期间还接受老舍的委托筹备成立"中华全国文艺界抗敌协会香港分会"。这件事可以从《文艺阵地》上查到老舍给我的通信,他叫我去找许地山、马鉴商量商量如何办法。许地山态度很好,对老舍的印象也深刻。他是香港有地位的绅士,叫"太平绅士",香港政府有什么事要找他们开会商量,由他出面事情就好办了。那时在香港还有些国民党的人,如大华烈士(简又文)阔气得很,我们在他家里开会,他请我们吃饭。第一次大会在香港大学开的,声势很盛。那时来港的作家渐渐多起来了,有叶君健、杨刚、冯亦代等,袁水拍还是小家伙,一个银行里的小职员。我们在《大公报》上办副刊《救亡文艺》,叶君健他们搞了一个英文刊物,因此影响很大。在政治方面有什么问题,我们就向党的负责人廖承志请示。

香港有个中华业余学校,1938 年秋后办起来的,教员多是兼职,我也任过课。近年有位在《羊城晚报》工作的雷子震同志写信给我,他们组织了一个校友会,叫我去广州开会。40 多年前的事我已忘得干干净净了,但是人家没有把我忘记。学生很多,现在全国都有。教师中有我、有叶君健等。他的信使我略略记起一点:校长是金仲华。是晚上教课的,我讲文艺方面的课程。大约 1938 年底或 1939 年初开始任教,教了不太长的时间。有个女学生还和叶君健谈过恋爱。

1939 年 6 月,我被迫离开香港。"抗敌文协"香港分会由我做组织工作,出面的是许地山等人;对这些头面人物香港政府起先还卖点面子,后来看到我们活动得厉害起来,他们害怕得罪日本人,就想加以限制。政治部的探员们,嗅出我是幕后人物,便设法来寻找我。6 月中的一天,生活书店香港分店的甘伯林悄悄通知我赶快离港。我说:"走后《文艺阵地》怎么办?"他说:"我们将稿子寄到上海去,你在上海编,后方和根据地的来稿,我们会托轮船带给你。"我就回上海了。

孤岛和沦陷区

我到上海是 6 月底,因为上海刚刚开过高尔基逝世三周年纪念会,高尔基的忌日是 6 月 18 日,我没有赶上开会,因此记牢了。我的家属听说我回上海,全家老小从余姚跑来了,一下子来了一大家。我叔父将我们安排在同孚路(今石门一路)威海卫路一个大公馆花园中的小楼房里,那家姓邱,是个做颜料生意的富商。住在那里很安静也很隐蔽。门口管门人是巡捕房退休巡捕。我在孤岛接触的人当然很多,老朋友中有:戏剧方面的阿英等,《上海周报》的张梦麟,党的文委梅雨(梅益)等,鲁迅夫人许广平,《大美晚报》

的柯灵,《时代周刊》的姜椿芳,剧艺社于伶等。我经常参加活动的有个党领导下的“文艺座谈会”,这里有林淡秋、蒋天佐、戴平万、王元化、满涛、包文棣、吴岩等,这几位都是新认识的。那时王元化还很年轻,已是党的文委。

我一个人每月编两期《文艺阵地》,生活主要靠编辑费;另外再翻译一些书稿。那时翻译了《科学的艺术论》(马恩论艺术),苏联共产主义学院编,我从日文重译,1940 年读书生活社出版;《苏联的文学与戏剧》,1940 年光明书局出版;高尔基的《意大利故事》,先在梅雨编的《求知文丛》上连载,1947 年开明书店出版单行本;高尔基的《老板》,先在蒋锡金编的《文艺新潮》上连载,1940 年万叶书店出版单行本;《奥古洛夫镇》,1941 年香港大时代书店出版;《彼得大帝》,远方书店出版。我把稿费给妈妈,维持一家人生活。

《文艺阵地》我编到 1940 年初冬,茅盾从新疆到了延安,周总理请他仍去重庆工作。他到重庆后打电报给我,叫我马上去重庆,在那里出版《文艺阵地》。我有一家老小在上海,怎么能将他们丢掉呢?所以不能去。到第五卷出了两本后,我不编了,交还给茅盾。这个刊物原来在上海不能发行,为了争取能与上海读者公开见面,第五卷采用两种形式:在上海的叫《文阵丛刊》,每期标上一个书名,第一辑题作《水火之间》,第二辑题作《论鲁迅》,作为书籍发行;运往内地的则作为《文艺阵地》的第五卷第一期与第二期。这两种本子上都署:“茅盾、适夷主编”。

这时,王任叔来找我,要我编一个刊物。当时上海最流行的是黄嘉德等编辑的《西风》,专门宣扬美国生活方式;我们也要出一个刊物,外表不要太红,既能争取各阶层读者,又便于隐蔽。这个刊物由我主编,钱由几个统一战线内的资本家拿出来。刊名叫《大陆》月刊,由裘重(裘柱常)出面向公共租界工部局登记。印刷发行是江少怀。从 1940 年 9 月创刊,出了一年,因为经济困难办不下去了。

到上海的初期我的党的联系人是王任叔，王任叔到新加坡去后，由梅雨同我联系。有一天，梅雨来开会，手里拿了一只大纸盒，问他带了这么一个重东西做什么，他说这是他妻子的骨灰，家里不能回去了，只好捧着它跑来跑去，使我们大吃一惊。现在他当大官了，不知还记得往事否？我们经常活动的中心是“文艺座谈会”，常常从远处搞来油印文件、新华社电讯之类，在一起学习。我们主要用文艺形式斗争，1941 年 1 月起办了《奔流文艺丛刊》，它虽名曰《丛刊》，实则仍为杂志，是为了避免向租界当局登记，使用了“遮眼法”。它印成书籍的样子，不称“期”而作“辑”，每辑换个书名，都用带三点水的一个字，如《决》、《润》等等。出了六辑，后来办不下去了。对于这个《丛刊》，我只写些文章，有小说《苍茫》，具体工作不大做。

11 月我们出了个《奔流新集》，主要由我、许广平、王元化、满涛、蒋锡金等搞的。共出两辑，第一辑叫《直入》，第二辑叫《横眉》。第二辑于 1941 年 12 月 8 日印成，正好珍珠港事变发生，日本军队进了租界，印刷所打电话来叫我们赶快拿走，不拿走就要烧了。锡金说是由他一个人到印刷所取得了三册样本，当时答应去雇车取运，就再也没有回去，而由印刷所全部销毁了。取出的三册，一本放到傅雷家里，一本交给许广平，一本留下我们几个人传阅。其实，锡金的回忆不确实。最近王元化对我说：“你这个人记忆力那么坏，明明是你和满涛拿了好多本来分送给朋友们的。”经元化一说，我想起来了，我记得：印刷此刊的中国科学印刷公司在爱多亚路（今延安东路），马路上日本兵都站岗了，许多卡车装着撕碎了的报纸、杂志一车车拉到纸厂去作纸浆，我们拿了几本出来也说不清了。

我深居简出、秘密活动，没有发生很大的问题。日本军队进租界不久，12 月 15 日海婴一个人跑到王任叔夫人王小洛那里（此时任叔已去新加坡,家属仍留在上海),报告许广平被捕的消息。海婴还很小,许广平被捕时,保姆将他摁在被窝里躺着,混过去了。敌人一走海婴就跑出来报告消息,王小洛得讯后就来告诉我。梅雨早就动员我们到根据地去,准备一个个送走。但平心不想走;许广平要守着鲁迅的遗物,也推托着不肯离开;我呢?母亲病倒在床上,我说去是要去的,待将母亲安置好后再动身。现在日本人进了租界动手捕人了,我赶紧将全家送回已经沦陷的老家余姚。那时,我家中有母亲、老婆、四个孩子,七个人一大家,像难民一样回到家乡。离开上海前已不住在邱公馆了,因为那家小老板知道我的活动有些危险性,1941 年上半年同我叔父说,让我另找地方,所以就搬到巨鹿路上的一条小弄堂里。住的一间大楼房,原为于伶寓所,是他让给我的。离沪前我的生活很困难了,夏丏尊先生知道我忧患交迫、生计断绝的情况,动员我为一个法藏寺的主持从日文翻译《南传大藏经》中的《本生经》的一部分。在夏先生的劝诱下,我把它作为文学的神话故事来对待,接受了这个工作,并且把它带到余姚去翻译。1941 年我还通过冯宾符的介绍到麦伦中学教过书。那个学校的校长沈体兰是进步人士,他保护了一些进步人士和共产党员,像刘晓也在那里当过教员。我教了约两个月,有身份暴露的危险也就不去了。

回家乡之后,我在余姚、上海之间奔波了好多次。一会儿从家乡去上海,一会儿又从上海跑到家乡,反正哪儿发生危险的信号我就立刻转移,哪儿都不安全,但哪儿都可以短期安身。有时住叔父的钱庄里,有时住傅雷家,许多短期积累起来,也有两三年的时间。1944 年五六月间,我在上海牛庄路储能中学教了两个月书,该校是宁波效实中学搬到上海易名的,冯宾符任校长,他找我去了,名为“日语教员”,其实教高中语文。学期考试刚结束,有一天,突然发生了危险的信号。有一个原来在《上海周报》当职员的人,名叫施崇祥,他被日本人逮捕后立刻投降当了特务。他认识学校的一些人,也认识我,那天他突然上学校来,正在教员休息室同别人谈话,而我也下课拿着学生的作业冲进门去,一眼就望见了他,立刻退出门外。可是已经来不及了,他看到了我。我同冯宾符商量,认为还是马上离开的好,于是很快地动身回余姚。这大概是端午节前后的事。我刚刚走,几个日本宪兵跑来抓我,我已不在,就查究到冯宾符身上,把他关到贝当路的日本宪兵队里,受尽了种种刑罚,始终没说出我的老家的县名。我听到这消息,在余姚呆不下去了,又跑回上海来,想设法营救他,或者将自己把他换出来。当时我先到上海常住在傅雷家里,我把这个意思告诉傅雷,他说:"你发疯了。"把我关起来,不许出去。在傅雷家里关了个把月"禁闭",外面的朋友拼命想办法营救冯宾符,大概通过内山完造关系,背后还有公开被认为汉奸特务的袁殊,许广平也是他背后出力的,将他救出来,他苦头已吃了不少。

回到余姚又发生了一件事,余姚日本宪兵队跑来纠缠我。我有个亲戚当了汉奸,是地方上商会会长,同宪兵队长有接触。宪兵队长向他问我的情况,他说我年轻时在国民党县党部当过组织部长,后来到上海做了生意,从此脱离政治,近来因为母亲生病,留在家里侍奉老人并翻译佛经。这时,我留着长须,40 岁左右的人像个老头子样,一面陪着母亲,一面译着《南传大藏经本生经》。宪兵队长要到家里来看我,有个当着汉奸盐务局长的亲戚同他说,他愿意请一次客,介绍我们见面。宪兵队长小林,席间他同我讲天下大事,还说像你这样的人才,应该为地方上做点事。我说:"我的身体不行了,干不了事了。我有职业,上海银行里做事。"他又问我对战争的看法,我说:"没有什么看法,我只相信佛教。"他看我灰溜溜的老头子样,也不强逼了。忽然又问:"四明山上老朋友很多呢?"我说:"听说有,但不知道是谁。"我敷衍着,拼命把题目拉过来,说我在日本住在什么地方,喜欢东京,那里真好玩。混过这一次后,我感到不能再在余姚待下去了。那时,我母亲已经逝世,我便把一家人丢掉，12 月间上了四明山浙东抗日根据地。我与根据地的同志早有联系，黄源、陈山常通过乡下卖柴的送口信来叫我去。

在四明山

新四军浙东游击队的根据地已有三年的历史，我去的时候是抗战最后的时期了，是 1944 年的 12 月。力量已相当强大，中心地在梁衖，是四明山工商业比较集中的大镇。从城区到山区中间有敌伪的岗哨，我是通过水道绕到上虞县境进去的。家里母亲已死，妻儿一群，吃饭无问题，有汉奸亲戚保护，没什么不放心。只是离开队伍好久了，许多事情比较陌生。

熟人中郭静唐是司令部秘书长，黄源是浙东鲁迅学院副院长，院长是谭启龙。不久，举行了一个浙东地区的参议会，成立了政府。这个政府叫浙东行政公署，黄源是文教处长，我当个副的，担任文教工作。

文教工作有几个方面。教育方面，鲁迅学院培养青年文职干部，全区的各小学（中学只有一个，其他都是小学）的教育，还有一个干部教育的班子。文化方面，报纸属于党的区委宣传部直接领导，搞刊物没有条件，我们就搞了地方戏剧，地方戏剧就是越剧，民间叫“的笃班”，影响很大。一个社教队，招了民间艺人演传统戏，自编抗日新戏。文学还谈不上。我在教育方面管了这么件事：那时小学教科书不能用汉奸编的，我们就自己动手编，招刻字匠刻板，我主持了这工作。

这个时候已经开始有日本俘虏，只有三四个人，他们属于司令部政治部敌管科管理，我不是政治部的人，但政治部请我去过问这个事情，所以我后来同他们搞在一起，办了一个报，居然是铅印的日文报，叫《解放周报》，我在《四明山杂记》里写过。这日文的报纸专门给日本人看的，由那些日本人编，稿子、消息来源是新华社——延安的新华社也发来日语电文。因为那时有冈野进（野坂参三）主持的日本军人的反战解放同盟的组织，里面大部分是日本俘虏，总部设在延安，这些人写了一些文章，新华社发来日本国内消息，我们将它编出来。影响很大，可以发到日本人的据点里，动摇他们的军心。有些日本人拿了一张报纸做通行证，带着枪跑到我们根据地来，后来越来越多，有时大批地来。等到抗战胜利的时候，日本兵、朝鲜兵在我们这里有四十多个。这个报纸起了很大的作用。这报是我主持的。我的蹩脚日语大派用场。

我还在鲁迅学院讲课，行政工作我不管。另外做些群众工作。那时四明山老百姓情况很悲惨，连年的日寇扫荡，还有饥荒。我们就做群众工作，鼓励群众生产，还要支援前线。

我去时最大的一次战争是解放了上虞县城；解放了四明山西边的最大的一个市镇章家埠；打垮了一个投降日本人的伪军部队。（其中一个部队是起义的）这战争胜利时，已到了 1945 年的上半年，过了春季。战场上的生活我算有了一点不多的经验。正在这个时候，日本人投降了。

胜利前后

1945 年 9 月我们在四明山迎接了抗日战争的胜利。日本一投降，中央命令八路军、新四军向就近城市进军，我们的目标就是宁波、杭州、上海及其周围的县城和市镇，部队马上集中起来，准备去解放这些城市。根据毛主席在重庆与国民党谈判中撤出长江以南八个解放区的方案，9 月下旬中央下达了命令，这时我所在的部队已行进到观海卫，黄源所在的部队到了宁波城下，奉令即改变方针，退回四明山区，实行北撤。我们正式部队15 000多人，分两路走；我随谭启龙一路在姚北渡海到上海浦东的奉贤，黄源随何司令渡海到海盐、乍浦。在乍浦海边遇到国民党军队的阻击,打了整整一天一夜的仗才通过去。我们一路平安无事,在奉贤休息一天,以连续 26 小时的步行与抢渡,绕过上海边缘大场至青浦,在观音堂淞沪支队游击区休整下来。在青浦呆了两天,是在重固镇过的“双十节”,然后以大木船北渡到了苏北大根据地。我从谭政委一支转到何司令一支,偏偏谭队在长江打了一仗,而何队却一路顺风。

那时华中局在淮安城,政府在淮阴城。我们的部队到达后就整编,整编之后马上出发到山东去。少数的干部留下来,我同黄源都留在淮阴;他安排搞文化团体,我在《新华日报》(华中版)当编委,主编副刊。这时是 1945 年 11 月。淮阴也算是个不小的城市,很热闹,文化人不少,还有一个华中建设大学,彭康当校长。这时,苏皖边区政府在这里,李一氓是第一把手。土地改革已开始,群众运动搞起来了。国民党时时制造摩擦,但表面上还能维持下来。

1946 年 4 月,周总理他们在上海、南京,组织上调我到上海参加筹备《新华日报》的出版工作。国民党当局不让我们在上海办报,我们只办了一个《群众》周刊。我在上海比较熟悉,活动范围大了,领导上让我在公开的范围内活动。1946 年下半年进《时代日报》,一面参加全国文协工作,与靳以二人同编文协的机关刊物《中国作家》,开明书店出版。

徐伯昕找我帮助生活书店的老同事陈云才办一个新书店——南国出版社。这个出版社出面的是个国民党联勤总部军官,他在胜利后劫收中发了一笔财,附庸风雅想搞出版事业。他与陈云才熟悉,陈去找徐伯昕,徐说可以接受下来;我们进步书店现在很困难,国民党不把纸张分配给我们,利用它,可弄点纸出些好书。徐要我帮助去办南国出版社。后来冤陈云才取了他的钱,其实是他自己亲戚偷的,陈与我同经理发生矛盾,没有办下去。把纸型卖给建文书店,有郭沫若的《译诗集》,马叙伦的《石屋余沛》,傅雷的《幸福之路》、《文明》和我的《海国男儿》,汪源放的《鲁滨孙漂流记》，骆宾基的什么《轭下》等等。“建文”是神州国光社印刷厂姓唐的小老板拿钱出来办的，我始终与他合作，帮他做了不少事。

1947年形势很紧张，反饥饿、反内战、反迫害运动如火如荼。《时代日报》是苏联出面办的，我们想尽一切办法把别种报纸上不能发表的消息捅出去。这时，解放战争已进行一年了，关于战事的真实报道别的报上见不到，我们就改写新华社电讯，或用路透社、塔斯社电讯把真相告诉读者。每星期有一篇秦上校（姚溱）写的军事评论，非常起作用，影响非常大，大家抢着买这天的报。

《时代日报》上有两个副刊，一个是叶水夫编的《水星》，一个是我编的《文化版》。我没有进《时代日报》时，常为《水星》写稿，进去之后反而不写了。《文化版》是我创刊的，刊头字是我写的。我们发了很多文章，其中不少是后来所谓“胡风派”的。我同胡风很接近，他办《希望》我们接触较多，他把阿垅的文章、路翎的文章送来，批评这个，批评那个，我都给他登了，如批评马凡陀，批评臧克家、姚雪垠、田汉的我都登了。后来反胡风时我们就大检讨一番，我和姜椿芳、叶水夫联合写了检讨文章发表在《文艺报》上，又在《人民日报》照样转载，过了一关。（当时社的另一领导叫秘书偷我的信稿，想把我打成“胡风分子”，没有打成！）

国民党当局对《时代日报》很注意，由于是苏联名义办的也无可奈何，动它不得。姜椿芳到外面活动，与国民党去应酬、去敷衍，但是有红的色彩的人就不好待下去了，因此在1947年11月组织上叫我到香港去，从此就离开上海，再没有到上海工作过。

我到香港是从台湾绕个弯儿走的。从上海动身时，如乘去香港的船，码头上都是特务，很危险，而由台湾转过去安全些。这时，沈炳铨正当着台湾军人监狱的典狱长，正好作为一个中间站。在台湾见到了黎烈文，他在中央军官学校当教官。我去他家找许粤华，是应黄源之托问她大儿子伊凡的下落，他见了我很惊讶，问我怎么会到台湾来，我说：“我怎么不能来?!”他问：“来干什么?”我说:“来玩玩,大家都来玩,我也来玩。”不知什么原因,他见到我很害怕。他又问:“你在做什么工作?”我说:“在挣美金!”这是实话,当时法币贬值,《时代日报》以美金计算工资,我的薪水一百元美金。后来我谈到与他有牵连的老朋友的家事,他的面孔变色了,粤华吓得不作声了,我也就不好多谈了。这次见面是不愉快的。

到了香港,这时这个小岛上的人一天天多起来,都是因为白色恐怖,大陆上待不住了到香港来的。组织上让我办个刊物,化三千元港币登记,交给一个广东人开的书店出版。这个刊物叫《小说》月刊,名义上由茅盾主编,实际上由我和周而复负责,具体工作则落在我身上,因为周而复各方面活动很多。

刚到香港时,组织上给我们一笔经济帮助,但不能始终靠此吃饭的。这笔钱是党去动员来的,大约由宋庆龄他们募捐来的,作为文化人的安家费。我生活很困难,依靠在香港报刊上写些小文章过活,有时收到报社的稿费单,急着买米买奶粉,要取款连渡海的一毛二毛轮渡钱也没有,就上夏衍那里伸手告贷,实际是有借无还的。我那时写了一本关于游击队生活的报告文学,后来编成《四明山杂记》,1949 年由香港求实出版社出版;写过三四篇短篇小说;翻译也搞了一些,翻了罗丹的《艺术论》没有出版,因为已有别人的好译本了。星岛日报叶灵凤帮了我不少忙,有稿必登,稿费从优。

我在香港经常碰到潘汉年,通过他恢复了我的党的组织关系。有时他也来找我,要我利用在香港的一些社会关系,将解放区需要的电料化工器材、药品运到解放区去。潘不长住香港,但似乎他的职权超越中共香港工作委员会之上。他与叶以群的关系多一些,常常到以群那里一起聊天;我先同以群住在一起,所以碰到他的机会很多,后来王任叔帮我搬了一个好地方。小潘下面的一个叫“老张”,还经常来同我联系。以群告诉我“这老张可以通重庆,通南京,本领很大”。

中共香港工作委员会的负责人是方方，下面有个文化工作委员会，领导成员为乔冠华、邵荃麟、章汉夫等。“文委”主要做文化工作，再就是发展组织，那时组织发展得很快。我们这些人都是搞刊物、写文章的，活动是公开的，比方说北平解放、南京解放，我们开了很隆重的庆祝会，大打牙祭。

这时也发生过胡风问题。胡风问题不是从重庆开始的吗？我没去重庆，那一段的事不知道。后来在香港他的问题又被重新提出来了，有的同志认为我与胡风比较接近，要我给他做工作。我把他请来，同他聊聊，聊了一夜，而我在理论上又谈不出什么道理来，他对我笑笑。

1948 年下半年起，党就将民主人士、文化人一批批送回大陆，特别是 1949 年 1 月北平解放后，回北京的更多。我是因为参加第一次文代大会，于 6 月间作为领队，带了一批华侨离开香港到北京的。

建 国 以 后

1949 年 7 月开完第一次文代大会时，政府各机关已开始筹备，中共中央宣传部陆定一部长把我找去分配工作。离港北上时，我曾同夏衍私下约定，将来跟他到上海工作，一定比北京熟悉一点。这时，陆定一要我留京，我就推托与夏衍有约，想回上海。他说：“夏衍那里，我打个电报去就行了。”于是只得服从组织分配，在北京落了户。我被分配到新华书店总店编辑部任副主任，主任为王子野。事实上这是过渡到出版总署的临时安排，后来出版总署成立，我到编译局通俗读物处当副处长，处长是曹伯韩。10 月间我到上海一次，想请平心等人去京工作，他不愿北上，请到了别的一些人。在新华书店总店编辑部工作期间，我着手办《新华月报》，创刊号是我编的。

1950年抗美援朝，我参加人民志愿军，在东北军区后勤部任宣传部长。志愿军入朝作战我经常往来于东北与朝鲜之间，主要做部队文化工作，带文工团演戏、慰问等事。第一次去朝鲜是第三战役刚结束时，常常独坐小吉普跟部队夜行军，有时吃的是土豆。我在《世界知识》和《文艺报》上发表过有关抗美援朝的战地通讯。因为我是搞写作的，上级叫我写个电影剧本，要用纪录片与故事片相结合的形式。我奉命到北京总政文化部去写，由鲁藜搞了一个初稿，我再改编，但还没有定稿，"三反"、"五反"运动一来就搁下去了。后来调到"三反"、"五反"办公室当了副主任，直接在司令员李聚奎上将主持下干打"老虎"的工作。

雪峰于1951年到北京任人民文学出版社社长兼总编辑，由于副社长蒋天佐身体不好，老生病，所以他通过中宣部调我。调令是1952年1月发的，我正在打"老虎"，跑不开，部队不肯放，直到9月才同意调离，到人民文学出版社当副社长兼副总编辑。在作家协会，我从第一届起就是理事，兼任外委会副主任，主任是萧三。1958年下半年调到作家协会担任作家出版社社长兼总编辑，已经发了内部通报，过了不久，忽然通知上次"通报"错了，改为"严文井任社长，楼适夷任副社长兼总编辑"。离休后有一天一同吃饭，文井有了酒意，对我说："我这个社长，当得莫名其妙，忽然通知我当的。"我笑笑："我知道！"1960年又回人民文学出版社，降级为第三副社长，管编译所，连冯雪峰都成了我部下。"文化大革命"中当然进了"牛棚"，一切帽子都戴上，1978年中央组织部胡耀邦部长一个电话，问题解决了，挂了个顾问的衔头。

建国之后，搞行政，不大写作，为工作需要我翻译了朝鲜赵基天的长诗《白头山》，1956年作家出版社出版；《壶井繁治诗抄》，1957年作家出版社出版；小林多喜二的小说《蟹工船》和《一九二八年三月十五日》，1958年作家出版社出版；日本诗选《怒吼吧富士》，1958年作家出版社出版；小林多喜二的小说《安子》，1962年上海新文艺出版社出版;井上靖的小说《天平之甍》,1963年人民文学出版社出版。大动乱后《芥川龙之介十一遍》(即《罗生门》),1980年湖南人民出版社出版;《牵牛花》,1981年湖南人民出版社出版。在这一阶段中我的创作不多,因为在文艺工作上,我的职责是后勤服务,得首先尽我的本分,舞文弄墨,乃为余事,何况上不在天,下不在地,说不上投入火热的群众斗争,生活不能深入,创作缺少源泉,几次下农村,看到农民生活还那么苦,这种工农兵文学还能写吗?更加学习不努力,学不会歌功颂德的本领。只是在抑不住冲动,或躲不了催迫的时候,才写下一些急就之章,其中大部分是诗。为了使经历过来的时代,以及自己在这个大时代中的存在,留下一些片段的,但是真实的心影,我将其中118首,连同解放前的诗作结集为《适夷诗存》,这是刘岚山编的,以后如再版,许多诗我要砍掉。1983年由人民文学出版社出版。粉碎"四人帮"之后,我还写了几篇怀人念旧的散文,这不过是些风雨夜话,无甚高论,但得到友人们的鼓励,督促我编为一集,故以《话雨录》为题,于1984年交三联书店。印了1万多册,至今到处买不到,连我自己都快送人送光了,但书店不肯再版,我准备另编。

在"五七"干校的那段情况我写得很少,一般地简单谈谈与别人的遭遇大致相同,假使要一个题目一个题目地写写,内容就很多了。现在没有什么顾虑了,却没有精神去写,笔债高积,老是生病不能写。我也没有什么写作计划了,过去的东西不多,搜集了一些,也不齐;有些文章自己也忘记了,没有地方去找。我大部分是翻译的,大约有30多本。曾经想自编一本选集,这件事也搁下来了。

原载《新文学史料》1994年第1期

文坛宿将老编辑，学海硕子名作家

——记国家出版委员会委员楼适夷

岳洪治

楼适夷，1905年1月3日生于浙江省余姚县一个小商人的家庭。他14岁在家乡的小学毕了业，就到上海一家钱庄做学徒。“五四”运动激发了他的求知欲望与政治热情，遂努力自学文化，并开始学习写作。1925年加入中国共产党，在一些进步刊物上发表诗歌和短篇小说。1927年专门从事地下工作和文学活动。1928年入上海艺术大学学习，为著名文学团体太阳社成员，在太阳社的刊物《太阳月刊》、《拓荒者》及鲁迅主编的《语丝》、《萌芽》上发表作品。这时期里他出版了两本短篇集子《挣扎》和《病与梦》。

1929年9月，楼适夷同志东渡日本，自费留学。他原打算先学习日语，然后再进一步专修俄语，以从事俄国文学研究。其时正值日本无产阶级文学兴盛时期，革命的热潮使他很难平静，尽管是在学习日语，他也经常参加报告会、示威游行等社会活动，接触了不少日本左翼作家和评论家。他不断地写了一些东京通讯，把日本左翼文学运动的情况介绍到中国，在潘汉年主编的《现代小说》和太阳社的《拓荒者》上发表。

1931年“九一八”事变前夕，中日关系紧张，政治形势恶劣，他结束了在异邦的漂泊，回到上海，加入中国左翼作家联盟，做左联和文总的党团工作，曾当选为左联的执行委员。他一面参加编辑左联的机关刊物《前哨》（后名《文学导报》）及其外围周报《文艺新闻》，一面翻译了科罗连柯的中篇小说《恶党》、弗里契的《二十世纪的欧洲文学》和《苏联短篇小说集》等，出版了短篇小说集《第三时期》。后来他到中共江苏省委宣传部工作，并从事上海反帝同盟的活动，在这同时，他还主持了《群众日报·大陆新闻》和瞿秋白同志领导的《白话小报》的编辑工作。《前哨》创刊时，白色恐怖非常严重。他们不得不在商业性小印刷所里秘密印刷。每次出刊，他们都是在晚上十时人静之后来到印刷所，和工人同志们一起紧张地完成排—校—印制的工作。天明之前全部印好了，他们就雇两辆人力车，通过几条马路和巡捕的岗哨，把刊物运回来散发。1932 年上海地下党有一份油印的党刊《斗争》，刊物上的文章大都出自党的领导同志之手。楼适夷参加了党刊的工作，负责把原稿转交到刻蜡纸的同志手里，再把刻好的蜡纸交到我党的地下印刷所。1933 年秋，楼适夷在上海被国民党反动当局逮捕，判处无期徒刑，投入南京监狱。虽然长期身处绝境，他却深信国民党政权终将崩溃，一直保持革命乐观主义态度。在狱中一位同情政治犯的高级官吏的帮助下，他同几位狱友一起，从事文学翻译，然后秘密送到外面发表，以此服务于革命文化同反革命文化的斗争。他以适夷、林逸之的笔名，先后翻译了高尔基的《在人间》、《我的文学修养》，苏联的《新文学教程》，以及日本志贺直哉的一些短篇小说和小品。身系囹圄的革命文化战士，就这样在艰难困苦之中，奇迹般地奠定了他在现代文坛上的文学翻译家的地位。

1937 年卢沟桥事变之后，楼适夷从国民党监狱中出来，立即投入抗战洪流。10 月末，他应郁达夫之邀，取道闽北，经南平到福州，参加福建省文化界救亡协会的工作，任“文救会”编辑委员会委员。他承编“文救会”机关刊物《文救周刊》，写了一些杂文，还写了不少通俗易懂的“大众时事讲话”，如《我们并没有失败》，专论文章《建立地方单位的文化中心》等，在抗日救亡运动中作出了贡献。

《文救周刊》出版三期之后，为加强团结抗日，从 11 月 15 日起，与附在《小民报》上的几个文艺性周刊合并出版《救亡文艺》日刊，委托"文救会"编委会编，名义上由郁达夫、杨骚主持，责任编辑则是楼适夷。他把刊物办得生动活泼，很有战斗力。他还亲自创作了刚健质朴、战斗性很强的大众化诗歌，撰写了《苏联的态度》等文章，宣传苏联对我们的抗日战争进行声援的重大意义，翻译了柏英伦珂的《远东》(苏日未来大战记)等在刊物上连载。由于国民党反动当局的破坏，《救亡文艺》于12月4日被迫停刊。他即去武汉担任《新华日报》副刊编辑，参加发起组织中华全国文艺界抗敌协会，当选为理事，并参加了《抗战文艺》初期的编辑工作。武汉失陷前夕，他与蒋锡金一起到广州从事革命文化活动。广州沦陷，遂去香港协助茅盾编辑《文艺阵地》，在茅盾去新疆后任代理主编，并组织了文艺界抗敌协会香港分会的活动。后因引起了香港当局的注意，被迫于1939年秋转移到上海，继续秘密编辑《文艺阵地》和其他刊物。这时期里他一面从事刊物的编辑工作和其他革命文化活动，同时还翻译了许多苏联作品。

1941年底太平洋战争爆发之前，楼适夷与巴人(王任叔)一起在上海编辑《大陆杂志》。其后，他又参加了《奔流文艺丛刊》及《奔流新集》的编辑工作。太平洋战争爆发，日寇侵入租界，他们才被迫停止活动。此后不久，楼适夷即到新四军浙东游击纵队，在杭州湾三北地区和南边的四明山麓建立的抗日民主根据地，做文教工作，任浙东行署文教处副处长，参加了《浙东报》和鲁迅学院的工作，并主办对敌宣传的日文版《解放周报》。他还领导编写了用木板刻印的小学教科书，一直坚持到抗战胜利。1945年抗战胜利后，他随军到了江苏淮阴，任《新华日报》华中版编委，负责副刊的编辑工作。1946年他回到上海，任《时代日报》副刊编辑。1947年他又由上海到香港，与周而复共同创办《小说》月刊。1949年五六月间到北京参加第 次全国文学艺术工作者代表大会，当选为中国作家协会理事，任出版总署编审局二处副处长。1950年冬参加抗美援朝，任东北军区后勤政治部宣传部长。1952 年调回北京，任人民文学出版社副社长兼副总编辑和《译文》编委等职。后任国家出版委员会委员，中国作家协会顾问。

1952 年楼适夷调到人民文学出版社之后，主持制定了中国现代文学出书规划，其中包括郭沫若、茅盾、巴金等八九种作家选集。他还和巴人、郑效询、孙绳武同志一起主持制定了外国文学全面长期的出书规划。后来陆续编辑出版中的“外国文学名著丛书”、“马克思主义文艺理论丛书”、“二十世纪外国文学名著丛书”等，就都是他们当年进行了规划、打下了基础的。除此之外，这些年来他还在写回忆录和进行外国文学的介绍工作。1985 年，适夷同志虽然已经年过八旬，却仍然非常关心我国的出版工作。他在《夸我的故乡》一文中这样写道：“虽然数十年的奔波并未使我感觉倦怠，余下不多的岁月还想贡献于前进的事业，这辈子将不会有‘归欤’之思。”的确，适夷同志仍在孜孜不倦地为繁荣出版事业工作着。

选自中宣部出版局编《编辑家列传》（一），中国展望出版社 1986 年

笔底烽烟著春秋

——记楼适夷的编辑生涯

刘为民

人民文学出版社建社后不久，楼适夷即担任该社副社长兼副总编辑，在这个岗位上，他一直战斗了 25 个春秋，直到 1976 年离休。然而，说起他的编辑生涯，则要回溯到本世纪 20 年代的上海，

那时的楼适夷,还是一个风华正茂的热血青年……

一　主编《上海通信图书馆月报》

1905 年 1 月 3 日,楼适夷出生在浙江省余姚县城的一个小康人家。13 岁时随父亲到上海钱庄学徒,同时坚持自修,并开始投稿,到 1922 年,已有一些文章和小说作品问世。

1923 年,他和益慎钱庄的职员陈松创办了杂文小报《嫩绿》,评论时事,但由于钱庄老板的干涉,仅出几期就停刊了。这是楼适夷编辑实践的最初尝试。

1924 年,楼适夷加入了应修人在 1921 年创办的上海通信图书馆。他积极协助应修人开展图书馆的各项工作,主编了《上海通信图书馆月报》。这是一个 32 开的铅印期刊,为楼适夷在文化战线大显身手提供了第一个编辑阵地。1925 年,楼适夷和应修人先后加入共青团,第二年转为中共党员。他们以图书馆为阵地,秘密推荐党的书刊,邀请沈雁冰等人来作辅导讲话,教育了许多青年,使他们通过图书馆活动参加了革命。楼适夷的编辑工作,是紧密配合这一活动中心的。他把月报当作宣传喉舌,及时编发茅盾、应修人撰写的传播革命思想的文章。他自己也挥笔上阵,同时,他几乎每期都写一篇《书报介绍》,借助编辑工作的便利条件,向读者推荐《新青年》、《莽原》、《洪水》等进步刊物,显示了楼适夷在马克思主义思想的熏陶下,已经具备了初步的唯物史观。

二　印制《前哨》

1928 年,楼适夷加入了太阳社,协助蒋光慈编辑《太阳月刊》、《海风周报》等。后因引起反动当局爪牙的注意,而于 1929 年秋东渡日本求学。在东京,他创作了深得鲁迅、茅盾赏识的短篇小说

《盐场》,第一次形象地描写了党内右倾机会主义路线对大革命的消极影响。1931 年春,左联成立,楼适夷立即回国,在上海参加了左联党团的工作。

当时,正是文化"围剿"最残酷的血腥时刻。蒋介石政府继 1930 年颁布了所谓"出版法 40 条"、《出版法施行细则二十五条》之后,1931 年又公布了《危害民国紧急治罪法》等,进一步加紧了法西斯统治。他们无理搜查了上海北新、乐群、华通等书店,并没收了书店的进步书籍;2 月 7 日,他们又秘密杀害了左联成员柔石、胡也频、李伟森、殷夫、冯铿等青年作家。在这种情况下,所有的左翼进步文艺刊物都已不能公开出版,为了揭露敌人的罪恶,左联决定创办秘密机关刊物《前哨》。第 1 期是"战死者专号",刊有鲁迅写的《中国无产阶级革命文学和前驱的血》、《柔石小传》,同时发表《中国左翼作家联盟为国民党屠杀大批革命作家宣言》,左联的《为国民党屠杀同志致各国革命文学和文化团体及一切为人类进步而工作的著作家思想家书》等重要文件。

由于当时白色恐怖严重,很多印刷所都不肯承印。后经多方联系,白克路的一家印刷所的老板虽然答应接受,但却要收取高出常规几倍的印刷费,此外还提出三个条件:一是不准印报头和烈士照片,以免在排印过程中万一引起外人注意,招来横祸;二是全部排、校、印的工作,必须在一夜间完成,并立刻运走,不许存留;三是必须派两个人守在印刷所,遇上巡捕房突然袭击,进来搜查时,就由这两个人出头顶罪,以解脱老板的一切责任。

左联经过研究,答应了这些条件。但是,派谁到白克路印刷所去完成这个危险的任务呢?

"我去!"楼适夷自告奋勇地说。他的好友、地下党员江丰也勇敢地站了出来。

于是,他们在这白克路印刷所度过了紧张的一夜,终于胜利地完成了任务。

尔后，他们又设法将这批印刷品运到指定地点，和等在那里的左联战友们，用鲁迅手书“前哨”两字的木刻板，印上报头，再贴上烈士们的照片，并一一装订成册。《前哨》创刊号就这样出版了……

三　在《文艺新闻》编辑部

《文艺新闻》是1931年3月间，由几位进步青年自动创办的一个以文艺报道为主的小报型刊物，他们巧妙地用读者来信探听五作家行止的方式作掩护，先后透露了左联五烈士被害的时间、地点和实际情况，又接连登出五烈士的遗像，扩大了社会影响。左联为了更有力地发挥这个刊物的作用，选派了楼适夷等人到设在福州路山东路口的《文艺新闻》编辑部去参加其中的工作。楼适夷既当记者，又作编辑，采写编校，日夜操劳。同时，还在瞿秋白的领导下，编辑了一份《白话小报》。

楼适夷在《文艺新闻》编辑部工作了一年多，先后采写报道了鲁迅、冯雪峰、丁玲及其他左翼作家和进步文化界人士的许多重要社会活动，还编发了他们的若干重要文章。

面对白色恐怖，《文艺新闻》敢于斗争，传达了民族革命的正义声音，因此，很快就赢得了广大进步青年、学生及职员们的支持，发行量迅速上升到8000余份，大大超出了当时一般刊物的印数。同时，也使这份小报成为左翼作家联系群众的纽带。

“九一八”事变发生以后，在中共地下党组织的领导下，上海掀起了救亡话剧运动，“文艺新闻读者联欢会”也应运而生，并很快成立了演剧部。楼适夷作为《文艺新闻》编辑部的主笔，为适应新的形势和革命需要，迅速把工作重心转移到左翼话剧战线上来。他发表评论，指出当时的戏剧活动是“革命大潮之一流”，是“新时代发动机之一轮齿”，其首要任务是“组织大众的新的生活与新的感情”，并明确提出：“移动剧场，时事演剧，游行剧团，以及一切工场农村中的大众演剧组织，便是我们应该普遍而广大的行动的目标。”①他的这个观点，代表了《文艺新闻》社提出的戏剧主张和行动纲领，在当时左翼戏剧运动中产生了积极的社会效果，也促使他创作出了独幕话剧《活路》和有名的救亡剧《S. O. S》。

1932年5月下旬，楼适夷调到中共江苏省委宣传部，负责《大陆新闻》的创刊和编务，由于白色恐怖，曾改名《东亚日报》，但很快就停刊了。现在这个刊物已经失传，但在《丁玲文集》中，还收有一篇《给〈大陆新闻〉编者的信》，其中写道：“我为你们日报作想，就觉得不能不有点审慎。”可以想见，当年楼适夷联系左翼作家的战友们互相配合、携手战斗的情景。

四　福州的《小民报·救亡文艺》

1932年底，楼适夷受党组织委派，到日本洽谈召开“远东反战大会”事宜，第二年初回国，9月间，在筹备大会召开的一次街头联络中不幸被捕，关入国民党南京军人监狱，直到抗战爆发，才经组织营救获释。

1937年秋，楼适夷应郁达夫之邀来到福州，为福州文化界救亡协会编辑《小民报》的副刊《救亡文艺》。在那里，他全神贯注在编辑工作上，把每期5000多字的版面安排得生动活泼，内容丰富多彩，既鲜明突出地宣传了团结抗战，又十分注意文艺形式，适时地调配发表杂文、街头剧、诗歌和散文。他以编者名义写了《诗的条件》一文，辅导青年作者掌握诗歌创作的基础知识。在繁忙的编务间隙，他还翻译了苏联柏芙伦珂创作的长篇小说《远东——苏日未来大战记》，在《救亡文艺》上连载。这部小说描写了想像中的苏联如何反击日本侵略者的战争故事，确使读者感到新奇和振奋。

楼适夷还特别注意利用郁达夫等的社会威望，在副刊的显著地位集中发表他们写的时事评论和文艺杂文，使郁达夫、杨骚、董秋芳、许钦文等知名作家的文章互相映衬，形成阵容。《救亡文艺》日刊出版了20期，仅郁达夫的各种宣传抗日的文章就发表了12篇，扩大了社会影响，《小民报》也因此而大受欢迎。特别是知识青年，天天在学校门前挤着等候报贩，抢购《小民报》，争看《救亡文艺》。

就这样，楼适夷发挥他编、写、译等多方面的才能，围绕抗日宣传，配合现实斗争，大大活跃了福州文化界的抗日救亡运动，使榕城文坛一时朝气焕发，生机蓬勃。

这种情况很快引起国民党当局的注意。开始，他们利用另外一家小报的副刊，载文攻击"文救会"是"口头救亡，心存阴谋"。接着，由福建省保安处的军统特务出面，半夜持枪闯进《救亡文艺》编辑室，进行恫吓。在不得已的情况下，楼适夷只好撤离福州。

五　主编《文艺阵地》

楼适夷离开福州来到武汉，正是1938年元月《新华日报》创刊的时候。这是中国共产党在国统区公开发行的第一份报纸，报社社长潘梓年是楼适夷在南京监狱中的同牢难友。通过潘梓年，楼适夷找到了党组织，并被安排担任了《新华日报》的副刊编辑。

他积极参与筹建中华全国文艺界抗敌协会，并当选为常务理事和宣传部主任。5月4日，中华全国文艺界抗敌协会机关刊《抗战文艺》创刊。在老舍的主持下，他又担任了《抗战文艺》的责任编辑。为了促进抗战文艺的繁荣，1938年2月，楼适夷和叶圣陶、茅盾、宋云彬合编了《少年先锋》月刊。这几份报刊，在当时抗日救亡的宣传工作中都产生了较大的影响。但对楼适夷来说，更为主要的编辑工作，是他在1938年底接替茅盾主编《文艺阵地》以后。

《文艺阵地》是1938年4月茅盾在香港创办的16开本大型文艺半月刊，经过半年多的努力，已经发行全国，发表了《华威先生》、《差半车麦秸》等许多优秀作品，获得了深远的社会影响。楼适夷是1938年11月初到香港的，先是协助茅盾编辑《文艺阵地》，年底茅盾远去新疆，《文艺阵地》的编务就交给楼适夷独力负责了。

楼适夷遵照茅盾制定的编辑方针，保持刊物的一贯特色，“依然是集中全国优秀作家的最新的劳作，多多介绍新的文艺战士，讨论抗战文艺运动中的一切问题，建立新的现实主义文学的理论基础，以及尽量反映全国各地文艺运动作家活动的状态”②。1939年夏，由于楼适夷发动组织中华全国文艺界抗敌协会香港分会，触犯了殖民当局，而被迫离港去沪。从3卷5期开始，《文艺阵地》的编辑工作也转移到了上海。在地下党组织和工人群众的协助下，这份抗战时期全国影响最大的文艺刊物，曾广泛发行于大后方达两年之久。

在艰苦的斗争中，楼适夷紧紧依靠党的领导，在香港通过与廖承志的联系，在上海通过巴人（王任叔）和梅益等的联系，及时学习党对抗战形势和任务的指示，努力在编辑工作中贯彻党的方针政策。他和茅盾一样，密切联系全国各地的作家，迅速反映抗战前方和后方的斗争现实。对于那些来自抗战前线上的作品，他总是迅速编发，热情评价。他称赞丁玲的《冀村之夜》中“自己批判的精神，反映了革命战士之无限的博大，实在是抗战文艺作品中处理否定题材时的最好的范式”③。他评论刘白羽的《金融篇》，“写敌人在晋察冀边区中金融侵略的狠毒，和我们的对策的适当，促进了民众的觉醒……正是我民族新生的姿态”④。

对于抗战内容的作品，楼适夷总是耐心审读，具体指导。当时有些作品写一个人转变成民族英雄，往往以家室被焚、妻子被奸之类的仇恨作为转变的契机；暴露汉奸劣绅的作品，又常常用钱当作罪恶的源泉;描写敌寇厌战反战,几乎都是以怀乡为主因。楼适夷没有简单地把这些作品斥之为“公式化”、“概念化”,而是经过细心的研究,指出这主要是因为缺少“一种思想的深度”。这种“思想的深度”才是“决定的因素”,决定着“作品的独自的力量,与独自的生命”[5]。针对怎样描写现实中阴暗和光明的问题,楼适夷指出:“我们描写旧的(黑暗),其实还是因为要写新的(光明)。”“一个战斗的现实主义的文艺作家的眼,他不仅看得见实际,还看得见比实际更好的,可能有的现实。”[6]

楼适夷在编辑工作中善于发现并扶植抗战文艺的新生力量,这是他始终致力的工作。半个世纪后,他在《茅公和〈文艺阵地〉》中回忆道:“按照茅公临行的叮嘱,我尽量在无名的投稿者中间,探觅新人。在评论方面,我找到了在港的黄绳、楼栖他们……新的无名作家,我也忘不了在昆明中学教书的周正仪,香港生活书店的一位职员寒波,在西北的乔穗青……在上海的田青。”[7]楼适夷在《文艺阵地》4 卷 3 期以显明地位发表了小说《僧脱尘》,并在《编后记》中介绍说:周正仪的这篇作品,“和他过去在本刊发表的《老人》一样,颇富于传奇的插话的倾向,但这位作者的写作有一种独特的自己的风格,笔触非常平易,没有一点雕琢的痕迹,而在平易之中有一种深入人心的力,是很富于中国化和大众性的”[8]。楼适夷还称赞《渔港》是作者寒波紧接《盐区》以后的“值得注意的力作”[9]。他还撰文介绍《李南桌文艺论文集》,认为李南桌“用过相当的苦功,有着相当的才气,而确具清楚的认识”[10]。

他积极倡导文艺大众化。茅盾认为自己在《文艺阵地》上发表的评论,“谈得比较多的是文艺大众化问题”[11]。楼适夷则更加具体地倡导“通俗小说”,认为“新的通俗文艺的正常的发展,似乎还是应该多采取小说的样式”[12]。他还写了《说“通俗小说”》,进一步“要求作者在活动的过程中,时时刻刻把水准较低的大众读者放在自己的心目里,意识着大众的程度,感情与嗜好……尽量吸收大众自己的优秀的语汇,学习旧小说的语法上的长处,锻炼新的大众的言语”⑬。

楼适夷的编辑工作使《文艺阵地》保持了原有的水平和社会影响。茅盾后来看了由楼适夷独力编辑的《文艺阵地》2 卷 7 期至 12 期各册后,满意地说:“大体觉得不坏……编辑体例,照现在样子……似无改革之必要。”⑭

1940 年夏,《文艺阵地》出满了四卷。这时在上海出版发行日益困难,楼适夷和同志们经过擘划,决定从 7 月开始,把半月刊改为月刊,使用两种封面,在上海的叫《文阵丛刊》,每期标上一个书名,作为单印书籍发行。运往内地的,则是《文艺阵地》第五卷第一、二期,标明为“七月号”和“八月号”。楼适夷编辑《文艺阵地》的工作,也就到此为止。因为这年秋末冬初,茅盾从新疆经延安到了重庆,与国民党有关部门交涉后,决定《文艺阵地》在重庆继续出版,事先曾急电上海,要楼适夷去重庆继续协助编务。楼适夷权衡再三,觉得茅盾在重庆可以找到新的助手,自己应该坚守“孤岛”,开辟新的阵地。

六　由暗夜走向黎明

在主编《文艺阵地》的同时,楼适夷还编印过一本《大陆画报》,主要发行在新加坡地区。他辞谢了《文艺阵地》的编务以后,又和裘柱常等一些具有掩护条件的朋友创办了综合性月刊《大陆》。到 1941 年秋,《大陆》月刊共出版两卷十二期后停刊,发表的文章大都是楼适夷组织来的。

“孤岛”的斗争艰险而复杂。当时,地下党组织团结了部分非党进步作家,和文艺界坚守“孤岛”的几位党员经常聚会座谈,内容是传达党的指示和从新华社秘密电台听来的新闻,讨论抗战时局的形势和任务,交流开展“孤岛”文艺斗争的信息,研究斗争的策略和战术。后来,他们创办了《奔流丛刊》和《奔流新集》,自费印刷。后者由楼适夷直接主持编务,发表了鲁迅佚文《势所必至理有固然》和茅盾从重庆寄来的抗战文艺评论。这是上海“孤岛”时期坚持到最后的一个进步刊物。

1942 年至 1943 年,楼适夷在上海坚持译著活动。1944 年冬,他奔赴浙东抗日根据地,参加了新四军,曾编过日文小报,对日俘进行反战教育。1945 年冬,楼适夷随军北撤到了江苏淮阴,任《新华日报》(华中版)编委,1946 年 5 月,又到上海担任了《时代日报》副刊编辑。1947 年他和靳以编辑了中华全国文艺界协会机关刊物《中国作家》,年底到香港,和茅盾、周而复等人创办了《小说月刊》。

1949 年 1 月,楼适夷离开香港来到北京,参加了中华全国文学艺术工作者代表大会的筹备工作。在 7 月间召开的大会上,他当选为理事。之后,他被分配到出版总署。从此,他即以饱满的政治热情投身于新中国的出版事业,曾主持和参与了许多重要书籍、期刊的编辑工作,他长期战斗在编辑岗位上,是我国革命文化出版事业中卓有成就的老一辈编辑家。

注释:

① 见《新阶段上的演剧运动》,载《文艺新闻》1931 年 10 月 16 日号。

②③④⑤⑥⑧⑨⑩⑫⑬ 依次见于《文艺阵地》2 卷 12 期、2 卷 7 期、3 卷 1 期、4 卷 4 期、3 卷 1 期、4 卷 3 期、3 卷 9 期、3 卷 12 期、3 卷 7 期、3 卷 12 期,均出版于 1939 年。

⑦⑭ 见《话雨录》,三联书店 1984 年 8 月第 1 版。

⑪ 茅盾:《在香港编〈文艺阵地〉》,载《新文学史料》1984 年第 1 期。

原载《编辑之友》1989 年第 1 期

悼念楼适夷先生

舒　芜

一

我至今没有写出,而且此生写不出一部中国新文学史来,真是莫大的憾事。并不是我对这门学问有什么研究,而是因为,中国新文学史如果由我来写,据说"文化大革命"就白搞了。

那是"文化大革命"初起的1966年,人民文学出版社的"走资派"和"牛鬼蛇神"一大帮,奉令进了中央文化部的大集训班;楼适夷先生是"走资派"之一,我是"牛鬼蛇神"之一。没有多久,大集训班说是"刘邓工作组"的产物,被冲垮了。我们被揪回本单位,关进本单位的集训队。又不多久,不知道由于什么新一轮的"路线斗争",集训队也宣布解散了,一个短时期内我们是"放在群众里面去"。后来自然又关进"牛棚",是后话。且说集训队解散之时,开会要我们谈"学习体会",互相批评。我谈的,回想起来非常惭愧,无非是按照当时的调子,谈我对于"三十年代文艺黑线"的认识之类。或许是谈得还有点强词夺理的"条理"之故吧,楼适夷先生对我提意见时,竟然说我体会得不错,要我将来写一部中国新文学史。那样的时候,他那样说,显然非常不合适。我正不安,立刻,"同棚"一位女士,本是17年中历次政治运动的急先锋,而"文化大革命"中也免不了被当作"文艺黑线打手"揪来与我们为伍的,尖锐地发言了:"楼适夷还要舒芜写中国新文学史!中国新文学史还要由舒芜来写,'文化大革命'不是白搞了吗?"顿时全场火药味浓烈,大家相顾悚然。

楼适夷先生是比我年长20岁左右的前辈,可是往往就这么——恕我不礼貌地说——老天真。似乎几十年的政治风风雨雨,没有把他的赤子之心淘洗干净,才会在那样的场合,说出那样不得体不合适的、别人谁都不会说的话。

现在,楼适夷先生已经去世,我真惭愧没有听他的话去写中国新文学史。如果只要是我来写,即使是按照“文化大革命”的调子写,尚且会使“文化大革命”白搞;那么,现在我来写,不需要再说什么“文艺黑线”了,不管写得怎样,岂不是更能为彻底否定“文化大革命”略尽一份绵薄么?可惜不成了。

二

楼适夷是我的老领导。1953 年 5 月,我到人民文学出版社工作。当时社级领导人三位:冯雪峰、楼适夷、聂绀弩。社长兼总编辑冯雪峰,总揽全局,主要直接抓鲁迅著作编辑室。但冯雪峰的党组织关系不在出版社而在中国作家协会,出版社的党支部书记是副社长兼副总编辑楼适夷,主管全社日常行政以及中国现代文学书稿和外国文学书稿的终审。副总编辑聂绀弩,兼中国古典文学编辑室主任,复审终审他一手。我是中国古典文学编辑室的编辑,业务上与楼适夷很少关系,对他印象不深。

1954 年 2 月,王任叔来任社党委书记、第一副社长兼副总编辑。他一来,取代楼适夷而为社内党组织的领导人,接管了全社日常行政;他又分工主管中国古典文学编辑室,从聂绀弩手里接过这方面的终审权,实际上免了聂绀弩的副总编辑职务,降为仅仅是编辑室主任的中层干部。大约 1958 年秋,原是人民文学出版社副招牌的“作家出版社”,从人民文学出版社分出,楼适夷被随之调出。1959 年初,王任叔取代“右派分子”冯雪峰而为第二任社长。1961 年夏,作家出版社合并回来,楼适夷随之回来,只是副社长,不兼副总编辑了。他这个空头副社长,没有分工主管任何社一级的领导工作，只是兼任了出版社内部新成立的编译所所长。

这个编译所，在原有各个编辑室之外另行成立，在出版社内不是很小的事。“编辑”和“编译”，一字之差，没在出版社干过的人，也许以为差不多，实际上差别很大。“编辑”的任务，是从社外投来的书稿中，退回不用的，选择可用的，以及向社外著译者约他著译某一本书，对于比较重要的退稿写出退稿意见，对于要采用的书稿写出修订意见，对于修订好了的书稿加以整理，发付排印，等等，一句话，就是为著译者服务。而“编译”的任务，则是根据出版社的计划，承担某一部书的注译、校勘、编订、选录或翻译工作，一句话，就是自己当著译者。

解放以前，规模较大的书店出版社，编辑人员的任务，主要都是根据一定计划，自己动手编书译书；对于采用的外稿，用了就是用了，不提什么修订意见。解放后，国家文学出版社才强调编辑人员对于采用的外稿要“把关”，把政治关，把思想关，把学术、艺术质量关……逐渐明确了这才是编辑人员的主业，而编辑人员根据本社的计划自己动手编书译书，则成了非主业。特别是王任叔来到人民文学出版社担任领导后，大唱“开门办社”，大批“关门办社，打伙求财”，使得编辑人员自己动手编书译书，似乎成了很不好的事。

但是，第三编辑室（苏联东欧文字编辑室）的几位主要编辑：金人、刘辽逸、许磊然、蒋路、伍孟昌……本身就是俄文翻译界的第一流翻译家，当时广大读者最需要的苏联文学书籍，首先得靠他们翻译，不可能让他们也整天看别人的译稿。为了解决这个问题，便把他们几位从编辑室抽出来，另成立一个“编译组”，干脆明确他们与其他编辑人员不同，主要任务就是根据出版社的计划，自己动手翻译俄文（和其他东欧文）的书。那还是“反右”以前的事。

到了“反胡风”“反右”以后，各编辑室留用下来一些“右派分子”“胡风分子”,起初还在编辑室里做些审稿工作,后来大概觉得以他们的政治身份,继续代表国家出版社审阅稿件不合适,于是把“编译组”扩大为“编译所”,把这些“分子”们都调到所里,让他们在出版社的计划之下,做些名著校勘、注译、整理之类的工作,废物利用的意思。楼适夷就兼了这个编译所第一任也是末一任所长。原来的编译“组”,比编辑“室”低,现在的编译“所”,则似乎比“室”稍高一点。其实大家都明白,楼适夷是空头社级领导,实际降为中层领导了。

我当然调入编译所。和我一起调过去的有冯雪峰、张友鸾、顾学颉、王利器、牛汀(牛汉)等人。他们的心态恐怕各不相同,我却是高兴的。我调过去接受的任务,是《杜甫集》的校勘工作,这是学术性的工作,可以结合着进行杜甫研究,比在编辑部看别人的书稿有意思,何况,说是“废物利用”,毕竟也算承认我还有一分“可用之材”吧。

听说原在编译组的一两位俄文翻译名家,很耻于与我们这些“分子”为伍,这完全可以理解。可是,事实的发展,偏偏向着相反的方向。“反右倾”运动一来,王任叔又成了“右倾机会主义分子”,降到编译所来当副所长,与我们殊途同归。再后来,原在中国作家协会的“右派分子”萧乾从“劳教”中回来,原在中共中央宣传部的“胡风分子”绿原从监狱里出来,也都分配到人民文学出版社编译所来。编译所真正成了“牛鬼蛇神窝子”,我们时刻能感受到“革命群众”的侧目而视。

楼适夷这时,处于“牛鬼蛇神头子”,说得好听一点,“文史馆馆长”的地位,他不会不意识到。可是他兴致很好,居然在编译所内办起一个打印的小刊物,取名《新角》。表面上,指编译所办公室的位置,在出版社新分配到的楼房,出版社最后面的东南角落,实际上当然可以双关“新的号角”,大家都不是外行,心照不宣。刊物内容,大致不外学术文艺随笔之类。编译所的人,都是曾经沧海的,这样一个不起眼的内部小刊物,却受到大家的重视。因为那个年代里,居然还有一个离政治稍远的小园地,就不是简单的事。何况各种“分子”们久已被剥夺了发表文章的权利,现在有这个发表处,也稍稍过一点瘾。楼适夷在编辑所内的这些领导做派,显然是有意在淡化政治,突出学术文艺,使得大家的心情相对舒畅一些。

更有进者,忽然有一次,由出版社请编译所全体人员到鸿宾楼吃饭;还有一次,所里组织大家集体游颐和园,晚上在五芳斋吃饭;我下放山东,全所在曲园酒家为我饯行。这些“文酒之会”,“反右”“反右倾”以来严酷的空气下,都已经久违,现在忽然恢复,似乎是种信号,让人感觉到有一点点恢复专家待遇的样子。特别是“分子”们,本来都是“阶下囚”的政治身份,这一下似乎又成了“座上客”了。大家嘴上不说,心里都是敏感的。楼适夷在这中间肯定起了大作用。

当时谁都不知道“文化大革命”的风暴已经逼近。而且,忽然传来一个消息,说周扬有一个意见,要把各个出版社的编译所(组、室)集中起来,另外成立一个“国家编译馆”,跟国家出版机构配合起来。国家出版机构制定出书计划,国家编译馆与之衔接,制定编译计划,一切工作都可以按计划开展。消息越传越厉害,甚至听说建馆的地点都看好了,就在西山什么地方。内定馆长都有了,是周建人,两个副馆长:叶圣陶、胡愈之。大家都对这些安排很满意,抱有很大的希望。可见大家都还好幼稚。转眼“文革”开始,这件事又成了周扬的罪名之一,说他“招降纳叛”,“试图网罗牛鬼蛇神来搞所谓国家编译馆”。

上面说过,我们从文化部集训班被揪回来,进入人民文学出版社的集训队。集训队就设在编译所办公室。这个“新角”原来就是“牛鬼蛇神窝子”,现在被砸烂,用来关“牛鬼蛇神”,是顺理成章的事。

楼适夷作为编译所所长，被揭发的“罪行”材料当然不会少。材料来源之一是，编译所内有一位“右派”翻译家，本来每周向所长楼适夷交一份“思想汇报”，大量举报他周围的人们的“反动言行”。楼适夷劝他不要这样做，于是他停止向楼适夷送。“文化大革命”中，群众从人事科抄出这位翻译家每周送给人事科的“思想汇报”，里面可没少楼适夷的“反动言行”，包括劝这位翻译家不要搞这些小动作的话在内。

三

在中央文化部咸宁“五七”干校，我与楼适夷先生“同学”多年，因为不同在一排（干校一律部队编制），接触极少。较有印象的是，一天，两个排劳动地点相近，我们工间休息，遥望他们那个排，也正围坐休息，利用时间开田头批斗会，楼适夷站在当中挨斗。有限的工休时间里没有几个人发言，听不清声音，一会儿喊了几句口号“打倒楼适夷”结束，重又上工。我忽然觉得好像看了一场剧情不太明白的无声电影。

干校后期，比较松弛，劳动任务少了，楼适夷那样年龄的人，劳动任务更少了。于是传出他的一件趣事：他每天一早醒来，第一件事是抓起床前桌上的大漱口缸，咕咚咕咚地喝几口冷浓茶，是昨天甚至前天泡好的。一次，他觉得有什么异味，仔细看，原来浓茶里面，茶叶底下，埋着一个大死老鼠。大家很替他担心，结果却平安过来。

新时期，有一阵子，我与楼适夷住处都离北京东单公园不远，我们往往早晨在公园中散步时遇见。后来彼此搬远了，简直没有再相见的机会。我看到他发表的一篇小文，说是曾经有一位“名编辑”，在书中发现一处赞美铁托的话，认为不该赞美修正主义，于是检举立功，受到奖励，云云。所谓“名编辑”就是我，事实却相反。

那是中国与南斯拉夫两党两国改善关系的年代，人民文学出版社（好像是以戏剧出版社的名义）出的一本苏联电影剧本里，美国一个特务头子吩咐下面的人："告诉铁托和兰科维奇，他们很久没有送什么有价值的情报来了，津贴可不是白拿的。"这是斯大林时代典型的污蔑捏造的文艺，我以与我国当时的政策及外交方针不合为理由，提出此书有严重问题。王任叔对此予以通报表扬，并奖给我一套《六十种曲》。楼适夷先生可能高龄记忆力不佳，记成相反；仍然可见他心目中印象深刻的是，王任叔奖励的只会是极左的人与事。后来，朱正先生曾经当面向楼适夷先生指出他这一个误记，他说："是记反了，是记反了。"并不为自己回护。这使我更加钦佩他。

如果上面几点零星材料，可以供将来的中国新文学史研究者研究楼适夷时作为参考，我也算没有完全辜负他的希望。

2001 年 6 月 28 日

原载《鲁迅研究月刊》2001 年第 8 期

怀念楼适夷先生

——我与楼老的交往和联系

谢德铣

楼适夷先生比我长 30 多岁，是老一辈资深革命作家、翻译家和鲁迅研究专家。他受"五四"新文学的熏陶，是革命性战斗性都很强的无产阶级作家和革命文化战士。

早在 70 年代初期，北京人民教育出版社老作家、翻译家董秋芳（笔名冬芬）退休后回到浙江绍兴老家，曾在绍兴市孝义弄故宅会见北京时的老友楼适夷先生。其时，我在绍兴主编一个内刊《教学参考资料》。由于学校与鲁迅先生有过密切的关系，学校规定《资料》在每年九十月间，都要出一期“纪念鲁迅专辑”。当我了解到董老与鲁迅先生有过非常密切的交往时，通过多次交谈，我整理成了董秋芳口述的《回忆鲁迅先生》和《回忆鲁迅先生在写〈文艺与革命〉等两篇杂文的时候》等回忆文章，分别寄给在杭州的许钦文先生和在北京的楼适夷先生审阅。——原来，他们不但是在文艺界、出版界的老同事，也是抗日期间在福建永安文化教育界奋力抗日的老战友。楼老在收到我的函件时，当即在中式信笺上，用粗壮的毛笔字，给我作了详尽的回复（此前，许钦文先生也已寄来回信）。

1980年春，董秋芳先生因病去世，楼老、许老都曾致函痛悼。在这之前，我抓紧写成了一部小书稿《董秋芳先生传略》，打印了若干本，分别寄给楼老、许老以及董允礽（董老之子）审正。其时，楼老已经年过七旬，但精力很好，记忆力惊人。我原希望他能从头到尾复看一遍，指出重大事实出入，简单提几点意见就可以了。不料，这四五万字的文稿，他竟花了很长时间仔细审阅，并逐字逐句逐段进行非常仔细认真地修改和订正，使文稿更臻完美和精确。——现在，楼老已走完了人生之路，这部详细的改稿，也就成了他全力修改过的最后一部他学生辈所写的书稿，甚有纪念意义了。

楼适夷先生热爱祖国，热爱人民，热爱鲁迅，痛恨日寇，痛恨汉奸卖国贼。关于他和鲁迅的交往联系，他事后回忆道：

> 鲁迅先生1927年10月从广州来到上海，其时我在地下党领导下的中国互济会的一次会上认识了鲁迅先生。他说：“先生那时参加了救济被难革命者的工作，在他最后十年在上海的战斗中，始终一贯，花了许多宝贵的时间和精力……在我

相识的朋友中，身受其惠而终身念念不忘的，就有很多人。而我自己，也正是切身领受而终身感激不尽的一个。”

1985年，浙江富阳召开了纪念郁达夫烈士殉难40周年大会。会上，他对着数百位国际友人和郁达夫家乡人士，义正辞严地痛斥侵占中国、台湾、香港、新加坡、马来西亚的日寇烧杀抢掠、无恶不作的法西斯暴行，以及凶恶的日本宪兵对郁达夫先生穷凶极恶的搜捕和残害。会后，他曾为我热情题字：

达夫的真，鲁迅的硬，
都是我们大家学习的榜样。

楼适夷
1985年9月20日
于达夫家乡富阳

这幅题字，简要确切地概括了郁达夫和鲁迅两位文坛密友的高贵品质和战斗友谊，也抒发了自己对两位亡友的敬仰之情。

1984年1月，楼适夷八十华诞。北京、上海、浙江很多人向他祝寿。感动之余，他写了《八十自述》诗一首。这年10月8日，他与柯灵、杨幼生做伴，来到鲁迅先生的故乡绍兴，参加绍兴市首届文代大会。会后，我来到他下榻的绍兴饭店，拜访他老人家。我们之间又谈了不少关于鲁迅和董秋芳先生的事。末了，我拿出题字簿，恳请他敬赐墨宝。因为平时联系已较多，他也不再推辞，而是胸有成竹地翻开簿子，用碳素笔很快写下了以下题字：

尽燃余热知多少，
化作寒灰护后生。

录八十自述句为德铣同志属书

楼适夷

一九八四、十、八日于鲁迅先生之故乡

这幅题字虽只摘下了《八十自述》诗中短短两句(一联),但“老骥伏枥,志在千里”、“落花不是无情物,化作春泥更护花”的豪壮情怀,已深深凝聚笔端,成为这位杰出文化战士对自己的真实写照,对后人的亲切嘉勉。——如今,诗人仙逝已远,诗句却长存,更激起我对他深挚的怀念和敬意。题字之末特注明书写之地点,在“鲁迅先生之故乡”绍兴,更可见老人家对鲁迅先生的仰慕和崇敬,和对绍兴的深厚同乡之情。楼老为诗为文、谈吐时多次言及,他(余姚)与绍兴是大同乡,古属越地,仅一江(曹娥江)之隔。我们是否可以这么说,像楼老所说那样,达夫的真,鲁迅的硬,不也正是适夷先生的价值取向和毕生追求吗?

原载《鲁迅研究月刊》,2001 年第 8 期

黄源与楼适夷

黄明明

今年是鲁迅诞辰 120 周年。30 年代在鲁迅身边工作过、战斗过、受到鲁迅教诲和帮助的,后来共同在革命文学道路上奋斗,为新中国的建立而并肩作战的人,至今已是凤毛麟角了。中国作家协会的名誉副主席黄源和楼适夷,就是这样两位老作家。他们为新中国的文化事业,呕心沥血,鞠躬尽瘁。这两位又都是浙江人,黄源是海盐人,适夷是余姚人。

1927 年 10 月鲁迅先生从广州到了上海,上海也就成了新文化运动的主要战场,一批革命的、进步的文化工作者,渐渐地团结

在鲁迅先生的周围。当时正在上海劳动大学编译馆工作的黄源,在鲁迅到劳动大学演讲时被指定为记录人,将鲁迅演讲的《关于知识阶级》记录整理好,再交由鲁迅自己审阅后,发表在劳动大学的校刊上。随后又去立达学园为鲁迅演讲做记录,并一起喝茶、谈笑。此后又曾为鲁迅先生出版《士敏土》奔走于书店与鲁迅之间,一直到1933年加入当时最进步最有影响的《文学》杂志当编辑,在鲁迅直接领导下编辑中国第一个介绍外国文学的《译文》杂志,跟随鲁迅直接参与了反文化围剿的斗争,从此走上了革命的道路。

自1925年就参加革命的楼适夷,曾是浙江余姚党组织的第一任支部书记,1927年10月在一次地下党组织为救助死难革命者家属中国互济会的共叙会上,认识了鲁迅先生。在上海左联担任党团工作,曾将红军将领陈赓秘密带到鲁迅家与鲁迅会面。作了大量革命文化工作。1933年9月,也就是在为筹备鲁迅先生作为发起人之一的"反战会议"时,被国民党反动派秘密抓捕,关进南京监狱,被判无期徒刑。鲁迅曾多方设法营救,均未成功。

黄源和楼适夷第一次相识是在1933年7月13日。由"左联"代表楼适夷筹划,上海几个公开的文学团体文学社、现代杂志社、中外新闻社等出面邀请美国黑人进步作家休士介绍他访问苏联及苏联文坛近况招待会。出席会议的有楼适夷、洪深,现代杂志社的杜衡,中外新闻社的明跃五,文学社的傅东华、黄源。当时《文学》副刊画报还刊登了一张《休士在上海文学团体招待会上》的照片,照片上有楼适夷和黄源,楼适夷是一个侧面,因他当时是中共江苏省委地下党在"左联"的工作人员,他是不能在公开场合出面的。1933年7月楼适夷在《文学》杂志创刊号上发表了一篇《关于五四文化运动》的短文,8月份在《文学》副刊画报上露了一下,9月份就被国民党反动派的特务秘密抓捕了。鲁迅先生在几封给友人的信中都提到"适兄忽患大病,颇危,不能写信了","是他遭了不幸,不在上海了"。楼适夷被捕后押解到南京中央监狱,意外地遇到进步作家张天翼的一个朋友,也就是同情革命的狱官沈炳铨,在他的帮助下楼适夷得到了许多方便,并在十分困难的条件下,开始翻译高尔基的名著《在人间》。当时楼适夷想将稿子寄给鲁迅,希望在《译文》杂志上发表。1935 年 8 月 23 日鲁迅先生给楼适夷堂兄楼炜春的信中曾提到"译文社的事很难说,因为现在'今朝不知明朝'事。假如小说译成的时候译文社还在进行,也没有外界所加的特别困难,那当然是可以出版的"(《鲁迅书信集》76 年版 863 页 1030)。

1936 年 4 月楼适夷译好了全文,设法将全部稿子带到鲁迅手中。一次黄源去鲁迅家,在鲁迅处看到了这部书稿,当时《译文》已因故停刊了。黄源当时的主要收入是靠翻译著作的稿费。其时,他正在上海《中学生》杂志上连载由他翻译的苏联作家高尔基的小说《在人间》,可当他看到楼适夷在狱中十分困难条件下翻译的同样是高尔基的《在人间》时,便主动提出并自愿停止继续发表自己已译好的《在人间》,转而由他出面去和杂志社商量将楼适夷的译稿发表。此事在鲁迅先生的日记和书信中都有记载。1936 年 4 月 3 日鲁迅在日记中记载:"得楼炜春信附适夷笺及译稿一包"。1936 年 4 月 13 日鲁迅给楼炜春信:"顷收到十一日信,备悉一切。至于前一函并译稿,则早已收到,所以未能复者,即因建兄来信所说《中学生》上已在登载此书译本,而译者又即《译文丛书》编者之故,因此倘不先行接洽即不能有切实之答复也。前天始与另一译者黄君会商,他以为适兄译书不易,慨然愿停止刊登,在《中学生》续登适兄译本,对于开明书店则由他前往交涉,现在尚无回信,我看大约是可以的。"(《鲁迅书信集》76 年版 781 页 1184) 1936 年 4 月 2 日鲁迅日记记载"晚河清来(即黄源)",这天黄源到鲁迅家就是为楼适夷译稿去的。鲁迅先生在后来把黄源评价为"是一个向上的认真的译述者",也是和黄源在鲁迅身边的表现分不开的。从那以后很多年,直到 90 年代,楼适夷还常讲起这件事情,黄源却认为自己是做了他应该做的事。1937 年抗战爆发后,黄源在武汉遇到《新华日报》总编华岗,他请黄源告知在长沙的楼适夷去武汉负责编《新华日报》副刊。黄源即去长沙与楼适夷匆匆见了一面。随后黄源到了皖南新四军军部,楼适夷却因在《新华日报》副刊上批评了国民党腐败,受到王明批评。王明认为:现在是合作,不能批评。楼不服,愤而去。到香港后,因茅盾要去新疆,便将《文艺阵地》交楼适夷编辑。当时黄源到皖南新四军军部的消息,还刊登在楼适夷编辑的《文艺阵地》上。

皖南事变中黄源九死一生突围出来,奇迹般地回到重建的新四军军部,任鲁迅学院华中分院教导主任。1943 年黄源到了浙东抗日民主根据地任行署文教处处长,鲁迅学院院长。当听说楼适夷在被日军占领的余姚家乡,为夏丏尊译佛经时,认为他的处境很危险,便特地向区党委领导建议,派人把楼适夷接到解放区来。楼适夷到行署后,黄源和他共睡一床深谈了一夜,邀请楼适夷到浙东抗日根据地工作。楼适夷最后表示同意留下,担任了文教处副处长,他们两人共同为浙东抗日根据地的文化教育、对日宣传等工作,做出了很多贡献。1945 年新四军浙东抗日游击纵队奉党中央命令北撤,黄源、楼适夷与何克希等同志在挺进途中在上海青浦县还有一张合影。1945 年黄源跟部队到了淮阴,任华中文协主席,后来参加华东地区解放战争;楼适夷接受党的指派到上海、香港从事文化工作。

建国初期黄源在上海主持华东文化部工作,忙于新中国建立后的文化建设,楼适夷先到了东北解放军后又到了志愿军,参加抗美援朝保家卫国的战争。直到 1956 年楼适夷在北京人民出版社任副社长,途经杭州家乡余姚探亲,两位老同志、老战友才得以相见,黄源夫妇还亲自陪同楼适夷回家乡余姚。1957 年以后黄源被错划为右派分子,为了不牵连他人,黄源断绝和一切友人的联系。在十年动乱中黄源、楼适夷和其他老同志一样均受到打击迫害。

直到1973年7月在湖北五七干校“劳动改造”的楼适夷寄了封信给黄源，两位这才又有了联系。从那以后两个人书信往来不断。他们谈国家大事、谈文学、谈马列、谈形势、谈家事、谈写作，互相鼓励、互相支持、互相关心、互相帮助。1976年楼适夷为逃避造反派的迫害躲在黄源家里长达半年之久，就是在避难中，楼适夷也不忘工作，天天一大早就坐在案头看大部大部的文稿。直到听到毛主席去世的消息，楼适夷才赶回北京。以后1979年、1983年、1986年又来杭州数次，参加冯雪峰、郁达夫纪念活动。从楼适夷给黄源的370多封来信中，我们可以看到两位革命老战友的真挚友谊。如1978年1月2日楼适夷给黄源的信中说“源兄：今天是一九七七年最后一天，早晨起来，屋子里虽然生着火，可是手足还是冰凉，为了结束不平凡的一年，我正打算给你写信，恰巧又得到你二十九日的来信，二十六日下午收到你二十三日的信，恰巧上午我刚给你发了一信，因未复，却不料你的复信又来了。我很好，昨天还去了革命历史博物馆，同江丰、艾青夫妇、黄永玉一起看了纪念总理的展览会……我们瞻仰了一位伟大的共产主义战士、中华民族最优秀的儿子、完美无缺的一生。他建树的丰功伟绩，特别是毕生无私忘我的劳作和艰苦朴素的生活，即使像我们这样垂暮之年，也应从中吸取极大的教育。一个人对人类作了这么大的贡献而自奉如此之谦，实在是惊人的……他战斗的一生将教育中国和世界，亿万人民懂得应该如何斗争与生活，这意义是伟大的，实使人对新的一年感到无限兴奋……适夷。”1978年4月28日信又说“河清吾兄：19日夜信前天收到。21日信及所寄天安门诗抄《心碑》一册想已收到。这封信我花费了一大叠纸张，给你写信，从来没有这样滞笔，最后只写了简单的几句，我想你也就大大的满足了……回顾生平，已经历了三次的解放，第一次是走出了蒋介石的牢狱，第二次是全国解放，现在是第三次，我的仇人是国民党反动派和他们的继承人‘四人帮’，而解放我最大的恩人是党，是毛主席，我的生命是党给我的，我必须将今后的余生都献给亲爱的党！你对北大同志所说的意见完全正确，畏首畏尾看到矛盾绕着走，就不是马克思主义者，今后我向你学习，你马列主义水平比我高……战斗也一个战役完结，又一战役上场，请老兄仍如多年以来一样，给我精神支援的力量……适夷。”1978 年 10 月 20 日信说：“源兄：这几天没回你信，怕你不在家，收不到了，今天接十七日夜信，知可投寄黄山便写此信，你的书信说明是用注释方式写的，对读者很有帮助。缺点是容易把事件和问题割裂开来。不过你已写成，我不主张重头大改，还是另外写你原来要写的《鲁迅的晚年》吧，你的笔已出鞘，我想以后写起来会顺利的……现在抓‘鲁注’定稿工作，编委要我参加，是用几个人开座谈会方式，一条一条一谈二读，像通过宪法那样议论，通过作决定，然后印出清样，最后由乔木阅批，方法很好，不过整天开会……甚以为苦，但参加这工作倒是挺有意义的……适夷。”……

他们就是这样，你来我往，在不同的岗位上，经过数十年奋斗，结下了深厚的革命友谊。

今年的“五一”节前，正在浙江医院养病的96岁高龄的黄源却收到了来自北京的讣告，说是：“我国著名的作家、翻译家、编辑家楼适夷同志于 2001 年 4 月 20 日因病逝世，享年九十七岁。根据遗嘱，一切从简不举行遗体告别……”黄源立即发去唁电，他极其痛心地说：“在鲁迅旗帜下共同战斗过的老友又少了一位，上海的巴金身体也不好，但我们为之奋斗的事业将永远继续下去。”他又说：“现在一大批奋发有为的青年作家、文化工作者已经成长起来，取得令人振奋的成绩，令人鼓舞。”

原载 2001 年 8 月 25 日《文艺报》

生无所息

——怀念适夷同志

周而复

伟大作家高尔基自传性的长篇小说三部曲描绘他一生艰难、困苦的战斗历程,从亲身经历中吸取他作品的思想和形象,不仅仅是作家战斗一生的灿烂的画卷。以他生活道路的事实反映当时俄国的现实生活。“俄罗斯正直的人们从来没有面临过这样巨大的任务,应当及时很好地描写过去,目的在于照明走向将来的道路。”(1911 年 12 月高尔基给列姆斯基的信)

亚美尼亚作家希尔万札杰(原名莫符塞群,希尔万札杰是他的笔名,1858 ~ 1935)给高尔基的信中说:“在我看来,整个作品(引者注:指《在人间》)是俄罗斯人民的生活和它的苦闷的象征。不仅对于俄罗斯人民,而且整个说来,对于各族人民……请您相信,法国的、英国的以及其他民族出身的人民或者了解自己人民生活的作家,都会这样向您说的。这全人类的意义是您的伟大的著作主要成就。它另一主要成就就是迷人的生命力。”

莫洛托夫在 1937 年党出版社的《论文演讲集》中说:“……高尔基长年累月地进行过顽强的斗争,挣脱从童年已开始的沉重的贫困和不幸。他不止一次被抛入生活的底层,在生活的底层,不少有天才有才能的人毁灭了。为了活命的口粮,他替资本家、大资本家们和小资本家们,做过很多的工作——当过画匠,面包匠,事务员,装卸工人,雇工。我国和世界各国伟大作家,谁也没有他这样熟悉资本主义制度下层人民的生活。谁也没有亲身体验过他所体验到的统治阶级这样的残暴和丑恶。他们甚至谁也没有像我们的高尔基那样，亲眼见过这样奴役劳动的折磨和资本家的压迫。所有这一切，锻炼了高尔基对资本主义制度的决不妥协的态度，革命的仇恨心和共产主义的解放力量的无限信心。”

自传小说的主题是表现主要人物的革命意识从觉醒到逐渐形成的漫长历程。正如希尔万札杰所说，伟大著作主要成就具有全人类的意义。包括我在内的许多中国作家和读者都曾从这部伟大著作中吸取了思想和艺术的营养和影响。

《在人间》的译者是楼适夷。《在人间》对中国文艺的影响和楼适夷辛勤艰苦地翻译、出版分不开的。

1928 年他入上海艺术大学，第二年 9 月留学日本，专修俄罗斯文学。1931 年从日本回到上海，加入中国左翼作家联盟，任党团宣传委员，参加左联常委在秘书处工作，负责编辑左联机关刊物《前哨》。这个刊物是鲁迅起的名字，并且亲笔题了刊名。在以鲁迅为首的左翼领导下，当时革命文学运动不断高涨。在群众中，特别在青年中，产生了巨大影响。国民党当局恐慌万分，采取残酷镇压手段。白色恐怖乌云一般笼罩整个文艺界，左联的活动被迫转入地下进行非常艰难困苦的斗争。1931 年 1 月 17 日，李伟森、柔石、胡也频、冯铿、殷夫五位左联的成员，在上海东方饭店开会时候被国民党反动当局逮捕。敌人从柔石的衣袋里搜出鲁迅和北新书局所订的出版书籍合同。鲁迅知道柔石被捕，想起他和北新书局订的合同在柔石衣服口袋里，他立即带着许广平和一岁多的儿子海婴离开家里外出避难。避难期间，非常关心狱中战友的安危。1 月 31 日，国民党政府颁布《危害民国紧急治罪法》，疯狂镇压革命和进步势力。2 月 7 日，李伟森等五位革命作家和林育南、何孟雄等 18 位革命同志在上海龙华警备司令部给国民党屠刀杀害了。

在鲁迅、瞿秋白领导下，楼适夷编辑《前哨》第一期《纪念战死者专号》，刊登《中国左翼作家联盟为国民党屠杀大批革命作家宣言》、左联的《为国民党屠杀同志致各国革命文学和文化团体及一切为人类进步而工作的著作家、思想家》、鲁迅的重要论文《中国无产阶级革命文学和前驱的血》,刊登五位作家、烈士的传略、遗著和遗像,以及无产阶级革命作家国际协会主席团和美国《新群众》社来信等。

这样一期《前哨》内容充满革命的激情控诉国民党反动派的滔天罪行。楼适夷拿着这期的稿子,在上海租界和华界找不到一家印刷厂敢接受印刷出版这样的秘密刊物!他联系一些印刷厂都遭到拒绝。楼适夷想尽一切办法,终于找到一家规模很小的印刷所同意接受印刷,但提出的条件非常苛刻:一,要付高于正常印刷费几倍的印刷费;二,不印《前哨》刊物报头;三,不印烈士的照片;四,从排版到印刷必须在一个晚上完成;五,印刷过程中必须有人留在印刷所,一旦被国民党当局发现,有人在场顶罪;六,印完后立即连夜运走,不得在印刷所停留片刻。为了出版这期重要内容的《前哨》,楼适夷毫不犹豫地一一接受印刷所条件。上述任务,他和江丰两人承担。

小印刷所的排字工人热情高涨,一边拣字排版,一边向楼适夷他们打听苏区和红军的消息。工人一边排版,楼适夷他们一边校对,忙到午夜一时,几万字的稿子都排好校对了清样。拂晓以前,他们把印好的刊物打捆装上人力车,穿过寒风萧萧人烟稀疏的四川路桥,通过一道又一道夜班巡捕、哨卡的盘查,楼适夷他们终于平安地运到住处。早在那儿等候的冯雪峰、应修人、曾岚、孟还如等立即和楼适夷、江丰一起,把事先准备好的木刻刊名和五烈士木刻遗像印在刊物预留的空白位置上。第二道补印工序花费了将近三天时间。

克服一切艰难困苦的条件,《前哨》第一期在上海滩诞生了。

《前哨》像是一把锋利无比的利剑刺进国民党反动势力的心脏;像是一颗威力无比的炸弹,震撼了上海滩。

《前哨》像是巨大的号角,发出震动世界的洪亮正义的呼声,

立即受到千千万万人民和许多国家进步力量的支援,革命作家国际联盟为国民党屠杀中国革命作家发表宣言,最后一段是:

> 国际革命文学家联盟,坚决地反抗国民党逮捕和屠杀我们中国的同志,受到蒋介石的"文学恐怖政策",同时表示深切的信仰——相信中国革命文学和无产阶级文学,虽然受着残酷的摧残,仍旧要发达和巩固起来。中国的资产阶级,不管他口头上怎样爱讲许多民族主义的空谈,是决不能建立中国民族文化的。中国的资产阶级是帝国主义的直接帮手,而帝国主义的利益,是要中国工人阶级和农民群众永久留在低级文化程度里面。中国民族文化革命的事业,只能够在革命的无产阶级指导之下去实现。
>
> 国际革命文学家联盟号召世界上一切革命文学家和艺术家共同起来反抗国民党对于我们同志的压迫。
>
> 中国革命文学和无产阶级万岁!
>
> 中国革命万岁!
>
> 国际革命文学家联盟秘书处。

在这个宣言上签名的有:苏联的阿卫巴赫,育冈纳斯,法捷耶夫,革拉特珂夫,密基登科;德国的倍赫尔,葛莱赛,菲格尔斯;匈牙利的葛达史,易烈世,马台卡,珂麦忒;波兰的雅新斯基、拉虎帝;奥地利的法白里;法国的巴比塞;美国的辛克莱,果尔德,狄思巴索思;捷克的诺沃肯斯基,普仑尼茨基;拉德维亚的莱琛;保加利亚的巴卡洛夫;罗马尼亚的马哈纳;无国籍克莱孟蒂斯等。

继续《前哨》编辑生涯,他受左联委托,参与《文艺新闻》编辑,创办编辑党刊《大陆新闻》和《斗争》。他这个《文艺新闻》的编辑可不好当,楼适夷曾经回忆坚持编辑刊物的艰难困苦的情况,说:"他们两三个主持人不但没有分文报酬,坚持日以继夜地工作,作家写文章读者投稿全都不付稿酬，许多编辑、记者、事务工作者都是业余义务工作者，而办刊物都没有固定的经费。初期经费主要靠主持者零星筹措，经常印了这期没有下期的印费，有时版面排好了，还没有买纸的钱，主持者就把自己的衣服脱下送进当铺，换取一点买纸的钱，刊物才能和读者见面。但这种情况很快改变，出版两三个月后，发行面日益扩大，读者踊跃订阅，有的读者还自动捐款提供基金。经费充裕起来，经济难关冲破了，却又接着出现政治难关。国民党和上海租界开始注意这个刊物，主持者不得一次次与巡捕房面对面巧妙地掩护刊物坚持下去。”

1933 年 9 月，楼适夷参加筹备上海远东反战会议，被国民党当局逮捕，囚禁于南京中央军人监狱，在失去自由暗无天日的监狱，他也没有放下战斗的笔，继续为革命文艺奉献心血，秘密翻译高尔基《在人间》，暗中托人带到上海交给鲁迅先生，请求帮助出版。这时黄源也在翻译高尔基《在人间》，并且已在《中学生》杂志选载，当他从鲁迅那儿知道在监狱里的战友楼适夷已经译出《在人间》全文，黄源就主动中断翻译，停止连载，让开明书店出版鲁迅介绍来的楼适夷译的高尔基《人间》(即《在人间》)。这部作品对中国文艺和作家、读者产生积极的影响。

1937 年“七七”事变后，楼适夷被营救出狱。继续编辑生涯，在福建救亡协会编辑《文救周刊》和《救亡文艺》。1938 年他到武汉任《新华日报》副刊主编，并协助老舍参加《抗敌文艺》编辑工作；到香港协助茅盾编辑《文艺阵地》，发表张天翼的《华威先生》和姚雪垠的《差半车麦秸》等名篇。他还参与主编《大陆月刊》《奔流新集》月刊。1944 年他到了浙东抗日根据地，创办编辑日文版《解放日报》，组织日本战俘对敌人据点士兵进行反战宣传。抗战胜利后，他任《新华日报》华中版编委、上海《时代日报》副刊编辑和参加合编全国文协机关刊物《中国作家》。

1946 年，中共中央南京局书记周恩来领导四川省委及上海、武汉、湖南、广东和香港地下党组织，鉴于内战危机日益严峻，他将八路军办事处和《新华日报》的工作人员分别派往解放区和香港，只留少数人在南京和上海坚持工作。恩来同志分配章汉夫、夏衍、冯乃超、乔冠华和我等少数人去香港工作。中共香港工委下设组织机构其中有文化工作委员会，简称文委，书记夏衍，副书记冯乃超，委员有胡绳、邵荃麟、章泯、周而复等。夏衍不久去新加坡工作，由冯乃超任书记，我任副书记，管文化方面党组织和文化界统战工作。

国民党统治区的著名文化界人士纷纷先后来到香港，如郭沫若、茅盾、沈钧儒、洪深、柯灵、叶以群、蒋牧良、沈志远、千家驹等，司马文森、林林等一批广东作家也聚集在香港。1947 年楼适夷到了香港。在文委领导下，香港文化工作蓬蓬勃勃开展，我主编《北方文丛》介绍解放区文艺作品，每辑十本，出版了三辑，还创议出版《小说》月刊，受到适夷、以群、蒋牧良等作家赞赏，大家一致建议请茅盾同志担任主编。茅盾赞成和支持出版《小说》月刊，因为他要写小说，没有时间主编刊物，同意担任编委。当时适夷没有职业，没有经济收入，我们建议由他负责编辑，组成编委会：茅盾、巴人、张天翼、聂绀弩、葛琴、孟超、蒋牧良、周而复、以群、适夷。实际上一切编辑任务，从约稿，审阅大量来稿、选编、校对到出版，都是适夷一个人负责，实际上他成为没有主编名义的编委会的“主编”。他住在九龙的斗室里，奔波于九龙和香港之间，辛辛苦苦，任劳任怨，向海内外传播革命文学作品和进步思想，团结华南和南洋一带的作家，坚持解放战争时期的文艺阵地。适夷编辑《小说》月刊出版了 12 期。解放战争胜利前夕，香港文化界人士郭沫若、茅盾等陆续前往解放区，冯乃超和我也先后回到北平。《小说》月刊不得不暂时停刊。我回到上海被党组织分配担任中共中央华东局统战部秘书长，和赵邦铄联系，编委增加了赵树理和欧阳山，由《小说》月刊社编辑，国光印书馆发行。后来，由靳以任主编，改由商务印书馆印行。

楼适夷同志于1952年任人民文学出版社副总编辑和副社长。1978年，他倡议创办《新文学史料》。这是一个富有特色的新文学历史资料性质的季刊。新中国成立后，文学蓬勃发展，文坛繁荣，产生许多优秀的作品，作家队伍不断成长和扩大，出现一片欣欣向荣的喜人景象。但是文艺界各种运动不断，也发生许许多多的问题，是是非非、正确与错误，一时分辨不清，经过拨乱反正，才恢复历史本来面目。50多万的“右派”，经过22年的漫长岁月，绝大多数平反了。这种繁荣的文艺景象和某些反反复复的文艺是非，往往在《新文学史料》中反映出来。所以，这刊物受到国内外读者欢迎，特别受到国内国外文学研究机构和研究人员的欢迎，形成中国新文学的窗口之一。楼适夷花了心血，亲自制定规划编辑方针，为《新文学史料》奠定了基础。

从1952年到1966年他在人民文学出版社担任编辑工作14年，如果从1931年编辑《前哨》算起，他的一生主要是在编辑生涯中度过的。他不论当编辑、编委、主编、出版社副总编辑，从来都是以发展进步的革命的文学为选稿、编辑的方针，也就是现在所谓的社会效益第一，经济利润第二，他不是利润挂帅的文学商人；对读者投稿和作家稿件，亲自认真仔细阅读，没有高高在上的社长和编辑、副总编的架子，没有做官当老爷，而是平等地待人，即使对作品有什么不同意见或者要删改，他亲自和投稿者或者作家当面商谈解决，努力培养年轻作家。为新文学成长、发展不惜消耗自己的心血。

对外文化交流友好往来，他也尽心尽力。1954年，应印度政府邀请，中国政府派出文化代表团，团长是文化部副部长郑振铎，我是副团长，时任中共上海市委统战部第一副部长和上海作家协会副主席（主席是巴金）。考虑到我要和郑振铎团长一同参加外事活动，便向当时文化部副部长，也是中宣部副部长周扬建议，调楼适夷担任文化代表团秘书长，管理团里内部工作。周扬欣然同意。这时正是中国和印度“蜜月”时期，我们受到破格的隆重接待，安排郑振铎和我住在总统府，周恩来总理访印住的那一层楼，让我们两人也住在那一层的高贵华丽的房子。普拉沙德总统每顿早饭亲自陪同进餐，我们感到十分拘束，很难有什么适当谈话内容，只是谈谈新德里和旧德里不同的美丽风光和今天的天气很好之类的话。我们于是借口有工作到哈德拉巴号斯代表团全体成员住处去吃饭。楼适夷住在这里，负责全团日常工作。安排井井有条，团结艺术家犹如一家人，亲密无间。不久，他生病了，还惦念代表团工作，我安排他治疗休息，我暂时兼管一下团部内部的事。可是他仍然找机会积极插手工作。

他热爱每位艺术家，著名舞蹈家戴爱莲，声乐教授、男高音歌唱家蔡绍序，京剧表演艺术家李少春、袁世海，著名琵琶演奏家魏仲乐，敬佩楼适夷丝毫没有著名左联老作家和出版社的社长架子，像是团里一位普通服务的工作人员。

他对人热情友好、为人耿直，态度谦虚，如果做错了事，讲错了话，伤害了朋友，他不自命一贯“正确”，坦率亲口承认错误，有时还写在文章里，公之于众。新中国成立后，政治运动不断，特别是在文艺界，不断出现各种各样大大小小名目繁多的运动，他也陷在运动的漩涡里。他在《零零碎碎的记忆》的文章里，写了自己随便删改作家稿子的错误。他在文艺运动中批错了对象，他也坦白承认：在胡风“落井”的时候，他也投了一块“石头”。冯雪峰和傅雷戴上“右派”帽子，他也投了一块“石头”，表示要找机会交代。

他从不自命一贯正确，工作中犯了什么错误，就主动老老实实承认，进行自我批评，不像文坛上某些作家以鸣鞭为业绩，错误地批判、打倒不少著名作家，给人戴上各式各样的反动、反党、反革命的“帽子”，那些受批判的作家经党组织平反恢复名誉后，某些执“鞭”的作家却沉默无言，还摆出一副“正确”的面孔，活跃文坛，趾高气扬,不可一世。

适夷为革命文学奉献心血,除了翻译《在人间》以外,还译了《科学的艺术论》、《苏联文学与艺术》、《二十世纪欧洲文学》、苏联阿·托尔斯泰的《彼得大帝》、《老板》和《苏联短篇小说集》等。他创作小说《她的彷徨》、《死》、《盐场》、《第三时期》和独幕剧《S. O. S》,曾经演出三百多场。1934 年美国伊罗生请鲁迅和茅盾编一本中国短篇小说集《草鞋脚》翻译英文出版,其中就有适夷的两篇小说:《盐场》和《死》。英译《草鞋脚》在美国出版。

他创作和翻译介绍外国文学,主要是苏联作家的作品和文学理论,但一生时间主要花在编辑生涯中。从 1931 年编辑左联机关刊物《前哨》,到 1966 年“文革”初期离开人民文学出版社副社长、副总编办公室,经过十年浩劫,1978 年出任人民文学出版社顾问,以后又担任他倡议出版的《新文学史料》顾问,为中国进步、革命文学编辑工作了几十年。在中国文学园地里勤勤恳恳,认认真真,辛辛苦苦耕耘、播种、灌溉,迎来文学园地里欣欣向荣地百花齐放,硕果累累,为祖国和人民提供丰富的精神食粮,建设光芒四射的辉煌的社会主义精神文明,其中有他一份心血。

当然,这 70 年的漫长岁月,他不是完全在编辑工作岗位上,甚至也丧失工作的权利。他在所写的《零零碎碎的记忆》这篇文章里,说:“新局面打开,新时期到来,被颠倒了的历史重新颠倒过来,社会主义建设大踏步走上大道。……什么冤的、错的、假的,一切都可以平反和改变,平反不了的只是个人失去了的岁月,改变不了的是生物自然的规律。三年‘牛棚’、四年干校,再加五年的挂起,足足靠边十二年,比工作的时间还多了。……”这篇文章只是说他在人民文学出版社的情况。

他在“文革”中被批判为“牛鬼蛇神”,1973 年平反恢复名誉以后,他希望加倍努力工作,追回与补偿失去的漫长岁月,始终坚决握着手中那支锋利的笔继续战斗,勇往直前。

50年代初期，他每天工作超过八小时，疲劳不堪，就大量抽烟，提起精神继续工作。天长日久，患有慢性支气管炎。但他并不在意，发病时候，自己买点中医成药，吃了慢慢就好。“文革”时期，他成了专政对象，行动失去自由，病情逐渐加重，没有得到及时治疗，慢性支气管炎逐渐发展，变成肺气肿。

上海解放初期，组织上分配我担任中共中央华东局统战部秘书长，当时曾山同志是华东局财经委员会主任，在百老汇大厦（即现在上海大厦）办公。华东局统战部当时没有适当地点办公，华东局决定让财委搬出百老汇大厦，让给统战部办公，以便联系各民主党派、各界民主人士进行统战、团结工作。他得到华东局通知，毫不犹豫，很快搬回到另外地方办公，让统战部搬入百老汇大厦办公，开展统战工作。曾山同志是江西卢陵人（今吉安），原名洛生，1926年在家乡组织农民协会，同时加入共产党，老红军，中国工农红军总前委委员，建国后是中共第七至第九届中央委员，内务部长。我们一同在华东局工作。他给我留下良好的深刻印象，为人诚朴，办事公正，善于财经工作。“文革”中被批斗，送到干校劳动改造。

陈正人，1925年加入共产党，曾任江西省委代书记，东北民主联军政治部主任，第八机械工业部长，中共第八届中央候补委员。

曾山和陈正人这两位老革命出生入死，功勋卓著，一贯执行党中央方针政策，为人公正，从不计较个人得失。在史无前例的“文革”中无辜受到批判，戴上莫须有的政治帽子，忽然成为“牛鬼蛇神”，送到五七干校劳动改造。这时曾山74岁，陈正人65岁，患病回北京到原先他们的医疗单位北京医院治病。当时医院在反革命“四人帮”控制之下，破坏高级干部治疗疾病，认为他们二人是“牛鬼蛇神”，不肯接待入院治疗，从而不幸去世。周恩来同志发觉后，立即想到许许多多一级干部在各地干校劳动改造，他经请示毛泽东主席同意，立即发出指示，凡在干校劳动改造的一级干部一律回京检查身体，留在北京等候做出政治结论。这时，我在河南明港干校劳动改造，因病，也让我回北京检查治病。

各地五七干校在党中央指示精神下，也放宽专政对象回京治病的条件。楼适夷患病，五七干校于 1973 年 7 月放他回北京治病。到了秋冬时节，日以继夜地整天整夜不断咳嗽、气喘，晚上睡觉也不能像健康人躺平身子睡，家人垒起被垛给他靠着被垛，让他半坐半卧地睡觉。他的妻子黄炜有时就坐在他背后，给他捶背，协助他吐痰。

一旦病情好转，能够看书写作了，他就不愿意继续看病治疗。黄炜请来医生给他看病，他却不肯伸出手来让医生号脉，有意蛮不讲理拒绝：自己没有请他来看病。他只是天天吃橘红丸一类的中药治疗。病情不断发展，经常感冒发烧，却不肯去医院看病，经家人再三央求才去一趟。为了解决他不肯到医院看病，住在家里好看书写作，继续工作，黄炜设法申请区级医院在家安设一病床。请医生出诊，登门看病，打针、输液，可以不影响他继续看书写作，研究文学问题。但区级医院设备和医疗技术水平有限，病情严重时不得不去他的合同医院——协和医院去看病。直到 1995 年 7 月，病情越发严重，区级医院大夫为了对病人负责，表示区级医院的设备和他个人医疗技术水平，无法治好楼适夷严重的病情，应该到协和医院去看病治疗。在家人恳切要求下，才去协和医院住院治疗两个多月。他惦记着自己的写作计划，许多新文学史研究者来信要回复，还有其他工作要做，又闹着要求出院。医生为了他的健康，对病人负责，劝他多住一些日子，好好观察，等病情完全稳定再出院。他一心要工作，竟然不讲道理，说："你们为什么非留住我？还怕没人来住院吗？"医生一片好意热心，却遭到适夷这位一心惦念工作的倔强老人的冷嘲，医生给气得立即开了出院单，让他马上出院。出院不到十天，他病情又发展了，相当严重，家人劝他返回医院接受治疗，他仍然固执地不肯去医院。她的女儿楼遂和她兄弟像对小孩子一样抱他下了楼,推进出租汽车。回到协和医院,楼适夷对医生说:他是被绑架来的。经过医生迅速检查,患了肺心病,病情严重,两腿发抖不能站立,也不能走动,医嘱病人绝对不能下床。

听到老友病重住院的消息,我到协和医院探视,他躺在床上,病情有所好转,若无其事,却和我谈他的写作计划,急于早点出院,拿起那支战斗的笔继续写作。我劝他要从长远考虑,目前治病第一,等病好了,身体恢复健康,那时继续写作不迟,并且健康的人写出作品和文章比在病中勉强执笔写出的作品和文章一定更好。他念念不忘工作,曾在那篇《工作着是幸福的》一文中写道:"人懂得工作的意义,才懂得生命的意义。活着可以工作,所以活着就是幸福,而工作也就是幸福的。"他在88岁高龄的时候,亲自写了条幅:"生无所息",裱好挂在书房里,成为他人生的格言。他像陶渊明诗句所歌咏爱惜时间努力工作那样:"盛年不重来,一日难再晨,及时当勉励,岁月不待人。"李白也说:"逝川与流光,飘忽不相待。"适夷立志一生:生命不息,战斗不已。但是疾病缠住适夷不放,体内积痰日多,医生不断为他吸痰,十分痛苦,他感到自己五脏六腑都要拽出来,实在忍受不住极端的痛苦,害怕医疗器具吸痰,每次吸痰以后,他说生不如死,要求安乐死。他向医生要求,医生不同意安乐死;他要妻子和他一起向医生要求,医生也不同意;他急得对医生气愤地说:不让我在医院安乐死,就出院回家去安乐死。他一说安乐死,黄炜就不断流泪,粒粒泪珠落在适夷病床前面。适夷反问她:"你要我陪着你?"她说:"我不要你死,我要陪你,我愿意陪你。"他说:"我也想陪你,可是我太痛苦了,你也受苦。"夫妇情深似海,彼此都不愿离别。经过医生和家人劝阻,以后,他不再提安乐死了。

到了1997年1月,适夷躺在病床上,患感冒,呼吸困难,吐痰困难,连吸痰器也吸不出痰来了。医生建议切开气管,使用呼吸机。但必须要家属签字,医院才能动手术。适夷的妻子儿女没有一个人愿意出面签字,没有家属签字又做不了手术,怎么办?适夷最喜欢的女儿楼遂,为了解除爸爸不能吐痰的痛苦,激动地劝妈妈:不要问我们了,由你做主,黄炜才签了字。

适夷从此不能说话,不会吞咽饭菜,每天三顿全靠鼻饲流质。

我每年至少要到协和医院探视老友一次,切开气管以后,我去探视,走到病床旁边,紧紧握着温暖的右手,我们相对凝视。他的嘴蠕动着,仿佛有千言万语要说,可是他再也不能说话了,只是静静地听我劝慰,紧紧握着我的手不放。我也不愿离开他的身旁。两人相互注视很久,还是黄炜说,而复同志站了这么久,让人家坐下来休息休息。他这才放开我的手。我坐床边,向她了解适夷的病情近况。

我最后一次到医院看望适夷是 2000 年"高秋爽气相鲜新"(杜甫《崔氏东山草堂》诗句)时分,一天下午四时左右,我到协和医院看望适夷。他躺在病床上,似睡未睡,迷迷糊糊,没有发现我站在他床边。为了让他安安静静地休息,没有叫醒他,悄悄离开病房,准备隔些日子再去看他。

谁知道,谁又料到,2001 年 4 月 21 日,接到楼遂报丧的电话,她爸爸于 4 月 20 日 1 点 20 分离开了战斗一生的人间,享年 97 岁。这是文学界巨大损失。

我和适夷结交 65 年多,2000 年秋天最后一次见面竟成永诀。他战斗一生,病入膏肓,仍然念念不忘工作、战斗。在他逝世一周年之际,回首往事,献上心香一瓣。

2002 年 5 月 3 日　北京

原载《新文学史料》2002 年第 3 期

追思适夷

许觉民

适夷是位编辑能手，“左联”时期编《文艺新闻》，抗战后协助茅盾编《文艺阵地》。茅盾一度去新疆有年，刊物主编就由适夷独自主持。以后茅盾由新疆回到重庆，刊物才由香港移重庆出版。此后一段时间，适夷在“孤岛”时期的上海，先是编新学会社出版的《大陆》月刊，这刊物是综合性的，无甚起色。以后他主编了一个《奔流丛刊》，大约每月出一本，32 开本像一本书，书名每期更换，只用一个字，我记得的有《决》、《阔》、《渊》等等。丛刊的作者，大抵是“孤岛”上的一些作家，如唐弢、蒋天佐、许广平等。最后一期，书名《直入》，这“直入”是鲁迅的笔名。适夷从许广平那边取得一篇鲁迅未发表的短文，短文名《势所必至，理有固然》，署名“直入”，适夷就用来作为书名。据适夷后来说，这篇短文当时鲁迅写好后就不想寄出，内容是写废名的事，因不想寄出就顺手塞在纸篓里，许广平见到后就收藏起来了。适夷编的那本《直入》是《奔流丛刊》的最后一期，时间在 1941 年冬。过了不久，太平洋战争爆发，日寇进驻租界，“孤岛”也就消失了，一切进步的报刊自然都已无法存在。

这里说一件适夷在“孤岛”时期的事。当时他经常地办刊物，因工作上的关系，常去苏北抗日根据地，在上海的公开职业是在储能中学教书。他来往于苏北和在“孤岛”的一些秘密活动，为日本特务所注意。有一次日本特务通过租界当局的许可，到储能中学去搜捕他，当时他不在学校里，由学校负责人之一冯宾符出来应付，告诉日特姓楼的教员早已不在这里教书。日特并不因此罢休，查问适夷的去向和住址，冯推说不知，日特就将冯宾符捕去顶替。

此事适夷不久就知道了，而且还得悉宾符在日特机关被审问和拷打，适夷心中十分难过，觉得宾符代他受苦，于心不忍。他和好友傅雷相商，看如何营救为好。傅雷说，只有让学校去出面营救，别的办法是没有的。适夷说，学校已去接头过多次，日特说要交出适夷才罢休。傅雷认为那只好由学校去不断交涉。适夷是个诗人气质的人，他忽然想亲自去投案，赎出冯宾符。傅雷说，你疯了。适夷说自己实在对不住冯宾符。傅雷对他大声说，你会相信日本人的话，日本人难道是吃素的？你去投案，冯宾符照样不会出来，你白白去送掉一条命，你怎么这么天真？你现在只有到外地去避一时再说，万不可作此"迂夫子"之想。一席话，使适夷清醒了不少，他立即到浙江原籍去躲一时。大约经过了几个月之后，经储能中学校方多方设法，出了些钱，终于将冯宾符取保释放了出来。从这件事可以看出，适夷的友情之重，重到可以不计个人生死安危，但也可看到他的诗人气质，感情用事，遇事方寸易乱。

日本投降后，适夷先在上海南国出版社任总编辑，以后又兼任骆驼书店总编辑。骆驼书店为生活书店所办，为一专业出版外国文学的出版社，傅雷的译作巴尔扎克小说和罗曼·罗兰的《约翰·克里斯朵夫》，以及董秋斯等所译的《迭更斯选集》等就在那里出版。我因事常去骆驼书店，认识了适夷。他给我的印象是热情、诚挚，有很高的文学素养，不论是学养与工作经验，使当时我这样的年轻人感到是一位十分值得尊敬的作家。

建国以后，人民文学出版社社长冯雪峰邀他来社工作，我与他又见了面。当时雪峰因兼任作协党组书记，又兼《文艺报》主编，对出版社不能照管得很多，于是委托身为副社长的适夷负责对出版社的全面领导。适夷做行政领导有些不习惯，一再推辞，雪峰不允。以后适夷竭力向雪峰推荐让巴人（王任叔）来担任，雪峰主张仍以适夷为主，适夷不肯，最后就由巴人主要负责。这是 1954 年的事。

适夷与雪峰的关系素好,他们在30年代都是“左联”中人,二人间的友谊与互相信任都是十分牢固的。但是到了1957年的反右运动中,冯雪峰被划为右派,批他的材料大都是30年代中事。在一次作协的批判会上,有人对雪峰作了一个系统性的批判发言,内容是十分尖锐的。适夷听完后情绪激动,站起来呵斥雪峰,接着放声大哭,把会场弄得异常紧张,批判斗争的气氛立即高涨,引动了别的人纷纷发言。雪峰对适夷的那次大哭非常不满,我曾听雪峰以后说过,倘没有适夷这一哭,气氛不会那么紧张,情况可能会好一点。这话其实未必,因为雪峰之被划右派,是无法避免的,并不是因为适夷的大哭而有所加重,更不能把这一哭看作是事情的关键。

看样子,适夷对这件事以后也有些后悔,雪峰虽划了右派,他对雪峰仍很关心。与此同时,人民文学出版社的副总编辑聂绀弩也被划为右派,适夷为此也嗟叹不已。这时候,自然是无话可说,尽管他和绀弩也是几十年的老友了,但也无法去与之接近,最后只是目送着绀弩发放去北大荒劳动改造。

“文革”前夕,气氛已十分紧张,“五一六”通知刚下,北京市委土崩瓦解,谁也弄不清局势会发展到什么程度。那时适夷在出版社主持编译所的工作,他感到身体不适,但又必须每天上班,颇有些气力不佳的样子,况且又感到编译所的工作不会有什么好光景,于是产生了早点退下来的想头。他口头上几次表示想要退休,这事被当时文化部的领导知道了。领导是军人,对这件事是很严厉的,因为一场大风浪将要到来,看来是要迎接一场战争一样,听到有人要退休的声息便认作是“开小差”的表现。于是怒斥道,“不管你该不该退休,思想不能退休”!我们听到了就劝适夷以后不要再说退休的事,因为那样子很容易被弄成什么重点的。适夷很生气,说自己已到年龄了,为什么不能提退休。他不明白,那是个什么时机,果然不到一个月,我们这批人包括适夷在内,一起弄进了包括文化部、文联、作协的有关人员在内的“集训班”里去了。

在集训班，陆续被批斗的是文艺界的一些头面人物，如林默涵、田汉、邵荃麟、张庚、夏衍等人。有一次，适夷悄悄对我说，什么时候怕要轮到我们这批人了。我说，这里有好几百人，轮到我们恐怕还早。他说，要做好准备。集训班在晚上有时还放映电影，苏联电影有描绘解冻后情状的《雁南飞》和萧洛霍夫小说《一个人的遭遇》改编的影片。放映的目的是为了对“批修”增强认识，但看过后总使人觉得没有什么可批的，反而觉得很感人。适夷看过后很激动，有一次他对我说，很真实，很感动。这种话都是我们在背后说说的，倘被哪个好事者拿来上报，肯定会弄成修正主义的反动言论，正好用来作批判对象。

在批判那几位头面人物时，场面很紧张。先是由本人上台去作“检查”，大体都是只讲了五分钟左右之后，便有会场上布置好的人起立提出质问，大声呼叫“要说关键问题，不准避重就轻”之类，接着便是大轰大嗡，喊着“滚下来”等粗鲁语言。还有的便是责令台上人交代某一问题，有一次批判张庚时，有人递了纸条给主持人，主持人立即要张庚交代，在某地某时曾说过“江青是个刁妇”。张庚不语，接着台下就一片大叫，乱了一阵。这时我正同适夷坐在一起，出会场后他悄悄对我说，张庚这类话，别人包括适夷自己都说过，倘追究起来，将何以堪？我说，你不认账就是了。只要没有人揭发，不会有事的。这一次，似乎加重了适夷的精神负担，好几天他一直没有说话。

那时，《红旗》杂志发表了一篇揭露周扬的文章，内容中有说到《鲁迅全集》中有一条对国防文学的注解，是周扬写的，还将该注文的原稿手迹印在文章中间。出版社的几个人看了，都知道那是冯雪峰写的，印出原稿的笔迹也确是冯雪峰写的。几个人在小组会里都说了，小组会主持人是个军人，他立即将情况向上报告。不多久，集训班的领导，把我们几个人都叫去，其中就有雪峰和适夷。那领导说,你们在议论些什么,你们不是在明目张胆地包庇周扬吗?我们就说,注解是冯雪峰执笔的,那印出的原稿也正是他的笔迹。适夷就说,他和雪峰相处几十年,雪峰的笔迹还会认错吗?那领导就问雪峰,是你写的吗?雪峰回答"是我写的"。那领导勃然大怒,大声说:你们这些人要想干什么,难道要我相信你们,反而不相信《红旗》?这一闹,弄得很尴尬,我们这些人都是被审查的,自然不能再力争了。我们走出屋子后,适夷嘟哝了一句:难道要我们说假话吗?

至8月底光景,"文革"已到白热化程度,各单位的革命群众,都纷纷到集训班来拉本单位的受审者回去。人民文学出版社在集训班有十几个人,来了一辆卡车全数押回。到出版社门口,单位群众狂呼打倒口号,把我们十余人一律戴上纸做的各种帽子,在社内四层楼一层一层地游斗。楼内一片口号声,十余人惊慌不止,我记得适夷戴了一顶官帽,我戴的什么因自己看不见竟不知道。自此后,我们都进了社内的牛棚。

适夷因为只管一个编译所,不管全面,被揪斗的次数不多。十几个人分成两批进各自的牛棚。我住的棚内,正好有适夷,还有孟超、萧乾、孙绳武、舒芜、欧阳柏等人。开始几天,因惊慌甫定,都面面相觑,日子一多,又恢复正常,相互说话了。还是适夷先说了话,他认为除了遵照造反派规定的学习语录和写交代材料外,彼此间应多作相互交谈。不过各个造反派要我们彼此揭发,揭得越深越好,越多越好,于是大家咬来咬去,对别人咬得愈凶愈好。因为这样,为了一件小事,我与适夷争吵了起来,互相争得面红耳赤,各不相让。到第二天晚上,造反派组织一场批斗会,那一阵正好是批斗我,那晚的会不是群众批斗我,而是牛棚中人来批斗我,叫做"以毒攻毒",造反派一律在会场后排观看。那晚批斗我的人很多,我并不以为意,倒是适夷的发言声音最大,用词也颇尖锐。我当时就感到可能是前一天同他争吵之故,所以他今天声色俱厉,像是一种报复行为。我有些按捺不住,站在台上当即还了他几句嘴。被斗者在台上向台下发言人还嘴是罕有的,这就引起了造反派的愤怒,上来对我施加种种压力,正式又批斗了我一小时多才收场。事后我想,这事是我的不是,我不该回适夷的嘴,造反派之“以毒攻毒”,无非借此拿来取乐,我和适夷当场争执,正好上了当。第二天我悄悄向适夷说了几句,向他认了错,并说了我的看法。他笑着对我说,斗争会上无好人,追悼会上无坏人,你怎么想要在斗争会上听到什么好话,昨天的事,实在是你咎由自取。我和适夷相处几十年,只有这一次不愉快的事,如今想来也觉得好笑。

在牛棚中与适夷有关的事,自然还有一些,但这一件我觉得似乎可记。到 1969 年 9 月,全体人员下放干校。我们这些人在干校,一面劳动,一面继续挨批斗,不过适夷似乎未被斗过。他那时已 60 开外年纪,有气喘病,看他做任何劳作都很吃力,吃饭时因他牙齿脱落大半,咽食困难,我看了很觉难受。干校地处湖北,经常下雨,农村丘陵的泥泞道上,忽高忽低,十分难走,我几次看到适夷和别的老人摇摇晃晃地在那里走,不时地有人跌倒,弄得一身黄泥浆。适夷似乎也跌过几次。我常想,这种惩罚对年轻人也就罢了,还把那些已没有什么劳动力的老人都赶下来,看到这情状,只会感到那时中国的凄凉景象。

干校四年,“文革”六年,适夷一直在痛楚中熬过来,他愈发清醒了。晚年的适夷,思路那么清楚,是非经观察而明辨,遇有逆言,他总是激动异常,或侃侃而谈,或拍案而起。最典型的例子,与某君意见尖锐地对立,争执不下,他勃然大怒,破口大骂,声称不许此人再登他的家门,一手将此人推出门去。他原本的诗人气质,加上十年浩劫的身心之备受摧残,由此性情大变,益发刚直不阿,铮铮有正气。人谓老人未免有唠叨或狂悖之嫌,适夷独不然,这位老人愈至年高,似愈见到他的可爱处。

80 年代中我时常去看他,那时他已因病经常卧床,但谈兴仍浓,对文艺界的拨乱反正的工作深感欣慰,也对依然存在的“左”的教义深恶痛绝。有时他兴之所至,找几个友朋到他家小坐,将他家乡带来的糕点饷客,藉作交谈之助。遇到夏天,他将几只西瓜招待数人,名之曰“西瓜之会”,颇觉意趣横生。这样的交往,我曾多次参加过。

至90年代中,他因气喘不止等病住进了医院,这一住竟达好几年。我去看他几次已不甚记得,最后去的一次是在世纪末,只见他双目紧闭,呼吸声响很大,喉咙间不时发出一种抽搐的杂音。我站在床前注视良久,对他轻声地说了我的名字,并问他“认识我吗”,没有反应。我放大了声音再说一遍,忽然他的眼睛睁开了,注视了我一瞬,又闭上了。护士说,他已经不认识什么人了。我站了一会,只得快快地离开病房。

大约又过了一年光景,忽一日他停止了呼吸。

我于40年代中识得适夷,至他病故时止,有50余年之交往,深知他的品性耿直,对不顺眼的坏现象半点也忍耐不得,必欲表达己见而一吐为快,对友朋中与他的深情友谊视为知己,总以肺腑之言相告,对弱者同情,对权贵则藐视。他虽不免有时激动难抑,情感多于理智,但不失其真,真便是一种淳朴,一种品格。适夷已远行,他的友朋总以他的爽朗、率真、淳朴、是非分明的品性而对他怀念不已。

原载《新文学史料》2002年第3期

存　　目

楼适夷　《致王元化信十封、致黄源信六封》

《新文学史料》2002年第3期

刘为民　《楼适夷小传》

《青海社会科学》1987年第2期

韩宗燕　《并非名人的米翁——楼适夷先生素描》

1992年4月6日《新闻出版报》

胡　泳　《生无所息　老有所乐——老作家、出版家楼适夷》

1992年8月8日《新闻出版报》

朱　正　《“我首先是个人”》

《鲁迅研究月刊》2001年第8期

谢德铣　《怀念楼适夷先生——我与楼老的交往和联系》

《鲁迅研究月刊》2001年第8期

舒　芜　《赤子之心——悼念楼适夷先生》

2001年7月18日《中华读书报》

谢　宁　《和楼适夷同志在朝鲜战场》

《新文学史料》2002年第3期

黄　炜　《楼适夷著译简表》

《新文学史料》2002年第3期

谢德铣　《怀念楼适夷先生》

《榆林高等专科学校学报》2002年第1期

张明养

张明养(1906～1992),浙江宁海人。1929年毕业于上海复旦大学政治系。1930年初,考入商务印书馆编译所,参加《东方杂志》和《学生杂志》的编辑工作。1934年,胡愈之创办《世界知识》,张一直是该刊的编委,并为该刊写了不少专文。1936年底,上海救国会七君子被捕,邹韬奋主编的《大众生活》被封,书店出版了谢六逸主编的《国民周刊》,张实际上主持了该刊的编辑工作。抗日战争爆发后,他随《东方杂志》迁到香港,主编《学生杂志》。1941年,党所领导的《华商报》在香港创刊,被聘为编委。1949年初,《中学生》杂志主编叶圣陶、傅彬然离开上海去解放区,张接任《中学生》杂志主编。新中国建立后,他曾担任复旦大学政治系主任、华东军政委员会文教委员会委员。1952年应胡愈之邀请,从上海到北京主持《世界知识》的编辑工作。后历任世界知识出版社副社长、总编辑,人民出版社副总编辑,《世界知识》主编,中国国际问题研究所编辑室主任、副所长,《国际问题研究》主编。

张明养是一位长期从事报刊编辑工作的著名编辑家,又是一位著名教授和国际问题研究专家,他主持编辑的《世界知识》和《世界知识手册》,在出版界产生广泛重大影响。

从我与开明的关系谈到开明精神

张明养

在我的一生中,同编辑出版工作的关系相当密切。我曾先后在商务印书馆、开明书店、世界知识出版社和人民出版社工作过。就写稿来说,记得第一次投稿的文章,是在开明书店出版的《新女性》杂志上发表的。

在20年代后半期,章锡琛先生等脱离商务印书馆《妇女杂志》社,创办了《新女性》刊物。我那时在上海江湾复旦大学读书,选读了社会学系的几门课程,接触到一些古代社会中有关家庭、婚姻制度、风俗、习惯的材料,就编译成文章,投登《新女性》,承蒙刊登出来,并收到了稿酬,非常高兴,于是"积极性"大大发挥,连续写文投稿。

后来我大学毕业到商务印书馆《东方杂志》做编辑工作,写了不少有关国际政治方面的论文,并结识了许多有经验的老编辑。不久发生"一·二八"事变,商务印书馆被日本帝国主义炮火所毁,商务很多有经验的老编辑转到开明书店工作,金钟华同志是其中之一。他主编开明书店出版的《中学生》杂志和《中学生丛书》,约我写稿。我自1933年10月起,在《中学生》刊物上写《国际政治讲话》连载稿,一直到1935年2月。后来又把连载稿修改补充,于同年4月出版《国际政治讲话》单行本,列为《开明青年丛书》之一。我在《国际政治讲话》第一讲中,提出了国际政治是一门科学,可称"国际学",其研究范围包括国际政治、经济、军事、外交、法律和文化等关系。

在此期间，我还为《中学生丛书》写了两本小册子。一本是《国际联盟》(1934 年 9 月出版)，一本是《十月革命》(大概是 1935 年出版)。

所以在七七抗战前的几年间，我同开明书店的关系是相当密切的，不仅是投稿关系，而且同开明书店的几位领导人也接触颇多。开明书店在鼓励我写稿方面，帮助是很大的。

但自全面抗战爆发后，因战事和工作地点关系，我同开明书店的关系就中断了很久，直到抗战胜利大家回到上海后，关系才又逐渐恢复。那时我在复旦大学政治学系任教，周予同同志也在复旦历史系任教。我们过去是商务印书馆的同事，曾同住在一个里弄里，他是我的老前辈，也是我的良师益友。在复旦任教期间，我们都参加反对国民党法西斯统治和支援进步学生的革命斗争，经常有来往接触。大概是在 1948 年冬，他有一天约我谈话，说开明书店的叶圣陶和傅彬然同志离开上海去北平，他代表开明书店请我去接编《中学生》杂志。予同同志是开明书店的创办人之一，他自己也在那里工作多年，我同开明书店又有历史关系，在他的邀请之下，我欣然允诺，接受主编《中学生》的任务(上海解放后《中学生》改名为《进步青年》，继续出版)。那时开明书店编辑部设在北四川路一个里弄内，离江湾复旦大学不算太远，我是兼职性质，每星期去几次，编审稿件；日常工作由青年编辑欧阳文彬承担，一直到 1950 年开明书店搬到北京为止。这样我就成为开明书店的一个编辑人员了。

我为开明书店写稿并成为正式工作人员，时间虽然不能说是很长，但我对开明书店是很有感情的，印象也是很好的。就我同开明书店多年的接触中，我觉得开明书店具有很多的优良传统、作风和特点，现在仍值得我们怀念和学习。

首先是“开明”精神。每一家书店或出版社，都具有它自己的一定传统和特点。开明书店的一个特点是"开明"精神。当时开明书店之所以命名为"开明",我不知道其原因何在。但开明书店的编辑出版方针,的确体现出"开明"精神。在30年代前后的出版界中,除国民党的正中书局外,一般来说,商务印书馆和中华书局等是老牌书店,代表比较保守的立场,而生活书店、新知书店、读书出版社以及其他一些左翼书店则代表比较激进的和革命的立场。开明书店在我的印象中,似乎处于两者之间,既不是保守的,也不是非常激进的,而是进步的、"开明"的,也可以说是一种"开明"精神。"开明"的含义,一般是指思想开通,不顽固保守。最近胡耀邦同志在一次接见香港明报社社长的谈话中,对"开明"二字的含义予以很高的评价。他说:"若说那个人无比英明,我说言过其实。你说我们比较'开明',可以。开明是开,开放是开,广开言路是开,开诚布公是开,开创局面也是开。英明还加上无比,就不那么合适了。"(见香港《明报》1984年12月5日至9日连载的《胡耀邦总书记会见明报社长查良镛先生谈话记录》,1985年1月又出单行本。)"开明"二字在今天既含有这样的褒义,在旧社会中当然更含有积极的意义。这种"开明"精神是很难能可贵的。因为在旧社会中,中间层的读者大概要占绝大部分,这种体现"开明"精神的出版物,影响是很大的,对推动社会文化教育和科学的进步发展,起过想像不到的作用。

其次,充分发挥传播知识的媒染剂的作用。书店和出版社出版的许多出版物是传播各种知识的媒介物和媒染剂。开明书店除了出版印行教科书和专著以外,特别重视普及知识的工作。它的主要读者对象正是求知欲最盛的中等学校学生和青年。它除了出版《中学生》和《中学生丛书》以外,还大量编辑出版《开明青年丛书》,用浅显的文字、生动的内容介绍各科基本知识。我们看一看《青年丛书》中的一些书目,就可知道它在这方面做了许多有益的启蒙工作。如刘薰宇的《数学的园地》、王幼予的《星空的巡礼》、顾均正的《物理世界的漫游》和《化学奇谈》、董纯才的《十万个为什么》、王勤堉的《气象学讲话》、贾祖璋的《动物珍话》和丰子恺的《艺术趣味》等等，此外还有许多社会科学方面的青年读物，不但深受青年读者欢迎，就是有些年纪大的想学习一些各科基本知识的中老年人，也很欢迎。开明出版物深受当时青年读者欢迎喜爱的情况，侯仁之教授曾有一段生动的回忆。他那时在北京通州中学读书，为了到北京城内购买一本《中学生》杂志，花了星期日一天时间，来回走了百来里地而丝毫不感觉辛苦。现在许多著名学者，那时很多是开明书店的忠实读者。开明书店在传播知识上所起的媒染剂的作用，是很突出的。

第三，严整的编辑作风。在过去几家大出版社中，开明书店的严整编辑作风也是比较突出的。开明书店的出版物，就其内容来说，既然根据上述两种精神审定出版，当然具有积极的意义。而就编辑加工方面来说，则保持非常严整的作风。这因为开明书店拥有一支高水平的编辑队伍，他们不仅在各自学科研究领域中学有专长，治学严整，而且在编辑加工工作中，认真负责，一丝不苟。这支强大编辑队伍中，包括有名的夏丏尊、章锡琛、叶圣陶、周予同、王伯祥、吕叔湘、傅彬然、顾均正和贾祖璋等老编辑和周振甫、叶至善等年轻编辑。他们不仅在审稿和编辑加工方面，而且在封面题字、扉页插画、版面安排、校对装订等方面都有严格的要求。在这样严整编辑作风下出版的书刊，质量当然是有保证的。

第四，高效率的工作班子。开明书店是一家中等规模的出版社，其工作人员比之商务和中华书局要少得多，但每年仍出版不少受人欢迎的书刊，这就因为它拥有一个精干的高效率的工作班子。就我主编的《中学生》和《进步青年》来说，仅有一位年轻的编辑人员，而我则是兼职的，连半个人也算不上，但每月几万字的刊物都能按期出版。叶至善同志主编的《开明少年》，好像是一个人在唱独角戏，也许还有一个小青年帮他处理些日常事务。其他各部门的情况也大致类似。这同现在某些出版社机构庞大、人员众多情况来比,真是相形见绌。但它每年照样出了很多有益的书刊。

我同开明书店的关系不如有些同志那么深,了解的情况也不多,关于开明书店的优良传统、作风和特点,当然不可能说得很全面,但仅就上面提到的几点来说,我觉得都是值得我们现在从事出版工作的同志学习和参考的。

一九八五年一月三十一日

选自《我与开明》,中国青年出版社 1985 年

《世界知识》创刊初期的战斗历程

——祝《世界知识》创刊 55 周年

张明养

一

《世界知识》半月刊自 1934 年 9 月 16 日创刊至今,已经 55 个周年了。编辑部同志要我写篇纪念文章。我过去曾写过一些回忆《世界知识》的文字,现在觉得没有什么特别需要写的东西。但编辑部同志认为这样一个有相当历史意义的刊物,可写的东西不少,在 55 周年之际,还是写一篇纪念文章较好,由于创刊《世界知识》并长期支持《世界知识》工作的许多老同志,现在除了少数同志以外,都已先后去世,缅怀过去共同战斗的老友,哀思重重,感慨万千!因此我不好固辞,现就《世界知识》创刊初期的艰苦战斗历程写一些简单的回忆。

在 55 年的战斗历程中,《世界知识》成长和战斗的历史,一般

可分四个阶段或时期。第一个阶段是1934年9月《世界知识》创刊起到1937年底上海撤退时期。第二阶段从1938年《世界知识》迁到武汉、广州、香港编辑出版到1941年香港沦陷时期。第三阶段为1945年抗战胜利《世界知识》在上海复刊到1949年春上海解放前夕被国民党查封。第四阶段则为1949年上海解放,《世界知识》复刊并迁到北京出版一直到目前。

现在就《世界知识》在创刊初期(即第一阶段)的战斗历程,根据手头的材料和自己的回忆,作一简单的叙述。由于时间相隔较久,兼之写稿时间匆促,有的资料未及详细核对,错误之处请大家指出改进。

二

在第一个阶段中,首先想说明的是为什么要创办《世界知识》?它又是怎样筹备创办起来的?

为什么要办《世界知识》?一句话,这是适应当时时代的需要。很多同志写文谈到这一问题时,从当时国内国际形势来说明创办《世界知识》的必要性、重要性和迫切性。这都是很对的。但我想,引用创办人胡愈之亲自撰写的《创刊词》的话来说明,更为简明扼要。胡愈老指出:"中国是'世界的中国'了;资本帝国主义的'文明世界'大厦,行将倒塌;在世界六分之一的土地上已出现另一个与'文明世界'相对峙的新的世界;占全世界人口半数以上的被压迫民族已成为促进'文明世界'的主要动力。"胡愈老最后明确宣告:"我们的后面是坟墓,我们的前面是整个的世界。怎样走上这世界的光明大道去,这需要勇气,需要毅力,但尤其需要知识。""《世界知识》却在这个时候,呱呱坠地了。这绝不是偶然的。""它将帮助你认识世界知识!在走向'世界的中国'的途程上,它将尽一点小小的力量。"

《世界知识》创刊的宗旨（用现代通用的语言来说，就是刊物的方针任务）在《创刊词》中已作了高度的、简明的概括，但是刊物又是怎样创办、筹备以至编辑出版的呢？现在这方面材料比较少。提出创办刊物并积极组织筹备工作的主要负责人是我们大家崇敬的胡愈老，这是一致公认的。但是最初由谁提出以及如何提出创办这个刊物，目前找不到有确切的材料。钱俊瑞同志说：

在30年代初期，“一群革命的进步的知识分子在上海组织了‘苏联之友社’，目的是研究和宣传苏联，批判资本主义旧世界。1933年的一个严冬晚上，这个团体的一部分社员胡愈之、金仲华、钱亦石、曹亮、张仲实、沈志远、毕云程、张明养、王纪元、章乃器和我十多人，在一间银行的会客室里叙会。……在这种情况下，当晚，我们商量创办一个刊物，用马列主义观点，描述和分析世界政治经济形势，用具体事实，说明资本帝国主义的崩溃和必然坍倒，被压迫民族奋起反抗及其前途，说明社会主义苏联的物质文化建设的突飞猛进，远超帝国主义，今后条条道路通向社会主义。经过几个月的筹备，到1934年9月《世界知识》呱呱坠地了”（《〈世界知识〉创刊五十周年纪念集》第29、30页）。

但是《世界知识》创刊号的“编辑室”中说：《世界知识》经过四五个月的准备，才得出版。这样关于筹备的时间，就有两种不同的说法。

钱俊瑞提到《世界知识》是在“苏联之友社”一个会议中提出创办的，这我已记不大清楚。这里我想提一下胡愈老与“苏联之友会”的关系。胡愈老《在为全民抗战奔走呼号》中回忆说：

《莫斯科印象记》和我宣传抗日的文章发表引起了党对

我的关注。有一天，沈雁冰打电话约我去他家，说有人找我。我去见到了暌违已久的张闻天，张原是《东方杂志》的一个作者，早就认识。我在莫斯科停留时还曾找过他，但他不在，我只见到了他的兄弟。这次会面，他着重了解我的简历及思想状况，准备吸收我入党，并要我参加苏联之友会的座谈。我在上海青年会参加了两次座谈，我发表意见说："中苏友好，就是要促成中苏两国建立抗日同盟，实现联苏抗日。如果发表该会成立宣言，务必把这点写进去。这种联盟当然是政府之间的，而当时中国的合法政府是国民党蒋介石政府。我认为联苏抗日可以对日形成有效的威慑，也可以促使蒋政权'改弦更张'，放弃'不抵抗'政策……"但是，我的意见几乎遭到了与会者的一致反对，大家都认为我的观点是十分错误的。他们说：中华苏维埃政府已经成立，中苏的联合，只能是苏联政府与中华苏维埃政府之间的联合，而且这种联合是必然的，是已经存在的。当务之急是宣传群众，"武装保卫苏联"，"完成中国革命"，因为日本占领东北的目的是要进攻苏联……当时，党正在王明"左"倾错误的控制之下，他们看不到沈阳的炮火激化了帝国主义之间错综复杂的矛盾，国民党内部也绝不是铁板一块，整个形势已急转直下。他们夸大了日本进攻苏联的可能性，仍旧强调国内的阶级斗争……会议没有结果就散了。随后，又因为上海地下党组织不断遭到破坏，苏联之友会也就没有成立起来。事后我还受到党办的一些公开小报的攻击，说我是想到国民党外交部去当官……但是，1932 年冬，在全国人民的强烈要求和舆论压力下，蒋政府与苏联恢复了正常外交关系(《文史资料选辑》总 106 辑 4—5 页)。

从钱俊瑞和胡愈老两人的回忆来说，"苏联之友会"显然是在 1932 年冬中苏复交前筹组的，而"苏联之友社"则是在中苏复交后成立的,不管两者之间是否有无关系,但是参加"苏联之友社"的人中(他们都是倡议创办《世界知识》的)一定有一些人也是参加"苏联之友会"的。我所以引用钱、胡两老的回忆,首先,旨在说明倡议创办《世界知识》的人对于社会主义的新世界多抱有向往的情感,这在当时严重的白色恐怖的统治下,是非常难能可贵的。这些人想借出版《世界知识》,不仅宣传苏联新世界的建设,而且想通过这个"小东西",用马列主义的观点,分析世界政治经济动态,揭露资本帝国主义大厦的倾圮态势,介绍反殖民主义势力的高涨形势,并指出中国是"世界的中国",应改革开放,走向世界光明的大道。

其次,上述情况又表明:《世界知识》自创刊起就是在党的领导下进行工作的。创办人胡愈老是 1933 年 9 月经张庆孚同志介绍入党,直属中共中央特科直接领导,从事情报工作,作为特别党员,直接与中央单线联系。在公开活动中不以共产党员的面貌出现。其他一些创办人和作者或是党员,或是进步文化人士。这同《世界知识》在解放前对宣传革命工作作出了显著贡献,是有很大关系的。

三

在主张创办《世界知识》的同志中,胡愈老当然是核心人物。具体的筹备工作也是在他领导下进行的。刊物的方针任务、内容、栏目、版面以及印刷发行等计划,也是他设计草拟而经少数参加筹备工作的同志讨论决定的。除了关于印刷、发行和财务等问题由胡愈老单独同生活书店徐伯昕同志商讨外,关于编辑工作方面有关问题,金仲华和我参加研究的次数较多。在刊物的编辑出版计划大致筹备就绪时,却出现一个棘手的问题,即刊物由谁来主编。按照原来的想法,刊物由胡愈老来主编,这是不成问题的问题,但是他坚持不同意。据我回忆,原因大致是:首先,他实在太忙。他担任的哈瓦斯社工作虽然花时不多,但社会活动极多,要同各界上层人士来往，为党收集情报。其次，当时刊物的编辑人(即主编)要向国民党政府登记批准；文稿还要送国民党图书审查委员会审查通过，同这些小官僚打交道，这对他是不大方便和不合适的。其次，胡愈老为人，向来是多做实际工作，不居名，不沾利。一件事业由他倡议、筹划、实现后，他就退居幕后协助，不愿意担任任何名义。例如他对生活书店和开明书店，都做了很多贡献，却什么名义也没有担任过，也没有收过任何报酬。

当时金仲华同志在开明书店帮助《中学生》主编叶圣陶同志负责实际编辑任务，不便离开，于是胡愈老就要我去负责《世界知识》的实际编辑任务。我自 1930 年初进商务印书馆任《东方杂志》编辑后，就在胡愈老领导下工作。特别是 1932 年下半年《东方杂志》因“一·二八”事件被迫停刊而于 10 月复刊后，由胡愈老任主编，一切实际工作都由我负责，我们合作得很好。他对我颇为器重。兼之我当时是《东方杂志》一个普通编辑，不负主要责任，而且对商务的老板王云五很不满意。所以他坚主我辞去商务的工作，去担负《世界知识》的编辑任务。记得有一天他和另一位同志(可能是金仲华或毕云程)到我家来看我。我当时刚搬入旧法租界吕班路万宜坊新居，房子都没有布置好，大家坐在空洞洞的会客室里，除了研究刊物的筹备工作外胡愈老殷切劝我辞去商务职务去编《世界知识》。我当时思想很矛盾。一面颇想离开商务去开拓另一个新的战场。另一方面则顾虑重重，后来几经考虑，终于辜负了胡愈老的好心。原因之一是我在商务印书馆工作，是订立聘约关系的，不到期满时间，不能随便辞职和解职(商务对干部都实行这种制度)。其次，我那时虽只是二十七八的青年，但已是两个孩子的父亲，经济负担较重，商务的工作当时还是比较可靠的“饭碗”。

这个问题的最后解决是由毕云程同志来担任编辑人的名义，实际主编工作则由胡愈老来负责，并由一个强有力的编辑委员会来协助。毕云程同志是大企业家穆藕初的秘书和挚友，为人正直，富正义感，思想进步，吃苦耐劳，事业心极强，他同生活书店的邹韬奋同志关系密切。他虽然不是研究国际问题的学者，但行政管理能力极强。加之当时创办一个刊物，需经国民党批准登记，而他是最能通过这一关的适当人物，在这种情形下他就毅然负起《世界知识》编辑人的责任。从刊物创刊起一直到1937年3月，《世界知识》的版权页上都刊登着毕云程为《世界知识》的编辑人。这年4月以后，版权页上的编辑人才改为金仲华同志。

这位编辑人是怎样编辑《世界知识》的呢？请看毕云程同志的自述。

> 《世界知识》的编辑工作，由愈之安排得很好，编辑部只有愈之和我两个人，只工作半天。愈之主持撰述，我做一些编辑事务的具体工作。另外特约十多个对于国际问题有研究的朋友担任特约撰稿，每半月聚餐一次，就在叙餐时共同讨论国际形势，拟定论文题目，由各特约撰稿人分别担任撰写，由我担任集稿，随时以电话联系，从不脱期。每月一日和十六日发行，在发行前三天作为集稿的最后一天，必须抓得很紧。这一天晚上，我必须到印刷所去校对，力求版面整齐。……这一晚上的校对工作总要做到半夜一点钟甚至两点钟，看过最后一次清样签字付印，才能回家。印刷所连夜制版赶印，早上装订成册，上午九十点钟可送到生活书店，交付发行。（毕云程著《韬奋和生活书店》）

从毕云程这段叙述中，我们可以看到：胡愈老不但是《世界知识》的主要创办人，而且是刊物的实际主编。每半月举行的叙餐会，实际上是刊物的编委会。《世界知识》的工作效率是极高的。这里我想说一说每半月举行一次的叙餐会。《世界知识》创刊后，名义上并没有成立一个编辑委员会。而这个叙餐会，实际上就是编委会。经常参加的人有胡愈之、毕云程、金仲华、张仲实、钱亦石、钱俊瑞、胡仲持、邵宗汉、王纪元、沈志远、艾寒松、章乃器和我等十来人。这是创刊初期的一些主要参加者，后来随着形势的发展，各个时期参加的人数变动很大，很多新人都参加了。如郑森禹、冯宾符、叶作舟、孙怀人等同志。有时外地的作家来沪，我们也临时邀请他们参加。叙餐会多去四马路的蜀臾川菜馆，也偶然去跑马地相近的功德林素菜馆举行。这个叙餐会是切切实实的编辑工作机构，不仅讨论当时的国际形势，而且还交换关于国内政治情况和意见，特别是有关外交政策的问题。会议讨论和决定下期的选题计划，分配撰写任务，限期交稿。由毕云程集稿后去发排。

现在有些人可能会提出这样的问题，为什么要采取叙餐会的方式，是否有点大吃大喝之嫌。原来解放前各位作者都有他自己的工作岗位，在办公时间内不许请假去参加其他与他单位工作无关的会议，否则就得扣工资。我当时在商务印书馆工作，王云五老板采用美国泰勒的科学管理制度，上班时都得在一特制的大钟打签到卡，记下几时几分到馆上班，每月迟到时间积满半天，即要扣工资。所以大家在参加一些社会活动时，都利用中午休息或晚上下班后时间，用工作餐的方式来谈工作或开会。不像现在在工作时间可堂而皇之请假去开会。

上面说到创刊最初时期的实际主编是胡愈老，但他毕竟是个忙人。因此刊物的实际主编以后逐步由其他同志来担任。首先是张仲实同志，于 1935 年 1 月接代了胡愈老的实际主编工作。到 1936 年 3 月，张仲实因担任生活书店的总编辑，就由钱亦石接任主编，不久又由钱俊瑞接任主编，那时帮他们作助编工作的有林默涵（原文化部副部长）和王益（原国家出版局局长）两位同志。到了 1936 年年底或 1937 年年初，则由金仲华接任主编，1937 年 4 月 1 日出版的《世界知识》的版权页，编辑人由毕云程改为金仲华，在以后很长时期中，《世界知识》都是由金仲华主编的。

《世界知识》不但有一个切实负责的编委会，而且还聘请特约撰稿人 26 人(原为 25 人，后加上一人)，名单刊登在刊物封二的显著地位。兹抄录如下并说明几个问题：

戈公振(中央社驻欧记者)、王纪元(申报月刊编辑)、艾寒松(生活书店编辑)、邵宗汉(大晚报记者)、吴清友(中华月报编辑)、沈志远(时代与思潮杂志特约编辑、后为时事类编特约编辑)、金仲华(中学生杂志编辑)、周伯棣(中华书局编辑)、周建人(商务印书馆编辑)、马星野(中央政治学校新闻系主任)、胡愈之(哈瓦斯社记者)、胡仲持(申报记者)、姜君辰(中华日报记者)、俞颂华(申报月刊编辑)、徐懋庸(新语林半月刊编辑，后为太白半月刊编辑)、章进(中国外交年鉴编辑)、冯和法(国际贸易导报编辑)、张仲实(时代与思潮杂志编辑，后为时事类编编辑)、张明养(东方杂志编辑)、项远村(时事新报记者)、邹韬奋(新生周刊驻欧记者)、杨青田(中华日报记者)、叶作舟(东方杂志编辑)、樊仲云(新生命书局编辑)、顾昂若(国民通讯社记者)、陈翰笙(中央研究院特约研究员)。

从这个特约撰稿人名单中，可以看出他们多是当时上海新闻出版界的著名人士，大多是从事研究国际问题和社会科学的，也有文化界和科技界的著名作家。还可以从名单中看出特约撰稿人不仅包罗了当时进步的国际问题研究者，而且也团结了少数中间的或偏右的作家。例如名单中的马星野，是国民党中央政治学校的新闻系主任，后来成为台湾国民党政府新闻界的重要人物。章进是在国民党外交部工作的，但他主编的《中国外交年鉴》，颇有参考价值。还有一位樊仲云，原为《东方杂志》编辑，同胡愈老同事，相交颇深，但那时他已脱离《东方杂志》而投靠国民党，创办新生命书局。胡愈老所写的影响极大的《莫斯科印象记》，就是首先在樊仲云所编的《社会与教育》杂志上分期发表的(樊在抗战后期成为汪精卫傀儡政府的汉奸)。从这里可以看出《世界知识》很注意统战工作,团结了一大批可以团结的作者。

这里还有一点需说明的,有些经常为《世界知识》写稿、有的后来还成为刊物实际主编的作家,却没有列入特约撰稿人的名单中,例如夏衍、钱亦石、钱俊瑞、郑森禹、刘思慕、冯宾符等人。这大概有几种原因,有的从事地下革命工作,刊出真名,有所不便;有的在国外或在他地,未及联系。《世界知识》创刊后不久,联系的新作者越来越多,我记得现在闻名世界的钱学森同志也曾在《世界知识》发表过关于科技方面的短文。由于作家队伍的不断扩大,特约撰稿人的名单从第二卷第一期(1935 年 3 月 16 日出版)就没有再刊登。

四

《世界知识》自 1934 年 9 月创刊到 1937 年 11 月 16 日出版的第七卷第一期,都是在上海编辑出版的,共计 73 期(上海“八·一三”抗战后,《世界知识》曾同《中华公论》、《妇女生活》和《国民周报》四个刊物合出《战时联合旬刊》除外)。在这三年多的时间里,《世界知识》在以马列主义观点分析当时的国际形势、宣传抗日主张和介绍国际知识等方面作了很多工作,贡献颇大,受到广大读者的欢迎和好评。印数不断增长。我是《世界知识》的忠实读者和作者,曾用张弼笔名写了不少文稿,除了瞭望台的短评、一些译稿和座谈会发言外,共写了 39 篇专文。从同《世界知识》长期密切接触中,我认为《世界知识》具有很多特点和优良风格。我在《金仲华的编辑生涯》一文中(刊于《出版史料》1988 年第三、四期)曾概括为下列六点。

一、坚定的政治立场。《世界知识》的创刊和编辑工作,从开头即在共产党的领导下进行,是党的宣传喉舌。

二、正确的方针。以马列主义立场和观点分析错综复杂的国际形势，指出中国人民争取解放的方向和道路。

三、内容丰富多彩，风格严肃认真。

四、善于用形象艺术作为重要宣传手段。

五、团结了一批进步的研究国际问题的作者。

六、艰苦的创业精神和高速的工作效率。

这些特点和优良风格，在《世界知识》创刊初期及以后的各个阶段，得到进一步的发展。我殷切希望《世界知识》今后能继续发扬并进一步充实、发展、完善这些优良风格，为推动国际问题研究，宣传我国对外方针政策作出更大的贡献。

1989 年 8 月 20 日写于北京

原载《世界知识》1989 年第 18 期

我和《中学生》

张明养

当 1930 年《中学生》出世时，我虽然已是一个刚刚离开大学、走上工作岗位的青年，但《中学生》每期出版时，我都经常阅读，从中吸取有益的营养。从 1933 年起，在叶圣陶先生主编时期负责实际编辑工作的金仲华同志的鼓励下，我开始给《中学生》写稿，特别是自 1934 年 10 月起，我为《中学生》撰写《国际政治讲话》的连载稿，共写了十余讲。1935 年经修改后，出版了《国际政治讲话》单行本，作为"开明青年丛书"之一。我就这样同《中学生》结成了永恒的友谊。

"七七"全面抗战爆发后，我同《中学生》的关系就中断了一个时期。不过我同《中学生》的前一段的密切关系，对于我在抗战中期负责主编性质有些类似的《学生杂志》，有很大的帮助与借鉴作用。商务印书馆出版的《学生杂志》,历史相当悠久,在20年代共产党员杨贤江负责主编时,在启发青年学生的新思想,引导他们走上革命的道路方面,曾起了重要的作用。抗战爆发后,《中学生》杂志同商务印书馆出版的其他刊物如《东方杂志》等,都迁到香港出版。大概在1940年初,《学生杂志》原主编因故辞职他去,就由我兼任主编,直到1941年冬日本帝国主义侵占香港为止。《学生杂志》的读者对象同《中学生》大体相同,但两者的编辑风格则各有特点。我在接编《学生杂志》的编务后,就尽力吸收《中学生》的一些优良编辑风格,使刊物更能适应抗战时期青年学生的需要。但当时全国处在战争烽火中,刊物又在香港印刷出版,在内地发行数量有限,影响不是很大。

抗战胜利后,《中学生》在上海复刊,我也随复旦大学迁回到上海任教,同开明书店前辈老友又有了来往,但好像没有为《中学生》写过稿。1949年初的一天,开明书店的老编辑和复旦大学教授周予同先生来找我,说《中学生》主编叶圣陶和傅彬然要离开上海去解放区,请我去接编《中学生》。由于我同《中学生》的历史关系,以及开明书店的许多同志都是我的老前辈和老朋友,而且在上海和全国即将解放的前夕,在政治上更有需要,因此我欣然接受了,我就这样从《中学生》的读者、作者,成为《中学生》的一位编辑人员了。

当时开明书店编辑部设在北四川路虬江路口的永丰坊内开明新村"怀夏楼",数十人同在一间大办公室内工作。我因兼职关系,每星期只去几次,处理重要编务,有些稿件都带回家中审改。很多选稿编校工作多由年轻编辑欧阳文彬和王亚南同志负责去做,她们在叶圣陶、傅彬然同志领导下,参加《中学生》编校工作多年,熟悉业务,工作很顺利,我也没有想到要在编辑和内容方面作什么改变。

不久上海解放了,《中学生》因形势的需要改名为《进步青年》

出版。考虑到解放后的新形势和读者对象的扩大，在内容上就增加了新的栏目和文章。首先，为了帮助读者认识解放后的新形势和了解党的方针政策，以及学习马列主义的基本知识，就多刊登这些方面的文章。解放后全国普遍展开社会发展史的学习，我曾为刊物写了社会发展史的连载文章。其次，读者对象由中学生扩大到进步青年，因此内容上就不能不作相应的扩大。但在总的方面，我们仍继续保留着过去的优良传统和风格。1951 年我就因工作关系而离开了。

从我同《中学生》的长期交往中，深感这个刊物具有很多的特点和优良作风，即使在 60 年后的今天，也还值得我们在工作中学习和参考。

首先，《中学生》发刊辞中说："本志的使命（也是现在通常说的方针任务）是替中学生诸君补校课的不足；供给多方的趣味与知识；指导前途；解答疑问；且作便利的发表机关。"这一方针非常重要和正确，完全适合各个时代青年学生的需要。历届的编辑人员都是按照这一方针进行工作的，使刊物在读者中产生了极大的影响。我们现在偶然遇到一些 70 多岁的著名人士中，常常会听到他们谈起《中学生》对他们事业成就的影响而缅怀不已。即使在目前改革的年代，青年学生也急需课外的新知识、新思想，需要"指导前途，解答疑问"。我们不能让广大的青年学生"彷徨于纷叉的歧路，饥渴于寥廓的荒原"。《中学生》的任务很重大，它有很多重要的工作可做。

其次，对读者采取辅导的态度。叶圣陶先生在《我们的宗旨与态度》一文中说："我们时常把读者诸君称为青年朋友，这个'朋友'不是一种浮泛的称谓，欲表示我们真心诚意地把诸君认作朋友。"（见 1948 年 6 月《中学生》第 200 期）叶老在 1980 年 1 月《祝〈中学生〉复刊》中说得更明确透彻："我和朋友们当时编《中学生》确有这样的想法：不要教训，要劝说；不要灌输，要启发；不要以教育者自居，要像对待朋友一样对待读者，了解他们的生活情况和学习情况，知道他们需要什么，喜爱什么，跟他们一起商量探讨，解决一些他们面临的问题。”这种辅导的态度，不仅过去适用，在目前青年学生思想更活跃的年代，更须采取这种辅导的态度。

再次，严整的编辑作风和高效率的工作班子。开明书店向来以严整的编辑作风闻名，《中学生》也不例外。无论在选题、审稿、编辑加工以及校对排版、题字插图等方面，都认真负责，严格要求，一丝不苟。而且编辑人员精干，工作效率极高。例如我任刊物主编时，仅有年轻编辑人员二人，加上我一个兼职的，但每月一本 54 面的 16 开本的刊物都能按时出版。这种严谨的编辑作风和高效率的工作态度是难能可贵的，是我们目前最需要学习的。

60 周年并不算太长。祝《中学生》在未来的岁月中更上一层楼，办得更好，更出色，永远成为广大青年学生的良师益友。

1989 年 2 月 28 日北京

原载《编辑学刊》1990 年第 4 期

怀念和感激

——纪念商务印书馆建馆八十五周年

张明养

我于 1930 年初进入商务印书馆编译所工作，到 1942 年夏离开，为时近 13 年。在我的一生经历中，商务是我进入的第二个大学校，对我的影响极大。今天，我怀着怀念和感激的心情，写此短文来纪念和祝贺商务建馆 85 周年。

商务印书馆不仅是我国历史悠久的重要出版机构，对发展文化事业作出了巨大的贡献，而且还是一个培育人才的大学校。商务编译所拥有一支很强的编辑队伍，许多老编辑多是各门学科中学有专长的著名学者，在他们的传、帮、带下，不少年轻人得到了锻炼和提高，成长为国家有用的人才，在政治、社会、文教和科技各方面，作出了有益的贡献。

一个培育人才的大学校，至少要具备两个不可缺少的条件。一是拥有学有专长的热情的导师，二是具有做调研工作所必需的图书资料设备。除了一些大学和研究机构外，商务编译所在这两方面都有它独特的有利条件。

商务编译所的各个编辑部门的许多老编辑，都是知识渊博的专家，是很好的导师。他们对年轻人严格要求，耐心指导，热心帮助，大胆使用。只要你自己艰苦努力，这是一个极好的学习和锻炼场所。

就我个人的经历来说，我大学毕业后经人介绍，通过考核，进入商务编译所《东方杂志》编辑部工作。《东方杂志》是历史很久的综合性大型刊物，刊载论述国内外有关政治、经济、社会、科技、文教和文艺等问题的重要论文，在社会上享有较高的地位，影响极大。我进商务工作时，《东方杂志》的编辑人（即主编）是钱智修（经宇）老先生，以后是胡愈之同志，他俩都是我所敬爱的导师。先后的同事俞颂华、武育干、黄幼雄、张梓生、吴景崧、冯宾符和吴泽炎等同志，都是我的良师益友。在我工作的最初几年中，钱经宇老先生和其他一些同志除教我如何做编辑工作之外，还鼓励我翻译和编写一些有关国际问题方面的知识性和资料性文章，以后又鼓励我写作有关重大国际问题的论文。他们在安排工作和交代任务时，都提出明确要求，并予以具体指导和帮助，特别是胡愈之同志对我们一些年轻人，不但热情帮助和鼓励，而且充分信任和大胆使用。在这些良师益友的鼓励和帮助下，我那时写了大量关于国际问题的资料性和政论性的文章。1978 年我因查阅一个材料，重新翻阅了30年代出版的《东方杂志》半月刊，发现不仅每期刊物都有我的拙文，而且有几期中长短文，合计每期竟达五六篇之多，除了署真名外，还用了许多笔名。那时我刚跨出大学之门不久，年龄还不满三十岁。现在回想起来，在这些多产的作品中，自不免有粗制滥造之作，但是从这一情况中，正可以看出许多老编辑都是热心培育人的好导师。

1982年1月2日

选自《商务印书馆九十五年》，商务印书馆1992年

集专家教授编辑于一身

——张明养的编辑生涯述略

戴文葆

考进商务编译所

前辈编辑家往往是全能型的，一专多能，不仅编、著、译样样拿得起，而且在资历上通常表现为三位一体，集专家、教授、编辑于一身，张明养同志就是这些编辑家中间的一位。他是知名的国际问题专家，政治学教授；可是，人们可能不知道，他还是一位辛勤的编辑家。

张明养本名良辅，最著闻的笔名为张弼，1906年生于浙江省宁海县。1929年夏，毕业于上海复旦大学。当时，他并没有急于就业，而是想更好地掌握外国语，又到教会学校震旦学院去专修法语。1930年初，他考入商务印书馆编译所，参加《东方杂志》和《学生杂志》工作，从此开始了他的编辑生涯。

从30年代之初在《东方杂志》供职起，到1958年还主持过《世界知识》及其出版社工作，在他所从事的社会职业中，编辑一职几乎长达30年之久。在繁重的编辑工作中，他把自己造就成专家教授；作为专家教授，又充实和提高了他所负责的编辑工作。

在胡愈老的鼓励下

考进商务印书馆之前，在1929年12月10日出版的《东方杂志》的“新语林”栏内，张明养就已发表了署本名“良辅”的文章。正如学术界所公认的那样，“商务”的编译所是知识分子汇集的地方；在发展中华民族的科学文化上，商务印书馆作出了重要的贡献。不少从国外留学回来的知识分子，都在“商务”的编译所工作过。1923年进馆的叶圣陶在《我与商务印书馆》一文中指出：“稍后创办的几家出版业如中华、世界、大东、开明，骨干大多是从‘商务’出来的。”张明养也有相同的体会，他回忆道：

> 商务印书馆编译所在某种意义上说，是一所适于培养人才的社会大学。那里有藏书丰富的东方图书馆，有学有专长的各科专家可奉作良师益友，还有更多的写作实践和接触社会新思潮的机会。

这段话是他在回忆作为大编辑家的胡愈之的贡献时讲的。他真有幸，进馆不久就认识了原在“商务”工作、刚从法国巴黎大学留学回国的胡愈之。胡愈之在工作、治学和政治上，都对他发生了重要影响。

胡愈之是1914年考入“商务”编译所的，那时不过刚满18岁。幼时在私塾读书，1911年后相继在绍兴府中学和杭州英文专科学校求学。他进“商务”做编辑工作，从练习生做起，一直到主编全国闻名的大型综合刊物《东方杂志》。起初他还没有上过正规大学，但他勤奋努力，从五四新文化运动时期起，他译著了不少文章，并积极参加文化团体的活动，在文化界结识了许多朋友。1924 年后，由于《东方杂志》的第五任主编钱智修年老，不大管事，这份杂志实际已由胡愈之负编辑全责了。这中间胡愈之因为写信抗议蒋介石国民党"四一二"大屠杀，反动派要对他下毒手，于 1928 年初一度流亡法国。1986 年 1 月胡愈之病逝，张明养在五天之后写下的悼念文章《我最敬佩的胡愈老》中，谈到自己在编辑工作等各方面所获得的教益称：

> 我与愈老相交已有 55 年。我第一次认识他，是在 1931 年他自法国巴黎大学留学回国仍回到《东方杂志》工作时。……我那时已于前一年（1930 年）考入商务印书馆，分配在《东方》工作，愈老为人和蔼，平易近人，对我这个编辑部中最年轻的编辑，多方予以鼓励、培育和使用。在短期间的接触中，就给我极深的印象。1932 年"一·二八"事件中，商务被日本侵略者炮毁，《东方》停刊，于半年后重新恢复时，他承包编辑《东方》，亲自筹备复刊，担任主编。这时原《东方》的编辑，很多去参加了申报馆出版的《申报月刊》的工作。因此他主编《东方》复刊时，仅有我一人回去工作，另外又新聘了二三位编辑。他除承包《东方》外，还兼任一个外国通讯社的编译工作，并帮助邹韬奋先生办好《生活》周刊和创办生活书店，工作很忙，因此对于《东方》编辑工作，除了编辑方针、主要选题和重要稿件由他亲自决定审阅外，其余一般具体业务和行政事务，几乎全都交给我商同其他同事负责处理。他对年轻人的充分信任、大胆使用和关心爱护的情景，我至今深记不忘。在他的领导下工作，我不仅在编辑业务上学到了许多东西，而且在政治上、思想上更得到他热诚帮助，获得很大收

获。

从上面的亲切回忆中，我们固然看到了大编辑家胡愈老的风范，同时也看出了年轻的张明养勇于负责、乐于求知的精神。他所说的“不仅在编辑业务上学到了许多东西”这句话，看来似乎是寻常的谦辞，实际上可以想像他在编辑工作中是何等的用心和勤奋啊！毫无疑问，良师益友的奖掖提携是有很大作用，但归根到底，要靠自己努力学习。

《东方杂志》的编辑工作

编辑《东方杂志》这样的大型杂志是很紧张的。它创刊于1904年（清光绪三十年），是半月刊，每月10日、25日出版，后来改为每月1日、16日出版。虽然“商务”自己有印刷厂承印，编辑部的工作必须有条不乱，按时发稿、校对，才不致延误。我们查阅1930年第27卷杂志，第1、2号是《中国美术号》。2月10日出版的第3号，张明养写了三篇国际问题文章，另在“新语林”栏内写了《世界各国之军服》一文。同期刊载了胡愈之的巴黎通讯，谭云山的印度通讯，鲁迅译的苏联波里斯·毕力涅克的小说《苦蓬》，其他还有论文、考据、国外报刊译文，以及附录的文献资料与时事日志。这样一期的加工整理工作量不小，自己还要写稿。编排固然有既定格式，校对与编后事务也不轻。编辑部人手有限，老板不能容许闲人游荡。张明养走进《东方杂志》编辑部，就遇到如此繁重而紧迫的工作。

那时在国民党的统治下，民生凋敝，百业不振。也许会认为商务工资较为优厚，工作条件比较适宜，出山入世就遇到高人，似属时运亨通。其实，客观条件再好也不起决定作用，事在人为，关键是对于工作要领得起，能干还要肯干。我们看张明养参加《东方杂志》编辑工作的第一年，1930年出杂志24册，张明养用本名良辅及良甫、梁抚、养等名，写了国际问题论文23篇，“新语林”栏的小品36篇，共计59篇。一星期至少写一篇稿子，材料自己找，题目自己定，写得必须适合这个全国性大型刊物的学术水平。其他编稿和行政事务也要担负起来，不得取巧规避，敷衍了差。知识能力和职业道德都经受了考验。

经过“一·二八”事变的摧残，“商务”老板从灰烬瓦砾中看到困难重重，便同意由胡愈之承包《东方杂志》编辑工作，从第29卷第4号（1932年10月16日出版）起，胡愈老正式担任主编，张明养是他的得力助手。愈老在《本刊的新生》一文中，向读者宣布编辑宗旨：“以文字作分析现实指导现实的工具，以文字作民族斗争社会斗争的利器，我们将以此求本刊的新生，更以此求中国智识者的新生。”茅盾在《商务印书馆编译所》中把胡愈老的编辑思想介绍得更为清楚：

> 胡愈之想在商务这个顽固堡垒中辟出一块进步的阵地来，把《东方杂志》办成一个宣传进步思想的刊物。他乘当时民众抗日热情的高涨，在《东方杂志》上大登宣传抗日的文章和揭露帝国主义实质的文章，他又借中苏复交之机，大力介绍苏联的建设成就，甚至出了一期苏联现状专号。胡愈之这样做，阻力极大。

张明养是理解并努力协助胡愈老的。他回想那时的编辑工作道：“三十年代国民党统治区上海，是白色恐怖统治下‘文化围剿’的中心，怎样把一个文化企业单位出版的有历史影响的综合性学术杂志，编成一个进步的有利于革命宣传的刊物，实是一个极微妙的复杂问题。愈老却有先见之明，力排当时文化界极左路线的影响，广泛地团结一批爱国的中间的进步作家为《东方》撰稿，使《东方》在‘文化围剿’中仍能起着进步作用，成为一个影响很大的刊物。”

在1933年1月1日出版的第30卷第1号中，发表了以《新年的梦想》为题的征文，在这个题目下，又分两个小题：《梦想的中国》、《梦想的个人生活》。有一位研究鲁迅的作者，在前几年说发动这种征文，是大老板粉饰国民党统治、麻痹人民群众的伎俩。张明养为此加以剖析称：

> 愈老还用心良苦地设计：在1933年《东方》新年特大号中，刊登一组《新年的梦想》征文。一百四十二位著名人士从各个角度来描绘他们“梦想中的新中国”。为什么要说“梦想”？鲁迅在《听梦说》一文中一针见血地指出：“记者的苦心，我是明白的，想必以为言论不自由，不如来说梦，而且与其说真话之假，不如来说说梦中之真。”这一百多个梦的主要内容是什么呢？鲁迅概括为两点：“首先是谁都觉得生活的不安定，其次，许多人梦想着将来的社会‘各尽所能’呀，‘大同世界’呀，很有些‘越轨’气息了。”这些征文发表后，引起了社会上和政治上极大的震动，不过在那个黑暗的社会里，连谈谈“梦中之真”也是不准许的。

在1933年1月新年特大号中，“文艺作品”栏内，发表了茅盾、老舍、朱自清、施蛰存、谢六逸、叶圣陶、丰子恺、郁达夫、巴金和丁玲的创作，还有鲁迅以“隋洛文”笔名翻译的小说《穷人》。这也可看出当时杂志团结作家之广泛。

到第30卷第6号，愈老在承包契约满期时，就被迫放弃了《东方杂志》主编的位置，同时也离开了工作20来年的“商务”。张明养仍在《东方杂志》工作着，在客观环境所能容许的范围内，仍然力图实现原来的编辑意图。胡愈老有时仍抽暇为《东方杂志》撰稿。而且,值得提出的是,从1933年9月出版的第17号起,到1935年间,不时发表许涤新的论文,那时许涤新在上海参加社会科学家联盟,任研究部副部长、宣传部长和党团书记,又任中共文化工作委员会委员和中国左翼文化总同盟组织部长等职,在党领导下的革命文化运动中起着重要作用。但处于国民党反动派的压迫下,生活极为困难,《东方杂志》的稿费帮助他应付艰难的生活,他至今谈起来还感谢编者张明养的关注。杂志上还常常发表进步作家的论著,如郭沫若以"鼎堂"之名写的《正考父鼎铭辨伪》等文。

从1930年起,张明养在《东方杂志》工作的时间很长。"八一三"上海抗战展开,《东方杂志》一度迁至长沙。1938年8月间又迁香港。张明养不仅没有离开《东方杂志》的编辑工作,而且又担任《学生杂志》的主编。直到1941年底太平洋战争爆发,日军占领港九,"商务"的印刷厂和货栈均被劫持。《东方杂志》出到第38卷终,被迫停刊。老板将总管理处迁往重庆,又实行"一·二八"事变时解散工作人员的故伎。据粗略的统计,张明养编辑《东方杂志》期间,用明养、良辅、良甫、芝益、梁抚、谅夫、东序、谅无、朗怀、郎之余等名,发表专论、短评及编译稿等约567篇。然而,"文章憎命达","诗书不疗贫",他一家过着十分困苦的生活,连三餐也不足了。在这种突发事件的逼迫下,有些职工不顾名节了。张明养宁可全家挨饿,坚守民族气节。后来在党的关注下,经孟秋江等协助,历尽艰险,回到内地。1942年到重庆,不愿再接受商务之聘,而应张志让的邀约,执教于北碚复旦大学法学院。

参与创办《世界知识》

从30年代初到40年代初,张明养不仅为《东方杂志》辛勤地工作着,完全无愧于编辑的职责,而且他积极献身于中国进步文化事业,同时参加反帝斗争和救亡运动。

1931年9月,日本侵略军在沈阳发动"九一八"事变,东三省领土相继沦陷。1932年1月底,日军又在上海闸北挑起"一·二八"事变,把侵略战争扩大到华中沿海。中华民族的灾难日益深重,国际帝国主义鹰瞵鹗视。人们看到苏联第一个五年计划的胜利完成,和平外交政策使得红星格外光亮。在国难当头、民心愤激的形势下,南京国民党政府被迫宣布与苏联复交。我国著作家为此致电苏联人民委员会及全国民众称:

> 苏联和中国现在恢复邦交了!我们相信两国人民中间的友谊从此能够更加进步。一年以来,日本帝国主义武力侵占我们的东三省,国际联盟的列强始终袒护日本,并且在幕后密谋瓜分中国共管中国了;中国人民已经认清了国际帝国主义的真面目,同时更加认清了苏联的和平主义。只有苏联是被压迫民族的真正朋友!这次中苏复交就是中国民众热烈期望的结果。
>
> 从事文化工作的我们,尤其钦佩苏联的文化工作者对于社会主义文化的伟大努力和贡献。……我们并且相信全中国久受帝国主义文化侵略的被压迫民众,正热烈地需要着苏联的和平的创造的新文化以为努力的借镜。

这个电文载1932年12月15日《文学月报》第5、6号合刊,签名者第21人就是张良辅。59位签名者,以柳亚子、鲁迅、茅盾、叶圣陶、郁达夫开头,还有胡愈之、沈端先(夏衍)、田汉、适夷、丁玲、沙汀、任白戈、何丹仁(冯雪峰)、周起应(周扬)等。据钱俊瑞祝贺《世界知识》创刊50周年时的回忆,那时候,"一群革命的进步的知识分子在上海组织了《苏联之友社》,目的是研究和宣传苏联,批判资本主义旧世界"。他记得一部分社员,有胡愈之、金仲华、钱亦石、张仲实、沈志远、毕云程、张明养、王纪元、曹亮、章乃器和他本人,常常聚会讨论国际形势。有时在一家私营银行的会客室里,有时在八仙桥青年会内。

1933 年和 1934 年间,生活书店成立不久,它除了出版《生活》和《生活》的后身《新生》周刊外,新出了两种重要的期刊:一是《文学》月刊,创刊于 1933 年 7 月 1 日,胡愈之联系了郑振铎、傅东华、陈望道、郁达夫、茅盾、洪深、徐调孚、叶圣陶,他们九位担任编委,出刊后影响很大。另一种是《世界知识》,主编名义上是毕云程,实际上是胡愈老亲自主持,创刊辞就出于他的笔下。令人欢欣的是:《世界知识》出版的同一天,1934 年 9 月 16 日,由鲁迅、茅盾、黎烈文发起创办的《译文》也由生活书店出版了;接着,由陈望道主编的《太白》半月刊又于 9 月 20 日创刊。国民党的"文化围剿"被打破了。

这都出于胡愈老的规划和组织。单说《世界知识》,当时国际风云变幻剧烈,国际间和各国内部斗争紧张尖锐,胡愈老和他的战友们认为应该办一个宣传国际问题,帮助读者分析形势的刊物。徐伯昕在《〈世界知识〉与生活书店》一文中指出:"《世界知识》是经胡愈之同志为首的一批国际问题专家的倡议筹办的。""这批国际问题专家中间,有些人是中共的地下党员,有些人是党外的进步著作家。"他列举的"长时期为这个刊物输送营养"的著作家中,就有张明养在内。这位生活书店的经理还指出:"他们和生活书店之间建立的也不仅仅是一般的一个刊物的著作人和书店的关系,他们从中国革命的需要出发,积极地从政治上和事业上支持书店。"

1934 年夏,胡愈之为生活书店筹划创办《世界知识》时,最初有一次就在张明养的住处集议。那时,他新租了闸北的寓所,家具还未摆设,胡愈老、郑森禹等就坐在楼板上计议着。胡愈老本要他辞去商务印书馆《东方杂志》编辑职务,去负责《世界知识》编务,因为他同"商务"订有聘约关系,未能如愿。张明养回想往事道:

“但我当时几乎在每期《世界知识》上撰写一篇专文。”接替胡愈之担任实际主编的张仲实也说:“愈之同志团结了十多位国际问题、时事评论专家,成为固定的撰稿人。他们有钱俊瑞、钱亦石、金仲华、胡仲持、张明养、沈志远、邵宗汉、刘思慕等。夏衍、章汉夫有时也写一些评论。”而后担任主编的钱俊瑞也说:“我们周围有一个经常的作者队伍。在我主编期间,这个队伍中主要有夏衍、平心、张明养……”

大概从1936年开始,金仲华担任《世界知识》主编。张明养说:“金仲华同志在《世界知识》创刊初期,同我一样,几乎每期都撰写一篇专文。”抗战爆发后不久,上海沦陷。1938年金仲华带着《世界知识》由汉口辗转广州到香港。张明养说:“他担任《星岛日报》总编辑,兼编《世界知识》。当时我在商务印书馆任《东方杂志》编辑和《学生杂志》主编,他曾要我负责《世界知识》编务,但因商务印书馆总编辑周颂久坚决不让我辞职,没有去成。”1941年底太平洋战争爆发,《世界知识》在港停刊。1945年抗战胜利后,在上海复刊。张明养说:“《世界知识》不论搬到香港和迁回上海出版,我都担任编委任务。解放后也由于愈老的鼓励,我从上海复旦大学调到北京来参加《世界知识》和人民出版社的编辑工作。在‘文化大革命’中,我们都因同《世界知识》这种悠久的密切的历史关系,曾被机关‘造反派’揪去批斗和书写‘交代材料’。”

著译与在文化阵线上

现在还有人提这样的问题:编辑要不要写稿、著译?这是一个不成问题的问题,应依具体情况具体对待。写作对于编辑工作本身质量的提高,有不易觉察的作用。如果一个编辑连1500字的说明文、议论文、应用文也写不好,怎么能体会著作人的苦与乐,怎么能很好地对来稿进行加工与整理呢?张明养的编辑生涯,是解决这个疑问的论证。

上文说到，他在编辑《东方杂志》时，适应刊物自身的需要，写了五百多篇文章。至于业余的著译活动，更是值得我们注视和深思的。先谈著述的业绩，用列举法揭示如下：

《中国政制论》　商务印书馆1934年出版
《国际裁军问题》　中华书局1934年出版
《国际联盟》　开明书店1935年出版
《俄国革命》　开明书店1935年出版
《国际政治讲话》　开明书店1935年出版
《世界知识读本》　生活书店1936年7月出版
《世界经济会议》　生活书店1936年出版
《现代外交的基本知识》　生活书店1936年10月出版
《帝国主义》　中华书局1949年出版
《时事研究法》　(30年代印行，出版者待查)

毋庸一一介绍上列各书的内容，书名都已表达了各书的主题。其中《世界知识读本》，分12讲，从当时世界各国政治经济的组织，论及各帝国主义国家的对立形势，进而分析必然发生民族解放运动，以及当日苏联社会主义建设的成就等等。这一长篇连载，后即编为“世界知识丛书”之一种。这里还是引用他回忆《世界知识》创办时，未能辞去“商务”工作来帮助胡愈老做实际编辑的话，那时除了经常撰稿外，“后又在愈老的指导和鼓励下，用张弼笔名撰写《世界知识读本》连载文章，最后出版单行本，曾再版数次，很受读者欢迎”。

翻译的外国著作，主要有：

《苏联之经济组织》　泰东书局1929年出版

《世界政治》(与冯宾符、邵宗汉合译)

生活书店 1936 年出版

《美洲政治史纲》(与冯宾符等合译)

人民出版社 1957 年出版

《美洲政治史纲》为美共主席威廉·福斯特所著,是关于西半球各国历史的重要著作。《世界政治》一书,为英共主席杜德所作,此书 20 万言,计分九章,是研究第一次世界大战后国际形势变化发展的名著,译本深受读者欢迎;原著者还写有《今日印度》一书,也是学术名著,多年后也在他的支持下翻译出版了。这些译本,都成为国内有关学术研究的重要参考书。

著述和翻译,是勤奋的编辑在完成了本职工作之余所不能忘怀的。在这个前提下,勤动笔,正是忠诚于文化事业的编辑力图多作贡献的尝试。而且,编辑应该关心国家民族的命运,关心学术文化的动向,这都是编辑双肩上的历史的时代的使命。张明养在这方面也做出了榜样。

30 年代初,蒋介石国民党在“军事围剿”的同时,又发动“文化围剿”,利用传统的封建伦理思想攻击共产主义,说“共产主义之政治理论”,“不适于中国产业落后情形,及中国固有道德”(1931 年 5 月《国民会议开会词》)。他诬蔑共产党毁弃“民族固有的伦理、道德、精神、文化”(1933 年 9 月 20 日《合作人员的革命责任》)。蒋介石打着“复兴民族”的旗子,叫喊“恢复民族固有道德”,鼓吹《四书》、《五经》的内容是“永久不变的原则”;利用教育行政手段,强迫中小学校学生读经,还编印了《经训读本》,推行愚民政策,禁锢思想。反动派借用古代儒家的语言,在南京,在庐山,在南昌,在上海,到处连年掀起一股尊孔复古读经的逆流。为了宣传法西斯主义和封建主义思想,反动派于 1934 年成立了“中国文化建设协会”,发起所谓“文化建设运动”。为进一步扩大宣传,

1935年1月10日在上海由十个教授联名发表《中国本位的文化建设宣言》。所谓“中国本位”，是既反对共产主义又反对民主主义，指责西方文化偏重于物质，迎合反动派提倡孔孟之道、鼓吹封建文化的主张。

鲁迅在《从帮忙到扯淡》一文中，就揭露了读经救国、中国本位文化的无聊扯淡。针对着反动复古的叫嚣，上海进步文化界于1935年初夏发表《我们对于文化运动的意见》，严肃而平和地指出：

> 我们相信复古运动是不会有前途的。假如读经可以救国，那末“戊戌维新”“辛亥革命”全是多事了。假如“中学为体西学为用”的主张可以救国，那末，李鸿章、张之洞早已成了大功了。时势已推演到这个地步，而突然有这种反动现象发生，我们虽然明白其原因并不简单，但不能不对这种庸妄的呼号，指出问题的症结所在而促其反省。不错，中国民族必须有自信心，信赖我们的自立的能力；我们不愿作帝国主义的奴隶，我们要从现在的次殖民地的政治局面挣扎出来，我们要完成民族解放的功业。但这一切，并不是憧憬于过去的光荣就可以成功的。一切破落户捧着废址上的残砖碎瓦，以为这就可以重建楼台，谁都知道只是一个愚妄的梦想！
>
> 我们以为民族的自救，除了向“维新”的路上走去，再没有别的办法了。
>
> 一切建设事业，军事设备，都需要最进步的物质文明的帮助，唯有文化工作却故步自封，不愿受外来的影响，这岂是可能之事。
>
> 凡伟大的民族差不多都吸收外来的文化。罗马帝国是全盘的承受了希腊文明的。中国的文化到底有几分之几是纯粹的“国粹”，也大是疑问。国乐器的胡琴便是边疆“胡”物，所

谓长袍马褂的礼服也是“胡”服；最初的床，被称为“胡”床；民间的“烧饼”就是“胡”饼。如果除去外来的成分，样样都要国粹，就非恢复“席地”“鼎食”“车战”“汉衣冠”不可……

这个宣言最后明确果断地表示了针锋相对的正面见解：

我们相信救国不必读经，读经和救国没有关系。这并不是说“经”书绝对地不可读；如果在大学里，研究古文史而读《书经》《春秋》，研究诗歌而读《诗经》，那是没有人反对的。

近世的伦理是进步得很快的。奉二千年的伦理观念为金科玉律，恐怕只有退化的人群才会这样办。我们相信民族的自救，贵乎知新而不贵乎温故；我们知道我们的传统的弱点，我们必须勇敢地去补救。

复古运动发展的结果，将是一服毒药，对于民族前途，绝对没有起死回生的功效。（载 1935 年 6 月生活书店《读书与出版》第二号）

在这份《意见》上签名的团体有：文学社、中学生杂志社、世界知识社、太白社、新生周刊社、译文社、读书生活社、论语社、青年界社、芒种社及东京杂文社等 17 个单位。不仅有生活书店所邀左翼人士主编的各大杂志，艾思奇主编的《读书生活》，夏丏尊、叶圣陶主编的《中学生》，与郭沫若有关的东京《杂文》，也有赵景深主编的《青年界》，林语堂主编的《论语》。个人签名者 148 人，张明养的名字居四位姓张的之首。这份《意见》的签名者，包括了上海文化界各方面的代表人物。孤立并揭露了反动的一小撮，《意见》的基本观点，即在今日，仍是值得咀嚼回味的。

古有过人主张读《孝经》可以退敌，反动派提倡读经也说可阻止日本帝国主义坦克的前进。继东北沦亡后，1935 年秋华北五省又处在朝不保夕的危机之下了！上海文化界马相伯等275人鉴于中华民族的危机日近，整个华北又将成为伪满第二，特发起救国运动，他们的宣言原文载1935年12月21日《大众生活》第1卷第6期。张明养也在这个宣言上签名。

张明养的著译及文化活动还不止此。胡愈老的弟弟胡仲持主持《申报》言论时，他经常为该报写国际问题的社论。1936年底，上海救国会七君子被捕，韬奋主编的《大众生活》被封，生活书店出版了以谢六逸教授名义主编的《国民周刊》，实际编辑是张明养。《国民周刊》是综合性的大众读物，内容包罗广泛，举凡时事、政治、经济、科学、文艺等各科知识，每期都有述评。配合当日的抗日救亡运动，还辟"日本研究"一栏，介绍日本的政治、经济、社会情况以及风俗人情。还有"青年修养"、"读者信箱"及"妇女传记"、漫画、画报等，实质上是继续韬奋所编刊物的内容和风格。创刊号上，胡愈之作《国民解》，还有金仲华、张志让、许钦文、毕云程等的文章。评论五篇中，署名"弼"、"甫"二文，均是张明养所作。当时经济学家吴斐丹从日本回国，在《申报》工作，张明养约他写了关于近卫内阁及日使川越回任等分析文章，突出了刊物研究日本问题的特点。

随《东方》到香港后，尽管又主编《学生杂志》，还参加胡愈老创设的国际新闻供应社工作，编发有关宣传抗战的稿件。胡愈老在去世前曾回忆道："香港国新社主要向国外和华侨报刊供稿，桂林国新社主要为国内报刊供稿，人员统一交流使用。这样使'国际新闻社'在党直接领导下，它和《新华日报》成了党在国民党统治区域相辅相成的两个主要的革命新闻宣传机关。"1941年4月，党领导的《华商报》在香港创刊，他被夏衍等聘为编委，负责撰写专论。所有这些工作，他都默默地认真地进行着。

作为生活书店经理徐伯昕说过："生活书店的建设与发展靠三个方面的力量：著作人、作家的合作和支持；读者的信任和爱护；书店本身干部的勤劳和努力。”他说：“讲到著作人、作家的合作和支持，《文学》月刊所团结联系的一批作家和文艺评论家，《世界知识》所团结联系的一批研究国际问题和社会科学的专家学者，实际上形成了生活书店编辑工作的两大支柱。”毋庸多说，张明养就是这样的专家学者。徐伯昕是出版界的行家，他这样总结生活书店所以能取得成功：“生活书店在中国共产党的领导和影响下，以较快的步子走上革命的道路。但如果没有编辑工作上这样的两大支柱，以及许多个别的进步著作人和作家的支持，是很难有多大的作为的。”

张明养就是这编辑工作支柱中的一份力量。

当教授和做编辑

1942 年，张明养到重庆北碚复旦大学法学院任教，开了三门课：《西洋政治史》、《西洋外交史》和《中国政府》。他和编辑工作有缘，同时被张志让聘为著名的《文摘》杂志的编委。与复刊的《东方杂志》及重庆出版界仍保持联系。

从皖南事变后，党在复旦大学建立了青年“据点”，以勤学、勤业、勤交友为主要方针，在青年学生中开展工作。张明养和张志让、周谷城等进步教授，同他们保持联系，并支持他们的工作。1944 年间，西南地区人民民主运动高涨，提出坚持抗战、坚持进步以及实行民主的要求。这年 9 月 4 日，中共中央提出召开国民大会，实施宪政，成立联合政府，贯彻抗战国策。同日，重庆教育、文化、工商、金融、法律各界代表人士黄炎培、张志让、杨卫玉、褚辅成等发表对时局的主张，提出真正实行民主的要求，张明养也在这个宣言上签名。

抗战胜利后，复旦大学复员回到上海江湾。张明养授课之余，仍为《世界知识》杂志撰稿。他是这个刊物的老编委，经常从江湾到市区来出席每月举行的选题组稿的餐叙。那时,还在宦乡协助卢文迪编的《新中华》月刊上发表译文。那时教授的生活十分清苦,他笑着说:“那是为了贴补艰难的生活!”

张明养与编辑工作真有不解之缘。解放战争期间,叶圣老、傅彬然去了北方解放区,开明书店《中学生》杂志社约请张明养担任编辑。1949 年 10 月,中华人民共和国宣告成立,叶老在北京出版的《进步青年》和上海出版的《中学生》合并起来,仍在上海出版。用《进步青年》之名,不过在刊名之下加“原名《中学生》”五字,杂志编辑委员会代表人印着张明养的名字。

《进步青年》杂志编辑部名为编委会,实际工作的只有张明养与欧阳文彬两位;欧阳在那时候还是个女青年,张明养则是兼职。16 开的杂志,每月一本,正文 54 页,用新五号字和六号字排。封面每期都有漫画。这样的编辑工作是很繁重的!

1952 年,由于出任出版总署署长胡愈之的敦促,他毅然辞去上海复旦大学政治系主任职务,到北京来参加《世界知识》和人民出版社工作。当时的《世界知识》是周刊,而且是中华人民共和国的唯一的国际问题杂志,已完全不同于昔日在上海办的那份民营的刊物了。作为主编的张明养,同时是人民出版社副总编,肩上的担子是很有分量的了。以世界知识出版社的名义,年年还编印一大部《世界知识手册》,所有规划设计、组稿定稿,都由他总负责;其中“各国概况”的中国一篇,也由他编写。刊物联系了一大群作者,紧密配合国内外形势,一月四期,从没有延误,也未发生过事故。

1957 年秋,他被调到外交部国际问题研究所,负责开展中国外交史的研究;同时还主编《国际问题研究》。海内外知名的学者、比他年长十岁的陈翰笙在那里担任领导工作。当时《世界知识》杂志改建为专业出版社,划归外交部领导。那时候,刚从上海《新闻日报》调来不久的刘思慕,又调回上海去搞整风反右运动了;一直在《世界知识》的冯宾符又另有任务。张明养与编辑工作之间缘犹未尽,1958年又被调回世界知识出版社担任代理总编辑职务。当时国际局势日趋复杂,国内反右派斗争严重扩大化后,紧接着又是所谓"大跃进"运动的兴起,政治上经济上的极左错误格外发展起来。浮夸虚报,假大空话震耳。无视客观的工作规律,不少错误的口号流行。正确的意见很难表达,编辑工作深受干扰破坏。他冷静耐心地带领同志们沉着地工作,一年后才回到研究所去。

回首往路,他献身于编辑工作已经30个年头了,尽心尽力地扶助新文化出版事业的发展。期刊、报纸和图书,每一个部门他都曾积极参与,都做出了贡献。

前辈的风仪

张明养在《世界知识》创刊50周年之际,把创办人和第一任主编胡愈之称为"开国元勋",同时特别怀念在"文革"中先后死去的金仲华、冯宾符和吴景崧三位老编辑。他在怀念文章中提到,金仲华非常重视图片和国际漫画的选登,并利用专家座谈的形式,帮助读者认识国际形势。冯宾符非常认真学习和贯彻党的外事路线和方针政策,并善于团结作者。吴景崧是脚踏实地的实干家,勇于承担全部编辑部的领导任务,晚上回家有时仍在埋头苦干,还亲自下厂审阅校样。从《世界知识》于抗战胜利后在沪复刊起,前后十来年间,我有幸接近这些前辈,他们各有特色:金仲华儒雅,冯宾符活跃,吴景崧凝重,张明养则温文尔雅。他们气质不同,而交谊莫逆,和衷共济。张明养虽是1950年后才正式参加世界知识出版社的工作,实际上从创刊之日就关心刊物的成长和发展,和他们相处甚得,使我们看到老一辈人的交友之道,从无名位的计较,权力的争夺。翻检30年代初的《东方杂志》,在图片专页上我们看到三帧相片:主编胡愈之(伏生),编辑张明养,冯仲足(宾符)正伏案校对,他后来的译著多署艾纳；而金仲华用孟如的笔名撰写妇女问题文章，吴景崧笔名杜若，在复旦大学毕业后也参加过胡愈老主持下的《东方杂志》的编辑工作。他们与编辑出版工作渊源之深，对中国文化事业贡献之大，他们彼此之间友情之笃，确实是士林书苑的佳话！

张明养很注意帮助提携年轻人，不论是做编辑或是当教授时都如此。他在大学教书时，有一次在学生办的墙报上看到一个三年级学生写的论文，便把这个学生找来，教他誊写一份，后来居然发表在 1944 年 2 月 29 日出版的第 40 卷第 4 号《东方杂志》上，题为《当前世界政治的主流》。这个三年级学生就是我。同年 11 月 30 日出版的《东方杂志》，又刊载了我的一篇论文，也是经他介绍去发表的。我在大学刚毕业，《世界知识》在上海复刊，以及生活书店出版的《理论与现实》，都发表过我的论文，也都是明养师推荐的。是他牵引我走进著作之林！我从事编辑工作后，曾在他的领导下参与《世界知识》杂志及《世界知识手册》的编辑工作。后来我整理编辑过南京国民党政府的材料，对于什么国民政府组织法的修改，行政院长权力的大小，随蒋所居官职而变化，处理起来不感到陌生，就应该感谢明养师在《中国政府》一课讲堂上的教导！现在在中国社会科学院、外文出版局以及不少报社和大学里，都有他的学生们在工作，蒙受过他的教益和帮助。解放后两度主持世界知识出版社工作期间，不论工作如何紧张，有些问题如何繁难，他总是从容不迫，和颜悦色地处理。对于编辑部的同志们，不分男女老少，平等对待，遇事商量，从无疾言厉色，而又遵守原则。他身材高大，而神情和蔼，没有凌人的架子。和编辑同志相处如朋友，闲暇时在一起打打桥牌。《论语》里说：夫子“恂恂如也”，“即之也温”；又说：“君子泰而不骄”。我觉得都能用来说明他的人品。从我在教室里听他讲授时起，后来为他主编的刊物写稿，在他领导的编辑部里工作，平常又有不时地请教，不断地接触，迄今已四十六七年了，从来没有听到过他宣扬地夸谈自己。

明养老师和师母娄朗怀，都是中共党员；师母是柔石的学生，她在少女时代就在党的直接领导下活动。明养师将专家、教授、编辑融合于一身，本文犹未能尽发其治学与任事的优长，但从他长期的编辑生涯中已可看出前辈的风仪，正是后生的楷模。谨祝明养老师健康长寿！

1987 年 10 月 19 日

原载《出版史料》1988 年第 2 期

悼张明养同志

郑森禹

《世界知识》又失去了一位可敬的导师、老战友。他，就是《世界知识》元老、创始人之一张明养同志。他不幸于 1991 年 7 月 4 日逝世。50 多年来，张明养为开创《世界知识》杂志，为世界知识出版社的成长、发展，付出了大量心血和辛劳，功绩巨大。

《世界知识》创刊于 1934 年 9 月 16 日，它是在党领导下，以胡愈之同志为首，由几位研究国际问题的志同道合者所开创起来的，张明养是其中重要的一员。从《世界知识》创刊起，张明养在这个刊物及其出版的第一历史阶段，莫不参与了战斗。他为《世界知识》和世界知识出版社写了无数篇文章，介绍国际知识、分析国际时事，为提高人们对国际问题的正确认识，作出重大贡献。《世界知识》创刊起至抗日战争初在上海时期，张明养兼用“张弼”笔名，几乎每期写稿，有时还不止一篇。1936 年，由生活书店出版的世界知识丛书之一，他的著作《世界知识读本》，是当时学习国际问题的重要课本。抗日战争期间在香港和抗战胜利后重返上海，张明养始终是《世界知识》的“台柱”。建国以后，他应胡愈之之邀，毅然辞去了上海复旦大学教职来北京,任世界知识出版社总编辑,领导编辑业务多年。后来调国际关系研究所(现为中国国际问题研究所),他仍大力支持《世界知识》及其出版社。“文革”期间,《世界知识》被横加莫须有罪名,张明养也同受批斗。在干校时,他患胃病动了手术,医疗条件差,得了后遗症。他原本壮实的身体,从此日益衰弱而不曾恢复,长期病魔缠身,近年且发现罹上难治的癌症。他爱好体育活动,年轻时代足球、篮球、网球等都是能手,“文革”前还常去旧国际俱乐部打网球,经“文革”的折磨,后来也力不从心了。但是,他对《世界知识》的关怀备至却从未减弱。世界知识出版社决定从“文革”洗劫后的废墟上重建时,张明养是党所指定的筹建小组成员之一,他为《世界知识》和出版社的新生作出了新贡献。

1989 年 9 月 16 日,是《世界知识》杂志创刊 55 周年,张明老抱病写了一篇纪念文章:《世界知识创刊初期的战斗历程》(载《世界知识》1989 年第 18 期)。文章以身历其境的史实,生动地叙述了《世界知识》艰苦创业的过程,包括时代背景、所处环境、办刊宗旨、编辑方针、写作阵容、斗争策略等,是《世界知识》极为宝贵的史料文献。张老在文中把《世界知识》的战斗历史分为四个阶段:一是 1934 年创刊起到 1937 年上海撤退;二是 1938 年迁武汉、广州、香港到 1941 年撤离香港;三是 1945 年在上海复刊到 1949 年被国民党查封;四是 1949 年上海解放后复刊并迁到北京以后。《世界知识创刊初期的战斗历程》写的是第一阶段。张老本来计划继续写后几个阶段,以使这个具有光荣历史的刊物及其出版社能有一个较完整的史料。可惜,他由于久病体弱,没能写下来,这是极大的遗憾!

张明养早年就钻研国际问题,并勤于写作。他的文章材料翔实、立论明确、分析深入浅出、文笔流畅,拥有广大读者。他早在 30 年代就已因卓越的国际问题专家而闻名,在许多报刊写过几百篇文章,为好几家著名书店如生活书店、商务印书馆、中华书局、开明书店等出版很多书。但他非常谦虚,从不摆专家架子,益受人尊敬。

张明养是编辑老手,担任过许多杂志、报社的主编、编辑或编委。他于 1930 年初起到商务印书馆任编辑,编过《东方杂志》和《学生杂志》。胡愈之主编《东方杂志》时,张明养是得力的助手。1937 年他主编《国民周刊》,这是《生活》周刊、《大众生活》、《新生》、《永生》连续被国民党反动派逼迫停刊后又一《生活》系统的接力刊物。当时正值"七君子事件",张明养就在这个刊物组织宣传报道,对推进抗日救国运动起了很大作用。他又曾应开明书店之邀,主编过对青年学生影响极大的《中学生》杂志。抗日战争期间在香港,他是党直接领导的国际新闻社和《华商报》的成员。建国后,张明养曾任人民出版社副总编辑,并主编过国际问题研究所的国际问题研究刊物。当然,对《世界知识》及其出版社,张明养一生为之操劳更久更多。

正如《中国现代著名编辑家编辑生涯》一书中戴文葆同志为其老师写的传记所概括:张明养是"集专家、教授、编辑家于一身"。张明养在复旦大学等任教多年,是一位学识渊博的名教授。实际上,张明养不仅集专家、教授、编辑家于一身,而且又是一位出色的社会活动家。他于 30 年代起,参加了各个时期党领导的多种进步活动,包括抗日救国运动与和平民主运动等集会、签名等。解放战争期间,张明养是上海大学教授的进步组织"上海大学教授联谊会"的成员。当时在国民党恐怖统治下,参加这些活动是有风险的,张明养没有后退。建国以后,张明养参加了中国人民保卫世界和平委员会、中国人民外交学会等有关的一些活动,并曾几次出国参加国际会议。作为国际问题专家,他在这些活动中发挥了显著的作用。

张明养是中国民主促进会的领导成员、中央参议委员会常务副主席。他于 1954 年起即任全国政协委员,后任全国政协常委。他平易近人,和蔼可亲,对同志对朋友都以诚相待,人们乐于与其交往。他为党团结民主党派人士共建新中国的统一战线做了很多工作。

张明养同志一直紧跟着中国共产党，在党所领导的革命事业和进步活动中作出了自己的贡献。入党以后，他更加兢兢业业地在各项工作中极力贯彻党的方针政策，是忠诚的共产党员。

多年来，张明养在编辑室里，在课堂上，培养了大批青年学生。不少人在明养老师的教导下，加上本人的努力，成了才，有的还成为卓有成就的专家。他们一直牢记这位长者的培育之恩。我与明养相交50多年，亦深受他的教益。

张明养一身具有多种美德：他俭朴廉洁，克己奉公；他不求名位，不谋私利；他正直淳厚，宽以待人；他从不做损人利己之事，对损人利己的行为深为痛恶；他默默地、踏踏实实地为革命事业操劳一生，甘为孺子牛的精神感人至深。

今年3月15日，是张老85大寿的日子，《世界知识》一些老战友纷纷到他家祝寿，我也去了，还遇到民主促进会几位领导，甚为热闹。那天，张老的病情虽已不轻，但尚能拄着拐杖迎送来客。中午，我和《世界知识》几位老战友在张老家叙餐，他和他的老伴娄朗怀大姐热情款待，大家还不时谈及《世界知识》的事，并回忆当年共同战斗的情景，气氛欢乐。赵朴初同志给张老写了一幅祝寿词，词云："君年长我一岁半，君才胜我十倍强，喜君欣欣寿而康，贡献犹多热与光，精神龙马稳且骧，意态松筠穆而庄……"这当然有赵朴老的自谦，但也道出了张明养同志的高大形象。

谁知，仅仅过了半个月，3月底，张老病情突然恶化，折磨了三个多月，7月4日终于逝世！逝世那天，我还到病床旁去看望了他，三点钟左右已奄奄一息，稍后略有好转。但当我于四点钟回家后，5时接到电话，张明养同志已经长逝！闻之不禁悲从中来。同志，老友，就这样永别了。

我和明养就是通过《世界知识》相识的，我们曾为它共同战斗了几十年。如死而有知，我愿托明养向先前已故的《世界知识》战友，特别是“文革”期间含冤早逝的几位，致敬、问候，并寄语：《世界知识》的同志们没有忘记他们，永远怀念他们，必将珍视先辈们用心血凝成的事业，进一步把《世界知识》及其出版社办得更好，优良传统代代相传！

别矣，明养，梦里相见！

1991 年 7 月

选自戴文葆、张之一编《张明养同志纪念集》，开明出版社 1993 年

沉痛悼念张明养同志

雷洁琼

今年 7 月 4 日，我们长期共事的老战友张明养同志同我们永别了。

明养同志在人生道路上度过了 85 个春秋。他是中国共产党优秀党员，知名的国际问题专家，长期从事进步文化事业的编辑家。也是中国民主促进会中央的一位德高望重的领导同志。他的逝世，对各个方面来说，都是一个重大的损失。

明养同志是浙江宁海人。1929 年在上海复旦大学毕业后，进入商务印书馆担任《东方杂志》编辑和《学生杂志》主编，开始研究国际问题，写有关国际政治方面的文章。1933 年 10 月起，他在《中学生》杂志发表《国际政治讲话》连载稿，对广大青少年进行国际知识的启蒙教育。他提出国际政治是一门科学，可称“国际学”，其研究范围包括国际政治、经济、军事、外交、法律和文化等关系。两年后，这篇连载讲话由开明书店出版单行本，列为《开明青年丛书》之一。1934 年，胡愈之同志主编的《世界知识》创刊后，明

养同志又积极为这本杂志撰稿，几乎每期都有他写的专文。他同《世界知识》有悠久的历史渊源。在全国解放后，他曾担任《世界知识》出版社的副社长兼总编辑。

30年代正是抗日战争和第二次世界大战爆发前夕，人民群众对国际形势的变化极为关注。明养同志目光敏锐，观察细致，知识渊博，分析透彻，善于通过自己笔墨，正确地宣传共产党的政治主张，深刻地剖析国际形势和人民斗争的发展，在当时各大报刊上，发表了千余篇政论，在社会上有较大的影响。他早年的主要著作有《国际裁军问题》、《国际政治讲话》、《世界知识读本》、《现代外交的基本知识》、《帝国主义》、《中国政制论》，主要译著有《苏联之经济组织》、《世界政治》、《美洲政治史纲》等，对普及国际政治知识，做出了很好的贡献。

50年代以后，明养同志曾任人民出版社副总编辑，国际关系研究所研究员，中国国际问题研究所副所长，中国人民保卫世界和平委员会委员，中国人民外交学会理事等职。他致力于国际问题的研究，主编过《国际问题研究》杂志，为宣传人民中国的外交路线和方针政策，做了大量的工作。他密切注视国际形势的发展变化，他治学严谨，孜孜不倦地研究问题，搜集资料，撰写文章。几十年如一日，这种兢兢业业的工作精神是很可贵的。

明养同志从青年时代起就追求进步，投身于革命洪流。1925年在南京参加社会主义青年团，1926年在上海加入中国共产党，大革命失败后，他与党组织失去联系，到1958年在北京重新入党。他早年虽与党失去联系，仍积极参加进步文化事业和爱国民主运动。1945年他参加上海文化界救国会，从事抗日救亡工作，曾同许多著名进步文化人士一起发表宣言，反击国民党鼓吹的反动复古的逆流。抗日战争时期，明养同志在香港参加国际新闻社和《华商报》的工作，担任《华商报》的编委，为扩大共产党的宣传阵地而努力奋斗。抗战胜利后，明养同志回到上海，在复旦大学政治系当教授,积极组织上海大学教授联谊会,参与争民主、反独裁的斗争,曾多次参加签名,拥护成立民主联合政府,抗议国民党的反动统治;参加反饥饿、反内战运动,同国民党特务迫害进步教授和学生展开了积极的斗争。当时,我在上海东吴大学任教,并参加爱国民主运动,就在那个时候,我认识了明养同志。50 年代,明养同志参加中国民主促进会,我同他见面机会多了,了解也深了。

明养同志是爱国统一战线的一位忠诚战士。他历任全国政协第二、三、四、五届委员,第六、七届常委,民进中央第四、五、六、七届常委、宣传部长。1988 年后,任民进中央参议委员会常务副主席。他在参加全国政协和民进中央的工作中,积极参政议政,认真贯彻党的统战政策。他作风民主,原则性很强,秉性耿直,善于团结同志,工作一丝不苟,对自己要求很严。这些都给我留下很深的印象。在政协开会期间,他多年担任政协民进组的召集人,总是同民进的同志商量,虚心听取别人意见,同大家一起开好小组会,鼓励大家做到"知无不言,言无不尽",积极参加国家大政方针的政治协商和民主讨论,提出兴利除弊的建议。今年四月,七届政协召开四次会议时,明养同志已重病在身,还坚持参加小组会,并对我国外交工作、廉政建设等重大问题,提出了有益的批评建议。他对民进的工作认真负责,十分关心。他爱惜人才,奖掖后进,注意培养中青年干部的成长。在历次民进中央领导层会议上,他总是强调要议大事,工作要深入调查研究,要掌握党的方针政策,结合民进的特点,从实际出发,扎扎实实地干好工作。他竭力反对说空话套话的表态,写陈词滥调的文件和形式主义的花架子。主张多为国家提出切实可行的建议,多为会员办些解决实际问题的好事。他在民进中央多年负责宣传部门的领导工作,主管《民进》会刊,他放手使用干部,信任同志,循循善诱,诲人不倦。为民进自身的思想建设作出了很大的努力。他看到民进中央领导工作中有不适当的地方,也毫不客气地在会上提出公开批评。有时意见提得很尖锐,容易刺痛别人。他还常说,民主党派要维护集体领导,要讲民主,不要某个人说了算。由于他的政治水平较高,看问题比较深刻,往往一语抓住要害,听了使人心服。他的以诚相见,坦率敢言,朴实耿直的品德,是民进同志一致称赞的。

在中共十一届三中全会以后,民进已经开过三次全国代表大会,每次大会期间,他是文件起草组的主要负责人,总是带领机关里的“秀才”,共同研究商量,从大会报告的主题思想、文章结构到语言措辞,他都提出具体的意见,帮助执笔同志起草,并不厌其烦地一次又一次修改,直到集体讨论定稿为止。对开好大会起了积极的作用。

明养同志最近几年在民进中央担任参议委员会常务副主席之职。他认为进入参议委员会的一些老同志,对民进有深厚的感情,社会阅历较广,工作经验丰富,应当很好地对民进中央领导起参谋作用,既要关心他们的健康,又要让他们做些力所能及的工作,发挥他们的余热。他对参议会的工作安排得很适当,使许多年逾八旬以至九旬的老同志都乐于参加民进的活动。

明养同志自身勤俭,遗嘱丧事从简,不开追悼会,不搞遗体告别仪式。他叮嘱子女说:我一生为人自问无愧,尽心竭力为党和国家做了一些革命工作,希望子女们以及下一代也能照此力行,做出更多的贡献。明养同志的一生忠于党,忠于人民,他的为人确实是问心无愧的。他的逝世,使我们失去一位长期共事的老战友,一位学识渊博,经验丰富,集专家、教授、编辑于一身的知识界奋斗不息的好战士,我们感到非常悲痛。他的崇高品德是永远值得我们怀念和学习的。

1991 年 8 月

选自戴文葆、张之一编《张明养同志纪念集》,开明出版社 1993 年

贡献犹多热与光

——我的老师张明养教授

戴文葆

我的老师张明养(1906～1991),是知名的国际问题专家、政治学教授;可是,人们可能不知道,他还是一位辛勤的编辑家。从30年代之初在《东方杂志》供职起,到1958年还主持过世界知识出版社工作。在他所从事的社会工作中,编辑一职几乎占30年之久。通过编辑工作,他把自己造就成专家学者;作为专家学者,又充实和提高了所负责的编辑工作。

张明养1906年生于浙江省宁海县,本名良辅。1929年夏毕业于上海复旦大学政治系。那时他没有急于找工作,却到震旦学院去专修法语。1930年初,考入商务印书馆编译所,参加《东方杂志》和《学生杂志》工作,从此开始了他的编辑生涯。在此稍前,1929年12月10日出版的《东方杂志》"新语林"栏,就已发表了他署名"良辅"的文章。

我国新文化运动兴起后,不少前辈曾在商务编译所工作过。张明养说,那时候,"商务印书馆编译所在某种意义上说,是一所适于培养人才的社会大学。那里有藏书丰富的东方图书馆,有学有专长的各种专家可奉作良师益友,还有更多的写作实践和接触社会新思潮的机会"。他进馆不久,就结识了原在商务工作,刚从法国巴黎大学留学回国的胡愈之。他在悼念胡愈老的文中说:"愈老为人和蔼,平易近人,对我这个编辑部中最年轻的编辑,多方予以鼓励、培育和使用。""1932年'一·二八'事件中,商务印书馆毁于日本侵略者的炮火,《东方杂志》停刊,于半年后重新恢复时,胡愈之承包编辑《东方杂志》,亲自筹备复刊,担任主编。这时原《东方杂志》的编辑,很多去参加了申报馆出版的《申报月刊》工作。因此他主编《东方杂志》复刊时,仅有我一人回去工作,另外又新聘了二三位编辑。他除承包《东方》外,还兼任一个外国通讯社的编译工作,并帮助邹韬奋先生办好《生活》周刊和创办生活书店,工作很忙,因此对于《东方杂志》编辑工作,除了编辑方针、主要选题和重要稿件由他亲自决定审阅外,其余一般具体业务和行政事务,几乎全部都交给我商同其他同事负责处理。他对年轻人的充分信任,大胆使用和关心爱护的情景,我至今深记不忘。在他的领导下工作,我不仅在编辑业务上学到许多东西,而且在政治上、思想上更得到他热诚帮助,获得很大收获。"张明养就是这样在胡愈之领导下从编辑工作中锻炼成长起来的。

1934 年初秋,胡愈之为生活书店筹划创办《世界知识》时,最初就在张明养的住处集议。那时他新租了旧法租界吕班路万宜坊寓所,家具还未摆设,胡愈老、郑森禹等和他坐在楼板上计议着。他虽因为订有合约,未能辞掉商务的原来工作去做专职编辑,但他从此一直担任《世界知识》编委,几乎每期都用"张弼"等笔名撰写专文。胡愈老的二弟胡仲持主持《申报》言论时,张明养还经常为该报撰写社论。1936 年底,上海救国会七君子被捕,韬奋主编的《大众生活》被封,书店出版了以谢六逸教授名义主编的《国民周刊》,实际主持编辑工作的则是张明养。抗战全面展开后,他随《东方杂志》迁到香港,又主编《学生杂志》,还参加了胡愈老创设的国际新闻供应社(即著名的"国新社")工作,编发有关宣传抗战的稿件。1941 年 4 月,党领导的《华商报》在港创刊,他被夏衍等聘为编委,负责撰写专论。所有这些工作,他都默默认真地进行着。

关于明养老师在 30 年代和抗战时期在香港情况,夏衍同志特予介绍道:"1941 年春,皖南事变后,张明养同志由中共南方局安排，在香港开辟对外宣传阵地。他和邹韬奋、范长江、乔冠华一起，在廖承志同志的领导下，筹备和创刊了《华商报》，他是社务委员会成员，并撰写社论和时事述评文章，同时还协助韬奋同志创办《大众生活》，也在茅盾主编的《文艺阵地》、胡愈之主持的《世界知识》等刊物上写了大量文章。太平洋战争爆发，香港沦陷后，我曾在他家里避过难。”

夏衍还说：“抗战时期我党领导的对外宣传通讯社‘国新社’香港分社，他也是主要负责人之一。”“特别要提到的是早在1934年，在上海白色恐怖最严重的时期，他就是胡愈之创办的《世界知识》的编辑和撰稿人。1935年冬《上海文化界救国运动宣言》，他签了名；同时他还参加了‘上海文化界救亡协会’。这些活动都是党直接领导的。”

他担任《东方杂志》编辑职务的时间很长，从1930年第27卷起，而后“八一三”上海抗战发生，《东方杂志》一度迁至长沙，1938年8月间又迁香港，直到1941年底太平洋战争爆发，港九沦陷，该杂志出到第38卷告终，他此后才脱离商务印书馆，由党派人帮助离港到达桂林。

1942年，张明养经张志让老师约请，到重庆北碚复旦大学法学院政治系任教。我先后选读了他讲授的《西洋政治史》、《西洋外交史》和《中国政府》，尤其是《中国政府》一课，阐明其原委、流变，权力中心所在，组织制度改动，条分缕析，是开创性的研究。20年后，我参与编辑《蒋介石演说集》时，对蒋在国民政府的职务变化，组织法的改易，了解清楚，全得益于听明养师讲授。我当堂静听，详细速记，课后又加以整理。至今我还未见到同类书籍中有哪一种能达到先师的水平。可憾的是，我的笔记本在动乱生活中丢失了。那时，他仍然没有离开编辑工作，到夏坝后即被法学院院长张志让聘为著名的国际时事翻译杂志《文摘》的编委。抗战胜利后，他继续在上海江湾复旦大学任教，经常还为《新中华》杂志选译国际论文,给《世界知识》写稿。1948 年底,叶圣陶、傅彬然离沪赴解放区,他兼任《中学生》杂志主编。这时他还积极参加了以张志让为主干的上海大学教授联合会的革命活动。

1949 年建国后,他担任复旦大学政治系主任,华东军政委员会文教委员会委员。《中学生》一度改名《进步青年》,他在沪仍然担任主编工作。整个编辑部只有一位女青年欧阳文彬负责日常编务,16 开本,用新五号和六号字排,杂志正文每期 54 页,他在执教中挤出时间,担负着多么繁重的组稿审读和整理编校工作啊!

1952 年间,由于胡愈老的邀约,他从上海复旦大学被调到北京来主持《世界知识》编辑部工作,而后又兼任人民出版社的副总编辑。当时《世界知识》是周刊,年年还编辑出版《世界知识手册》。他待人诚挚,工作耐心,从无疾言厉色,但又坚持原则,领导和团结同人,保证刊物质量,谨慎而又从容地完成编辑出版任务。

1957 年秋,他被调到外交部国际问题研究所担任领导职务,开展中国外交史的研究,同时主编《国际问题研究》。1958 年整风时,又回世界知识出版社代理总编辑职务,他真和编辑工作有缘!在那"大跃进"运动中,急躁冒进的"左"倾错误发展起来,不少错误的口号流行着,编辑工作受到严重干扰。他冷静而细心地带领同志们工作着,平安度过那段风紧浪涌的日子。一年后,回到研究所,却仍然经常关心编辑工作。此后,他一直同时挂着全国政协常委名义,并参与民主促进会中央的领导工作。

他很关心帮助提携年轻人,不论是做编辑或是当教授时都如此。在大学教书时,他和张志让、周谷城老师,都为我们学生在中共中央南方局直接领导下创办的《中国学生导报》写稿。一次他在学生办的墙报上看到一个三年级学生写的论文,便把这个学生找来,叫他誊写一份,后来发表在 1944 年 2 月 29 日出版的第 40 卷第 4 号《东方杂志》上,题为《当前世界政治的主流》。这个学生就是我。同年 11 月 30 日出版的《东方杂志》上,又刊载了我的一篇论文，也是经他介绍发表的。我在大学毕业不久，在上海复刊的《世界知识》，以及生活书店出版的《理论与现实》、《国际现势读本》，都发表过我写的论文。后来在上海《大公报》编报，经常受金仲华先生教导为《世界知识》写稿，起始也是明养师介绍的。至今犹记 1987 年 9 月 9 日，第一届韬奋出版奖在政协礼堂颁奖，我代表全体获奖者致词后，走下讲台，意外地看到明养师坐在右侧前二排，我立即驻足敬礼。他是多么关心我国出版事业啊！还抱着 30 年代关心支持生活书店、开明书店等一样的情怀。

明养老师生平将专家、教授、编辑融合于一身，关心祖国命运与社会进步。治学谨严，为人正派，淡泊自守。不吹嘘，不攀附，书生本色，从不以巧言包装自己，不为名利奔走争竞。数十年世势动荡，变化诡谲，胡愈老善于识别良莠，对他一贯坦诚相待，知无不言。在他 85 岁诞辰时，他的好友赵朴初做诗祝贺道："君年长我一岁半，君才胜我十倍强。"朴老诗中说他"贡献犹多热与光"，"意态松筠穆而壮"。师母娄朗怀少女时代是柔石的学生，1927 年大革命中即是中共党员。解放前在学校中多方维护学生运动及被追查的学生。从我在教室里听明养师讲授时起，后来为他主编的刊物写稿，在他领导的编辑部里工作，以及在重庆、上海和北京到他住处拜望，从来没有听到过他夸谈自己。前辈的风仪，正是后生的楷模。

明养老师因病于 1991 年 7 月 4 日在北京逝世，得年八十有五。著译已印行者有 13 种，另有四五百篇论文尚待集辑出版。

1997 年 3 月

原载《人物》1997 年第 6 期

存　目

戴文葆、张之一　《张明养同志纪念集》

开明出版社 1993 年